KB190671

예루살렘에서 히브리적 관점으로 읽는 창세기

예루살렘에서 히브리적 관점으로 읽는 창세기

초판	2020년 9월 18일
증보개정판	2023년 10월 4일

글쓴이	육에녹, 백에스더
펴낸이	육에녹
펴낸곳	도서출판 진리의집

출판등록	제2023-000005호(2020.09.02)
주소	(31411)충청남도 아산시 둔포면 관대길 59-6번지
영업, 관리	백진영(010-5164-2593)
전자우편	houseoftruth832@naver.com
유튜브	진리의집
네이버카페	http://cafe.naver.com/houseoftruth
온라인몰	진리의집/smartstore.naver.com/housoftruth

교정	박아인
편집,디자인	백진영

ISBN 979-11-979803-3-6
정가 25000원

토라포션 시리즈 첫번째
Torah portion
בראשית

증보개정판

예루살렘에서 히브리적 관점으로 읽는 창세기
The book of Genesis

진리의집

토라 포션 증보 개정판을 내면서

　　처음 토라 포션이라는 이름으로 책을 냈을 때는 토라 포션이라는 단어가 많은 이들에게 생소한 단어였고 자료도 많지 않았었습니다. 그런데 지금 곳곳에서 토라에 대한 관심들이 증가하고 점점 많은 그리스도인들이 토라 포션을 따라 말씀을 묵상하고 연구하는 것을 봅니다. 사실 한국 교회에서 토라란 구약 성경의 처음 다섯 권의 책인 창세기, 출애굽기, 레위기, 민수기, 신명기를 일컫는 신학적 용어라고 인식되는 경우가 많아서 이 히브리어 단어가 낯설게 느껴지기도 합니다. 혹은 이스라엘에 대해 관심을 가지고 있는 소수의 사람들에게서 통용되는 단어처럼 인식되는 것도 사실입니다. 하지만 토라는 하나님이 인류 역사의 시작과 끝이 어떠할 것이라는 것을 하나님의 백성들에게 보여주신 역사 설계도이자 청사진입니다. 이 청사진에는 하나님의 킹덤에 속한 백성들이 자신의 정체성을 알고 그분의 백성으로서 살아내고 지켜야 할 법들과 하나님의 특별 가르침이 담겨 있습니다. 또한 토라에는 우리 믿음의 뿌리이자 시작인 선조들의 삶과 믿음의 여정들이 기록되어 있어서 그분들의 성공이나 실수 모두 우리 믿음의 여정의 모델이 되고 있습니다. 무엇보다 하나님이 친히 믿음의 선조들과 맺으신 언약으로 인해 어떤 상황에 있어도 반드시 그분이 하신 말씀을 성취하시려는 결의가 나타나 있습니다. 하나님의 언약은 하나님이 인간을 통해 계획하신 것을 이루실 때까지 우리를 결코 놓지 않으시고 붙들고 계실 것이라는 하나님의 무한한 인자(헤세드חסד)와 신실하신(에무나אֱמוּנָה) 성품에서 시작된 변함없는 약속입니다.

토라 포션이라는 책을 통해 새롭게 하나님을 알고 인류 역사의 시작과 마지막, 그리고 하나님의 백성과 자녀됨의 정체성을 새롭게 발견하고 마지막 때를 준비하는 삶을 살게 되었다는 많은 간증을 들었습니다. 저희가 예루살렘에서 히브리적 관점으로 말씀(토라)을 새롭게 연구하면서 누렸던 유익들이 동일하게 흘러간 것을 보고 들으면서 부족한 저희들의 작은 순종을 통해 하나님이 행하신 아름다운 일들에 감사와 영광을 올려드리지 않을 수 없습니다. 모든 일을 주관하시는 하나님의 주권을 찬양합니다.

하나님이 이스라엘 백성에게 토라를 가장 먼저 맡기시면서 그들에게 반복해서 명령하신 쉐마는 믿음으로 그 유업에 동참하게 된 교회와 모든 하나님의 사람들을 향한 명령이기도 합니다. 토라를 아는 것은 하나님을 아는 것이고 그분의 마음과 성품을 닮아감으로써 하나님의 백성, 하나님의 자녀된 정체성을 찾아가고 회복하는 것입니다. 아무쪼록 더 많은 교회와 그리스도인들이 토라를 통해 인류 역사의 마지막을 잘 준비하고 만왕의 왕이신 예슈아(예수님)의 다시 오심을 준비하는 슬기로운 다섯 신부(처녀)가 되길 소망합니다. 토라는 신랑을 맞이하는 신부들에게 기름과 등불이 되어줄 것입니다.

"주의 말씀은 내 발의 등이요 내 길에 빛이니이다"시119:105

유대력 5784년[2023-24년] 티슈레이 월 초막절에 예루살렘 진리의 집

차
례

(DAY 1) 베레쉬트 / 분리와 생명 / 빛이있으라 / 종류대로 / 우리의 형상을 따라 우리의 모양대로 메시아닉 킹덤에서 누리는 시간 샤밭 **(DAY 2)** 에덴, 케뎀, 생명의 강 / 아담이 각 생물을 부르는 것이 곧 그 이름이 되었더라 **(DAY 3)** 에제르 케네그도 / 알파와 오메가, 처음과 마지막, 시작과 마침-시간과 공간의 전쟁 / 누가 숨었는가? **(DAY 4)** 가인과 아벨의 예배 **(DAY 5)** **(DAY 6)** 하나님과 동행, 히트할렉한 에녹 **(DAY 7)** 영(루아흐)을 주시는 하나님 / 그러나 노아는 하나님께 은혜를 입었더라

주제#1 마 에노쉬! 사람이 무엇이관대 (창세기 1장26절과 27절 사이에 있었던 일)
주제#2 하나님의 아들들(감시자 천사들)과 네필림

서문 Introduction

"이에 모세와 모든 선지자의 글로 시작하여 모든 성경에 쓴 바 자기에 관한 것을 자세히 설명하시니라" 눅24:27

  예수님이 왕이 되심으로 하나님의 킹덤이 이스라엘에 회복될 것이라고 믿었던 제자들과 예수님을 따랐던 많은 사람들의 기대와 달리 예수님은 십자가에서 처절하게 돌아가셨습니다. 그러나 삼일 뒤 약속하신 대로 부활하셨고 부활을 목격한 여인들은 이것을 제자들에게 보고했습니다. 하지만 제자들은 이것을 믿지 못했고 여전히 사람들이 무서워 두려움 가운데 숨어 있었습니다. 그 중에 두 사람은 예수님의 부활 소식을 듣고도 예루살렘을 떠나 다른 마을로 향하고 있었습니다. 그 둘은 예수님에 대한 이야기를 주고받고 있었고 그들의 대화에 한 낯선 이가 끼어들게 됩니다. 예수님의 죽으심과 부활에 대해 그들은 그 낯선 이에게 사건을 명확하게 보고합니다. 두 사람은 예수님의 부활 소식을 이미 들어서 알고 있었지만 믿지 못했습니다. 믿지 못하는 두 사람을 보며 이 낯선 이는 선지자들이 말한 것을 마음에 더디 믿는 자들이라고 안타까운 마음을 담아 이야기를 시작합니다. 그는 모세의 글들과 선지자의 글, 그리고 성경에 쓰여 있는 모든 것에 대해 자세히 설명하기 시작합니다. 그렇게 설명을 듣다가 목적지에 다가오게 된 두 사람은 말씀을 풀어주는 이 낯선 이를 자신들의 식사에 초대합니다. 그리고 이 낯선 이가 음식을 먹을 때 떡을 가지고 축사하여 그들에게 떼어 주던 순간 그들은 예수님을 알아보게 됩니다. 그러나 예수님은 더 이상 그 곳에 계시지 않았습니다.

예수님이 길에서 이 두 사람에게 풀어주었던 모세의 글과 선지자의 글, 그리고 성경은 무엇일까요? 바로 토라הַתּוֹרָה와 네비임נְבִיאִים, 크투빔כְּתוּבִים이라 불리는 구약 성경입니다. 예수님과 제자들, 그리고 이후 사도 바울에 이르기까지 이들이 읽고 연구하고 읊조리고 외웠던 성경은 모두 구약 성경이었습니다. 그 가운데서 모세의 글들인 토라는 구약 성경 가운데서도 가장 기초이며 뿌리가 되는 말씀이었습니다. 예수님은 그 두 사람에게 모세의 글(토라), 선지자의 글(네비임) 그리고 모든 성경(시가서와 역사서를 일컫는 크투빔)에 예수님에 대해 기록되어 있는 것을 자세히 설명하셨다고 누가는 기록하고 있습니다. 선지자의 글이나 시가서의 글에서 우리는 메시아이신 예수님에 대한 예언들을 익숙하게 발견해 왔습니다. 그러나 모세의 글인 토라에 메시아가 드러나 있는지에 대해서는 다소 생소한 부분들이 있습니다. 그러나 하나님은 토라를 가장 먼저 하나님의 백성인 이스라엘에게 맡기시면서 토라에 메시아 왕국에 대한 청사진을 담아 주셨고 알려주셨습니다. 예수님은 자신에 대해 증언하고 있는 구약 성경의 모든 곳을 구체적으로 그들에게 풀어주실 때 모세의 글인 토라를 사용하셨습니다. 예수님은 자신을 믿지 못하는 자들을 향해 성경이 어떻게 자신에 대해 증언하고 있는지 직접 말씀하십니다.

"너희가 성경(크투빔)을 연구하는 것은 영원한 생명이 그 안에 있다고 생각하기 때문이다. 성경은 나에 대하여 증언하고 있다" 새번역 요5:39

"너희가 모세를 믿었더라면 나를 믿었을 것이다. 모세가 나를 두고 썼기 때문이다" 새번역 요5:46

예수님은 모세의 글과 다른 성경말씀에 미리 기록된 살아있는 토라(말씀)이십니다. 토라는 그저 이스라엘에게 주어진 율법이 아닙니다. 토라는 왕이신 메시아의 통치를 통해 이뤄질 하나님의 킹덤에 대한 그림입니다. 하나님의 킹덤의 번성과 확장은 아담과 하와의 죄로 한 번 실패하고 좌절되었지만 하나님은 인간을 통해 반드시 하나님의 킹덤을 이루실 것이라는 그림을 에녹에게 보여주셨고 에녹은 아들 므두셀라에게, 라멕에게 그리고 노아에게 전했고 홍수 이전과 이후를 살았던 노아와 셈은 아브라함에게, 아브라함은 이삭에게, 그리고 이삭은 야곱과 그 열 두 아들에게 전했습니다. 그리고 이 믿음의 선조들의 유업은 모세에게, 다윗에게, 그리고 예수님에게까지 흘러왔습니다. 예수님은 하나님이 계획하신 구원 계획의 클라이막스였고 그분은 자신의 제자들을 통해 하나님의 킹덤을 열방에 전하게 하셨습니다.

하나님의 킹덤의 완성이 가까이 다가왔습니다. 킹덤의 왕이신 예수님의 오심이 멀지 않았습니다. 메시아와 왕으로서 오시게 될 예수님을 맞이하기 위해 우리 손에 들려진 하나님의 킹덤에 대한 그림을 정확히 보고 알아야 할 때입니다. 하나님의 킹덤에 초대받은 자로서 그분의 마음을 알아야 할 때입니다. 그래서 우리에게 토라가 필요합니다.

예수님의 죽으심과 부활을 듣고도 믿지 못했던 두 사람의 눈을 뜨게 해주었던 것은 토라와 말씀들(선지서의 글들과 시가서, 역사서)이었습니다. 코앞에 진리를 두고도 깨닫지 못하는 우리들의 영을 깨우고 밝게 해줄 수 있는 것은 토라와 말씀들입니다. 자, 이제 토라와 말씀 안으로 더 가까이, 더 깊이 들어가십시오. 오랫동안 묶여 있고 잠겨 있었으며 가리고 있었던 덮개들이 벗겨지면서 왕이신 예수님과 새롭게 연합하게 될 것입니다.

Torah Portion

말씀의 시작, 토라

The beginning of the Word, Torah

토라의 의미

토라는 '야라הָרָה'라는 히브리어 동사에서 파생되었습니다. 야라는 '던지다, 쏘다, 가르치다, 비를 내리다'라는 뜻을 담고 있는데 이 단어에 있어서 중요한 것은 방향성입니다. 어디를 향해서 던지고 쏘는지가 중요합니다. '비를 내리다'라는 의미도 포함하고 있는 야라라는 동사의 방향성은 '위에서 아래를 향한 것'입니다. 그러므로 위에서 아래를 향해 쏟아져 내리는 방향성을 가지고 있는 야라에서 파생된 토라는 "하늘에서 땅을 향해 쏟아 내려주신 하나님의 가르침"을 의미합니다. 사람과 사람 사이에서 전달된 가르침이 아니라 하나님이 직접 하늘에서 땅으로 가르침을 내려주신 것입니다. 물이 위에서 아래로 흘러내리듯이, 하늘 에덴에서 흐르기 시작한 생명의 강이 땅 동산으로 흘러내려 적시듯이, 토라는 생명의 물처럼 위로부터 내려와 우리를 적셔주는 하나님의 가르침입니다. 비가 내리면 그저 그것을 맞기만 해도 적셔지듯이 우리가 토라를 읽고 묵상하고 암송하고 반복적으로 되새기고 공부할 때 하나님의 영, 호흡, 바람, 생명이 우리에게 충만하게 적셔지고 채워지게 됩니다. 우리를 채운 하나님의 영, 호흡, 바람, 생명은 또 다른 이들에게 흘러가 그들을 회복시키고 이 땅에 하나님의 킹덤이 확장되어 나아가게 합니다.

토라의 또 다른 의미인 '던지다, 쏘다'는 과녁을 향해 정확히 조준하고 겨냥한다는 의미를 포함하고 있습니다. 하나님의 말씀, 하나님의 뜻, 더 본질적으로는 하나님을 향해 방향과 초점을 맞출 때 우리는 토라를 통해 하나님이 가르쳐 주고자 하시는 것을 정확하게 알 수 있게 됩니다. 우리가 토라로 정확히 영점 조준零點照準을 하지 않아 결국 과녁이 빗나가게 되면 우리는 그것을 '죄罪'라고 부릅니다. 죄라는 히브리어 '하타הָטָא'는 '과녁을 빗나가다'라는 뜻을 담고 있습니다. 토라는 우리에게 죄가 무엇인지 알려주고 다시 하나님께 정확히 방향을 맞추어 하나님이 기뻐하시는 삶을 살 수 있도록 돕는 나침반과 같습니다.

토라는 하나님이 세상을 창조하시고 사람을 그 안에 두신 것으로부터 그 이야기를 시작합니다. 온 하늘들과 땅을 창조하신 하나님이 어떤 계획을 가지고 창조하셨는지 그리고 그 안에 인간을 두신 이유가 무엇인지를 통해 우주적이고 구속사적인 하나님의 계획을 알려주고 있습니다. 그래서 우리는 토라를 통해, 그리고 토라 안에서 우리를 구원하기 위해 자신의 아들을 보내신 하나님 아버지와 그 아들 예수 그리스도, 그리고 그 아들 예수 그리스도를 위해 증언하시는 성령님을 발견하며, 또 그 하나님의 연합안으로 초대된 우리 자신을 발견할 수 있게 됩니다.

에덴-동산으로 시작된 역사의 마지막인 새 예루살렘

'영원eternity'이라는 시간 속에 계신 하나님은 세상을 창조하고 인류 역사를 시작하시면서 '유한한 시간'을 만드셨습니다. 첫 창조에 속한 이 세상과 인류 역사는 시작이 있고 끝이 있습니다. 시작은 이 땅에 하늘과 땅을 연결해 놓으신 '에덴-동산'이라는 곳이었습니다. 하나님의 계획은 에덴-동산이라 불렸던 땅으로부터 시작해서 온 땅이 에덴-동산 즉, 하늘과 땅이 하나됨을 이루는 장소가 되게 하는 것이었습니다. 이 계획이 최종적으로 완성되는 모습이 새 예루살렘입니다. 그러므로 '에덴-동산'은 하나님의 킹덤의 '처음'이고 에덴-동산의 최종 확장된 모습인 '새 예루살렘'은 하나님의 킹덤의 '마지막'입니다.

토라는 에덴-동산의 상태인 하나님의 킹덤을 확장시켜 나가기 위해 부름 받았던 아담, 에녹, 노아, 아브라함을 통해 이스라엘이라는 민족이 선택받는 과정과 하나님이 친히 이들의 역사에 세심하게 간섭하시고 주도하심이 기록되어 있습니다. 또한 이들의 삶과 그 삶에서 벌어진 사건들이 온 인류에게 어떤 의미가 있으며 이들을 통해 온 열방이 하나님의 킹덤에서 어떤 가치관과 삶의 방식을 가지고 살아야 하는지를 가르쳐 주고 있습니다. 토라에는 하나님의 킹덤의 청사진이 담겨있으며 이것은 비밀처럼 감추어져 있는 듯하지만 영점 조준과 과녁이 하나님을 향해 정확하게 맞춰진 이들에게는 밝히 드러나 보이는 계시입니다.

토라에는 하나님의 변하지 않는 언약이 담겨져 있으며 그분이 친히 이스라엘 백성 가운데 거하시지만 그럼에도 불구하고 끊임없이 과녁을 벗어나 죄를 저지르는 그들과 분투하시는 이야기가 있고 또 그런 그들을 얼마나 사랑하셨는지에 대한 증거가 담겨 있습니다. 그들을 사랑하심으로 견인하시어 결국은 그들을 젖과 꿀이 흐르는 약속의 땅으로 인도하심으로 마지막 날에 우리 모두가 얻게 될 승리의 이야기가 비춰져 있습니다. 이 역사의 시작이 사랑이었고 또 사랑으로 끝을 맺으며 완성될 것입니다.

하나님의 이른 비와 늦은 비는 그분의 사랑입니다. 다가올 풍성한 추수를 위해 먼저 이른 비를 맞은 이들이 있고 나중에 늦은 비를 맞게 될 이들이 있습니다. 그러나 이른 비와 늦은 비는 모두 동일한 은혜입니다. 하늘에서 내려 주시는 은혜의 비를 맞고 그 은혜에 젖어 들어가는 것이 토라의 길입니다. 파종을 위해 하늘에서 내려 주시는 은혜의 이른 비(요레יורה)를 이스라엘이 먼저 맞았습니다. 그리고 수확을 위해 동일한 은혜의 늦은 비(말코쉬מלקוש)가 열방에 내리고 있습니다. 이스라엘과 열방이 하나되어 하나님의 킹덤의 완성을 이루는 대추수Great Harvest의 그날까지 토라는 우리에게 목적과 방향을 명확하게 가르쳐 줄 것입니다. 토라는 우리의 정체성을 확실하게하여 깨닫고 발견하게하여 그 정체성 안에서 권세를 가지고 하나님과 그의 백성을 대적하는 세상 앞에서 당당하게 살아가게 할 것입니다. 그렇게 우리 삶을 향한 아버지의 뜻을 이루어 가게 할 것입니다. 역사의 끝자락, 하나님의 킹덤의 완성 앞에 서있는 우리는 토라를 통해 아버지의 뜻이 하늘에서 이루어진 것처럼 땅에서도 이루어지는 것을 보게 될 것입니다.

토라 포션의 시작

유대인들이 말씀을 대하는 일 년의 사이클(주기)이 있습니다. 이들은 수천 년간 매일 말씀을 읽고 암송하고 연구하고 읊조려 왔습니다. 그들이 읽고 암송하고 연구하고 읊조린 말씀은 토라입니다. 이들은 토라를 일 년 동안 읽을 수 있도록 부분을 나누었고 이 말씀을 온 가족이 함께 샤밭(안식일)에 읽고 또 한 주간 동안 되새기면서 읽고 선포합니다. 이것을 우리는 '토라 포션'이라고 부릅니다.

'토라הּוֹרָה 포션Portion'은 단어 그대로 토라를 부분적으로 나누어 놓은 것을 말합니다. 토라 포션은 히브리어로 '파라샫 하샤부아עַ הַשָּׁבוּעַ פָּרָשַׁת' 또는 줄여서 '파라샫פָּרָשַׁת'라고 불리는데 이것은 '그 주간의 부분'이라고 해석할 수 있습니다. 일 년 동안 토라를 한 번 다 읽고 암송하고 읊조릴 수 있도록 50주간(윤년에는 54주간)에 걸쳐 나누어 놓았습니다. 그래서 '주간 토라 포션Weekly Torah Portion'이라고 부릅니다. 교회가 일 년 동안 말씀을 묵상할 수 있도록 분량을 나누어 만들어 놓은 여러 묵상집들이나 성경 읽기표와 같다고 볼 수 있습니다.

토라 포션은 바벨론 포로에서 돌아온 유대인들로부터 시작되었습니다. 바벨론 포로에서 돌아온 유대인들은 무너진 성벽을 다시 쌓고 마을과 나라, 무엇보다 성전을 재건하기 위해 힘쓰기 시작했습니다. 이 과정에서 깊은 회개가 일어났습니다(느8,9장). 그들은 무엇으로 인해 자신들이 나라와 성전을 잃고 포로가 됐어야 했는지를 다시 돌이켜 보게 되었습니다. 그들은 토라, 말씀을 잃어버린 것에서부터 모든 죄가 시작되었고(하나님께 영점 조준되지 못하고 과녁에서 벗어난 상태) 어긋나고 비뚤어진 그들의 죄가 결국 하나님을 떠나게 만들었음을 깨닫게 되었습니다. 하나님과의 언약을 깨뜨리고 토라를 잃어버린 그들은 하나님의 언약으로 돌아가기 위해서는 토라로 돌아가야 함을 깨닫게 되었고 이에 학사 에스라는 유대인들이 토라를 잃어버리지 않을 수 있도록 토라를 일 년의 사이클로 나누어서 백성들에게 읽게 하였습니다. 이것이 오늘날까지 유대인들이 일 년의 주기로 읽게 된 토라 포션이 되었습니다.

토라 포션은 일 년 중 장막절 7일이 끝난 다음 날, 명절의 큰 날이라고 불리는 제8일에 시작됩니다. 그래서 이 날은 '심핱 토라שִׂמְחַת תּוֹרָה'라고 부릅니다. 이것은 '토라의 기쁨'이라는 뜻으로 한 해 동안 토라를 통해 잘 살아왔음에 대한 감사와 또 새로운 한 해를 토라로 시작할 수 있게 하신 것에 대한 기쁨을 표현한 것입니다. 그래서 유대인들은 심핱 토라(토라의 기쁨)의 날에 수백 년 된 두루마리 토라를 회당에서 꺼내와 높이 들고 빙글빙글 춤을 추고 노래하면서 하나님께서 주신 토라를 받은 기쁨을 온 몸으로 표현하며 새로운 한 해의 말씀을 열어갑니다. 이런 모습을 통해 토라가 단순히 지켜 내야 할 율법이 아닌 생명이요 기쁨이라는 것을 느끼게 됩니다.

토라 포션의 구성

파라샤는 각각의 주제가 있습니다. 각각의 주제는 보통 그 주간에 읽어야 할 문장의 첫 구절 중 한 단어로 정해집니다. 유대력은 보통 50주로 이루어져 있는데 윤년은 54주로 이루어져 있습니다. 우리가 쓰고 있는 양력인 그레고리안 달력에서는 윤년이 4년에 한 번 오고, 윤년이 있는 해에는 2월에 하루를 더 붙여 29일까지 있는 방식으로 시간을 설정합니다. 그런데 음력을 바탕으로 하는 유대력에서는 윤달이 19년에 7번 있습니다. 그래서 3년에 한 번 있을 때도 있고, 2년에 한 번 있을 때도 있습니다. 그레고리안 달력에서는 윤년에 하루를 더 집어넣지만 유대력에서는 윤년에 4주 즉, 한 달을 더 추가합니다. 그래서 윤년이 되는 해는 54주가 됩니다. 추가되는 달은 아달 월입니다. 그래서 유대력 윤년에는 아달 월(태양력 2-3월) 앞에 아달 월 하나를 더 추가하여 30일이 더해지면서 두 번의 아달 월이 있게 됩니다. 추가된 아달 월을 '첫 번째 아달 월(아다르 리숀 רִאשׁוֹן אֲדָר)'이라 부르고 원래 있던 아달 월을 '두 번째 아달월(아다르 쉐니שֵׁנִי אֲדָר)'라고 부릅니다.

유월절과 장막절에는 보통 '절기 포션(절기와 관련된 본문)'을 읽기 때문에 윤년에는 52주의 파라샤를 읽게 되고, 2개의 포션은 더블 포션(한 주에 두 주 분량을 읽는 것)으로 읽어서 54주 분량을 읽게 됩니다. 그러나 윤년이 아닌 평년에는 48주 동안(유월절과 장막절 주간을 뺀)에 54개의 포션을 읽어야 하므로 6주는 더블 포션으로 진행됩니다.

주간 토라 포션은 모세오경 뿐 아니라 그 본문과 관련된 '역사서와 선지서 부분'을 함께 읽습니다. 이것을 '하프타라הַפְטָרָה'라고 부르는데 하프타라는 제2차 성전 시대였던 주전 2세기 후반 즈음부터 추가되었을 것으로 추정됩니다. 이 시대에 이스라엘은 헬라 제국의 셀레우코스 왕조에 의해 지배를 받고 있었습니다. 헬라 제국은 자신들이 다스리는 속국들이 자치적으로 통치하는 것을 허락하는 대신 헬라의 문화를 받아들이는 정책을 펼쳤습니다. 그런데 그들의 문화는 그리스 신화를 바탕으로 한 다신 문화였기에 유대인들은 그것들을 받아들일 수가 없었고 그런 이유로 끝까지 저항했습니다. 유대인들의 저항이 거세지자 이스라엘을 통치했던 셀레우코스 왕조의 안티오쿠스 4세 에피파네스는 유대인을 굴복시키고 그들의 정체성을 말살하는 정책을 시행하기 시작했습니다. 헬라 제국은 유대인을 하나로 결속시키게 하는 강한 원동력이 토라(모세오경)인 것을 알게 되었고 유대 민족이 토라로 결속되는 것을 막기 위해 토라를 읽지 못하도록 금지시켰습니다. 그래서 유대인들은 해당 주간에 모세오경과 유사한 본문의 선지서들을 읽는 것으로 토라 포션을 대신하기 시작하였습니다. 이 때부터 모세오경과 함께 네비임[1]נְבִיאִים이라 불리는 전기 예언서와 후기 예언서도 함께 읽혀 지기 시작했습니다. 모세오경은 처음부터 끝까지 모든 본문을 다 읽도록 되어 있지만 하프타라는 모든 본문을 다 읽도록 짜여져 있지 않고 토라의 내용과 동일한 주제를 다루는 본문들을 읽도록 되어있습니다. 특별히 케투빔כְּתוּבִים, 시가서 중에서 다섯 권의 메길롯[2]חָמֵשׁ מְגִלּוֹת(두루마리서)은 절기에 맞춰 읽습니다.

여기에 예슈아를 믿는 메시아닉 유대인들은 브리트 하다샤הַבְּרִית הַחֲדָשָׁה라고 불리는 '신약'의 본문을 더해서 읽습니다. 예수님은 토라의 시작이며, 완성입니다. 세상을 창조할 때 예수님이 함께 계셨고, 또 역사의 끝을 예수님이 완성할 것이기 때문입니다. 사도 요한은 "태초에 말씀(토라)이 계셨고, 이 말씀(토라)이 하나님과 함께 계셨으니 이 말씀(토라)은 곧 하나님이시라"(요1:1)라고 요한복음의 시작을 엽니다.

오늘날 메시아닉 유대인들은 주간 토라 포션에 '토라, 하프타라, 브리트 하다샤 (신약)'의 각 부분을 연결하여 함께 읽고 공동체에서 말씀으로 나누고 있습니다. 보통 유대인들은

---

1 유대인은 구약성경을 토라תּוֹרָה, 네비임נְבִיאִים, 케투빔כְּתוּבִים의 첫 자 ת(ㅌ), נ(ㄴ), כ(ㅋ)을 모아서 '타낙 תנ״ך'이라고 부른다. 모세오경과 함께 읽는 네비임은 전기예언서와 후기예언서로 분류되는데 전기예언서 4권은 여호수아, 사사기, 사무엘상하, 열왕기상하이고 후기예언서는 이사야, 예레미야, 에스겔 및 소선지서 12권이다. 케투빔은 시가서 3권(시편, 잠언, 욥기), 지혜서 5권(아가서, 룻기, 예레미야 애가, 전도서, 에스더서), 그외 3권(다니엘서, 에스라-느헤미야서, 역대기상하)으로 구성된다.

2 아가서(유월절), 룻기(오순절), 예레미야 애가(아브월 9일), 전도서(장막절), 에스더서(부림절).

그 주간의 샤밭에 읽어야 할 토라 포션의 본문을 세 부분으로 나누어서 샤밭 오후와 월요일과 목요일 오전에 읽은 뒤, 샤밭 오전에 다시 한번 전체적으로 읽고 마무리합니다. 혹은 매일 일정 부분으로 나눠서 묵상하기도 하는데 이것을 '욤 토라 포션(일일 토라 포션)' 또는 알리야(עלייה)라고 부릅니다.[3] 매일 욤 토라 포션(일일 토라 포션)으로 묵상하고 샤밭에 다시 한번 전체적으로 읽으며 마무리하기도 합니다.

전 세계 유대인들은 같은 주간에 같은 본문의 토라 포션을 수천 년간 읽어 왔습니다. 하프타라(선지서, 역사서, 시가서)나 브리트 하다샤(신약) 같은 경우 조금씩 본문이 달라질 수 있지만 토라의 본문은 언제나 동일했습니다. 그래서 각기 다른 나라에 살고 있었을지라도 그들은 말씀을 통해 유대인이라는 정체성을 잃지 않고 지켜 올 수 있었습니다. 유대인뿐 아니라 그리스도인들 가운데서도 주간에 같은 본문으로 토라 포션을 읽으면서 기도할 때 같은 영적 흐름에 서서 말씀으로 하나 되는 것을 경험할 수 있습니다. 마지막 때가 가까울수록 말씀에서 예언한 대로 유대인과 이방인, 이스라엘과 열방의 교회는 더욱 하나가 될 것입니다. 그리고 말씀은 우리를 더욱 한 영으로 묶어 줄 것입니다. 왜냐하면 말씀은 예슈아 이시고, 예슈아는 둘 사이의 막힌 담을 허무시는 평강의 왕이시기 때문입니다(사9:6, 엡2:15).

토라 포션은 윤년이 아닌 해에는 54주간의 분량을 50주간에 나누어 읽어야 하기 때문에 몇주간은 '더블 포션'이라하여 두 배의 본문을 읽는 주간이 있습니다. 또한 하프타라의 경우 아쉬케나지 유대인과[4] 스파라딤 유대인의[5] 본문에 조금씩 차이가 있습니다. 그래서 한 해는 아쉬케나지 본문을, 다른 한 해는 스파라딤 본문으로 묵상할 수도 있습니다. 그래서 하프타라 같은 경우 아쉬케나지 본문은 (아)로, 스파라딤 본문은 (스)로 표기되어 있습니다. 신약(브리트 하다샤)의 경우도 본문이 다 통일되어 있진 않습니다. 이 책에 나와있는 본문은 FLAME(Foundation for Leadership and Messianic Education, www.flamefoundation.org)이라는 메시아닉 단체의 토라 포션표를 참고하였습니다. 또한 히브리어 사전으로는 BDB[6], HALOT[7]을 사용하였습니다.

---

3   욤יום은 히브리어로 '날, 요일'이라는 뜻을 가지고 있습니다. 알리야עלייה는 '올라가다'라는 뜻으로 회당에서 그날 읽을 본문을 강단에 올라가서 읽기 때문에 붙여진 이름입니다.
4   유럽지역에 흩어져 살던 유대인들을 일컬어 아쉬케나지 유대인이라 부른다.
5   유럽지역 중에서도 특별히 스페인어 계열의 유대인들을 스파라딤 유대인이라 부른다.
6   BDB (Brown-Driver-Briggs Hebrew and English Lexicon)
7   HALOT (The Hebrew and Aramaic Lexicon of the Old Testament)

토라 포션의 용어 사용과 활용

* 토라 포션 책은 토라 포션으로 묵상하고 연구하시는 분들이 말씀을 더 깊이 이해할 수 있도록 돕기 위한 묵상책이자 말씀 연구를 위한 보충 교재입니다. 말씀을 먼저 읽으시고 책을 읽으시면 말씀에 대한 히브리적 관점과 새로운 통찰력을 갖게 되실 것입니다.

* 이전 토라 포션 내용이 주간별, 주제별로 이루어졌다면 증보 개정판에서는 일일 토라 포션을 추가하여 더 세부적으로 내용을 보강했습니다. 책 한 권을 통으로 읽으실 수도 있고, 주간 토라 포션을 따라 주별로 읽으셔도 좋으며, 일일 토라 포션을 따라 매일의 분량만큼 나누어 읽으셔도 좋습니다.

* 이전 토라 포션의 책과 같은 용어들을 사용했습니다. 하나님의 나라는 하나님의 킹덤 혹은 메시아닉 킹덤으로, 예수님은 필요에 따라 그분의 원래 히브리어 이름인 예슈아 יֵשׁוּעַ로 사용했습니다. 영어로 Jesus(예수)라는 이름은 그리스식 표현입니다. 또한 기름부음 받은 자라는 뜻을 담은 Christ(그리스도)라는 표현도 그리스식 표현으로 원래 히브리어 단어는 Messiah(마쉬아흐מָשִׁיחַ,메시아)입니다. 이 책은 기독교 세계 안에 흘러 들어온 헬라(그리스적) 관점보다 초대교회가 가지고 있었던 히브리적 관점을 회복하고 그 관점으로 말씀을 새롭게 보는 것을 소개하고 있으므로 예수님의 히브리어 이름인 예슈아와 마쉬아흐(메시아)를 사용했습니다. 필요에 따라서는 성경 인물의 이름도 히브리어식 이름을 사용했습니다. 예) 이스마엘 – 이쉬마엘

* 히브리적 관점에 대한 더 많은 소개와 이해를 위해 다양한 자료를 사용하였습니다. 유대 전승인 미드라쉬나 탈무드, 성경과 유대 전승 주석가인 랍비들의 글, 아람어 성경 탈굼, 에녹서와 희년서가 토라를 더 풍성하고 깊이 이해하기 위한 자료들로 사용되었습니다.

* 토라 포션을 읽을 때 소리 내어 읽는 것을 권면합니다. 본문이 길더라도 말씀을 소리 내어 읽어 자신의 귀에 들리게 합니다. 특히 자녀들과 함께 읽을 때 소리 내어 본문을 함께 읽는 훈련을 통해 말씀으로 가정이 하나될 수 있는 시간을 가질 수 있길 바랍니다.

* 토라 포션을 자녀들과 함께 읽고 나눌 때 읽는 본문 가운데 중요한 한 사건이나, 주간에 주어진 말씀의 주제와(베레쉬트, 노아흐, 레크레카 등의 히브리어 주제단어) 말씀의 관련성에 대해 질문하고 토론하는 시간을 가져 볼 것을 권면합니다. 이렇게 질문하고 토론하는 것을 유대인 교육 방식 중에 하브루타라고 하는데 이 시간을 통해 단답형으로 결론을 내는 것이 아니라 다양한 각도로 말씀을 깊이 생각하는 훈련을 하게 됩니다. 이런 훈련을 통해 하나님의 뜻이 무엇인지에 집중하면서 하나님께 더 친밀하게 다가가는 시간이 될 것입니다.

* 토라 포션의 말씀을 읽고 연구할 때 중요한 것 중 하나는 그 주간에 주어진 말씀의 주제를 통해 나의 삶, 혹은 지금의 시대에 하나님께서 말씀하시는 것이 무엇인지를 세심하게 듣고 살펴보는 것입니다. 그 주간에 주신 말씀을 붙들고 개인적인 삶, 공동체, 나라와 민족, 열방과 이스라엘을 향해 기도로 선포하는 것이 우리가 토라 포션(말씀)을 읽는 이유 중 하나입니다. 예배와 기도, 말씀이 하나되어 한 주간 동안 하나님이 하실 일들에 대해 선포할 때 그 예배와 기도가 하늘 보좌에 정확하게 닿는 기도가 될 것입니다.

* 토라 포션 증보 개정판에서는 토라 포션의 주간별 내용에 핵심적인 메시지를 요약 정리해서 기도문과 함께 올렸습니다. 매주간의 토라 포션을 묵상하신 뒤 요약 정리한 문장들과 기도문을 참고하시어 말씀을 기도로 올려 드리길 권면합니다.

Torah Portion

토라 포션표

The beginning of a word, Torah

창세기 주간 토라 포션 Weekly Torah Portion

	주제	의미	파라샤	하프타라	브리트 하다샤	
					킹덤과 종말론적 관점	복음서 관점
1	베레쉬트 בְּרֵאשִׁית	태초에	창1:1-6:8	사42:5-43:10	계22:6-21	요1:1-17
2	노아흐 נֹחַ	노아, 안식	창6:9-11:32	사54:1-55:5	마24:36-46	눅17:20-27
3	레크 레카 לֶךְ-לְךָ	너를 위해 가라	창12:1-17:27	사40:27-41:16	롬4:1-25	요8:51-58
4	봐예라 וַיֵּרָא	그리고 그가 나타났다	창18:1-22:24	왕하4:1-37	눅1:26-38, 24:36-53	눅17:28-37
5	하예이 사라 חַיֵּי שָׂרָה	사라의 인생	창23:1-25:18	왕상1:1-31	마1:1-17	요4:3-14
6	톨레도트 תּוֹלְדֹת	세대, 계보	창25:19-28:9	말1:1-2:7	롬9:1-13	마10:21-38
7	봐예쩨 וַיֵּצֵא	그리고 그가 갔다	창28:10-32:2	호11:7-14:9	요1:19-51	요1:41-51
8	봐이쉴라흐 וַיִּשְׁלַח	그리고 그가 보냈다	창32:3-36:43	옵1:1-21	히11:11-20	마2:13-23
9	봐예쉐브 וַיֵּשֶׁב	그리고 그가 거주했다	창37:1-40:23	암2:6-3:8	마1:1-6, 16-25	마1:18-25
10	미케츠 מִקֵּץ	그 끝에	창41:1-44:17	왕상3:15-4:1 슥2:13-4:7	마27:15-46	요10:22-28
11	봐이가쉬 וַיִּגַּשׁ	그리고 그가 가까이 왔다	창44:18-47:27	겔37:15-28	눅6:12-16	눅24:30-48
12	봐예히 וַיְחִי	그리고 그가 살았다	창47:28-50:26	왕상2:1-12	벧전1:1-9	요13:1-19

창세기 일일 토라 포션 Daily Torah Portion

주간	주제	일 Day 1	월 Day 2	화 Day 3	수 Day 4	목 Day 5	금 Day 6	토 Day 7
1	베레쉬트 בְּרֵאשִׁית	1:1-2:3	2:4-19	2:20-3:21	3:22-4:18	4:19-22	4:23-5:24	5:25-6:8
2	노아흐 נֹחַ	6:9-22	7:1-16	7:17-8:14	8:15-9:7	9:8-17	9:18-10:32	11:1-32
3	레크 레카 לֶךְ-לְךָ	12:1-14	12:14-13:4	13:5-18	14:1-20	14:21-15:6	15:7-17:6	17:7-27
4	봐예라 וַיֵּרָא	18:1-14	18:15-33	19:1-20	19:21-21:4	21:5-21	21:22:34	22:1-24
5	하예이 사라 חַיֵּי שָׂרָה	23:1-16	23:17-24:9	24:10-26	24:27-52	24:53-67	25:1-11	25:12-18
6	톨레도트 תּוֹלְדֹת	25:19-26:5	25:6-12	26:13-22	26:23-29	26:30-27:27	27:28-28:4	28:5-9
7	봐예쩨 וַיֵּצֵא	28:10-22	29:1-17	29:18-30:13	30:14-27	30:28-31:16	31:17-42	31:43-32:2
8	봐이쉴라흐 וַיִּשְׁלַח	32:3-12	32:13-32	33:1-5	33:6-20	34:1-35:8	35:9-36:19	36:20-43
9	봐예쉐브 וַיֵּשֶׁב	37:1-11	37:12-24	37:25-36	38:1-30	39:1-6	39:7-23	40:1-23
10	미케츠 מִקֵּץ	41:1-13	41:14-36	41:37-52	41:53-42:17	42:18-43:15	43:16-29	43:30-44:17
11	봐이가쉬 וַיִּגַּשׁ	44:18-31	44:31-45:8	45:9-20	45:21-28	46:1-27	46:28-47:10	47:11-27
12	봐예히 וַיְחִי	47:28-48:9	48:10-16	48:17-22	49:1-18	49:19-27	49:28-50:21	50:22-26

* 히브리적 관점에서 한 주간의 첫 날은 주일(Sunday)부터 시작입니다. 그래서 토라 포션을 읽고 묵상하실 때 주일(Sunday)을 주간의 첫 날로 시작하시면 됩니다.

절기 토라 포션표

절기 토라 포션들은 중요한 절기들에 읽혀지는데 유월절과 장막절을 제외한 나머지 날들은 그 주간의 토라 포션과 함께 읽게 됩니다. 유월절과 장막절에는 절기 포션만 읽도록 되어 있습니다. 그 외의 특별한 주간들에 정해진 토라 포션 외에 더 읽도록 되어 있는 포션들도 있지만, 여기서는 절기 포션들만 소개하도록 하겠습니다.

	절기	파라샤	하프타라	브리트 하다샤
1	하누카 (봉헌)	민7:1-11	슥2:14-4:7 왕상7:40-50	요9:1-7 요10:22-39
2	부림 (제비뽑기)	출17:8-16	에스더 전체 시3:3	히11장 전체
3	페싹 (유월절)	출12:21-51 민28:16-25	수3:5-7, 5:2-15 수6:1, 27	요1:29-31 요10:14-18
4	샤부옽 (오순절)	출19:1-20:23 민28:26-31	겔1:1-28 겔3:12	요1:32-34 마3:11-17
5	로쉬 하샤나 (나팔절)	창21:1-34 민29:1-6	삼상1:1-2:10	살전4:13-18
6	욤 키푸르 (대속죄일)	레16:1-34 민29:7-11	사57:14-58:14	고후 5:10-21
7	수콧 (장막절)	레22:26-23:44 민29:12-16	슥14:1-24	계7:1-10
8	심핱 토라	신33-34 창1:1-2:3 민29:35-30:1	수1:1-18	마5:17-48
9	로쉬 호데쉬 (월삭, 초하루)	민28:9-15	사66:1-24	벧전2:4-10

* 로쉬 호데쉬(달의 첫 날)는 월삭이라는 뜻으로 그 달의 첫 날에 읽는 본문입니다.

토라 기도문

בָּרוּךְ אַתָּה אֲדוֹנָי אֱלֹהֵינוּ מֶלֶךְ הָעוֹלָם

바룩 아타 아도나이 엘로헤이누 멜렉 하올람

여호와 우리 하나님 온 우주의 왕이신 당신을 송축합니다

אֲשֶׁר קִדְּשָׁנוּ בְּמִצְוֹתָיו וְצִוָּנוּ לַעֲסוֹק בְּדִבְרֵי תוֹרָה

아쉐르 키드샤누 베미쯔보타브 뭬찌바누 라아쏘크 베디브레이 토라

우리를 말씀으로 거룩하게 구별하시고

토라의 말씀으로 빠져들게 하시는 당신을 찬양합니다

창세기
בְּרֵאשִׁית
B'REISHEET

베레쉬트

1주간

בְּרֵאשִׁית
B'REISHEET
베레쉬트, 태초에

파라샤 **창1:1-6:8**
하프타라 **사42:5-43:10**
브리트 하다샤 **계22:6-21 / 요1:1-14**

DAY 1 창세기 1:1-2:3

베레쉬트

בְּרֵאשִׁית בָּרָא אֱלֹהִים אֵת הַשָּׁמַיִם וְאֵת הָאָרֶץ

베레쉬트 바라 엘로힘 엩 하샤마임 붸엩 하아레쯔

"태초에 하나님이 하늘들과 땅을 창조하셨습니다"창1:1

    토라는 "태초에 하나님이 하늘들과 땅을 창조하셨다"고 시작합니다. 하나님은 왜 하늘들과 땅을 창조하셨을까요? 토라를 여는 첫 단어인 베레쉬트בְּרֵאשִׁית는 '베בְּ'라는 단어와 '레쉬트רֵאשִׁית'라는 단어로 이루어져 있습니다. 히브리어 알파벳 '베트בְּ'는 '집'이라는 뜻과 '~안에'라는 뜻을 가지고 있습니다. 레쉬트רֵאשִׁית는 '가장 앞선 처음', '처음 기간', '처음 부분', '처음 열매'라는 뜻을 가지고 있습니다. 하나님은 하늘들과 땅 창조의 처음, 그 시작을 아버지 품안에서 하시면서 창조하신 세상을 아버지의 집으로 만드시고 창조된 모든 창조물을 아버지의 집 안에 두셨습니다. 그리고 아버지의 집에서 세상 창조의 목적과 하나님의 킹덤의 완성을 위한 이야기를 시작하십니다. 토라의 첫 구절인 히브리어 "베레쉬트 바라 엘로힘 엩 하 샤마임 붸엩 하아레쯔"에는 단어 하나하나에 창조의 순간이 얼마나 경이롭고 놀라웠으며, 깊은 사랑이었는지가 드러나 있습니다.

베레쉬트בְּרֵאשִׁית

이 단어는 "나의 집으로 들어와라. 너를 위해 내가 창조한 온 우주와 시간과 영원을 이야기해 줄게"라고 자녀들을 그분의 가족됨 안으로 초대하시는 아버지의 음성입니다.

바라בָּרָא

이 단어에서 첫 알파벳인 베트בּ는 벤בֵּן(아들)을, 두 번째 알파벳인 레쉬רֵ는 루아흐רוּחַ (영)를, 마지막 단어인 알렙א은 아브אָב(아버지 하나님)을 상징합니다. 즉, 아들, 성령, 아버지 세 분 하나님이 함께 창조하셨음을 나타냅니다.

엘로힘אֱלֹהִים

하나님은 자신을 "전능한 하나님"으로 말씀하십니다. 엘로힘이라는 단어는 세 분 하나님을 나타내는 복수형태로 쓰이지만 동사는 단수로 사용됩니다. 하나됨을 이루신 삼위의 하나님이 하나됨을 통하여 하나의 뜻으로 행하시는 하나님이기 때문입니다.

하샤마임הַשָׁמַיִם

한 개의 하늘이 아닌 하늘들을 창조하셨습니다. 샤마임שָׁמַיִם은 두 가지 해석이 있습니다. 샴שָׁ(거기)이라는 단어와 마임מַיִם(물)이라는 단어의 합성으로 해석할 때 '거기에 물이 있다'는 뜻으로 '하늘에 있는 생명의 강'을 나타냅니다. 또 다른 히브리적인 해석에서 하늘인 샤마임שָׁמַיִם을 에쉬אֵשׁ(불)과 마임מַיִם(물)의 합성어로 보기도 하는데 이것은 하늘은 불과 물이 조화롭게 어울려져 있는 곳임을 나타냅니다. 두 가지 해석 모두 하늘의 모습을 보여줍니다. 하나님은 소멸하는 불이시며 영원히 목마르지 않게 하시는 생명의 물이십니다. 하나님이 계신 하늘에는 불과 물이 조화롭게 존재하고 있습니다. 그리고 이 하늘들은 여러 개의 층으로 이루어진 세계입니다. 히브리적 세계관에서 샤마임(하늘)은 7층천으로 이루어져 있고 매 하늘과 하늘 사이를 '라키아רָקִיעַ(궁창)'라 부르며 아버지께서 앉아 계신 보좌가 있는 일곱 번째 하늘은 다시 세 단계의 하늘로 나눠져 있습니다.[8]

---

8   하늘이 7층천으로 구성되어 있다는 개념은 성경의 배경이 되는 히브리적인 세계관이다. 7층천으로 구성된 하늘에 대한 이해는 유대교의 탈무드와 여러 유대문헌들에서 나타난다. 특별히 메르카바 문헌이나 헤이칼롯 문헌들에서 하늘들과 천사들에 관해서 다루고 있으며 이러한 문헌들의 초기 원자료는 에녹 문헌들이다. 기독교도 유대교의 이러한 히브리적 세계관을 이어받아서 카톨릭에서는 7층천에 대한 개념이 전승되어 왔지만 개신교에서는 7층천에 대해서 일반적으로 낯설게 받아들이는 사람들이 많다. 이는 정경 66권 안에서는 7층천에 대한 언급이 분명하지 않기 때문이며 【고후12:1-6】에서 사도바울이 셋째 하늘의 낙원에 이끌려 갔다 온 것을 언급한 것이 유일하기 때문이다. 사도 바울이 셋째 하늘의 낙원을 언급할 때 바울이 3층천만 존재한다고 생각해서 셋째 하늘을 언급한 것이 아니라 7층천 중에서도 셋째 하늘의 낙원 영역을 다녀왔다라는 것을 언급하기 위해서 셋째 하늘의 낙원을 언급한 것이다.

하아레쯔הָאָרֶץ

하아레쯔는 ①하늘과 반대되는 개념으로의 땅 즉, 지구를 의미하기도 하고(창1:1-2, 2:1) ②지구에서 바다를 제외한 마른 땅(뭍陸)을 의미하기도 하며(창1:9-10) ③마른 땅인 대륙 전체에서 중앙의 한 부분인 에덴-동산의 지역을 의미하기도 합니다(창2:11,13). 하늘과 ①땅을 창조하셨던 하나님은 다시 ②마른 땅을 마련해 주심으로(창세기1:2-2:4a) 하나님의 킹덤을 위한 모든 셋팅을 마치신 후에 마른 땅 중에서도 다시 ③한 동산으로 여호와 하나님의 관심이 모아집니다(창2:4b-15). 이와 같이 창세기 1-2장의 천지창조 이야기는 하나님의 시각이 우주에서 지구로, 지구에서도 다시 '그 땅(하아레쯔)'으로 클로즈업(close-up)되는 것을 볼 수 있습니다.

하나님은 왜 온 우주가운데서 지구를, 또한 지구에서도 '그 땅'을 특별하게 하셨을까요? '그 동산'이 많은 땅들 중에서도 '아버지의 집(킹덤)'의 중앙 수도가 세워질 땅이고 '그 동산' 중앙에 하나님이 친히 좌정하시며 그곳을 통치의 중심으로 삼아 온 하늘들과 땅과 우주 만물을 다스릴 계획을 가지고 계시기 때문입니다. 토라에서 하나님은 자신의 백성을 향해 지속적으로 '그 땅'이라는 말씀을 하시는데 하나님이 말씀하시는 '그 땅'은 바로 하나님이 태초부터 정하신 약속의 땅이며 이 약속의 땅이 히브리어로 하아레쯔הָאָרֶץ입니다. 하나님은 태초에 천지만물을 창조하실 때 이미 하나님의 통치의 중앙이될 '그 땅'을 이미 정하셨고 바로 '그 땅'이 후에 아브라함을 통해 그 자손에게 주겠다고 언약하신 '약속의 땅'이 되었습니다. 이 약속의 땅은 하나님의 킹덤과 통치의 중심 무대이며 창세기 2장의 에덴-동산이며 그 동산의 중앙은 지금의 예루살렘입니다.

창세기1:1은 완전한 사랑 안에서 영원한 하나됨을 이루신 성부성자성령 하나님(엘로힘)께서 그분의 가족됨 안으로 우리를 초대하기 위해 창조를 시작하셨음을 알려주고 있습니다(베레쉬트). 하늘의 세계(샤마임)와 땅의 세계(하아레쯔)를 창조하신(바라) 이유는 우리를 그 영원한 하나됨에 들어오게 하기 위해서입니다. 상상해 보십시오. 아버지가 자녀들을 불러 놓고 사랑으로 창조의 작업을 했던 위대한 일들을 들려주는 장면을, 그리고 그 모든 것이 나를 위한 것임을. 토라는 아버지의 따뜻한 초대에 자녀들을 불러주는 것입니다. 그리고 아버지의 계획과 마음을 나눠주는 것입니다.

분리와 생명

"땅이 혼돈하고 공허하며 흑암이 깊음 위에 있고
하나님의 영은 수면 위에 운행하시니라" **창1:2**

말씀 가운데는 드러나있지 않지만 하늘들(샤마임)과 땅(하아레쯔)이 아름답고 완전하게 창조된 후에 어떤 상황으로 인해(창1:1과 1:2사이) 땅이 혼돈(토후ההו)하게 되고 공허(보후בהו)하게 되는 상태의 변화(하예타הָיְתָה)가 생기게 됩니다. 혼돈하고 공허하게 된 땅은 깊은 물로 뒤덮이게 되었으며 흑암(호쉐크חשֶׁ, 비참하고 파괴된 상태, 죽음, 사악함)이 온 우주를 덮게 되었습니다. 태초에 있었던 땅의 혼돈과 공허는 한 사람의 상태, 혹은 한 나라의 상태를 의미하기도 합니다. 아버지의 사랑과 하나님의 연합 안으로 초대된 창조 세계, 그리고 그 안에 있는 나 한 사람, 또한 하나님의 뜻 가운데 부르심을 받은 한 나라 혹은 민족이 어떤 것에 의해 혼돈하고 공허하게 되어 비참하고 파괴된 상태가 될 수도 있습니다. 이스라엘은 전능하신 하나님, 온 우주의 주관자이신 하나님과 첫 언약을 맺음으로 하나님의 킹덤에 가장 먼저 초대받은 자가 되었고 하나님의 생명의 풍성함을 누렸지만 이들은 이집트에 의해, 바벨론에 의해, 그리고 그리스(헬라)와 로마에 의해 혼돈과 공허, 비참함과 파괴, 죽음의 상태를 경험했습니다. 그래서 유대 랍비들은 이 구절이 단순히 세상 창조의 시작에 있었던 상태 변화를 나타낸 것만이 아니라 이스라엘의 역사 가운데 있게 될 민족적인 상태를 예언적으로 나타낸 것이라고 해석합니다. 이스라엘이 겪은 이와 같은 혼돈과 공허의 상태는 또한 우리 각 사람의 영적 상태의 한 과정을 나타내기도 합니다. 세상에 던져진 우리는 세상의 힘과 영향력 아래서 혼동과 공허와 흑암을 경험합니다. 그런데 이러한 혼동, 공허, 흑암 가운데서 하나님의 영(루아흐רוּחַ, 바람, 호흡)이 재창조를 위해 운행하기 시작합니다(라하프רחַף, hover 맴돌다).

루아흐רוּחַ는 바람, 호흡, 영 이라는 뜻입니다. 생명의 바람과 호흡이 죽음의 물 위에 운행하고 계셨습니다. '운행하다'라는 라하프רחַף는 '긴장을 풀다relax, 혹은 맴돌다hover, 진동하다shake, 움직이다move'라는 뜻을 가집니다. 이 단어는 생명의 탄생을 위해서 어미가 알을 품고 있는 상태를 나타냅니다. 생명의 바람이요 호흡이신 루아흐께서 빛 하나 존재하지 않는 흑암 속에서 깊은 사랑과 자비(자궁, 라함רחַם)로 혼돈, 공허, 흑암의 상태의 땅을 품으시고 그 위에 운행하셨습니다. 이 루아흐, 하나님의 영은 곧 메시아의 영입니다.[9] 메시아의 영이 수면위에 운행하시자 생명의 일이 시작되었습니다. 태초에 루아흐, 메시아의 영이 수면위에 운행하심으로 시작된 생명의 일은 또한 마지막 날에 메시아닉 킹덤이 시작되면 물이 바다를 덮음같이 여호와를 아는 지식과 영광이 온 땅에 가득하게 되면서(사11:9, 합2:14) 회복하고 살아나게 될 부활 세상을 나타냅니다. 태초에 창조된 세계에 혼돈과 공허가 들어왔지만 루아흐, 하나님의 영, 메시야의 영이 운행하심으로 새롭게 된 것처럼 마지막 날 메시아는 믿는 자들을 부활 생명으로 다시 살아나게 하실 것입니다. 하나님의 영의 운행하심은 어미가 아기를 그 자궁에 품듯 자신의 품에 품으신 모습을 나타내는데 비록 우리가 혼돈과 공허의 상태를 경험하며 사망의 흑암을 지나간다 할지라도 그분의 영은 우리를 품으시고 그분의 생명으로 다시 살아나게 하실 것이며 우리를 새롭게 하실 것입니다.

하나님의 영은 '빛이 있으라'는 선포와 함께 흑암 가운데서 빛과 어둠을 나누셨습니다.[10] 물들을 궁창 위의 물과 궁창 아래의 물로 나누시고 궁창 아래의 물과 마른 땅을 구분되게 하셨습니다. 마른 땅에 나무와 채소들이 자라게 하였습니다. 3일 동안의 나눔과 분리의 작업을 통해 혼돈으로 뒤섞여버린 세상을 나누고 또 나누어서 구별되고 거룩하게 하셨습니다. 그리고 나머지 3일 동안은 공허하게 되어버린 곳을 생명에 속한 것들로 채우셨습니다. 하늘의 광명체들과 공중의 새와 바다의 물고기와 땅의 동물들, 그리고 하나님의 형상과 모양으로 빚어진 사람을 만드셨습니다. 나눔과 분리의 작업이 끝나자 그 안은 생명으로 채워지기 시작했습니다. 우리 안에 빛과 어둠이 잘 나뉘어지고 하늘에 속한 부분과 땅에 속한 부분이 잘 분별되어지며 사망에 속한 것과 생명에 속한 것이 잘 분리되어져서 영에 속한 것과 육에 속한 것이 잘 구분되어지면 생명에 속한 것들이 더 발휘되고 더 잘 자라고 번성하여 충만으로 나아가기 시작합니다. 분리는 죄와 어둠을 나로부터 떼어내는 거룩의 과정이며 혼돈에서 질서로, 공허에서 충만으로 나아가게 하는 과정입니다. 창세기1:3부터 시작하는 첫날부터 하루하루의 과정은 한 사람이 흑암에서 빛으로, 사망에서 생명으로, 어둠

---

9 【Genesis Rabbah 2:4】 그의 위에 하나님의 영이 내려오셨다

【사11:2】 그의 위에 여호와의 영이… 강림하시리니

10 랍비 베하예는 '베레쉬트(태초에)'라는 단어를 성전으로, '보후와 토후(혼돈하고 공허)'라는 단어를 바벨론 포로로 '예히 오르(빛이 이었다)'라는 단어를 메시아닉 킹덤의 시대로 보았다. 랍비 베하예(Rabbi Bechaye ben Asher)는 13세기(1255-1340) 스페인의 유대인 학자로 가장 많이 알려진 성경 주석가이다. 그의 성경 주석은 오늘까지 유대인들의 성경 해석과 연구에 큰 영향을 주고 있다.

의 권세에서 하나님의 통치 안으로 충만해지는 거룩과 생명의 과정을 보여줍니다. 분리는 생명을 향해 나아가는 시작이며 생명으로 채워지는 과정입니다.

빛이 있으라

하나님은 혼돈하고 공허하며 흑암 가운데 있는 세상을 향해 가장 먼저 "빛이 있으라" (창1:3)고 명령하셨습니다. 빛의 존재와 함께 이 세상이 시작됩니다. 빛이 있다는 것은 볼 수 있다는 것이고 또 보이지 않던 것들이 보이게 된다는 것을 의미합니다. 형태도 없고 모든 것이 무질서의 상태가 된 세상에 빛이 존재함으로 하나씩 형태와 질서가 다시 드러나고 잡혀지기 시작했습니다. 어둠 가운데 있으면 아무것도 볼 수 없기 때문에 무엇이 엉망진창인지, 혼돈한지 분별할 수 없습니다. 그러나 빛이 나타나면 무엇이 비어 있고 잘못되어 있는지 보이기 때문에 하나씩 바로잡아갈 수 있습니다. 빛은 드러나고 보이게 해서 새롭게 만드는 변화와 창조의 능력입니다.

첫째 날의 이 빛은 우리가 일반적으로 말하는 하늘 광명체의 빛이 아니었습니다. 넷째 날에 하늘 광명체들이 땅에 빛을 비추시도록 만드시기 전 창세기 1:3에서의 이 빛은 지금 우리가 살고 있는 세상을 비추는 자연의 빛보다 더 근원에서 나오는 빛이었습니다. 이 빛은 경이롭고 놀라우며 신비로운 빛으로 하나님에 의해 말씀으로 선포된 빛이었습니다. 하나님은 빛을 통해 자신을 이 세상에 드러내셨습니다(요1:4-5). 그리스도는 바로 이 '세상의 빛'이십니다(요9:5, 요일1:5). 그리스도는 이 빛 가운데 자신을 완전히 드러내신 하나님이셨습니다. 모든 만물이 밝히 하나님을 볼 수 있었고 아담과 하와도 하나님을 볼 수 있었습니다. 하나님이 두신 에덴-동산에서 그들은 하나님과 함께 걸었습니다. 그러나 하나님은 사람이 죄를 짓고 땅 위에는 악함이 일정 기간 동안 흥왕하게 될 것이라는 것을 미리 보셨습니다. 그래서 하나님은 자신의 빛을 악한 자들에게는 차단하시고 먼 미래에 다시 오게 될 세상에 (올람 하바, World to come) 남겨진 의로운 자들을 위해 다 드러내실 때까지 '그 빛'을 감추셨습니다.

그리고 예슈아께서 이 땅에 '그 빛'으로 오셨습니다. 예슈아의 얼굴에 나타난 하나님의 영광을 아는 빛은 우리의 마음을 비추었습니다(고후4:6). 혼돈하고 공허하며 어둠이 가득했던 우리의 마음은 예슈아를 볼 때 영광의 빛으로 채워지고 새로운 피조물로 재창조됩니다. 깊은 어둠 속에서 빛이 있으라고 말씀하신 하나님께서 예슈아의 얼굴에 있는 빛을 지금도 우리에게 비추고 있습니다. 예슈아가 세상의 빛이십니다. 예슈아를 사랑하면 할수록, 더 깊이 알면 알수록 그분의 영광의 빛이 우리를 채우고 그분의 형상으로 자라가게 합니다. 하나님의 일은 다른 것이 아닙니다. 예슈아를 알고 믿는 일이 곧 하나님의 일입니다.

> "우리가 어떻게 하여야 하나님의 일을 하오리까 예수께서 대답하여 이르시되
> 하나님께서 보내신 이를 믿는 것이 하나님의 일이니라"요6:28-29

예슈아께서 다시 이 땅에 오시면 창조의 '그 빛'을 이스라엘과 열방에 비추실 것입니다. 여호와의 날에 하나님을 대적했던 악한 자들은 심판을 받겠지만 구원받은 자들은 시온으로부터 떠오르는 '그 빛'을 보게 될 것입니다. 열방은 메시아이신 예슈아의 빛 가운데로 행하면서 예루살렘으로 올라와 시온에서 선포되는 토라를 배우게 될 것입니다.[11] 사도 요한은 이 숨겨졌던 빛이 앞으로 오게 될 세상에서 어떻게 비춰지게 될 것인지를 보았습니다. 그는 새 예루살렘을 바라보면서 그때가 되면 땅을 비추게 하셨던 넷째 날의 광명체들의 빛은 필요없게 될 것인데 이는 하나님의 영광의 빛이 완연하게 다 드러나게 될 것이기 때문이라고 말합니다.

> "그 성은 해나 달의 비침이 쓸 데 없으니 이는 하나님의 영광이 비치고 어린 양이
> 그 등불이 되심이라"계21:23

> "다시 밤이 없겠고 등불과 햇빛이 쓸 데 없으니 이는 주 하나님이 그들에게
> 비치심이라"계22:5

사도 요한이 본 이 빛이 바로 태초에 하나님이 '빛이 있으라' 말씀하시며 좋다고 하셨던 그 경이롭고 놀라우며 신비로운 빛입니다. 남겨진 의로운 자들을 위해 비추시기 위해 숨기셨던 태초의 '그 빛'입니다. 우리는 메시아가 오시면 첫째 부활에 참여하여 이 빛가운데 살게 될 것입니다.

---

11 【사2:3】 말일에⋯많은 백성이 가며 이르기를 오라 우리가 여호와의 산에 오르며 야곱의 하나님의 전에 이르자 그가 그의 길을 우리에게 가르치실 것이라 우리가 그 길로 행하리라 하리니 이는 율법이 시온에서부터 나올 것이요 여호와의 말씀이 예루살렘에서부터 나올 것임이니라

종류대로

하나님이 식물과 동물들, 생명이 있는 모든 것들을 종류대로 만드셨습니다. 똑같이 만들지 않으셨습니다. 똑같아야 그것이 하나된 것이라고 말씀하지 않으셨습니다. 모든 생명이 있는 것들은 각각의 모습과 특징과 성질을 가지고 창조되었습니다. 하나님은 이것이 보시기에 '좋았다(토브בוֹט)'고 하셨습니다. 모든 다르게 생긴 것들이 서로가 달라서 보기 흉하다고 하지 않으셨고 종류대로 있는 모습 그 자체가 토브하다고 하셨습니다. 오히려 종류대로 다르게 지어진 생명체들의 모습은 하나님이 얼마나 창조적이며 다양한 분이신지를 보여줍니다.

우리들 가운데 서로 다른 모습은 불편함을 주는 것이 아니라 그 모습을 통해 하나님의 다양한 면을 알 수 있게 해줍니다. 상대의 다른 모습을 통해 하나님의 성품과 마음을 깨달을 수 있습니다. 나랑 똑같아지는 것이 하나됨이 아닙니다. 상대의 다른 모습 속에서 하나님을 보고 함께 하는 것이 '하나됨'입니다. '우리는 하나니까 너는 나처럼 되고 나도 너처럼 될게'라고 말하면서 잘못된 관계로 묶고 서로를 강요하는 것이 하나됨이 아닙니다. 각자의 모습이 존중되고 그 모습 안에서 서로를 세워주고 보호해 주며 함께 하는 것이 하나됨입니다. 그리고 이것이 하나님의 킹덤의 문화입니다. 종류대로, 모습대로, 성품대로 각각 다르지만 서로의 존재가 존중되고 사랑하고 사랑받는 문화, 이런 문화가 남편과 아내 사이에, 부모와 자녀 사이에, 형제들 사이에 세워질 때 하나님의 킹덤이 온전히 이뤄집니다.

우리의 형상을 따라 우리의 모양대로

בְּצַלְמֵנוּ כִּדְמוּתֵנוּ וְיִרְדּוּ

베짤메누 키드무테누 베이르두

"하나님이 이르시되 우리의 형상을 따라 우리의 모양대로
우리가 사람을 만들고"창1:26

형상이라는 히브리어는 쩰렘םֶלֶצ으로 '음영shade, 환영panthom, 영상'을 의미합니다. 이것은 빛에 의해 형체가 만들어지는 것으로 마치 빔프로젝트의 빛이 보이고자 하는 물체와 똑같은 모습을 빛으로 맺혀서 나타내게 하는 것과 같습니다. 모양이라는 히브리어는

데무트תִמוּת로 '닮음, 유사함, 앞의 것을 닮은 모델'이라는 뜻을 가지고 있습니다. 데무트의 동사 원형은 다마דָּמָה인데 이것은 히브리어의 파알 동사로 '닮았다'는 뜻입니다. 보통 자녀가 부모의 모습을 닮았다, 어떤 사람이 또 다른 사람과 닮았다고 할 때 쓰입니다. 그런데 다마 동사가 강조형 동사인 피엘 동사 디메דִּמָה로 쓰이게 되면 '닮아서 그 모습이 똑같이 나타난 것'을 의미합니다.

사람을 창조하실 때 처음 상태는 쩰렘, 빛에 의해 맺혀진 형상이었다면 최종 상태 데무트는 완전히 하나님을 닮은 모습이었습니다. 하나님은 우리를 만드실 때 당신의 빛으로 상을 맺게 하신 뒤 우리의 모습이 하나님과 똑같은 모습과 모양으로 실체가 되게 하십니다. 그리고 빛으로 나타난 형체를 흙으로 빚어서 실제 모양이 되게 하시고 당신의 생기를 불어 넣으셨습니다(창2:7). 우리는 하나님의 빛과 호흡, 루아흐로 채워진 존재입니다. 창조의 시작에 하나님은 우리를 그분의 빛으로 창조하시고 루아흐, 그분의 생명과 호흡으로 채워서 우리에게 세상을 다스리라고 명령하셨습니다. 세상을 다스리도록 창조된 우리는 하나님의 빛과 루아흐입니다. 그리고 이 빛과 루아흐의 본질 되시는 분은 메시아이신 예슈아입니다. 하나님은 우리가 예슈아처럼 되길 원하십니다. 그래서 하나님은 우리가 그 아들인 예슈아의 형상을 본받게 하기 위하여 미리 아신 우리를 예정하여 부르시고 의롭다 하시며 영화롭게 하십니다(롬8:29-30). 하나님의 형상과 모양을 따라 지음받은 우리는 죄로 인해 그 형상과 모양이 왜곡되고 비뚤어졌지만 결국 하나님이 태초부터 결정하시고 계획하신대로 그리스도의 피를 통해 구속 곧 죄의 용서를 받아서 하나님의 붙들어 주심과 긍휼 안에서 영화롭게 변하게 될 것입니다.

【주제 #1】 마 에노쉬 מָה אֱנוֹשׁ 사람이 무엇이관대 (창세기 1장26절과 27절 사이에 있었던 일)

바벨론 탈무드 Sanhedrin 38b:5 에 인간 창조와 관련된 흥미로운 전승이 소개되어 있다.

랍비 예후다가 말했다: 거룩하신 분께서 사람을 창조하고자 하셨을 때 한 무리의 수종드는 천사들을 만드셨다. 그분께서 그들에게 말씀하셨다: "너희가 기쁘게 받아들인다면 우리의 형상대로 사람을 만들고자 한다." 천사가 그분께 말했다: "우주의 주재시여, 당신께서 제안하시고 창조하시고자 하는 그는 무엇을 하게 됩니까?" 하나님께서 말씀하셨다: "그는 인간의 본성에 따라 이렇게 이렇게 할 것이다." 천사들이 그분께 말했다: "사람이 무엇이기에 이토록 생각해 주시며 사람의 아들이 무엇이기에 이토록 보살펴 주십니까? 이러한 피조물은 만들 가치가 없습니다."(시편 8:5) 하나님께서 그들 사이로 그의 새끼 손가락을 뻗으셔서 그들을 불 태웠다.

두 번째 무리의 천사들에게도 같은 일이 일어났다. 그분께서 물어보신 세 번째 무리의 천사들이 그분께 말했다: "우주의 주재시여, 첫 두 무리가 그들의 생각을 당신께 말하여 무엇을 이루었습니까? 온 세계가 당신의 것입니다. 당신께서 하고자 원하시는 것을 하십시오." 그런 일이 있은 후 하나님께서 첫 사람을 만드셨다.

역사가 홍수 세대의 사람들과 흩어짐의 세대의 사람들의 때(바벨탑 사건)에 이르렀을 때, 천사들이 하나님께 와서 말했다: "우주의 주재시여, 첫째와 둘째 무리의 천사들이 인간이란 존재는 만들어질 가치가 없다고 당신께 말한 것이 합당한 말이 아니었을까요?"

하나님께서 인간에 관하여 천사들에게 말씀하셨다: "인간들이 노년에 이르기까지 내가 그리하겠고 백발이 되기까지 내가 인간들을 품을 것이라 내가 지었은즉 내가 업을 것이요 내가 품고 구하여 내리라 내가 인간을 만들었으니 내가 그들의 결함까지 감수(甘受)하리라."[12]

San. 38b:5 에서는 시편 8:4(히브리 성경의 5 절)의 "사람이 무엇이관대 주께서 그를 생각하시며 인자가 무엇이관대 주께서 그를 권고하시나이까?" 라는 구절이 원래는 하나님의 형상을 닮은 인간을 창조하시겠다는 하나님의 계획에 의문과 반대를 표현했던 한 무리의 천사들의 반항적인 뉘앙스를 가진 반문이었다고 소개하고 있다. 여기서 '사람이 무엇이관대'의 사람은 아담이 아니라 에노쉬로 사용되었다. 히브리어 에노쉬אֱנוֹשׁ는 '연약한, 깨지고 쉬운, 고쳐지지 않는, 교정할 수 없는, 불치의, 구제불능의'라는 의미를 가지고 있다. 이 이야기는 에노쉬같은 존재인 결함 많고 깨지기 쉽고 병약하며 불순종하여 엇나가기 쉬운 인간을 창조 때부터 이미 구속하여 주시기로 결정하셨고 영화로운 최종 단계에 이르기까지 붙들어주시는 하나님의 놀랍고 분에 넘치는 사랑을 이사야서 46:4의 구절을 통해서 마무리하고 있다. "너희가 노년에 이르기까지 내가 그리하겠고 백발이 되기까지 내가 너희를 품을 것이라 내가 지었은즉 내가 업을 것이요 내가 품고 구하여 내리라"(이사야 46:4) 내가 인간을 만들었으니 내가 그들의 결함까지 감수(甘受)하리라."

시편 8:4의 구절이 하나님이 인간을 창조 하기 전에 천사들이 인간에 대한 시기심과 질투로 반항하며 대꾸한 표현이라고 설명하는 다른 곳은 Sanhedrin 38b:5 이외에도 아래 다른 책에서도 더 발견되어진다. Shabbat 88, Rashi on Genesis 6:1, Darashos HaRan 9:28, Otzar Midrashim, Maayan HaChochmah(Version 1), 에녹3서.

처음 두 그룹의 천사들이 인간 창조의 뜻을 하나님께로부터 들었을 때 그들은 인간은 무엇을 하게 될 존재인지를 물어보았다. 그에 대한 대답으로 하나님은 "(כֹּכָה כָּכָה וַיְמַשֵׁשׁ)카카 카하 베

---

12 【사46:4】 너희가 노년에 이르기까지 내가 그리하겠고 백발이 되기까지 내가 너희를 품을 것이 내가 지었은즉 내가 업을 것이요 내가 품고 구하여 내리라

마아쎄이)그의 행함은 이러 이러할 것이다"라고 하며 대답해 주셨고 그 대답을 들은 천사의 무리들은 "사람이 무엇이기에 이토록 생각해 주시며 인자는 무엇이기에 이토록 보살펴 주십니까?"라고 대답한다. 천사들이 이러한 대답을 한 후에 불에 타는 형벌을 받은 결과를 보면 그들의 말의 뉘앙스에는 하나님의 계획에 대한 반항과 사람에 대한 시기, 질투심이 묻어 있었다는 것을 읽을 수 있다. 창세기의 사람 창조 본문에서 "하나님이 자기 형상 곧 하나님의 형상대로 사람을 창조"(창1:27)하시기 전에 "우리의 형상을 따라 우리의 모양대로 우리가 사람을 만들자"(창1:26a)라고 한 후 "그들로 바다의 물고기와 하늘의 새와 가축과 온 땅과 땅에 기는 모든 것을 다스리게 하자"(창 1:26b)라고 하시며 사람의 창조 목적이 만물을 다스리는 것에 있음을 분명히 한다. 여러 고대 유대 문헌들에서 소개되어지고 있는 이 전승은 창세기 1:26 과 1:27 사이에 있었던 일로 보여진다.

메시아닉 킹덤에서 누리는 시간, 샤밭

땅이라는 공간이 창조된 후 하나님은 샤밭(안식)이라는 시간을 창조하셨습니다. 하늘의 에덴이 땅 동산에 내려와 하늘과 땅이 하나된 그 공간에는 샤밭이라는 하나님의 시간이 있었습니다. 샤밭은 하나님으로부터 거룩하게 구별되고 축복받은 시간입니다. 그러므로 이 시간에 거한다는 것은 하나님으로부터 거룩하게 구별되고 축복받는다는 것을 의미합니다. 샤밭을 지키라고 명령하신 것은 우리가 거룩한 존재이며 축복받는 존재라는 것을 확인하고 하나님 안에서 완전함을 누릴 수 있게 하기 위한 하나님의 깊은 사랑입니다. 샤밭은 하나님이 하늘 에덴을 땅 동산에 두시고(동시에 땅 동산을 하늘 에덴에 두시고) 사람과 함께 안식하신 시간입니다. 에덴-동산에서부터 샤밭이 있었습니다. 샤밭은 유대인이 지키는 종교적인 시간이 아닙니다. 나의 존재가 어떤 존재인지를 확인하고 하나님 안에서 안식하며 하나님의 임재와 영광을 누리는 축복된 시간입니다. 교회가 이것을 지키지 말아야 할 이유는 성경 어디에도 없습니다. 빛과 함께 창조된 세상, 그리고 샤밭, 이것을 누리는 것이 곧 에덴[13]을 누

---

13 에덴은 즐거움과 기쁨이라는 뜻이다. 90세된 사라가 아들을 낳을 것이라고 천사 둘과 함께 내려온 여호께서 아브라함에게 말해주었을 때 사라는 속으로 웃으며 "내가 노쇠하였고 내 주인도 늙었으니 내게 어찌 낙이 있으리요"라고 말한다. 이때 낙樂은 히브리어로 에덴의 여성형 명사 에드나עֶדְנָה 로 쓰였다. 에드나는 부부가 한 몸을 이룰 때 경험하는 '연합의 즐거움'을 의미한다. 에덴은 단순한 즐거움과 기쁨이 아니라 연합과 하나됨을 통해서 누리는 즐거움과 기쁨이다.

리는 것입니다.

히브리적 관점에서 시간은 '하루는 천년과 같고 천년은 하루와 같은 것'입니다(벧후3:8). 이런 관점에서 볼 때 창조의 6일은 인류 역사 6,000년을 의미하는 것입니다. 6일 동안 일하신 하나님처럼 6,000년이라는 시간은 하나님이 인간에게 힘써 부지런히 일하며 달리라고 맡겨주신 기간입니다. 그리고 7일째 되는 날에 하나님이 안식하셨듯이 7번째 천년이 시작되는 시간에는 인간도, 땅도 안식하며 샤밭의 주인이신 예슈아의 완전한 통치를 누리게 될 것입니다. 이 7번째 천년은 메시아가 오셔서 온전히 다스리는 시간으로 우리는 이것을 메시아닉 킹덤이라고 부릅니다. 세상이 창조된 때부터 하나님이 안식하시기로 정하신 시간인 샤밭은 인류의 역사가 마무리되고 완전히 하나님의 통치로 들어가는 시간을 예표하는 것입니다. 매주의 샤밭을 지킴으로써 우리는 하나님의 완전한 통치가 있는 메시아닉 킹덤의 시간에 우리가 누리게 될 쉼과 회복을 미리 맛보고 연습하게 됩니다. 다시 말해, 샤밭은 의와 평강의 왕이신 메시아가 다스리시는 메시아닉 킹덤에서 누리게 될 샬롬을 미리 맛보고 누리며 리허설하는 시간입니다.

수천 년간 샤밭을 지켜온 유대인들이 매주 샤밭이 되면 어느 곳에서나 주고받는 인사가 있습니다. 그것은 '샤밭 샬롬'입니다. 평강의 왕이며 메시아이신 예슈아의 통치를 받는 7번째 천년, 샤밭에 우리가 누리게 될 것은 샬롬입니다. 유대인들은 이 인사를 하면서 수천년간 매주 샤밭의 샬롬(온전함)을 소망하며 기다리며 서로를 축복해 왔습니다. 그들은 샤밭이 되기 전에 샤밭을 준비하기 위해 집을 청소하고 장을 보고 샤밭의 식탁을 위한 요리를 만들면서 가장 활기차면서 분주하고 바쁜 시간을 보냅니다. 그리고 해가 떨어지면서 샤밭이 시작되면 그들은 목욕재계한 자신들을 깨끗이 단장하여 가장 아름답고 멋있는 의복을 입고 가족들의 식탁에 모여 빛을 초대하는 초를 켜고 빵과 포도주를 떼면서 온 우주의 하나님을 송축하고 말씀을 나누며 서로를 축복합니다. 그리고 향기롭고 맛좋은 음식이 가득 차려진 식탁에 둘러앉아 함께 만찬을 나눕니다. 이 모습이 마치 무엇과 같다고 여겨지십니까? 그렇습니다. 만왕의 왕, 우리의 신랑이신 예슈아가 오시기 직전에 신부들은 신랑을 기다리면서 가장 활기차면서 분주하고 바쁜 시간을 보낼 것입니다. 자신을 깨끗하게 하고 아름답고 멋있게 단장한 뒤 신랑을 맞이하기 위한 등불과 기름을 준비한 신부들은 왕의 식탁에 초대받아 왕의 만찬을 누리고 즐기게 될 것입니다. 이것이 바로 샤밭입니다. 하나님은 우리 모두를 당신의 식탁에 초대하셨습니다. 그리고 매주 그 날에 있을 잔치를 누려보라고 샤밭을 주셨습니다. 샤밭은 에덴-동산의 시간이며 또한 영원을 맛보는 시간입니다.

DAY 2 창2:4-19

에덴, 케뎀, 생명의 강

> "여호와 하나님이 동방의 에덴에 동산(간-베에덴 미케뎀גַּן־בְּעֵדֶן מִקֶּדֶם)을
> 창설하시고 그 지으신 사람을 거기에 두시니라"창2:8

에덴עֵדֶן은 즐거움과 기쁨이라는 뜻입니다. 에덴이라는 단어 앞에는 베בְּ, '~안에' 라는 전치사가 붙어 있습니다. '에덴' 안에 그 동산을 심고 고정(나타נָטַע)하셨습니다. 다시 말해, 하늘 에덴을 땅 동산에 심고 그 동산을 에덴에 고정시켜 하나로 묶어 두셨습니다. 그리고 그 에덴-동산을 동방으로부터(미케뎀מִקֶּדֶם) 시작하셨습니다. 동방이라는 단어 케뎀קֶדֶם은 공간적으로는 '동쪽'이라는 뜻을 가지지만 시간적으로는'가장 앞선 처음 시간'이라는 뜻을 가집니다. 그러므로 이 본문에서 '미케뎀'은 시간적, 공간적으로 에덴-동산의 상태가 출발했던 가장 처음이 되는 어느 한 지점을 의미합니다. 또한 '케뎀'이 카담קָדַם이라는 동사의 형태로 쓰일 때는 '계속 앞으로 진행하여 앞서 나아가다'라는 뜻을 가집니다. 그래서 '~로부터'라는 전치사 미מִ가 붙은 '미케뎀'은 공간적으로는 동쪽의 한 지점에서부터, 또한 시간적으로는 가장 먼저 시작된 에덴-동산의 상태가 '계속 앞으로 진행하여 나아가다'라는 의미를 더해줍니다.

하나님은 세상을 시작하시면서 하늘 에덴과 땅의 그 동산을 엮어서 에덴-동산을 만드셨습니다. 에덴은 하늘에 속한 것이고 동산은 땅에 속한 것입니다. 에덴은 하나님이 셋째 하늘에 만들어 두신 즐거움의 장소(낙원)입니다. 셋째 하늘에 있는 에덴은 상부 에덴이며 그 에덴이 땅에 내려와 있으면 하부 에덴입니다. 하늘의 에덴을 땅의 어느 한 지점인 그 동산과 생명의 강으로 연결하여 놓으시고 그곳에 사람을 두셨습니다. 왜 그러셨을까요? 하늘이면서 땅이고 땅이면서 하늘인 그곳에서 하나님은 사람과 함께 거하기 원하셨기 때문이었습니다. 그래서 에덴-동산은 하늘에 속한 곳이면서 동시에 땅에 속한 곳으로 하나님이 친히 만들어 주신 기쁨의 동산이 되었습니다. 에덴-동산은 하늘과 땅이 하나 된 최초의 장소, 맨 처음 장소였습니다. 또한 눈에 보이지 않게 존재하는 영적 세계와 눈에 보이는 물질이고 물리적인 세계가 함께 조화롭게 어우러진 상태의 첫 장소이기도 했습니다. 하나님은 하늘

과 땅이 연합된 이 최초의 장소 에덴-동산을 카담, 앞으로 계속 나아가 더 확장되도록 명하셨습니다. 이는 에덴-동산의 상태, 하늘과 땅이 하나되는 상태가 온 땅에 충만해지도록 하시려는 계획이셨습니다. 하나님은 이것을 첫 사람 아담에게 명령하셨습니다. "생육하고 번성하여 땅에 충만하라 땅을 정복하라 모든 생물을 다스리라"(창1:28)이것은 땅의 모든 영역이 하늘의 통치를 받게 하도록 명령하신 것입니다.

세상을 창조하시고 창조 세계가 생명력을 이어갈 수 있도록 하나님은 이 땅에 하늘로부터 흘러내려오는 생명의 강, 기쁨과 샬롬의 강을 허락하셨습니다. 육체의 눈으로는 보이지 않지만 하늘의 원리가 적용되는 영적인 강이 하늘 에덴으로부터 그 동산으로 흘러내려와 네 강의 근원에 영향을 미치고 이스라엘 주변 중동 땅으로 흘러갔습니다. 숫자 4는 땅의 네 방향(동서남북)을 뜻하는 숫자입니다. 하나님은 생명의 강들이 온 땅으로 흘러가서 적시고 생명을 유지할 뿐 아니라 더 번성케하고 충만하게 하셨습니다. 하늘의 에덴으로부터 흘러내려오는 강은 땅의 동산으로 나눠 흘러서 끝없이 증가하며 풍성하게 넘쳐흐르는 비손(פישון)강으로, 솟구쳐오르는 기혼(גיחון)강으로, 신속하게 흐르는 힛데겔(חדקל)강으로, 풍성한 열매를 산출해 주는 유브라데(פרת)강으로 흘러갔습니다(창2:11-14). 하나님은 모든 생명의 근원이 되는 이 강들을 통해 하늘에 속한 증가와 돌파와 임파테이션(impartation)과 열매들이 땅을 덮게 하시고 계속 흐르고 흘러 생명이 더 확장되게 하셨습니다. 이 얼마나 놀라운 통치와 사랑입니까? 자신이 가장 기뻐하시는 장소를 땅에 마련해 두시고 우리를 초대하셨습니다. 그리고 값없이 흐르는 은혜의 강물로 채워 주십니다. 우리는 하나님과 함께 사랑과 기쁨을 누리도록 창조되었습니다. 우리는 모두 에덴-동산으로 초대되었습니다. 우리는 온 땅이 에덴으로 충만케 되어지는 일에 부름 받았습니다.

죄로 인해 하늘에서부터 흘러내려온 생명의 강의 흐름은 단절되었습니다. 그러나 땅에 남겨진 생명의 강의 흐름은 멈추지 않고 하나님의 생명을 유지하고 지킨 의로운 사람들에 의해 계속 흘러왔습니다. 그러나 그 흐름은 너무 미약했고 많은 사람들은 깊은 목마름과 갈망을 가지게 되었습니다. 마침내 목마른 자에게 생수를 주시는 예슈아께서 하늘로부터 내려오셔서 하늘의 생명의 강이 다시 땅과 연결되게 하시고 믿는 자의 영에서 그 샘이 터지고 솟아나게 하셨습니다. 예슈아는 심핫 토라의 날에(명절 끝날 곧 큰 날) 누구든지 목마른 자는 와서 마시라고 하시며 예슈아를 믿는 자는 그 배에서 생수의 강들이 터져 나올 것이라 선포하셨습니다(요7:37-38). 성령과 신부가 연합하여 함께 생수의 근원이신 예슈아를 향해 "오십시오!" 라고 외치며 초대하고 있으며, 땅을 향해서는 목마른 자들과 원하는 자들에게 이 생명수를 값없이 받아도 되니 듣는 자는 "오라!"고 초청하고 있습니다(계22:17). 케뎀에서부터 시작된 에덴-동산의 상태는 예슈아를 통해 다시 우리에게 회복되었습니다. 예슈아로 인해 우리는 다시 하늘의 생명의 강과 연결되었습니다. 예슈아를 메시아로 고백하는 자들의 배에서 터져 나온 물들이 모여 생명의 강이 되어 흐르기 시작했습니다. 이제 케뎀이자 땅의 끝이며 에덴-동산의 중앙인 예루살렘에서 이 생명의 강이 다시 터져서 이스라엘과 열방이 함께 생명으로 소성케 되는 그 시대가 가까이 왔습니다.

아담이 각 생물을 부르는 것이 곧 그 이름이 되었더라

아담은 하나님이 창조하신 모든 생물들에게 이름을 지어주었습니다. 하나님이 알고 계신 생물들의 특징과 지식과 정보를 직관적으로 아는 지혜가 아담에게 있었습니다. 그래서 그는 각각의 생물들의 특징과 정보를 집약하여 생물들의 이름을 지어주었습니다. 이름에는 그 존재에 대한 특징과 정보가 들어있습니다. 우리의 이름에는 하나님이 우리에게 주신 기질과 성품뿐 아니라 더 나아가 이뤄내야 할 데스티니(destiny)까지 담겨있습니다. 그러므로 이름은 하나님께 속한 것입니다.

그런데 하나님을 알지 못했던 부모님과 조상에 의해 어떤 이의 이름은 우상과 세상에게 바쳐진 경우도 있고 하나님이 주신 좋은 이름을 죄에 사용한 사람도 있습니다. 성경에서 종종 우리는 하나님께서 사람의 이름을 바꿔 주시는 경우나 예수님께서 다른 이름이나 별명, 별칭을 주시는 경우를 봅니다. 어떤 사람들은 하나님을 만나고 알게 되는 거듭남의 경험을 하게 되거나 인생의 전환점에 하나님을 만나게 되면 자신의 이름을 바꾸기도 하고, 또 하나님이 친히 이름을 바꿔 주기도 하십니다. 나의 이름에는 어떤 하나님의 계획이 담겨져 있습니까? 우리가 이름의 뜻대로 살아가면 하나님의 영광을 나타내게 됩니다.

DAY 3 창2:20-3:21

에제르 케네그도 עֵזֶר כְּנֶגְדּוֹ

네게드נֶגֶד는 '맞은편 앞에, 나란히'라는 뜻을 가지고 있습니다. 아내는 남편의 맞은편에 나란히 서 있는 존재로 창조되었습니다. 또한 남편도 아내의 맞은편에 나란히 서 있는 존재로 창조되었습니다. 성부 성자 성령 세 분이 하나됨을 이루고 계신 하나님은 남자가 누군가와 하나되기를 원하셨습니다. 남자가 혼자 세상을 다스리길 원하지 않으셨습니다. 그래서 남자와 함께할, 그리고 남자에게 맡겨진 세상을 하나님의 킹덤으로 다스릴 사명을 도울 존재로 여자를 만드셨습니다. 에제르עֵזֶר는 '돕다, 지지하다'라는 뜻입니다. 하나님은 여자에게 남자를 돕고 지지하도록 부르셨습니다. 그리고 그 여자를 남자의 맞은편에 두셨습니다. 둘은 맞은편에 서서 등을 돌리고 있는 것이 아니라 맞은편에 나란히 서서 서로를 바라보고 있습니다. 그리고 두 손을 잡고 있습니다.

남자의 맞은편에서 돕는 자인 여자, 아내는 하나님의 킹덤을 다스릴 사명을 가지고 남자, 남편을 바라보며 함께 서 있는 자입니다. 둘은 함께 손을 맞잡고 에덴의 기쁨을 지키고, 그 동산을 가꾸고 하나님의 임재와 영광의 빛을 이 세상에 비추는 통로가 됩니다. 이것이 가정입니다. 가정은 남자없이 혹은 여자없이 이뤄질 수 없습니다. 둘의 하나됨이 에덴-동산의 시작입니다. 둘이 함께 할 때 그 가운데 하나님이 거하십니다. 그러므로 둘의 함께함은 하나님의 임재와 영광을 담고 지키는 지성소가 됩니다. 하나님의 성소의 가장 깊은 곳, 지성소에 있는 법궤 위의 두 천사가 날개로 서로를 향해 맞대고 있으면서 하나님의 영광의 임재하심인 쉐키나를 지키고 있습니다. 아내가 에제르 케네그도로 남편의 맞은편에 서있을 때 에덴-동산인 가정을 지성소로써 지키게 됩니다.

돕는 베필인 아내가 서 있는 남편의 맞은편은 지성소와 에덴-동산의 상태를 지키는 자리입니다. 이 자리는 남편의 맞은편에서 그의 눈을 바라보며 손을 마주잡고 서 있는 자리입니다. 하나님을 대적하는 바벨론의 영이 강하게 영향력을 뻗쳐나가고 있는 이 세상은 여자들로 하여금 그 자리에서 벗어나라고 말하고 있습니다. 맞은편에서 짝으로서가 아니라 너 스스로 혼자 서라고 말합니다. 더 나아가 남자와 여자가 아니라 남자와 남자, 여자와 여자가 가정을 이룰 수 있다고 말합니다. 이것이 사랑이라고 말합니다. 그렇게 하나님의 킹덤을 막고 세상의 킹덤을 세우기 위해 인간들은 다시 높고 높은 바벨탑을 쌓고 있습니다. 그러나 바벨탑은 결국 무너집니다. 큰 성 바벨론은 결국 무너집니다. 여자들은 에제르 케네그도의 자리를 지켜야 합니다. 손해와 희생으로 점철되어 있는 억울한 자리라는 세상의 관념은 거짓말입니다. 이 자리는 임재와 영광을 호위하고 에덴-동산의 상태를 지키는 기쁨의 자리입니다.

알파와 오메가, 처음과 마지막, 시작과 마침 – 시간과 공간의 전쟁

뱀은 간교하게(아람עָרוּם, subtle, 미묘한 교묘한, shrewd 상황판단이 빠른, 기민한, 약삭빠른) 인간의 생각의 작은 틈을 비집고 들어갔습니다. 그리고 하나님의 말씀을 왜곡시키고 비뚤게 하였습니다. 사람은 뱀의 말을 듣고 이 비뚤어진 생각을 받아들였고 그 말대로 행했습니다. 그 순간만큼은 뱀의 말을 믿은 것입니다. 뱀은 묘하게 하나님의 말씀을 왜곡함으로써 인간을 속이는데 성공하였고 이후 하나님이 창조하신 모든 것을 거짓말로 바꿔 놓았습니다. 뱀은 아담에게 주어진 땅에 대한 다스림의 권세를 차지하고는 이 세상을 창조하신 하나님에 대한 지식이 완전히 버려지도록 만들었습니다. 그 결과가 진화론입니다. 또한 인류 역사의 시작과 끝에 대해 하나님이 정한 시간을 부정함으로 사단은 하나님의 시간을 숨겨버렸습니다. 그 결과 인간은 시간속에 하나님이 정해두신 구원과 구속의 날, 역사의 마지막이 있을 것에 대한 진리를 상실해 버렸습니다. 사단은 시간과 공간을 완전히 장악해 버렸고 인간은 하나님을 잃어버렸습니다. 잃어버린 시간과 공간을 찾기 위해 인간은 하나님의 창조 세계관으로 돌아가야 합니다. 시작과 끝을 정확하게 알려주신 말씀으로 돌아가야 합니다. 말씀에서부터 역사관과 세계관을 세워야합니다.

이런 미묘하고 교묘한 사단의 거짓말을 알아낼 수 있는 하나님의 능력은 분별(빈בין)입니다. 하나님의 빈, 분별의 능력은 아주 세밀한 것까지도 걸러낼 수 있게 해줍니다. 그리고 빈בין의 능력은 듣는 마음으로부터 옵니다(왕상3:9). 무엇을 들어야 합니까? 쉐마שָׁמַע, 토라를 들어야 합니다. 그러므로 말씀을 가진 자가 빈בין의 능력을 가진 기민하고 민첩한 자가 될 것이며 이런 자가 거짓말뿐 아니라 미묘하게 비뚤어진 것들을 바로잡을 것입니다.

누가 숨었는가?

하나님은 세상을 빛으로 시작하시면서 자신도 그 빛 가운데 드러내셨습니다. 에덴-동산의 모든 피조물들은 하나님의 임재 가운데 있었고 하나님의 임재는 아담과 하와와 함께 하셨습니다. 하나님은 자신을 숨기지 않으셨습니다. 하나님은 늘 계셨습니다. 하나님은 그들과 이야기하셨고 그들과 그 동산을 거니셨습니다. 그들은 하나님을 찾으려고 애쓸 필요가 없었습니다. 왜냐하면 하나님은 어디에나 계셨기 때문입니다. 하나님의 음성이 온 동산 어디에서나 들렸습니다. 그런데 어떤 일이 일어났습니까?

> "그들이 그 날 바람이 불 때 동산에 거니시는 여호와
> 하나님의 소리를 듣고 아담과 그의 아내가 여호와 하나님의
> 낯을(파님פנים) 피하여 숨은지라"창3:8

그들이 숨었습니다. 하나님의 소리를 듣고 숨었습니다. 하나님의 낯을 피하여 숨었습니다. 파님פנים은 '얼굴, 임재'라는 뜻을 가지고 있습니다. 그들이 피한 것은 하나님의 임재였습니다. 그 동산 곳곳에서 하나님의 소리를 들을 수 있었고 하나님의 임재와 함께 할 수 있었던 그들이 숨어 버렸습니다. 그들은 스스로 하나님의 소리를 들을 수 없고, 임재를 느낄 수 없는 공간을 찾아 숨었습니다. 그 결과 그들은 하나님의 임재가 항상 거하시는곳, 그 임재 안에서 하나님과 연합을 누리던 곳인, 에덴-동산에서 쫓겨나게 되었습니다. 그들은 어디에서나 존재하시는 하나님의 소리와 임재를 느낄 수 있었던 그 동산에서 쫓겨나 하나님의 존재로부터 멀어지게 된 것이 죄의 처참한 결과라는 것, 참혹한 형벌이라는 것, 그리고 그것이 죽음이라는 것을 그제야 깨닫게 되었습니다. 가인은 동생 아벨을 죽이고 나서 땅을 유리하며 방황하는 자가 될 것이라는 형벌을 받았을 때 '주의 낯(파님)을 뵈옵지 못하게 되리니'(창4:14) 이것이 가장 두렵다고 고백하였습니다. 하나님의 파님, 임재에서 멀어지는 것이 얼마나 끔찍한 것인지 가인도 알고 있었습니다.

우리는 늘 묻습니다. "하나님 어디 계십니까?" 그러나 이 질문은 잘못된 것입니다. 오히려 하나님이 우리에게 물으십니다. "너는 어디에 있느냐?" 우리는 하나님을 피해 숨어있으면서 하나님께 어디 있느냐고 묻지만 하나님은 너가 있는 곳이 어디냐고 물으시며 우리 자신의 상태와 우리가 서있는 자리(입장)를 돌아보게 하십니다. 내가 있는 곳, 나의 형제들이 있는 곳은 하나님으로부터 숨어 있는 곳은 아닙니까? 나 자신안에 죄와 어둠이 숨어 있

는 공간을 만들어 놓고 가면을 쓰고서 '하나님의 임재가 느껴지지 않습니다, 하나님은 나와 함께하지 않으시나요?'라고 잘못 묻고 있진 않습니까? 당신은 지금 어디에 있습니까? 빛으로 나오십시오. 새로운 창조는 빛으로부터 시작됩니다. 그리고 이 빛은 예슈아입니다.

> "나는 세상의 빛이니 나를 따르는 자는 어둠에 다니지
> 아니하고 생명의 빛을 얻으리라"요8:12

DAY 4 창3:22-4:18

가인과 아벨의 예배

에덴-동산에서 쫓겨난 아담은 동물을 죽여 피를 흘려 그 가죽으로 자신을 덮어주셨던 하나님께 제단을 쌓고 희생 제물의 예배를 드렸습니다. 아담은 뱀의 유혹으로 죄를 짓고 에덴-동산에서 쫓겨나기 직전 하나님이 뱀과 아내 하와, 그리고 자신에게 하신 말씀을 기억하고 있었습니다.

> "여자의 후손은 네 머리를(뱀) 상하게 할 것이요
> 너는 그의 발꿈치를 상하게 할 것이니라"창3:15

여자의 후손, 아내가 낳을 아이, 아담의 아들이 자신들을 에덴에서 끊어지게 한 원수의 머리를 상하게 하고 다시 이 인류를 구원할 것이라는 하나님의 엄중한 예언과 언약을 기억한 상태에서 그는 가인을 낳았습니다. 가인을 낳은 하와는 "내가 여호와[로 말미암아] 아들(남자, 사람)을 얻었다"(창4:1)고 외쳤습니다. 한글 성경은 '여호와로 말미암아'라고 번역하였지만 히브리어에는 '엘אֵת'라는 단어와 '아도나이יהוה'가 결합되어 '엘 아도나이'라고 되어 있습니다.

엘אֵת을 어떻게 번역하느냐에 대한 여러 가지 의견들이 있습니다. 가장 일반적이고 무난하게 된 의역이 '여호와로 말미암아', '여호와의 도움으로'입니다. 그러나 엘אֵת은 성경의 어느 곳에서도 '말미암아' 또는 '도움으로'라고 번역된 경우가 없습니다. 히브리 성경에서

엩אֵת의 용례는 엩אֵת이 어떤 동사 뒤에 쓰이는지 혹은 어떤 명사 뒤에 함께 쓰이는지에 따라서 달라집니다.

1) 직접 목적어 앞에 붙는 조사 '-을/를' 창1:1, 사19:4... '여호와를'
2) 앞의 목적어의 동격으로서의 반복 강조의 의미로 창4:2, 창37:23, 창49:25... '남자(사람)를' 곧 '여호와를'
3) 간접 목적어 앞에 붙는 조사 '-에게' 레13:49, 삼하30:21... '여호와에게'
4) '가까이 이르기까지'라는 의미로 창19:13, 출39:3... '여호와에게 가까이 이르기까지'
5) '함께'라는 의미로 삿1:16, 창5:22... '여호와와 함께'

기본적으로 엩אֵת의 역할은 문장에서 앞에 것(동사 또는 명사)와 뒤에 따르는 것(명사)을 연결시키는 역할입니다. 창세기 4:1의 본문에서 קָנִיתִי אִישׁ אֶת־יְהוָה 는 '내가 얻었다 남자를 곧 여호와를' 이라고 이해할 수 있는 가능성도 있습니다.[14]

아담과 하와는 자신들이 낳은 이 첫 아들이 하나님이 말씀하신 원수의 머리를 상하게 할 그 후손이라고 믿었을 것입니다. 또한 하나님의 저주를 받았던 뱀, 사단도 이들이 낳은 아들 가인을 지켜보고 있었을 것입니다. 그리고 에덴-동산에서처럼 뱀은 가인의 주변을 돌면서 그의 타락한 본성을 자극하고 건드렸을 것입니다. 자녀를 처음 낳아보았고 또 처음 키워보았기에 시행착오도 많았던 아담과 하와는 가인이 자라면서 처음 기대와는 달리 어긋나는 모습을 보면서 둘째가 태어났을 때 아벨(헤벨)(הֶבֶל)이라고 이름짓게 됩니다. 헤벨은 히브리어 동사 하발(הָבַל)에서 파생되었는데 하벨은 공허함과 헛됨을 표현하며 한숨을 내쉬는 동작을 나타내는 동사입니다. 전도서1:2의 '헛되고 헛되며 헛되고 헛되니 모든 것이 헛되도다'는 히브리어로 '하벨 하발림 하벨 하발림 하콜 하벨'הֲבֵל הֲבָלִים הַכֹּל הָבֶל ... הֲבֵל הֲבָלִים'입니다.

하나님이 맡기신 사명이 클수록 원수의 공격도 함께 증가합니다. 우리 안에 있는 선한 영향력이 확장될수록 원수는 그것을 끌어내기 위해 모든 방법을 동원해서 파괴시켜 버

---

14 창37:23이 같은 경우입니다. וַיַּפְשִׁיטוּ אֶת־יוֹסֵף אֶת־כֻּתָּנְתּוֹ אֶת־כְּתֹנֶת הַפַּסִּים אֲשֶׁר עָלָיו 그 형들이 요셉의 옷 곧 그가 입은 채색옷을 벗기고(개역한글). 직역하면 다음과 같습니다. 그 형들이 요셉을, 그의 겉옷을 곧 그가 입은 채색옷을 벗기고.
또한 창4:2도 같은 경우입니다. לָלֶדֶת אֶת־אָחִיו אֶת־הָבֶל 그의 아우 아벨을 낳았는데

리려 합니다. 인류 역사상 처음 잉태되고 처음 출산된 사람인 가인에게도 그런 공격들이 있었을 것입니다. 그럼에도 불구하고 그는 호시탐탐 자신을 노리고 있는 원수와 죄를 다스려야 했습니다. 죄를 다스릴 수 있는 방법은 하나님의 통치를 받으며 그분의 권위 아래 머무는 것이며 이것은 하나님께 나아가서 하나님과 바른 관계를 세우는 예배를 통해서 이루어지는 것입니다. 가인은 예배를 통해 하늘을 향해 올라가는 그 향기를 하나님 앞에서 거룩하고 그분이 기뻐하시는 방법으로 올려드려야 했습니다. 그러나 그의 삶과 예배는 그렇지 못했습니다. 그 결과가 하나님이 아벨의 예배만 받으시고 가인의 예배는 받지 않으시는 것으로 나타났습니다. 자신의 예배가 받아들여지지 않자 가인은 안색이 변하며 분히 여겼습니다. 그리고 결국 동생 아벨을 돌로쳐서 죽이고 땅에 묻게 됩니다. 아벨을 죽이고도 그는 죽이지 않은 것처럼 뻔뻔하게 행동했습니다.[15]

　　죄는 언제나 자신의 악함을 숨깁니다. 그러나 만물의 주관자이신 하나님은 모든 것을 다 보고 아십니다. 아담에게 죄를 스스로 고백할 수 있도록 '네가 어디 있느냐' 물으셨던 것처럼 하나님은 가인에게 '네 아우 아벨이 어디 있느냐'(창4:8)라고 물으시며 자신의 죄를 하나님 앞에서 정직하게 드러낼 기회를 허락하시지만 가인은 그 기회를 놓치고 결국 땅에서 방황하는 자가 됩니다(창4:12). 하나님은 가인에게 말씀하십니다.

"네 아우의 핏소리가 땅에서부터 내게 호소하느니라" 창4:10

　　아벨의 죽음과 피는 인류 역사 가운데 첫 의로운 자의 죽음이었습니다. 그의 피는 땅에서 하나님께 자신의 억울함을 호소했습니다. 그러나 이후 인류의 죄를 대신 지고 죽으신 예슈아의 피는 이 인류의 악함을 용서하시기를 구하며 이 땅에 뿌려졌습니다(눅23:34). 시기와 질투에 휩싸인 종교인들의 악함에 의해 죽임당하신 예슈아의 피는 지금도 하나님께 용서를 호소하고 있습니다. 마지막 때 하나님께 드려지는 아벨과 같이 의로운 자들의 예배는 시기와 질투로 가득 찬 가인과 같은 종교적인 자들에 의해 핍박받게 될 것입니다. 그리고 이 의로운 예배자들은 아벨과 같은 의로운 죽음, 순교자의 길에 동참하게 될 것입니다. 그러나 다시 오실 만왕의 왕 예슈아께서 모든 순교자들의 호소에 응답하셔서 원수와 죄악을 처단하시고 그들을 왕같은 제사장의 자리에 앉히고 영원히 빛날 면류관을 그들에게 허락하

15　【창4:9】 내가 알지 못하나이다 내가 내 아우를 지키는 자니이까

실 것입니다. 그 날까지 우리의 예배는 우리 자신을 거룩한 산 제물로 드림으로 아벨처럼 하나님께 올려드리는 향기로운 제사(하나님을 만족하게 하는)가 되어야 할 것입니다.

DAY 5 창4:19-22 / DAY 6 창4:23-5:24

하나님과 동행, 히트할렠한 הִתְהַלֵּךְ 에녹

　두 아들을 모두 잃은 하와에게 하나님은 다른 아들을 허락하십니다. 하와는 그 아들의 이름을 셋이라고 부르며 하나님이 다른 씨를 주셨다고 말합니다(창4:25). 셋을 낳으면서 하와는 하나님의 약속을 기억하고(창3:15) 이 아들이 하나님이 말씀하셨던 그 후손이 되기를 간절히 소망했을 것입니다. 셋으로 이어진 아담의 계보는 에노스, 게난, 마할랄렐, 야렛, 그리고 아담의 7대손 에녹으로 이어집니다. 에녹이 살았던 시대는 에노스 이후 시작된 우상 숭배로 인간이 걷잡을 수 없는 타락의 길을 걷고 있던 시대였습니다. 이때 에녹은 65세에 므두셀라를 낳고 하나님과 동행하기 시작합니다.

　히브리어 할락הָלַךְ는 '걷다, 가다'라는 뜻입니다. 할락 동사는 칼 동사로 능동을 나타냅니다. 능동사는 주어가 되는 사람이 주체적으로 행동하는 것을 의미합니다. 히브리어 동사 중 히트파엘이라는 동사 형태는 능동과 수동을 모두 포함하는 동사로 주어가 되는 사람이 능동적으로 행동하기도 하고 수동적으로 영향을 받기도 하는 모습 모두를 표현합니다. 할락 동사가 히트파엘 형태인 히트할렠הִתְהַלֵּךְ으로 쓰이면 주어가 되는 사람이 능동적으로 가기도 하고 수동적으로 가기도 하는 모습을 나타냅니다.

　에녹이 하나님과 동행하였다고 할 때 동행은 히트할렠הִתְהַלֵּךְ이라는 히브리어 단어로 표현되어 있습니다. 하나님의 말씀을 에녹이 따라가기도 하였고 또 그 말씀에 순종하기 위해 에녹이 스스로 능동적으로 나아가기도 하면서 하나님이 가시는 곳에 에녹이, 또 에녹이 가는 곳에 하나님이 함께하였다는 것을 표현하고 있습니다. 하나님과의 동행은 우리가 무조건 하나님의 뒤에서만 따라가는 것을 의미하지 않습니다. 하나님이 말씀하시면 능동적이고 적극적으로 말씀의 성취를 위해 앞으로 나아가는 것이 동행입니다. 그러나 또한 내 생각을 앞세워 가는 것이 아니라 하나님의 말씀을 따라가는 것입니다. 하나님 입장에서 주체적인 것이 내 입장에서는 수동적인 것이 될 수 있는데 반대로 내 입장에서 주체적인 것이 하나님의 입장에서는 수동적이 될 수도 있는 것입니다. 마치 내가 가는 것 같은데 내가 가는 게 아니라 하나님이 가시는 것이고, 하나님이 가시는 것인데 마치 내가 가는 것과 같은 것, 이것이 바로 히브리어 히트할렉에 나타난 '동행'이라는 의미입니다.

에녹은 300년 동안 하나님과 동행하였습니다. 그 300년 동안 에녹은 하나님과 무엇을 했을까요? 또 하나님은 그에게 무엇을 말씀하시고 가르쳐 주셨을까요? 하나님과 동행했던 에녹은 하나님으로부터 들은 말씀을 어떻게 사람들에게 전달하고 가르쳤을까요? 에녹은 하나님과의 동행했던 삶을 혼자서만 누렸을까요? 그렇지 않을 것입니다. 하나님은 하나님이 계획하신 것들을 반드시 에녹을 통해 그 자손들에게 나누게 하셨을 것입니다. 믿음의 유업이 세대에서 세대로 전해지는 것을 아주 중요하게 여기신 하나님은 타락해가는 땅의 심판과 먼 미래에 이루어질 메시아닉 킹덤에 대한 그림, 하나님이 정하신 그 시간이 될 때까지 이 땅에 있게 될 인류 역사에 대한 비밀을 에녹에게 가르치셨고 또 이 비밀을 에녹을 통해 이 땅에 남겨놓도록 하셨습니다. 남겨진 에녹의 기록은 노아에게 전해져 홍수 이후 셈에게 전달되고 셈은 또 그 자손들에게 계속 이 기록을 비밀스러운 가보로 전달하여 아브라함에게까지 전달됩니다.

그렇게 하나님과 동행한 에녹을 하나님은 하늘로 데려가십니다. 노아의 때처럼 마지막 때 걷잡을 수 없이 타락하게 될 이 땅에서 하나님과 히트할렉하는 자들은 홀연히 들려오는 하늘의 나팔 소리와 함께 에녹처럼 하늘로 들려 올라가게 될 것입니다. 마지막 때 우리가 하늘로 들림받는 길은 에녹의 삶을 사는 것입니다. 하나님과 히트할렉하는 사람들, 하나님이 가시는 곳에 내가 있고 내가 가는 길에 하나님이 계시는 그런 삶을 사는 사람들이 에녹의 삶을 사는 자들입니다. 에녹을 하늘로 데리고 가신 하나님은 오늘 우리에게 어떻게 이 마지막 때를 살아내어야 할 지 에녹을 통해 가르쳐주고 계십니다. 한결같이 하나님과 히트할렉, 동행하는 자가 되라고 말씀하십니다.

DAY 7 창5:25-6:8

영(루아흐)을 주시는 하나님

사람의 죄악이 세상에 가득하고 마음으로 생각하는 모든 것이 항상 악한 것을 보시고 한탄하고 근심하신 하나님은 이렇게 말씀하십니다.

> "나의 영이 영원히 사람과 함께 하지 아니하리니" 창6:3

또한 이사야는 하나님에 대해 이렇게 말합니다.

> "하늘을 창조하여 펴시고 땅과 그 소산을 내시며 땅 위의 백성에게 호흡을
> 주시며 땅에 행하는 자에게 영을 주시는 하나님 여호와" 사42:5

하나님은 사람에게 자신의 영을 주셨습니다. 사람은 하나님의 영이 거하는 존재입니다. 하나님이 그렇게 창조하셨습니다. 그러나 사람의 악함에 하나님은 자신의 영이 그들과 함께 하지 않을 것이라 말씀하시며 말끔히 쓸어버리기로 결정하십니다. 하나님의 영이 거하지 않는 것은 곧 죽음입니다.

그러나 하나님은 자신의 영을 택한 자인 메시아에게 부으실 것을 약속하시고 그가 이스라엘뿐 아니라 열방의 빛이 되며 많은 이들을 흑암과 묶임으로부터 자유케 할 것이라 말씀하십니다(사42:6-7, 사61:1). 그리고 메시아이신 예슈아는 자신이 아버지께로 돌아가면 그의 거룩한 영이 이제 예슈아를 고백하는 이들에게 부어질 것이라고 말씀하십니다. 그리고 하나님은 약속대로 예슈아를 통해 자신의 거룩한 영을 사람들에게 부어주셨습니다. 거룩한 영으로 충만한 사람들을 통해 생명과 자유함이 풀어지기 시작했습니다. 하나님의 영이 계신 곳에는 자유함이 있기 때문입니다(고후3:17).

하늘과 땅을 창조하시고 모든 생명에게 호흡을 주신 하나님은 영을 주시는 하나님입니다. 마지막 날에 하나님은 자신의 영을 모든 이들에게 부으신다고 약속하셨습니다. 거룩한 영은 사람들을 하나님의 형상으로 다시 회복시키고 새롭게 할 것입니다. 다윗은 죄를 회

개하며 하나님께 깨끗한 마음을 창조하시고 정직한 영을 새롭게 하여 주시길 간구했습니다 (시51:10). 깨끗한 마음과 정직한 영은 하나님이 우리 안에 창조를 통해 새롭게 하셔야 가능한 것입니다. 육신의 공급과 혼적인 만족을 구하는 것이 아니라 영을 구해야 합니다. 영이 곧 생명이기 때문입니다(롬8:6).

그러나 노아는 하나님께 은혜를 입었더라

사탄의 시기 질투로 말미암아 계획된 유혹과 인간의 어리석은 선택은 철저하게 하나님을 배신했습니다. 생명의 근원이신 하나님을 선택해야 했지만 인간은 스스로 신(기준)이 되겠다는 교만을 선택했습니다. 결과는 에덴-동산으로부터의 분리였습니다. 친밀하게 하나님과 하나됨을 누렸던 사람은 하나님과 분리되면서 그 사이가 끊어져 버렸습니다. 그리고 그것은 죽음으로 이어졌습니다. 최고가 되고자 하는 교만은 다시 시기와 질투를 낳았고, 형 가인이 동생 아벨을 죽이는 최초의 살인을 불러왔습니다.

"내가 여호와(로 말미암아) 남자를 낳았다"(창4:1)고 고백하며 기뻐했던 하와입니다. "원수의 머리를 상하게 할 여인의 후손, 메시아"(창3:15)가 바로 이 아들일 것이라 기대했던 하와입니다. 그러나 그 아들이 동생을 끔찍하게 살해함으로 부모의 기대는 비극으로 끝났습니다. 가인은 하나님을 대적하며 자신의 아들 에녹의 이름으로 세속에 바쳐진 최초의 성, 에녹성을 지었습니다(창4:17). 에녹חנוך이란 '봉헌되다, 바쳐지다' 라는 뜻을 가지고 있습니다. 가인은 아들을 낳아 에녹이라 이름 짓고 그 아들을 세속에 바칩니다. 그는 죄악된 세상에게 봉헌되고 바쳐진 자였습니다. 반면, 아담의 7대손 에녹חנוך은 하나님께 봉헌된 인생을 살며 하나님과 동행하다가 하나님께서 데려가심으로 죽음을 맛보지 않고 승천하였고 하나님은 그를 모든 천사들 위에 높여 주시고 천사들의 주권자로 세우셨습니다. 에녹의 승천 이후 인간의 죄악은 더 걷잡을 수 없이 땅을 뒤덮었고 타락한 천사들과 인간의 교합으로 생겨난 반인반신인 네필림[16]족속들이 세상을 더 장악하게 되었으며 경계를 넘어선 음란으로 땅은 돌이킬 수 없을 만큼 부패하고 더러워지게 됩니다(창6:2-4).

---

16   한글로 번역된 성경에는 네필림נפילים이 '네피림'이라고 되어있지만 히브리어 원어상으로 볼 때 '네필림'으로 읽는 것이 더 정확한 발음이다.

【주제 #2】 하나님의 아들들(감찰자 천사들)과 네필림

"하나님의 아들들이 사람의 딸들의 아름다움을 보고
자기들의 좋아하는 모든 자로 아내를 삼는지라" **창6:2**

"당시에 땅에는 네필림이 있었고, 그 후에도 있었으니 즉, 하나님의 아들들이
사람의 딸들에게 들어와서 그녀들이 그들에게 자식들을 낳았을 때이며
그들은 고대에 유명한 사람들인 용사들이었더라" **창6:4**

하나님의 아들(브네이 하엘로힘בְנֵי־הָאֱלֹהִים)은 구약성경에 5번 언급되며 모두 천사들을 의미한다. 다섯 번째 하늘에 있던 감찰자(이린עִירִין)천사들 중에서 일부가 자기 지위를 지키지 아니하고 자기 처소를 떠나 타락한 감찰자 천사들인 쉐미하자의 지휘 아래 땅에 내려와서 먼저 타락하여 내려와 가인의 자손들과 지내고 있었던 아자젤과 합류하여 땅에서 음란하게 여자들을 마구 취하여(유1:6-7) 반인반신인 네필림을 낳았다. 그들은 거인들이었으며 폭군들로서 홍수 이전에 땅을 강포로 채우게 한 주역들이었다. 당시 땅의 음란은 천사와 사람 간, 동성 간, 사람과 동물 간의 성행위 그리고 낙태로 나타나 그 도를 지나치게 넘어서서 땅을 더러워지게 하였다. 뿐만 아니라 타락한 감찰자 천사들은 때가 이르지 않았는데 하늘의 비밀들을 허락 없이 불법으로 인간에게 풀어주어 인간이 그것들을 악용하게 하였다. 타락한 감찰자 천사들이 그들의 아내들에게 풀었던 여러가지 지식들의 주요 내용에는 음란하게 꾸미고 화장하는 법, 전쟁무기를 만드는 법, 저주하는 법과 약초, 약물, 마약을 제조하여 사용하는 방법 같은 것들이 있었고, 또 우상을 만들고 일월성신을 숭배하는 것을 가르쳐주어서 땅이 더이상 회복될 수 없을 정도로 망가지게 만들어버렸다. 홍수 심판 때 타락한 감찰자 천사들은 유대 광야 지하 두다엘에 결박당하고 흑암에 갇혀서 종말 심판 때까지 감금되었다가 마지막 날에 최종 심판이 그들에게 집행될 것이다.

감찰자 천사들에 대한 이러한 이야기들은 쿰란 사본을 비롯한 제2성전 시대 많은 문헌들에서 다양한 각도로 설명되어 왔고 주후 5세기까지는 보편적으로 받아들여지던 해석이었다. 그러나 주후 2세기 초대교회를 심하게 반박했던 헬라 철학자 켈수스가 하나님의 아들들이 셋의 후손이라고 처음 해석하기 시작했고 그 후 4세기 후반 알렉산드리아의 시릴이 이 주장을 받아들여 이론화해서 보급했으며 그 후 5세기 초반 어거스틴이 이 해석을 취함으로 '셋의 후손 해석'이 그 후 히브리적인 세계관을 잃어버린 기독교의 대부분 문헌들에서 나타나는 주류 해석처럼 되어버렸다.

하나님의 창조 질서가 무질서하게 망가졌습니다. 뱀의 머리를 상하게 하실 여자의 후손인 메시아의 거룩한 씨가 태어나야 할 혈통까지 위태롭게 됩니다. 창조 전의 혼돈(토후)과 공허(보후), 그리고 흑암(호세크)으로 들어갑니다. 하나님은 죄악이 세상에 가득함과 사람이 마음으로 생각하는 모든 계획이 항상 악할 뿐임을 보시고 후회하시고 마음에 한탄하십니다(창6:6-7). 하나님의 호흡을 받고 하나님의 영으로 충만했던 인간은 그저 육신이 되어버렸습니다(창6:3). 그러나 그 가운데 노아는 하나님의 은혜를 입습니다. 이 말씀의 히브리어 원문은 다음과 같습니다.

נֹחַ מָצָא חֵן בְּעֵינֵי יְהוָה

노아흐 마짜 헨 베에이네이 아도나이

"그러나 노아는 여호와께 은혜를 입었더라"창6:8

이 원문을 직역하면 '노아가 여호와의 두 눈 안에서 은혜를 발견했다'는 뜻입니다. 한글 성경은 이 구절을 '하나님의 은혜를 입었다'고 번역했지만 이 말씀은 절망적인 시대를 살아가던 노아가 늘 하나님의 얼굴을 구하면서 그분께 시선을 고정하고 있을 때 하나님의 눈과 마주치면서 그분의 눈 안에서 은혜를 발견했음을 표현하고 있습니다. 그저 육신이 되어버린 인간들 사이에서 하나님의 영과 연결된 에덴의 상태를 유지하고 있던 한 사람 노아, 그는 어둠이 온 땅을 덮고 캄캄함이 만민을 가리운 불의의 시대에 그의 시선을 빼앗기지 않고 믿음의 눈으로 하나님의 얼굴을 주목하며 하나님에게서 그의 시선을 놓지 않았습니다. 그리고 하나님이 얼마나 땅과 사람을 사랑하시는지 그분의 눈에서 그분의 마음과 의향을 읽게 됩니다. 노아는 하나님과 눈이 마주쳐진 순간 그분의 눈에서 하나님의 은혜를 발견하였고 하나님은 그 은혜를 노아에게 부어주심으로 노아는 그 은혜로 적셔지게 됩니다.

하나님은 모든 것을 홍수 심판으로 없애 버리겠다고 결정하셨지만(창6:7) 그런 하나님의 얼굴을 바라보고 믿음으로 용기를 내서 그 눈을 바라본 자, 노아 한 사람만이 하나님의 마음을 위로해 드립니다. 진노 가운데서도 긍휼을 잊지 않으시는 하나님께 그 중심이 고정되어 은혜를 발견하고 은혜로 덧입혀진 노아가 그 눈에서 하나님의 마음을 읽어드리니 하나님이 노아 한 사람을 발견하고 얼마나 그 마음이 위로 받았을까를 헤아려봅니다.

하프타라 사42:5-43:10

나 외에 다른 신은 없다 사42:8, 43:3,11,12

하나님은 이사야를 통해 하나님 자신이 "하늘을 창조하시고 땅과 그 소산을 내시며 땅 위의 백성에게 호흡을 주시며 땅에 행하는 자에게 영을 주시는 하나님"이라고 분명하게 말씀하십니다.

> "나는 여호와다 나 외에 다른 신은 없다 나는 나의 영광을 우상에게 주지
> 않겠다 나 외에 구원자는 없다 나는 여호와다" 사42:5

하나님은 혼돈, 공허, 어둠이 짙은 세상에 루아흐רוח, 호흡, 바람, 생명의 영으로 운행하셨습니다. 하나님의 영이 깊은 라캄רחם 가운데 운행하기 시작했을 때 빛이 창조되었고 분리가 일어났으며 생명이 잉태되었습니다. 땅에 소산을 내시고 땅 위의 백성에게 호흡과 영을 주시는 분은 오직 '여호와 하나님' 뿐입니다.

하늘, 땅, 사람을 창조하신 하나님, 그분이 이스라엘의 하나님이십니다(사43:3). 세상을 창조하신 분이 자신의 영광을 위하여 이스라엘을 창조하셨습니다사(43:1,7). 하나님의 킹덤은 에덴-동산을 중심으로 시작되었고 이스라엘은 하나님의 킹덤의 확장을 위해 먼저 선택되었습니다. 하나님은 질서의 하나님입니다. 모든 것이 그분으로부터 시작되었습니다. 세상의 시작부터 세상의 끝까지 모든 것을 계획하시고 질서와 순서대로 창조하신 하나님은 모든 것을 완벽하게 성취하실 것입니다. 하나님 같은 분은 없습니다. 하나님 외에 다른 신은 없습니다. 이것이 진리입니다.

브리트 하다샤 계22:6-21 /요1:1-14

토라(말씀)와 예슈아

만물이 창조되기도 전의 태초 즉, 시간이 시작되기도 전에 말씀이 먼저 계셨습니다. 이 말씀은 토라이며, 곧 하나님입니다(요1:1). 그런데 2절에 그가 태초에 하나님과 함께 계셨다고 말합니다. 여기서 '그'는 누구일까요? 예슈아 입니다. 예슈아가 세상 만물의 시작 전에 하나님과 함께 계셨습니다. 그리고 하나님은 토라, 말씀으로 만물을 지으셨습니다. 만물이 그로 말미암아 지은 바 되었고 지은 것이 하나도 그가 없이는 된 것이 없다고 증언합니다(요1:3). 그리고 만물을 친히 지으신 그분이 빛으로 이 땅에 오셨습니다. 죄로 인해 분리된 아버지와의 관계, 분리되어 올라간 에덴과 끊어진 생명의 강, 인간의 타락으로 신음하는 만물을 다시 돌아오게 하기 위해서입니다(롬11:36). 만물이 아버지께로 돌아가게 하고 끊어진 모든 것들을 연결하여 에하드אֶחָד(하나됨)를 이루기 위해서입니다. 태초에 토라로 만물을 지으신 하나님께서 토라로 만물을 회복하고 완성하십니다. 예슈아는 토라의 완성이며, 토라 그 자체입니다.

> "내가 율법이나 선지자를 폐하러 온 줄로 생각하지 말라 폐하러 온 것이 아니요
> 완전하게 하려 함이라"마5:17

하나님은 세상의 시작과 끝을 향한 계획을 토라를 통해 우리에게 나누셨습니다. 처음부터 마지막까지 모든 것이 말씀에 모두 담겨 있습니다. 그리고 그 시작과 끝은 알파와 오메가이신 예슈아입니다.

베레쉬트 주간의 말씀

1. 창세기1:1은 성부성자성령이 하나됨을 이루신 하나님(엘로힘)이 자신의 집으로 자녀들을 초대하여(베레쉬트) 하늘의 세계(샤마임)와 땅의 세계(하아레쯔)와 만물을 창조하신(바라) 이유를 들려주는 장면입니다.

2. 혼돈 속에서 분리는 생명을 향해 나아가는 시작이며 공허에서 생명으로 채워지는 과정입니다.

3. 예슈아께서 다시 이 땅에 오시면 태초의 '그 빛'을 이스라엘과 열방에 비추실 것입니다. 여호와의 크고 두려운 날에 하나님을 대적했던 악한 자들은 심판을 받겠지만 구원받은 자들은 시온으로부터 떠오르는 '그 빛'을 보게 될 것입니다.

4. 각자의 모습이 존중되고 그 모습 안에서 서로를 세워주고 보호해 주며 함께 하는 것이 하나됨입니다.

5. 하나님은 우리를 만드실 때 당신의 빛으로 상을 맺게 하신 뒤(쩰렘) 우리의 모습이 하나님과 똑같은 모양처럼(드무트) 실체가 되게 하셨습니다. 그러므로 우리는 빛의 존재입니다.

6. 샤밭은 의와 평강의 왕이신 메시아가 다스리시는 메시아닉 킹덤에서 누리게 될 샬롬을 미리 맛보고 누리며 리허설하는 시간입니다. 샤밭은 에덴-동산의 시간이며 또한 영원을 맛보는 시간입니다.

7. 케뎀이자 땅의 끝이며 에덴-동산의 중앙인 예루살렘에서 생명의 강이 다시 터져서 이스라엘과 열방이 함께 생명으로 소성케되는 그 시대가 가깝습니다.

8. 우리의 이름에는 하나님이 우리에게 주신 기질과 성품뿐 아니라 더 나아가 이뤄내야 할 데스티니(destiny)까지 담겨있습니다. 그러므로 이름은 하나님께 속한 것입니다. 우리가 이름의 뜻대로 살아가면 하나님의 영광을 나타내게 됩니다.

9. 아내가 에제르 케네그도 כְּנֶגְדּוֹ עֵזֶר로 남편의 맞은편에 서있을 때 지성소의 영광이 에덴-동산인 가정을 지키게 됩니다.

10. 우리는 하나님을 피해 숨어있으면서 하나님께 어디 있느냐고 묻지만 하나님은 너가 있는 곳이 어디냐고 물으시며 우리 자신의 상태와 우리가 서있는 자리(입장)를 돌아보게 하십니다.

11. 그 날까지 우리의 예배는 우리 자신을 거룩한 산 제물로 드림으로 아벨처럼 하나님께 올려드리는 향기로운 제사가 되어야 할 것입니다.

12. 내가 가는 것 같은데 내가 가는게 아니라 하나님이 가시는 것이고, 하나님이 가시는 것인데 마치 내가 가는 것과 같은 것, 이것이 바로 히브리어 히트할렉에 나타난 '동행'이라는 의미입니다.

13. 노아는 하나님과 눈이 마주쳐진 순간, 그분의 눈에서 하나님의 은혜를 발견하였고 하나님은 그 은혜를 노아에게 부어주십니다. 노아는 그 은혜로 적셔집니다.

베레쉬트 주간의 선포

1. 베짤메누 키드무테누 뻬이르두 בְּצַלְמֵנוּ כִּדְמוּתֵנוּ וְיִרְדּוּ(창1:26). 내 안에 하나님의 빛의 형상과 닮은 모습을 회복하시고 새롭게 창조하여 주옵소서. 루아흐로 채워주시옵소서. 그리하여 하나님이 맡기신 세상을 다스리는 자 되게 하소서.

2. 세상을 말씀으로 창조하신 하나님의 말씀의 능력이 토라를 듣고 행하고자 하는 자들에게 부어지고 분별(빈 בִּין)의 능력으로 채워지게 하소서. 각 나라와 민족들 위에 정확한 분별로 하나님의 미쉬파트를 행하는 지도자를 세워주소서.

3. 영과 하늘의 세계에 집중하지 못하도록 방해하는 내 안의 혼적인 섞임들을 다뤄주시고 우리의 방향성이 더욱 하늘을 향하여 고정되게 하소서. 그리하여 생명의 강이 내 배, 영에서 터져 나올지어다. 생명의 강이 터져 나온 자들이 모두 하나되어 새 예루살렘을 이루게 될 것이며 그곳에서 영원을 누리게 될 것입니다.

4. 하나님은 자신을 계시하시는 하나님입니다. 하나님 앞에서 숨으려 하는 나의 수치감, 또 숨기려하는 죄악된 본성을 하나님의 창조의 빛으로 조명하시고 영광과 임재의 빛으로 나아가게 하소서.

5. 에덴-동산으로서의 가정을 지키고, 지성소 되게 하는 자리, 에제르 케네그도(돕는 베필)의 자리를 영광 가운데 지키는 자 되게 하소서. 아내들과 여성들이 하나님 앞에서 더욱 거룩하게 자신의 생각과 마음을 새롭게 함으로 변화를 받아 하나님이 태초에 주신 사명을 완수하는 자들 되게 하소서.

6. 아름다운 에덴-동산인 가정에서 하나님의 시간인 샤밭을 통해 온 가족이 함께 하나님의 안식과 생명, 그 영원한 샬롬을 맛보게 하소서.

7. 육신의 정욕, 안목의 정욕, 이생의 자랑이 거침없이 밀려들어와 하나님이 아닌 것들을 더 사랑하는 우상숭배에 쉽게 빠지게 하는 것으로부터 자녀들을 지켜주소서. 사도요한은 요한일서를 통해 빛과 사랑이신 하나님에 대해 나누며 마지막 인사를 "자녀들아 너희 자신을 지켜 우상에게서 멀리하라"(요일5:21)고 당부하였습니다. 우상숭배가 마지막 때를 살아가는 자녀들을 거침없이 흔들것이라는 것을 알았기 때문입니다. 하나님은 자신의 영광을 절대 우상에게 주지 않으시는 하나님입니다(사42:8). 우리의 자녀들에게 하나님의 거룩한 영을 쏟아부어 주소서. 마지막 때를 살아가며 하나님의 눈 안에서 은혜를 구했던 노아처럼 하나님만 바라보게 하소서.

2주간

נֹחַ

NOACH

노아흐, 노아

파라샤 **창6:9-11:32**
하프타라 **사54:1-55:5**
브리트 하다샤 **마24:36-46 /눅17:20-27**

DAY 1 창6:9-22

의인이요 완전한 자, 노아

"노아는 의인(짜디크קַדִּיק)이요 당대에 완전한 자라(타밈תָּמִים)
그는 하나님과 동행하였으며"창6:9

노아는 쩨데크קֶדֶק한 사람이었습니다. 쩨데크는 하나님과의 바른 관계에서 세워진 올바름을 뜻합니다. 노아는 하나님과 바른 관계 안에 있었기에 온전한(타밈תָּמִים) 사람이 될 수 있었습니다. 온전함을 뜻하는 히브리어 탐תָּם은 영, 혼, 육이 모두 건강한 상태를 뜻합니다. 죄악으로 가득 찬 세상에서 부서지고, 파괴되고, 망가진 사람들의 생각과 달리 노아는 영, 혼, 육이 온전한 사람이었습니다. 그가 그렇게 온전할 수 있었던 이유는 하나님과의 바른 관계, 쩨데크가 잘 세워져 있었기 때문입니다. 또한 노아가 하나님과의 바른 관계를 잘 세울 수 있었던 이유는 그가 하나님과 동행하였기 때문입니다. 자신을 진리로 영점 조준하고 하늘 보좌에 초점을 맞추면서 하나님께 시선을 떼지 않은 노아는 하나님과 동행하였습니다. 의롭고(쩨데크) 완전한 자(타밈)였던 노아는 하나님과 히트할렉הִתְהַלֶּךְ[17], 동행하였습니다. 그의 삶은 말씀을 따라가는 삶이면서 말씀을 듣고 적극적으로 행동으로 옮긴 삶이었습니다. 하나님이 내 삶의 주관자이시면서 나는 또한 내 삶의 개척자입니다. 내 삶은 하나님의 손에 있지만 또한 나에게 주어져 있습니다. 하나님과 히트할렉הִתְהַלֶּךְ하는 삶은 이와 같습니

---

17   1주간 베레쉬트 DAY 5 참고

다. 마냥 세상에 끌려가는 것도 아니고, 그렇다고 마냥 내 힘으로만 아등바등하는 삶이 아닌 하나님께 모든 주권을 내어드리면서 또한 나에게 주신 권세를 당당하게 사용하는 삶, 이것이 하나님의 킹덤에 속한 의롭고 완전한 자들의 삶의 모습입니다.

마지막을 준비하도록 부름 받은 사람은 주님과의 바른 관계를 가장 우선순위에 두어야 합니다. 하나님은 하나님과 동행하는 사람과 동역하십니다. 하나님에게는 사역이 우선순위가 아닙니다. 하나님과의 관계가 바로 세워져 있는 것이 먼저입니다. 노아는 마지막 때를 준비하는 사람으로서 하나님과 동행하며 하나님과의 관계(쩨데크)를 잘 세웠기에 하나님의 뜻을 완성할 수 있었습니다. 하나님과의 동행은 우리를 전인격적으로(영, 혼, 육) 타밈하게 합니다.

노아는 이보다 더할 수 없을 정도로 세상이 극심하게 부패한 것도 보았고 또 아무것도 없는 새로운 세상도 보았습니다. 부패한 세상이 앞으로 다가올 멸망도 알아보지 못하고 더욱 악하게 치달을 때 노아의 마음은 어떠했을까요? 그렇다고 악한 세상이 완전히 멸하고 아무것도 없는 상태의 새로운 세상을 마주했을 때 노아가 마냥 신나고 기대감으로 부풀기만 했을까요? 멸망 이전의 상태이든, 멸망 이후 아무것도 없이 다시 시작해야 하는 상태이든 노아에게 막막한 부담이 되는 것은 마찬가지였을 것입니다. 그러나 노아는 하나님과 히트할렉, 동행하는 자였습니다. 그는 자신 앞에 마주한 상황을 하나님께 온전히 맡겨드리며 그분의 말씀을 따랐을 뿐 아니라 적극적으로 자신의 삶을 말씀을 들고 개척해 나갔습니다. 이것이 동행하는 자의 모습입니다.

세상이 조이고 압박한다고 위축되고 두려워할 필요가 없고, 반대로 자신의 능력과 스펙을 자랑하면서 오만할 필요도 없습니다. 하나님과의 동행은 우리가 마지막 날까지 우리에게 부딪쳐 오는 삶의 모든 상황을 피하는 것이 아니라 마주하면서 살아갈 수 있게 하는 힘이 될 것입니다.

심판받을 수밖에 없는 땅의 상태

창세기 1장에도 땅의 이야기가, 6장에도 땅의 이야기가 나옵니다. 1장에서의 땅은 회복으로 새로워진 땅의 모습을, 6장에서의 땅은 죄악으로 부패하여 완전히 더럽혀진 땅의 상태를 보여줍니다. 처음 창조 때 땅의 중앙은 하늘의 에덴과 연결되어 있고 그 동산을 중심으로 생명의 강들이 흐르는 의와 평강과 기쁨, 사랑이 충만한 곳이었습니다. 그러나 대홍수가 있기 직전에 죄악으로 인해 부패한 온 땅에는 음란과 포악함이 가득하였습니다(창6:11-12).

'부패'라는 샤하트שחת는 무너지고, 파괴되고, 망쳐진 상태를, '포악함'이라는 하마스חמס는 잔인하고 난폭한 폭력을 뜻하며 지금 우리의 언어로 '테러'와 같은 의미입니다. 그런데 특별히 혈육 있는 자의 행위가 부패하였다고 말합니다(창6:12). 여기서 행위라는 단어의 히브리어 데렉דרך은 '방법'이라는 뜻입니다. 즉, 사람들이 생각하고 행동하는 모든 방법이 부패(샤하트, 무너지고, 파괴되고, 망쳐진 상태)하게 된 것입니다. 사람들의 생각과 방법은 도를 넘어 버렸고 지나치게 잘못된 결정들은 음란과 포악함으로 땅을 더럽히고 파괴시켜 버렸습니다. 선악을 알게 하는 지식의 나무의 열매를 먹은 것은 사람으로 하여금 각자 자기 나름의 기준을 가지고 잘못된 생각과 방법, 결정을 하도록 만들었습니다. 하나님을 대적하고 스스로 높아져서 탐욕으로 탈취하고 억압하고 살인하는 방법으로 땅의 영역을 확장시켜 나갔습니다. 그러자 땅은 온갖 종류의 폭력과 싸움, 음란과 더러움으로 가득 채워졌습니다. 하나님의 생각과 사람의 생각, 하나님의 길과 사람의 길은 너무 다릅니다(시55:8). 하나님의 생각과 방법이 아닌 사람의 생각과 방법은 멸망과 죽음, 세상을 하마스로 가득 채우는 것뿐입니다.

하나님은 사람이 마음으로 생각하는 모든 계획이 항상 악할 뿐임을 보시고 한탄하시고 근심하게 됩니다(창6:5-6). 그리고 최종 결정을 내리십니다.

"내가 창조한 사람을 내가 지면에서 쓸어버리되…"창6:7

사람의 악한 생각과 계획으로 죄악이 가득해진 땅의 최후는 멸망이었습니다.

【주제 #3】 에노스의 시대의 우상숭배와 에덴-동산의 해체

"셋도 아들을 낳고 그의 이름을 에노스라 하였으며
그때에 사람들이 비로소 여호와의 이름을 불렀더라"창4:26

창세기 4:26은 오랫동안 잘못 해석해서 정반대로 이해해왔던 성경의 몇 구절들 중 하나이다. 유대 고대 문헌들에서는 에노스를 우상 숭배자로 기록하고 있다. 고대 문헌들의 에노스에 대한 평가를 고려해서 후할החהל이라는 단어를 번역한다면 창세기 4:26은 다음과 같이 번역되는 것이 맞다.

אָז הוּחַל לִקְרֹא בְּשֵׁם יְהוָה

"그때에 그가 여호와의 이름을 부르는 것을
더럽히고 남용하고 불경스럽게 하였더라"

후할הוּחַל의 동사 원형은 할랄חלל인데 이는 '더럽다, 오염되다, 불경스럽다'는 뜻이다. 이 단어의 원뜻을 반영한다면 에노스 시대의 사람들은 여호와의 이름을 더럽혔고 또 그 이름을 불경스럽게 부르기 시작했다는 것을 알 수 있다. 개역 한글과 개역개정 번역에 히브리어 원어에는 없는 '비로소'라는 말을 넣어서 에노스 이전에는 여호와의 이름을 부르는 일이 아직 없었다는 뉘앙스를 가지게 하였다. 그러나 아담, 가인, 아벨, 셋이 여호와의 이름을 모르던 것도 아니며 제사를 드릴 때 여호와의 이름을 부르지 않았던 것도 아니다.

이러한 번역의 오류 때문에 예배학에서 에노스 때에 이르러 사람들이 비로소 함께 모여서 여호와의 이름을 부르며 하나님께 예배하는 회중 예배가 시작되었다고 설명해왔다.

그러나 사실은 정반대이다. 에노스 때부터 사람들은 여호와의 이름을 부르면서 우상 숭배하는 불경스러운 일들을 행함으로 각종 우상숭배와 해달별들을 섬기는 일들이 온 땅 곳곳에 만연하게 되었다. 에노스는 회중 예배의 아버지가 아니라 인류 역사에서 우상숭배의 주동자이다. 아론이 금송아지를 만들어 놓고 '보라, 이것이 너희를 구원한 하나님이라'고 말하며 여호와의 절일을 공포한 것처럼, 북이스라엘의 여로보암이 금송아지 세워놓고 '이스라엘아 이는 너희를 이집트 땅에서 인도하여 올린 너희 하나님이라'라고 한 것처럼 여호와의 이름을 부르며 우상을 섬기는 일들이 에노스 시대부터 시작된 것이다. 하나님께서 사람을 창조하신 후 몇 세대가 지나지 않아서 사람들은 자신들의 취향에 맞는 하나님(신)을 창조한 것이다.

아담과 하와가 에덴-동산으로부터 쫓겨난 후에도 에덴과 동산은 분리되지 않은 채 약 천년 가까이 그 상태로 계속 유지되어 있었으며 쉐키나[18]는 그 영광을 감춘 채 그 동산에 여전히 내주하고 계셨다. 그러나 우상숭배의 주동자이며 우두머리인 에노스를 시작으로 그 시대부터 온갖 종류의 우상들과 일월성신 숭배가 온 땅 곳곳을 다 덮게 되면서 하나님과 진리를 떠나 악한 영에 사로잡히게 된 불의(아블라עַוְלָה 꼬이고 뒤틀린 상태)한 홍수 세대는 하나님을 향하여 이렇게 말했다. "우리에게서 떠나주세요. 우리는 더 이상 당신과 당신의 도(道)를 원하지 않습니다." 그렇게 하나님을 향한 그들의 말과 행위는 도(度)를 넘어서 버렸다.

에노스의 세대가 우상숭배로 전 지구를 덮고 어둡고 악한 하늘을 땅으로 끌어내리던 그 절정의 어느 순간, 쉐키나는 그 동산을 떠나 하늘로 올라가셨고 에녹도 그 동산에서 쉐키나와 함께 하늘로 올려졌다. 그 순간 그 동산에서 에덴이 거두어져 올라가면서 예루살렘에 에덴-동산의 상태가 해체되었다. 그 이후로 땅에는 불의(아본עָוֹן 비뚤어짐, 꼬임, 고집셈, 사악함)[19]가 사

---

18 쉐키나에 대해서는 주제 #7을 참조

19 히브리 성경에서 불의라고 번역되는 대표적인 두 단어가 있다. 하나는 아본עָוֹן 이고 다른 하나는 아블라עַוְלָה이다. 둘 다 비뚤

막에 내리는 비처럼 흡수되었고 땅을 덮는 이슬처럼 적셔 버렸다. 에녹이 살던 시대보다 더 악한 그런 시대 속에서 노아는 믿음으로 살아내었고 결국 홍수 심판이 내려졌을 때 노아와 그의 가족 8인만 살아남은 자들이 되어 다음 세상을 이어가게 되었다. 에녹3서 4장-6장 요약정리

에녹은 약 A.M.987년에 예루살렘에서 승천했다. 에녹이 하늘로 옮겨질 때 하늘에서 내려와 있던 에덴(하부 에덴)도 에녹을 데리고 함께 하늘로 옮겨졌다. 아담과 하와는 창세기 2장의 그 처음 에덴-동산에서 에덴-동산의 상태를 가꾸고 지키도록 명받았고 천사들을 통해서 어떻게 에덴-동산의 상태를 가꾸며 지키고, 하늘이 땅에 내려온 그 에덴-동산의 상태를 유지하기 위해서 어떻게 제사드리며 계명을 지켜야 하는지 배우고 실습하는 첫 7년을 보냈다. 만 7년 후 제8년 둘째 달 17일에 뱀이 동산 중앙에 들어와 하와를 유혹했고 하와가 그 나무로부터 먹은 후 남편에게도 주어 먹게 했다(희년서3장). 그날은 또한 노아가 600세 되던 해 홍수가 시작된 때와 같은 달과 날인 헤쉬반(불)월 17일이다(창7:11). 아담과 하와가 선악을 알게하는 나무의 영향력을 취한 후 약 40일이 지난 넷째 달의 월삭에 그들은 에덴-동산에서 쫓겨난다. 그날은 우상과 우상의 피로 더럽혀진 성전을 탈환하여 정화하고 재봉헌한 하누카 절기의 마지막 날과 겹친다.

부패한 땅을 멸망시켜 버리시는 하나님

사람은 하나님이 만드신 창조세계를 부패하게 만들었습니다. 그렇게 부패된 땅을 하나님이 멸하시겠다고 말씀하십니다. 하나님이 파괴하고자 하신 것은 하나님이 창조하신 세계와 사람 그 자체가 아니라 하나님보다 높아진 그들의 생각과 계획으로 인해 망가진 것들을 파괴하시겠다고 하신 것입니다. 하나님은 '너희들이 잘못 쌓아 올린 것, 망쳐 놓은 것을 내가 다시 무너뜨리겠다'고 결심하시고 원래대로 되돌려서 다시 시작할 것이라는 의지를 나타내십니다.

우리가 스스로 생각하기에 잘 하고 있는 것처럼 여겨졌던 것들이 사실은 하나님과 반대로 향하고 하나님을 대적하여 높아짐으로 인해서 망쳐지고 부패하게 된 것들이 있습니다. 우리가 쌓아 올린 것들이 사실은 우리를 망치고 부패하게 하고 있을 때 하나님은 잘못 세워진 것들을 무너뜨리시는 방법을 통해서라도 우리를 다시 세우길 원하십니다. 하나님의 파괴는 다시 시작하고 되돌리시겠다는 하나님의 자비가 포함되어 있습니다. 그러므로 우리

어지고 꼬이고 뒤틀리고 고집 센 사악함을 의미하지만 아본עון은 그러한 본질 자체를 의미한다면 아블라עבלה는 그러한 본질에서부터 드러나고 나타나는 상태를 의미한다. 마치 쩨덱צדק과 미쉬파트משפט의 관계와 비슷하다고 할 수 있다.

안의 어떤 것들이 흔들리고 있다면 그 흔들림과 무너짐을 통해 다시 세우시려는 하나님의 자비가 함께하고 있다는 것을 기억해야 합니다. 이 땅에 망쳐지고 부패하게 된 것들이 하나님의 흔드심과 파괴를 통해 무너지라고 선포해야 합니다. 내 안에 망쳐지고 부패하게 된 것들은 아까워하지 말고 부셔버려야 합니다. 하나님의 자비가 우리를 새롭게 할 것입니다.

방주

하나님의 눈 안에서 은혜를 발견한 노아, 하나님께 그 은혜를 입은 노아에게 하나님이 방주를 짓도록 명령하십니다(창6:14). 노아의 방주와 모세의 갈대상자는 테바라는 같은 단어로 쓰였습니다. 방주(테바הַתֵּבָה)는 노아가 구원받은 곳이자 모세가 구원받은 곳입니다. 테바는 사망의 물로부터 구원받는 공간이며 하나님의 보호의 울타리입니다. 땅을 뒤엎으시겠다고 결정하신 하나님이지만 새롭게 시작하기 위해 한 사람과 그 가족을 구원하신 하나님의 은혜가 방주입니다.

하나님은 남겨진 자들을 위해 방주(테바)를 계획하십니다. 그리고 하나님과 관계가 올바른 자들을 통해 방주를 짓게 하시고 방주로 부르십니다. 방주는 심판과 멸망으로부터 구원의 상징이자 그날 즉, 마지막 날 땅에 진노의 대접이 부어지기 직전에 성도들이 들려 올려져 진노의 심판을 피하게 될 공간입니다. 천사들의 도움과 페이스메이커pacemaker 역할과 정신적 지주 역할을 해주던 므두셀라의 격려를 받으며 방주를 지은 노아는 하나님이 정하신 그날에 방주로 들어갈 수 있었습니다(창7:13). 약속된 날이 오기 전까지는 계속 방주를 지어야 했습니다. 나무를 준비하고, 자르고, 재단하고, 역청으로 단단하게 방수 작업을 수도 없이 계속해야 했습니다. 이것이 마지막 때를 준비하는 것입니다. 사람들이 조롱하고 비웃고 손가락질하며 비상식적이라고 말하지만 그러한 것들에 흔들리지 않고 심판에 대한 경고를 믿고 경외함으로 방주를 준비하여 나와 나의 가족을 구원하는 이것이 마지막 때를 준비하는 사람의 모습입니다.

하나님은 일을 이루시고 성취하시는 여호와이십니다. 그분의 계획은 정하신 때에 반드시 이뤄집니다. 역사의 끝은 정해져 있고 우리도 노아처럼 그 끝에 서 있습니다. 세상은 멸망하겠지만 그 가운데서 특별한 하나님의 은혜와 보호가 남겨진 자들에게 있을 것입니다. 남겨진 자들은 다음 세상(내세, 오는 세상, world to come, 올람 하바עוֹלָם הַבָּא, 천년왕국과 영원세상)을 위해서 믿음으로 방주를 준비해야 합니다. 지금 우리는 모두 방주를 준비하는 과정에 있습니다.

역청

하나님은 노아에게 방주를 만들 설계도를 주셨습니다. 이 설계도는 노아에게 구원받을 수 있는 방법을 보여주었습니다. 설계도를 가진 노아는 고페르 나무로 방주를 만들 나무를 재단하였습니다. 그러나 아무리 많은 나무들이 잘 재단이 되었다 할지라도 중요한 것은 역청이었습니다. 역청으로 나무의 안과 밖을 잘 칠하지 않으면 나무와 나무가 붙지도 않을 뿐더러 틈이 벌어진 사이로 외부의 물이 쉽게 침입해 들어오게 되어 방주는 전혀 보호의 울타리가 될 수 없었습니다. 또한 이 많은 나무를 노아와 단 세 명의 아들들, 혹은 며느리들까지 함께 했더라도 8명에서 재단하고 붙일 수도 없었습니다.

그래서 하나님은 구원의 방주를 어떻게 설계할지 알려주었고 천사들을 보내셔서 이 모든 것을 함께 돕게하셨습니다. 노아는 말씀에 순종하여 나무와 나무를 단단하게 붙이고 역청으로 안팎으로 칠하여 빈틈이 없게 철저하게 작업하여 외부의 침입으로부터 방주를 안전하도록 만들었습니다. 역청은 히브리어로 코페르כֹּפֶר입니다. 코페르는 히브리어 동사 카파르כָּפַר에서 파생되었는데 카파르는 '덮다'라는 뜻이고 '속죄'라는 뜻을 포함하고 있으며 속죄소는 카포렡כַּפֹּרֶת이라고 합니다.

사망의 물이 들어오지 못하도록 방수의 기능을 하는 역청을 바르는 것은 진리의 말씀으로 안과 밖을 바르고 무장하여 세상의 물과 영향력이 침범하여 들어오지 못하도록 막고 보호하는 것과 같습니다. 진리의 말씀을 읽고 암송하고 반복하고 전하고 가르치는 것이 마지막 때 구원의 방주가 방주로서의 역할을 해낼 수 있도록 하는 중요한 준비입니다. 또한 세상의 정죄와 사탄의 참소하는 많은 소리들이 침범하여 들어오지 못하도록 속죄의 덮음으로 안과 밖을 바르고 보호하는 것과 같습니다. 진리의 말씀으로 무장하고 어린 양의 피를 바름으로 세속이 침범하지 못하게 하고 참소자의 메시지가 들어오지 못하도록 하여 방수 기능이 잘 준비된 방주를 예비함으로 사망의 물이 온 땅을 덮을 때 구원의 방주를 통해서 나와 내 가족이 구원받을 수 있습니다.

> "우리 형제들을 참소하던 자 곧 우리 하나님 앞에서 밤낮 참소하던 자가
> 쫓겨났고 또 우리 형제들이 어린 양의 피와 자기들이
> 증언하는 말씀으로써 그를 이겼으니"계12:10b-11a

노아가 준행한 것 _{창6:22, 7:5} – 생명을 살려라

노아는 하나님의 명령을 그대로 준행합니다. 하나님의 첫 번째 명령은 방주를 만들어 생명을 보존하라는 것이었고(창6:20), 두 번째 명령은 생물들을 방주로 데려와 온 땅에 살게 하라는 것이었습니다(창7:3). 부패하게(샤하트)된 세상을 파괴해(샤하트)버리겠다고 말씀하신 하나님이 두 번에 걸쳐 노아에게 명령하신 것은 모두 '생명을 살게 하라'는 것이었습니다. 이 얼마나 깊고 위대한 사랑과 긍휼입니까! 진노 가운데 긍휼을 잊지 않으시는 하나님입니다(합3:2). 자비와 긍휼이 바로 하나님의 성품이기 때문입니다.

> "내가 잠시 너를 버렸으나 큰 긍휼로 너를 모을 것이요 내가 넘치는 진노로 내
> 얼굴을 네게서 잠시 가렸으나 영원한 자비(헤세드)로 너를 긍휼(라캄)이 여기리라
> 네 구속자(고엘) 여호와께서 말씀하셨느니라" 사54:7-8

하나님의 자비와 긍휼이 노아에게 방주를 만들 계획을 알게 하셨고 노아는 그 말씀을 준행하여 방주를 만들었으며 생명을 살게 했습니다. 하나님은 반드시 생명을 살리는 하나님이십니다. 잠시 버렸지만 영원히 살게 하시는 하나님입니다(사54:7). 우리가 준행해야 할 것은 생명을 살리는 것입니다. 하나님은 생명을 살리기 위해 때를 따라 양식을 나눠줄 지혜롭고 충성된 종을 찾고 계십니다(마24:45). 생명을 살리는 양식은 하나님의 말씀입니다. 생명을 살리는 방주는 하나님의 집, 성전, 교회입니다. 방주의 설계도는 하나님께 있습니다. 우리는 하나님의 설계도에 따라 즉, 하나님의 말씀에 따라 지어진 방주에서 생명의 양식인 말씀을 나누는 지혜롭고 충성된 종이 되기를 간구해야 합니다. 내 생각과 감정을 만족시켜주는 화려한 예배와 설교, 기도보다는 나의 잘못된 것을 부서뜨리고 다시 세우고자 하시는 하나님의 자비와 긍휼을 의지하여 잠잠하게 그분 앞에 머물며 노아처럼 하나님의 눈과 마주치며 그분의 눈 안에서 하나님의 은혜를 찾아야 합니다.

DAY 2 창7:1-16

홍수가 임하기 칠 일 전

> "지금부터 칠 일이면 내가 사십 주야를 땅에 비를 내려
> 내가 지은 모든 생물을 지면에서 쓸어버리리라" 창7:4

하나님은 노아와 모든 짐승들을 방주에 들어가라 명하시고는 바로 비를 내리지 않으시고 칠 일이라는 시간을 허락하십니다. 홍수 시작 칠 일 전인 2월 10일 노아의 할아버지이자 인류 역사상 가장 오래 살았던 사람인 므두셀라는 969세의 나이로 죽게 됩니다. 에녹은 그의 아내 에드나와 결혼하기 전에 하늘이 땅으로 무너져 내리며 땅이 땅 안으로 삼켜지는 장면을 꿈 환상에서 본 후 진노 중에라도 땅 위에 후세를 남겨주시도록 간구했었습니다(에녹1서 83). 65세에 그의 아내 에드나를 통해서 태어난 아기를 바라보며 이 아들의 인생이 마감될 때 무서운 심판이 오게 될 것을 바라보던 선지자 에녹은 그 아기의 이름을 메투셀라흐מְתוּשֶׁלַח라고 불렀습니다. 메투는 '그의 죽음'이라는 뜻이고, 셀라흐는 '보내다'라는 뜻입니다. 즉, 메투셀라흐는 '그가 죽을 때 홍수 심판을 보내신다'라는 뜻입니다. 므두셀라(메투셀라흐)는 아버지 에녹으로부터 신앙의 유업을 이어받으며 모든 이야기를 전해 듣습니다. 므두셀라가 243세 되던 해 8대조 할아버지인 첫 사람 아담이 죽고 약 57년 후에는 아버지 에녹이 승천하게 됩니다. 죽음과 승천을 경험한 므두셀라는 그 후 셋, 에노스, 게난, 마할랄렐, 야렛의 죽음을 차례대로 경험합니다. 이후 걷잡을 수 없이 악하게 되어가는 세상 속에서 자신의 사명과는 다른 사명을 가진 노아가 그의 사명을 다할 수 있도록 그가 조롱과 비웃음 속에서 방주를 산에 짓는 동안 옆에서 페이스메이커pacemaker 역할과 정신적 지주 역할을 해주었습니다. 방주가 완공되기 5년 전 므두셀라의 아들 라멕도 먼저 세상을 떠납니다.

므두셀라는 자신의 이름의 뜻과 사명을 생각하며 노아의 방주 건축을 힘을 다해 도왔을 것입니다. 방주가 완공된 후 방주로 동물들이 들어가기 시작한 그날 므두셀라는 자신의 사명을 마감하고 마지막 숨을 거둡니다. 노아에게 주어진 이 칠 일은 할아버지 므두셀라를 위해 애도하는 시간이었습니다. 아람어 성경인 탈굼에서는 하나님이 노아와 가족들과 동물

들이 방주에 들어간 뒤 칠 일이라는 시간을 주신 것은 회개를 위한 것이었다고 말합니다.[20]

칠 일은 성경에서 샤밭을 뜻하고 샤밭은 곧 메시아닉 킹덤을 의미합니다. 메시아닉 킹덤은 전 우주에 완전한 샬롬을 가져올 것입니다. 그러나 이 샬롬이 임하기 전에 땅은 엄청난 진동과 진통을 경험하게 될 것이며 깊은 환난을 통과하게 될 것입니다. 선지자 이사야는 메시아닉 킹덤이 오기 직전의 땅의 상태를 여인의 해산의 진통에 비유했습니다(사66:7). 예수님도 제자들에게 마지막 날에 대해 가르치시면서 메시아가 오기 직전, 그리고 그분의 킹덤이 임하기 직전, 다시 말해 7천 년이 되어 샤밭(안식)의 시간으로 들어가기 직전에 땅은 전쟁과 소문, 온갖 자연 재해로 고통을 겪게 될 것이라고 말씀하셨습니다.

하나님이 노아에게 주신 칠 일의 시간은 새로운 세상으로 들어가기 위한 진통을 겪기 직전 하나님이 마지막으로 이 땅에 회개의 기회를 주신 시간이자 또한 앞으로 새로운 세상이 오게 될 것이라는 사인이기도 했습니다. 우리는 지금 노아의 때에 들어와 있습니다. 메시아가 만왕의 왕으로 오시기 직전의 상태로 곧 들어가게 될 것입니다. 영원의 시간 샤밭으로 들어가기 직전 하나님이 주신 칠 일의 시간, 회개의 시간에 우리의 마음을 완전히 하나님께 돌이켜야 합니다.

DAY 3 창7:17-8:14

홍수의 여정과 하나님의 정한 시간(절기)

성경은 특별한 사건이 있거나 하나님이 정하신 날들에 대해서는 날짜를 자세하게 알려줍니다. 마치 우리가 삶을 살아가는 동안 특별한 날은 다이어리에 기록해 놓는 것처럼 하나님도 인간의 역사 가운데 예언적으로 뭔가를 정해 놓으신 날들에 대해서는 자세하게 기록해 놓음으로써 그 시간을 기억하게 하십니다. 그날을 기억해야 하는 이유는 하나님이 그날에 뭔가를 결정해 놓으셨기 때문입니다. 성경은 노아가 방주로 들어간 후 비가 오기 시작

---

20 【탈굼 Pseudo Yonathan, Genesis 7:4】 보라, 나는 너에게 칠 일의 시간을 준다. 만약 그들이 회개한다면 그들은 용서받을 것이다. 그러나 그들이 회개하지 않는다면 지금부터 칠 일 후 나는 40주야 동안 땅에 비를 내릴 것이다

한 날부터 땅이 마르고 방주에서 나오기까지의 모든 시간을 자세히 기록하고 있습니다. 이것은 모든 홍수의 여정이 하나님의 특별한 시간 사이클 안에서 이루어졌음을 보여줍니다.

노아가 방주에 들어가고 나서 칠 일 후, 육백 세 되던 해 둘째 달 열이렛날에 땅에서는 깊음의 샘들이 터졌고 하늘은 창문들이 열려 사십 주야 비가 쏟아지기 시작합니다. 이날은 둘째 달 17일이었다고 말씀은 증언하고 있습니다(창7:11).²¹ 여기서 말하는 둘째 달은 헤쉬반 월로 당시 새해가 시작되던 티슈레이 월의 다음 달입니다. 헤쉬반 월 17일에 내리기 시작한 비는 40일 동안 계속되는데 이날부터 40일 후는 키슬레브 월 26일로 이때는 후에 역사적으로 하누카 두 번째 날로 지켜지게 됩니다(창7:17). 그리고 나서 방주가 일곱째 달 열이렛날 즉, 아빕 월 17일에 아라랏 산에 머물게 됩니다(창8:4). 이날은 무교절 세 번째 날입니다. 이후 열째 달 초하루, 탐무즈 월 1일에 산들의 봉우리가 보이기 시작하고(창8:5) 40일 뒤 아브 월 10일에 노아가 까마귀를 내보내는데 이날은 후에 성전이 무너진 티샤 베아브(아브 월 9일)의 다음 날이 됩니다. 이후 노아는 세 차례에 걸쳐 비둘기를 내보내고 홍수가 시작된 지 정확히 일 년 뒤, 첫째 달 초하루 티슈레이 월 1일에 비로소 방주 뚜껑을 제치고 땅이 마르기 시작한 것을 보았습니다. 이날은 새해의 첫날이자 나팔절이었습니다. 그리고 홍수가 시작되고 일 년하고도 10일이 더 지난 헤쉬반 월 27일에 노아는 방주에서 나오게 됩니다.

비가 그치고, 방주가 산 위에 머물고, 산들이 보이기 시작하면서 까마귀와 비둘기들을 내보내고, 땅이 마른 것을 확인하고 다시 방주에서 나오기까지의 모든 여정에 하누카, 무교절, 월삭, 성전 파괴, 그리고 나팔절까지의 시간이 연결되어 있습니다. 홍수 사건은 인류를 향한 하나님의 첫 번째 심판 사건이자 의로운 남은 자들을 구원하신 사건이었습니다. 홍수 심판 이후 인류의 역사가 진행되는 가운데 이와 같이 중요한 사건들이 하나님이 정하신 시간 안에 이루어졌다는 것은 우연이 아닙니다.

> "하나님이 이르시되 하늘의 궁창에 광명체들이 있어 낮과 밤을 나뉘게 하고
> 그것들로 징조들과 계절(절기들)과 날들과 해들을 이루게 하라"창1:14

---

21 유대력에서 티슈레이 월은 일곱 번째 달이지만 고대근동에서는 이달이 새해가 시작되는 달로 여겨졌었다. 오랜 시간 동안 티슈레이 월이 첫 번째 달로 지켜져왔었지만 하나님께서 이스라엘 백성을 출이집트하게 하실 때 아빕 월을 첫 번째 달로 지키라 명하셨기 때문에 이후 티슈레이 월은 이스라엘에게 있어서 일곱 번째 달이 되었다. 그러나 여전히 티슈레이 월이 한 해의 시작으로 지켜지고 있다. 노아가 살던 시대는 티슈레이 월이 첫 번째 달이었기 때문에 홍수가 시작되는 헤쉬반 월은 두 번째 달이 된다.

정확하고 세심하시고 완전하신 하나님은 태초부터 모든 것을 그분의 시간안에 담아두셨습니다. 출이집트한 이스라엘 백성이 시내산에 도착했을 그때 모세에게 일곱 절기를 만들어 주신 것이 아니라 이미 세상을 창조할 때부터 절기는 정해져 있었고 족장들로부터 전해져 내려왔었지만 이스라엘이 이집트의 영향력 안에 살면서 잃어버렸던 하나님의 절기들을 그들에게 다시 가르쳐 주신 것입니다. 인간을 창조하신 순간부터 이미 구원 계획을 정해 놓으셨던 하나님은 그 구원이 언제 이뤄질 것인지, 그 과정에서 어떤 심판들이 있게 될 것인지를 하나님의 시간 안에 담아두셨습니다.

하나님의 정한 시간은 샤밭, 월삭, 그리고 일곱 절기에 들어 있습니다. 이 시간들은 태초부터 하나님이 정하신 시간들입니다. 하나님의 정하신 이 시간들을 히브리어로 모아딤 מוֹעֲדִים이라고 하는데 모아딤은 정해진 시간appointed time이라는 뜻을 담고 있습니다. 홍수로 인한 첫 번째 인류의 심판과 구원이 있었고 이것은 앞으로 다가올 심판과 구속을 예표합니다. 이제 다가올 심판과 구속의 시간은 하나님이 정하신 가을 절기인 나팔절부터 초막절까지 이뤄질 것입니다. 우리 믿음의 선조들이 멀리서 보고 환영했던 메시아닉 킹덤이 우리에게는 바로 코 앞에 다가와 있습니다. 왕이신 예슈아와 그분의 왕국을 맞을 준비를 위해 우리는 모두 하나님의 정한 시간 안으로 들어가야 합니다. 그분의 나라에서는 그분의 시간이 지켜질 것입니다. 하나님의 시간으로 들어가는 것이 그분의 나라를 준비하는 길, 이사야 선지자가 외친 주의 길을 예비하는 중요한 한 부분이 될 것입니다.

DAY 4 창8:15-9:7

노아의 제단

노아는 방주에서 나오자마자 하나님께 제단을 쌓고 정결한 짐승으로 희생 제사를 올려드립니다(창8:20). 아담이 에덴-동산에서 쫓겨난 후 하나님께 올려드렸고, 또 아벨이 하나님께 올려드렸던 그 예배를 올려드립니다. 하나님은 노아의 예배를 향기롭게 받으십니다(창8:21). 예배를 받으신 하나님은 중심에 다시는 인간의 악함으로 인해 모든 생물을 멸하지 않으리라 결심하시면서 땅이 있을 동안 심음, 거둠, 추위, 더위, 사계절이 쉬지 않을 것이라 말씀하십니다. 노아는 자신의 이름처럼 하나님의 마음을 위로해 드렸습니다. 노아가 마주한 완전한 새로운 세상, 모든 것이 다시 시작되어야 하는 그 첫 시작에 그는 하나님께 향기로운 제사를 올려 드림으로 하나님이 새로운 세상을 향해 축복할 수 있도록 하였습니다.

　　홍수로 다시는 세상을 멸하지 않겠다고 말씀하신 하나님이 이스라엘을 향해서도 다시는 예루살렘을 멸하지 않겠다고 말씀하십니다.[22] 예루살렘이 다시 서기까지 하나님은 쉬지 않으시면서 그 성벽에 파수꾼을 세우고 주야로 잠잠하지 않게 하겠다고 말씀하십니다.[23] 노아는 홍수 심판 이전에 의롭고 완전한 자로서 하나님이 선택하신 예배자이자 파수꾼이었습니다. 하나님은 타락한 세상에서 그와 동행하셨고 그런 그는 하나님의 은혜를 입고 홍수 이전 세상에서 홍수 이후의 세상으로 들어가 새로운 시작을 맞이했습니다. 노아의 때와 같은 마지막 때 예배자이자 파수꾼으로 세워질 자들은 노아처럼 의롭고(쩨데크, 하나님과의 관계가 바로 서 있고) 완전한 자로서(타밈, 영혼육이 온전한 자) 하나님과 동행하는(히트할렉) 사람일 것입니다. 하나님은 이런 사람들을 하나님의 파수꾼으로 세우시고 쉬지 않고 찬양하게 하심으로 주님의 오실 길을 예비하고 예루살렘을 다시 세우실 것입니다. 그분의 언약은 영원합니다.

DAY 5 창9:8-17

에녹과 노아, 마지막 세대를 준비시키는 아비 세대

　　세상이 악해져 가는 가운데서도 아담으로부터 믿음의 계보가 이어집니다. 아담의 칠대손 에녹은 하나님과 깊은 교제를 나누다가 천사들의 안내로 하늘을 오고 가는 체험을 했고 그 후에 죽음을 보지 않고 다시 하늘로 완전하게 들려 올라갑니다. 그는 하늘 방문 경험

22　【사54:9-10】 이는 내게 노아의 홍수와 같도다 내가 다시는 노아의 홍수로 땅 위에 범람하지 못하게 하리라 맹세한 것 같이 내가 네게 노하지 아니하며 너를 책망하지 아니하기로 맹세하였노니 산들이 떠나며 언덕들은 옮겨질지라도 나의 자비는 네게서 떠나지 아니하며 나의 화평의 언약은 흔들리지 아니하리라 너를 긍휼히 여기시는 여호와께서 말씀하셨느니라

23　【사62:6-7】 예루살렘이여 내가 너의 성벽 위에 파수꾼을 세우고 그들로 하여금 주야로 계속 잠잠하지 않게 하였느니라 너희 여호와로 기억하시게 하는 자들아 너희는 쉬지 말며 또 여호와께서 예루살렘을 세워 세상에서 찬송을 받게 하시기까지 그로 쉬지 못하시게 하라

을 통해서 보고 들은 것을 그의 아들 므두셀라에게 전합니다(에녹1서82:1, 83:1). 므두셀라는 그의 아들 라멕과 그의 손자 노아에게 에녹으로부터 전해들은 이야기들과 책들을 전해줍니다.

하나님과 친밀함을 누리고 그 언약을 붙드는 아비 세대는 자녀에게 믿음을 유업으로 흘려 보내줍니다. 에녹이 누린 하나님과의 친밀함은 므두셀라를 통해 라멕에게로, 그리고 노아에게까지 흘러갑니다. 그리고 그들은 알게 됩니다. 세상이 걷잡을 수 없이 죄악으로 가득 차 있는 가운데 하나님만이 유일한 구원자이시며 세상을 구원하고 부패한 땅을 회복하기 위해 땅을 뒤엎으시고 다시 시작하실 것이라는 것을. 그래서 라멕은 노아를 낳고 이렇게 말합니다.

> "여호와께서 땅을 저주하시므로 수고롭게 일하는
> 우리를 이 아들이 위로하리라" 창5:29

노아חַ의 이름은 눈נ과 헤트ח 로 이루어져 있습니다. 눈נ은 '퍼지다, 자손, 후손, 행동, 생명, 보좌의 유업, 신실함'이라는 뜻을 포함하고 있고, 헤트ח는 '울타리, 깊은 방, 분리하다, 잘라내다, 보호하다'라는 뜻을 가지고 있습니다. 이 두 글자가 합한 노아흐נַח는 '안식, 쉼'이라는 뜻을 가지게 됩니다. 악한 세상으로부터 분리되고 구별될 때 하나님의 울타리 안에서 보호받게 되며 하나님의 보호는 진정한 '안식'이 됩니다. 하나님의 보호 가운데 하늘의 유업이 자손들에게로 흘러가는 것, 이것이 노아라는 이름의 정체성입니다. 라멕은 노아가 태어났을 때 아기가 남다른 것을 보고 아버지 므두셀라와 함께 이 특별한 아이를 보며 에녹에게서 들은 것을 통해 이 아이의 시대에 어떤 일이 일어날 것인지를 알게 됩니다. 그래서 그들은 이 한 아들을 통해서 뱀의 머리를 상하게 할 여인의 씨에 대한 약속을 이어 가실 것을 기대하며 그의 이름을 '노아흐'라고 부르게 됩니다.

하나님과 친밀한 동행을 통해 하나님의 마음과 계획을 알았던 선지자 에녹은 자녀들이 마지막 때를 준비하는 세대가 될 수 있도록 준비시켰습니다. 그는 아들을 낳으면서 하나님과 동행하기 시작했고 300년을 땅에서 하나님과 동행하였습니다. 에녹은 아들의 이름을 므두셀라라고 불렀고, 이는 '그가 죽을 때'(므투מֻת) '심판을 보내신다'(셀라흐שֶׁלַח)라는 뜻을 가지고 있습니다. 므두셀라는 이름을 통해 에녹의 삶이 종말론적인 신앙을 가진 삶이었고 그가 종말론적인 메시지를 가지고 있었음을 알 수 있습니다. 에녹의 종말론적인 신앙은 그로 하여금 하나님과 깊이 동행하게 하였고 하나님은 에녹에게 종말에 대한 메세지와 사명을 주기위해 그를 하늘에 방문하게 하셨습니다.

에녹은 가까운 미래에 홍수 심판이 있을 것도 자녀들에게 알렸으며 또한 먼 미래에 악하고 불경건한 자들을 제거하기 위해서 종말 심판이 있을 것이지만 택함 받고 의로운 자들을 위해서는 부활과 상급과 새로운 시대가 준비되어 있음을 알려 주었습니다. 또한 주께서 수많은 거룩한 자들과 함께 오셔서 악한 자들을 심판하실 것이지만 그 후 땅을 새롭게 하실 것임을 그의 자녀들과 오고 오는 세대에게 알려주었습니다. 마지막 세대를 준비하게 하는 것은 믿음을 가진 아비 세대입니다. 하나님은 아비 세대에게 그 계획을 미리 보여주십니다. 이러한 아비 세대가 마지막 세대를 준비시킵니다. 믿음은 아버지로부터 자녀에게로 흘러갑니다. 그리고 믿음은 아버지의 장막 안에서 자녀에게로 들려지고 전승됩니다.

에녹은 죽음을 보지 않고 하늘로 들려 올려졌습니다. 노아는 죽지 않고 심판으로 완전히 멸망당한 이 땅에 남아 새로운 세상으로 들어갔습니다. 에녹은 마치 마지막 때 휴거하는 성도들과 같고 노아는 마치 마지막 때에 메시아닉 킹덤으로 바로 들어가는 살아남은 자들과 같습니다. 첫째 부활에 참여하는 성도들도 있을 것이고 그렇지 못한 성도들도 있을 것입니다. 첫째 부활에 참여하는 성도들은 그 순간부터 이미 영원을 살게 될 것입니다. 그렇지 못한 성도들은 비록 첫째 부활은 아니지만 마지막 백보좌 심판 앞에서 부활하여 자신에게 주어진 대로 상급을 받으며 영생으로 들어가는 부활을 하게 될 것입니다.

에녹과 같이 휴거하여 첫째 부활에 참여하는 복을 누리는 것이 더할나위 없는 가장 큰 축복입니다. 그러나 이 땅에서 살아남은 자들로서 이어지는 천년왕국에 계속 살아가게 될 자들도 있을 것입니다. 진노의 일곱 대접이 땅에 부어지는 동안 마지막까지 땅에 살아남은 자들 중에서도 하나님은 노아를 구원하셨던 것처럼 남겨진 자들에게 기회를 주실 것입니다. 때가 가까이 왔습니다. 에녹처럼 들림받는 영광이 있기를, 첫째 부활에 참여하는 복을 누리게 되기를 더욱 사모합니다.

【주제 #4】 초대교회에서 권위있게 읽혀졌던 에녹1서

에티오피아어로 전권이 보존되어 내려왔던 에녹1서가 1952년 쿰란 4번 동굴에서 아람어 사본들로도 발견되어지면서 에녹서가 제2성전시대에 아람어나 히브리어로 광범위하게 보편적으로 읽혀졌음이 확인되었다. 예수님의 동생 유다가 유다서 1:14-15에서 에녹1서 1:9절을 직접 인용하며 선지자 에녹의 권위로 성도들을 권면할 정도로 초대교회 시대에서 에녹서는 익숙하고 인정받는 책이었다. 에녹1서 1장은 이렇게 시작한다.

> "이 책은 악하고 불경건한 모든 자들을 제거하기 위해 예정된 환난의 날에
> 살아가게 될 택함 받고 의로운 자들을 축복한 에녹의 축복의 말들이다.
> 에녹은 그의 이야기를 시작하며 말했다. 주님에 의해 눈이 열린 한 의로운 자가 있었다.
> 그는 하늘에서 거룩한 장면을 보았는데 이는 천사들이 나에게 보여준 것이다.
> 나는 그들에게서 이 모든 것을 들었고 내가 본 것을 이해했으나 이것은 이 세대를
> 위한 것이 아니요, 앞으로 오게 될 멀리 있는 세대를 위한 것이다." (에녹1서 1:1-2)

【주제 #5】 에녹서는 어떤 주제를 다루고 있는가?

진리의 집 출판사에서 출판한 에녹1서와 앞으로 출판 예정인 에녹 2서, 3서 그리고 희년서는 원문과 사본 대조를 통해서 에녹서 전권을 바르게 번역하고 풍성한 이해를 위해서 주해를 더하였다. 에녹서에서 어떤 주제들을 다루는지 아래와 같이 간략하게만 요약하여 소개한다.

아담의 칠대 손 에녹은 인류 역사 속에서 선지자나 선견자로서의 역할을 감당했던 많은 사람들 중에 제일 큰 선지자이며 선견자로서 독보적인 존재로 그 권위가 자리매김되어 있다. 선견자로서의 에녹이 본 계시와 예언의 범위는 구약의 모든 예언자들의 것들을 다 포함하더라도 비교할 수 없을 만큼 넓고 크다. 시간적인 측면에서 에녹은 창세 이전과 인류 역사의 시작에서부터 7000년 인류 역사의 전과정들과 마무리까지 그리고 이후 영원 세계까지 총망라한 가장 넓은 범위를 목격하였던 자이다. 또한 공간적인 측면에서 에녹은 땅의 끝과 하늘 끝까지와 모든 하늘 천체들을 포함하여 첫째 하늘에서부터 일곱째 하늘과 일곱째 하늘에서 다시 하나님의 보좌가 있는 열번째 하늘 '아라봇עֲרָבוֹת'까지 이르러 그가 본 것을 증언하고 있다. 에녹은 창조에 속한 모든 시간과 모든 공간을 다 보았던 인류 역사에서 가장 스케일이 큰 선지자일 뿐만 아니라 위대한 학자와 저술가이다. 그동안 에녹서가 하나님의 섭리에 의해서 감추어진 책(Apocrypha, Hidden)이 되었었지만 종말의 시대가 되면서 하나님의 섭리에 의해서 드러나고 있다. 이것은 에녹1서 1:1에 책의 시작에서 밝혔듯이 "악하고 불경건한 모든 자들을 제거하기 위해 예정된 그 환난의 날에 살아가게 될 택함 받고 의로운 자들을 위해서"기록되었기 때문이다. 감추어져 왔었지만 이제 드러나고 있는 이 책이 가지고 있는 세계관을 통하여 성경이 말하는 영적인 세계와 종말론과 인간 영화론에 대한 이해의 폭이 더 넓어지기를 바란다.

에녹1서

1. 타락한 감찰자 천사들의 불순종과 타락, 에녹의 하늘 여행, 홍수 심판과 최후 심판을 통한 인간들과 천사들의 심판, 의롭고 택한 자들의 부활 그리고 의와 평강의 메시아 시대, 홍수 이전 에녹이 묘사하는 지구의 중심인 예루살렘의 지형 (에녹1서1-36 감찰자들의 책)

2. 죄인과 악인을 심판하러 오실 인자, 택한 자들과 의인들의 부활과 상급, 날들의 창시자(성부)와 창세 전부터 함께 계신 인자(성자), 감추어진 인자와 비밀이 된 그 이름, 인자와 영원히 하나 될 의인들, 예루살렘 중심으로 일어나게 될 종말 세계대전, 아자젤의 군대들의 감금과 그들이 받을 최종 심판, 땅의 지도자들과 권력자들이 받을 심판, 타락한 천사들의 명단 (에녹1서37-71 비유들의 책)

3. 영원히 존재할 새 피조물이 창조되기 전까지 지속하게 될 하늘 광명체들에 대한 지식, 사탄들의 명단, 태양력과 월력, 천체의 궤도, 천체들과 천사들의 순종 (에녹1서72-82 천체들의 책)

4. 아담부터 노아까지, 셈부터 아브라함까지, 아브라함부터 모세까지, 약속의 땅에 들어온 이스라엘에서부터 남유다 멸망과 바벨론 포로까지(제1성전 시대), 포로귀환 후 제2성전 시대에서 로마제국시대의 디아스포라까지, 마른 뼈의 시대부터 이스라엘 국가의 재건까지, 총동원된 이방 나라 연합군의 예루살렘 침공, 메시아의 지상 강림과 그의 분노의 막대기와 대지진, 시온산에 놓인 심판의 보좌와 그 위에 좌정하신 메시아, 타락한 천사들이 받을 심판, 목자들이 받을 심판, 눈먼 양 떼들이 받을 심판, 제3성전의 철거와 그 자리에 세워진 크고 높은 새 성전(에스겔성전), 상급을 위한 심판, 변화된 유대인과 변화된 이방인이 메시아 안에서 하나 되어 영광스러운 성전에서 함께 섬김 (에녹1서83-90 꿈환상들의 책)

5. 열 이레 묵시(10주간 묵시)를 통한 인류 역사 7000년의 조망과 그 후 영원 세계 (에녹1서91-93)

6. 마지막 때를 살아갈 의로운 자들과 택한 자들의 부활과 상급, 악한 자들과 죄인들이 맞이할 재앙과 심판, 여호와의 크고 두려운 날, 마지막 때에 풀어지게 될 인간 영화론, 노아의 탄생, 마지막 때 일어날 의로운 한 세대, 에녹의 뒤를 따르며 토라를 지킬 에녹의 세대 (에녹1서94-108)

에녹2서

1. 일곱 하늘들과 일곱 번째 하늘에 있는 세 하늘 (에녹2서3-22)
2. 재창조의 7일과 인류 역사 7000년의 관계 (에녹2서24-35)

에녹3서

1. 에덴이 동산에서 분리되게 했고 쉐키나가 그 동산에서 떠나 올라가시도록 했던 홍수 세대의 우상숭배와 음란과 비뚤어진 상태
2. 믿음과 의로움과 행위의 완전함에 있어서 당시 지구의 모든 자를 다 합하여도 이 한 사람

만도 못하다고 칭찬받고 주님의 지은 세계에서 주님에게 보상의 대가로 취하여 올려진 에녹

3. 하늘 승천 이후 천사 메타트론이 된 에녹, 에녹이 받은 70이름과 천상의 존재들로부터 받은 에녹의 애칭인 나아르עער(젊은이)

4. 가장 높은 하늘에서 모든 천사들 위에 군주와 주권자로 세움 받은 에녹, 임재의 왕자, 모든 하늘 정상의 영광인 메타트론이 작은 여호와(아도나이 카탄יהוה קטן)라고 불려짐

5. 아담부터 시작한 인류 역사의 모든 세대의 행동들과 생각들이 다 기록되어 있는 보좌의 휘장, 이스라엘의 디아스포라의 고난, 이방인을 위한 요셉 메시아 시대, 유대인과 이방인을 위한 다윗 메시아 시대, 메시아의 천년왕국과 곡과 마곡 전쟁, 거룩하신 분께서 그들과 영원히 함께 하시는 영원한 세상

희년서

'작은 창세기'라고 불리는 희년서는 모세가 오순절에 시내산에 올라가서 40일을 연이어 3번 즉, 120일을 지내다 대속죄일에 새로운 두 돌판을 받아서 광채가 나는 얼굴로 내려오기까지 시내산에 있으면서 창조에서부터 모세가 시내산에 올라온 날까지의 단절되었던 과거 역사를 천사들로부터 듣고 기록한 책이다. 창세기부터 출애굽기 초반까지의 내용을 담고 있으며 창세기와 출애굽기에 포함되지 않은 내용들을 천사들의 입장에서 희년과 안식년의 시간 단위로 설명해주는 책이다. 요한계시록은 천사가 사도 요한에게 가르쳐주고 보여준 미래 역사 교육의 기록이라면 희년서는 천사들이 모세에게 가르쳐주고 보여준 과거와 미래 역사 교육의 기록이다.

DAY 6 창9:18-10:32

지나침, 선을 넘음, 경계(바운더리boundary)를 침범함: 해야될 말과 행위, 그리고 하지 말아야할 말과 행위

새로운 세상을 마주한 노아는 첫 제단을 쌓고 예배를 드린 후 포도나무를 심습니다. 여섯째 날에 인간을 창조하시면서 6천년 후 부활의 몸으로 새로운 인류가 탄생할 때를

위해서 기대하는 마음으로 포도주를 담그시며 포도주의 혼인 잔치를 계획하신 하나님의 계획을 들어서 알았을 노아가 새로운 세상에서 다른 농사보다도 포도를 가장 먼저 시작한 것은 우연이 아닙니다.[24]

그런데 기분 좋게 시작한 포도주 잔치였지만 그가 과하게 마신 나머지 그만 취해서 벌거벗은 채 장막에 누워있는 것을 함이 보게 되고 두 형제에게 이 사실을 알립니다. 셈과 야벳은 뒷걸음쳐 들어가서 아버지 노아의 수치를 덮어주었습니다. 이 사건에서 셈과 야벳의 태도와 함과 그의 아들 가나안의 태도와 선을 넘어서는 행위가 대조되어서 나타납니다. 그들의 태도와 행위는 경계를 넘어가지 않느냐 넘어가느냐에 따라서 미래를 좌우하는 축복이 되기도 하고 저주로 나타나기도 한다는 것을 보여줍니다.

노아가 술에서 깨어 난 후 가나안이 자기에게 행한 일을 알고 가나안은 저주를 받아 그 형제들의 종들의 종이 될 것이라고 말합니다. 해야될 일이 있고 해서는 안 될 일이 있습니다. 가나안은 선을 지키지 않고 선을 넘는 행위를 하였고 그 행위의 결과로 자기만 저주를 받은 것이 아니라 그의 후손들도 형제들의 종들의 종들이 되는 결과를 남겨주고 말았습니다. 하나님이 각 사람에게 정해주신 각자의 경계(바운더리)가 각각 있습니다. 경계(바운더리)를 침범하지 않는 것은 하나님의 주권을 인정하는 행위입니다. 가나안은 할아버지 노아에게 침범하지 말아야 할 경계(바운더리)를 넘어섰습니다. 한번 넘어서기 시작하면 그 이후 더 쉽게 다른 영역에도 침범하게 됩니다.

노아는 경계를 넘어선 가나안의 행위를 인식하게 되었을 때 가나안이 앞으로도 계속 남의 경계를 침범하고 그의 후손이 영적인 경계선과 성적인 경계선도 넘어서게 될 것을 예언적으로 바라보게 됩니다. 이후에 셈과 함과 야벳이 노아 앞에서 땅을 분배 받고 흩어지는 과정에서 함의 자녀들은 아프리카 대륙의 땅을 분배 받았지만 함의 막내 아들 가나안은 셈의 자손들이 분배 받은 에덴-동산의 땅인 이스라엘 산지를 탐내고 정해진 경계를 침범하여 셈의 자손들을 폭력으로 몰아내고 그곳에 정착하려고 하였습니다. 그의 아버지 함과 그의 형제 구스와 미스라임(이집트)이 말렸지만 그들의 말에 귀를 기울이지 않고 가나안은 셈의 몫인 이스라엘 산지를 폭력으로 빼앗고 경계(바운더리)를 넘어서서 그곳에 거주하게 되었습니다. 그 이후 한동안 그 땅은 가나안 땅이라고 불리게 되었습니다. 그 땅에 정착한 가나안

---

24 【이사야25:6-8】【마26:29】【막14:25】【눅22:15-18】

일곱 족속은 영적인 영역에서도 경계를 넘어 온갖 우상숭배를 행하게 되었고 성적인 영역에서도 경계를 넘어 가나안 땅에는 음란, 동성애, 수간(동물성교) 뿐만 아니라 네필림의 후손 아낙 자손까지도 낳게 될 정도로 거의 모든 경계(바운더리)가 무너진 풍속으로 가득 차게 되었습니다(희년서10:28-34, 레18장).

　　　말에도 경계가 있습니다. 해야 할 말이 있고 하지 말아야 할 말이 있습니다. 입으로 누군가의 치부를 드러내어 말하는 것은 내가 받을 유업을 잃게 만들 수 있습니다. 생각과 감정은 말로 나타납니다. 그리고 말은 우리의 입을 통해 밖으로 나갑니다. 입을 지키는 자는 생명을 보전하지만 크게 벌리는 자에게는 멸망이 옵니다(잠13:3). 입과 혀를 지키는 자는 자기의 영혼을 환난에서 보전합니다(잠21:23). 또한 우매한 자는 말을 많이 합니다(전10:14). 다윗은 하나님께 자신의 입에 파수꾼을 세우시고 입술의 문을 지켜 주시길 간구했습니다(시141:3). 입은 말이 나가는 문이고 말은 우리의 생각과 마음이 흘러나오는 방법입니다. 함은 자신의 입을 지키지 못했고 자신의 생각과 마음에 있었던 오만함과 삐딱함, 남의 치부를 드러내는 어리석음을 말로 내뱉음으로 저주를 받게 되었습니다.

　　　인간의 오만함과 삐딱함, 그리고 어리석음의 절정은 바벨을 통해 드러났습니다. 온갖 것이 혼잡하게 섞여 있는 바벨 탑으로 자신들에게 주어진 힘을 하나로 모아서 하나님을 대적하려고 했던 사람들에게 내리신 하나님의 형벌은 그들의 말을 흩어 버리신 것이었습니다. 하나님을 대적하여 높아진 그들이 생각과 마음을 말로 모아서 힘을 합쳐 보려고 했던 것을 하나님이 한 순간에 무너뜨리셨습니다.

　　　페이쥬의 10년의 시간, 하나님이 우리의 입술을 다루십니다. 제단 숯불로 그 입술의 정결함을 받고 나서야 하나님의 부르심에 응답했던 이사야처럼 우리는 우리의 입술과 말을 다시 점검해야 합니다. 무의식 가운데 습관처럼 했던 부정적인 말들, 깎아내리는 말들, 오만한 말들, 험담하는 말들, 정죄와 판단의 말들, 불평하는 말들, 이런 말들이 내 입술을 통해 하나님의 말씀과 함께 나오게 할 수 없습니다. 특별히 하나님은 지성소가 되길 원하시는 우리의 가정이 입술과 말을 정제하고 킹덤의 문화를 세우길 원하십니다. 축복하는 말들, 격려하는 말들, 칭찬하는 말들로 존중의 문화를 세우길 원하십니다. 교만하고 삐딱한 말들은 가나안, 이집트, 바벨론의 문화입니다. 축복과 격려, 세워주는 말은 킹덤의 문화, 존중의 문화입니다. 바벨론의 문화를 버리고 킹덤의 문화를 세울 때 우리 입술이 새롭게 되고 권세가 더하여질 것입니다.

.

DAY 7 창11:1-32

적그리스도의 탑

성경은 구스의 아들 니므롯이 세상의 첫 용사로서 여호와 앞에서 용감한 사냥꾼hunter 이었다고 말합니다(창10:9-10). '여호와 앞에서'라는 어감으로 보면 그가 꼭 하나님을 위한 용사인 것처럼 느껴지지만 사실 이 말의 히브리어 원어는 '반대하는, 대적하는against'이라는 의미입니다. 함의 아들이며 저주를 받았던 가나안의 형제인 구스, 그 구스의 아들 니므롯은 용사이긴 했으나 하나님을 대적하는 자였고 그 시대의 폭군이었습니다. 니므롯이라는 이름 자체도 '반역, 반항'이라는 의미를 담고 있습니다. 유대인 랍비 중 라쉬[25] 의 전승에 따르면 그는 그냥 단순한 사냥꾼이 아니라 인간의 영혼을 사냥해서 그들이 하나님을 대적하도록 만드는 자였다고 기록하고 있습니다. 그는 바벨탑을 쌓아서 그 자신을 신으로 올려놓고 그를 예배하는 장소로서 그 탑을 사용하려고 했습니다.[26] 그래서 니므롯은 성경에 등장하는 첫 적그리스도의 모형이라고 볼 수 있습니다.

다윗은 시편 2편을 통해 적그리스도의 영을 가진 세상 지도자들이 어떻게 하나님을 대적하는지를 기록했습니다(시2:3). 그러나 하늘에 계신 하나님은 그들을 비웃으십니다. 그리고 시온에 세우실 그분의 아들을 통해 하나님을 대적하는 미련한 세상의 군왕들을 철창으로 부수고 깨뜨리십니다(시2:6,9). 자신들의 이름을 내고 하나님을 대적하려 했던 바벨탑의 니므롯과 적그리스도의 세력들도 그렇게 무너졌습니다. 하나님은 그들을 세상으로 흩어 버리셨습니다. 그들이 스스로 높아지지 못하도록 하셨습니다. 사람들의 영혼을 사냥할 만큼 강한 용사인 니므롯이었지만 하나님 앞에서는 한 순간이었습니다. 마지막 때 일어날 적그리스도 이와 같을 것입니다. 적그리스도는 그리스도라 불릴 만큼 영적인 힘과 영향력도 가지고 있는 자일 것입니다. 마치 신과 같이 느껴질 정도로 권세가 있는 자일 것이고 큰

---

25 라쉬Rashi는 랍비 쉴로모 벤 아이작Rabbi Shlomo ben Isaac이라는 이름의 첫 글자의 이니셜을 딴 이름으로 11세기 프랑스 유대인이었다. 그는 히브리어에 능통한 사람으로 유대 전승의 주석가였으며 성경과 탈무드 주석을 집대성한 사람으로 오늘날까지 유대 문학과 전승에 큰 영향력을 가지고 있다.

26 Midrash hagadol, Brooklyn, NY:Shaar press, 1994

영향력을 온 지구상에 떨칠 것입니다. 사람들이 적그리스도에게 홀딱 반해서 자신들의 영혼을 줄만큼 그 권력은 대단할 것입니다. 그러나 하늘에서 내려오시는 여호와 하나님, 예슈아로 인해 그의 세력은 한 순간에 무너질 것입니다.

바벨탑으로 내려오신 하나님은 그들을 흩어 버리실 때 그들의 언어를 흩어 버리셨습니다. 이때까지 인간은 하나님의 창조의 언어인 히브리어와 히브리어 문자 체계를 사용하고 있었습니다.[27] 그러나 하나님은 그들이 하나의 세력으로 뭉쳐서 하나님을 대적하는 것을 막기 위해 그들이 서로 소통하지 못하도록 하셨습니다.[28] 유대 전승에서는 언어가 나뉘어질 때 그들이 서로 소통이 되지 않자 죽이기까지 했고 그 결과 바벨탑의 건설은 멈춰질 수밖에 없었다고 말합니다. 이렇게 흩어진 언어로 인해 민족은 나뉘게 되었고 인간은 서로의 소통을 위해 많은 시간을 들여야 했으며 결국 바벨탑을 쌓던 인간들은 그들의 힘을 합하여 악한 뜻을 이루지 못하게 되었습니다.

마지막 때에 기술의 발달로 언어의 장벽이 낮아지거나 거의 없어지게 될 것입니다. 그렇게 되면 악한 세계 정부는 무너졌던 바벨탑을 다시 쌓고자 시도할 것입니다. 그러나 큰 성 바벨론은 일시간에 무너질 것입니다(계18:2).

하프타라 사54:1-55:5

멸망 중에 구원의 장막을 넓히시는 하나님

부패하고 썩은 모든 것을 쓸어버리고 새로운 땅이 된 곳에 하나님은 노아를 통해 그의 장막터를 넓히고 처소의 휘장을 펼치게 하셨습니다(사54:2,3). 노아의 자손을 통해 많은 민족이 일어났습니다(창10,11장). 그 민족들 가운데서 하나님은 아브라함을 통해 믿음의 유업

---

27 하나님이 창조하신 세상의 첫 언어, 창조의 언어는 히브리어였다. 바벨탑 사건 때 히브리어는 잠시 사라지고 고대 근동에는 그와 유사했던 아람어가 쓰이지만 아브라함의 믿음의 고백 이후 하나님은 히브리어를 천사를 통해 다시 아브라함에게 회복시켜 주셨고 아브라함과 그의 자손들은 히브리어와 아람어를 모두 사용할 줄 아는 사람들이 되었다 【희년서, 창31:47】

28 Midrash Tanchuma, Noach 19, 언어를 흩으실 때 하나님은 70천사들을 보내셔서 70개의 언어로 나뉘게 하셨고 70개의 언어는 열방으로 흩어진 70민족이 되었다.

을 먼저 이어받은 이스라엘을 택하셨고 그들이 열방을 차지하고 황폐한 성읍을 사람 살 곳이 되게 하겠다고 말씀하십니다. 하나님은 이스라엘을 향해 내가 너의 남편이라고 말씀하시며 하나님의 백성이 어떤 존재인지 정체성을 분명하게 하십니다(사54:5). 잠시 버렸어도 큰 긍휼로 다시 모으시는 하나님(사54:7)께서 당신의 자비가 떠나지 않고 화평의 언약이 흔들리지 않겠노라고 선언하셨습니다(사54:10). 그리고 아무 대가 없이 그냥 오라고 하십니다(사55:1). 돈 없이 먹고, 값없이 마시고 무엇보다도 들으라(샤마שמע)고 말씀하십니다(사55:2,3). "듣고 들어라, 귀를 기울이고 들으라, 그러면 너희 영혼이 살 것이다"라고 약속하십니다. 이것이 언약이고 확실한 은혜라고 말씀하십니다(사55:3). 그분의 왕국에서 우리가 하는 것은 결국 그분과 함께 먹고, 마시고, 누리며 그분 앞에서 듣고 순종하는 것입니다.

마지막 때를 준비하도록 부름 받은 우리들에게 다시 하나님 나라의 장막터를 넓히고 처소의 휘장을 아끼지 말고 넓게 펼치고 말뚝을 견고히 하라고 하십니다. 우리는 열방을 얻게 될 것입니다. 우리의 왕 되신 주님 앞으로 나아가 그분과 함께 거하며, 먹고, 마시고, 듣게 될 것입니다. 그분의 음성으로부터 나오는 달콤한 사랑과 아름다운 달콤한 교훈을 듣게 될 것입니다. 이것이 천년왕국이며 또한 이어지는 영원 세상입니다. 우리가 교회라는 공동체를 통해서 주님과의 코이노니아, 형제, 자매들과의 코이노니아를 갖는 것은 함께 먹고, 마시고, 주님의 말씀을 들음을 통해 하나됨을 이루는 것입니다. 이것이 진정한 교회의 모습입니다. 그러므로 교회는 천년왕국과 영원 세상을 미리 앞당겨 맛보고 누리는 아버지의 집입니다.

브리트 하다샤 눅 17:20-27 / 마24:36-46

노아의 때창6:11, 사54:9, 마24:37와 노아의 때에 일어나야 할 사역자마24:45

노아의 때는 땅이 부패하여 포악함이 가득하고(창6:11) 심지어 심판의 날이 다가와 홍수가 나도 깨닫지 못하는 때였습니다(마24:39). 지금은 노아의 때와 같습니다. 그래서 끝까지 깨닫지 못하는 자들도 있을 것입니다. 그러나 준비하고 깨어있는 자들은 복을 받을 것입니다(마24:42,46). 그러므로 노아의 때에 우리는 메시아를 기대하고 준비하고 깨어있는 것에 마음과 뜻과 힘을 다할 뿐 아니라 메시아의 다시 오심을 알리고 사람들로 하여금 기대하도록 해야 합니다.

예수님은 주인에게 그집 사람들을 맡아 때를 따라 양식을 나눠주는 충성되고 지혜로운 종을 찾고 계십니다(마24:45). 여기서 잘 나눠주는 종이란 헬라어 원어로 집안 살림뿐 아니라 식구들이 육체적, 정신적, 영적으로 아픈 것이 없이 건강할 수 있도록 잘 섬기는 자라는 뜻을 가지고 있습니다. 또한 '그 집 사람들을 맡다'라는 헬라어 원어는 '지명하여 그 자리에 두셨다'는 뜻을 가지고 있습니다.

> "주인이 올 때에 그 종의 이렇게 하는 것을 보면 그 종이 복이 있으리로다 내가
> 진실로 너희에게 이르노니 주인이 그 모든 소유를 그에게 맡기리라" **마24:46-47**

이미 한 번 맡겼지만 완전히 신뢰하시기 때문에 더 맡기신다는 뜻입니다. 하나님의 양식을 적시 적소에 하나님의 자녀들에게 잘 나눠줄 수 있는 충성되고 지혜로운 종이 필요한 때가 노아의 때입니다.

노아는 의롭고 완전하여 하나님과 동행하는 자로서(창6:9) 하나님이 찾으신 바로 그 충성되고 지혜로운 종이었습니다. 그래서 그는 그의 가족과 호흡이 있는 모든 생명체를 살렸습니다. 그는 세상과 사람의 뜻에 따르지 않은 하나님의 말씀을 온전하게 준행한 사람이었습니다. 조직과 전통에 충성하는 사람이 아니라 하나님 나라와 그의 말씀에 충성된 지혜로운 사역자가 노아의 때와 같은 마지막 때에 필요한 사역자입니다.

우리는 준비하고 있으면 됩니다(마24:44). 노아의 때와 같이 그날이 되기 전까지 사람들이 먹고 마시고 장가들고 시집 가고 있으면서 다 멸할 때까지도 사람들이 깨닫지 못할 때(마24:38,39), 주님의 시간이 이끄는 주기와 시간을 계속 따르면서 하나님과의 관계를 지키고, 신실한 약속을 붙잡고, 먹을 양식을 준비하여 자신도 먹고, 방주에 들어간 모든 생명체를 먹여 살릴 수 있도록 준비하는 자가 바로 충성되고 지혜있는 종이 될 것입니다(마24:45).

하나님은 노아에게 방주를 지으면서 한 가지를 더 준비하도록 하셨습니다. 그것은 바로 먹을 모든 양식을 가져다가 저축하는 것(아싸프אָסַף, 모으다, 수집하다)이었습니다(창6:21). 그래서 그 양식이 노아와 방주에 들어간 자녀들과 모든 생물들을 먹이고 생명을 지키도록 하셨습니다. 하나님은 구원을 위해 생명이 유지될 수 있는 양식까지 챙겨 준비하도록 하셨습니다. 마지막 때를 준비하는 사람은 전략적이고 구체적이어야 합니다. 나에게 주신 삶의 터전에서 지혜롭게 양식을 저축하고 모으는 사람은 자신뿐 아니라 많은 생명을 살립니다.

땅과 역사의 마지막 날은 새로운 시작의 순간이 될 것입니다. 그날을 위해 준비하도록 부름받은 사람들은

*노아처럼 철저하게 주님에게 맞춰져 있는 관계(쩨데크) 안에서

*온전함(타밈)을 가지고

*하나님과 동행하며

*그분의 신실한 약속을 붙들고

*하나님이 맡기신 영역에 장막터를 넓히고 견고하게 함으로 하나님 나라를 확장시켜가고

*때를 따라 많은 생명을 먹이기 위해 전략을 가지고 양식을 저축하고 준비하는 충성스럽고 지혜로운 종이 되어야 할 것입니다. 역사의 마지막, 만물이 새로워지는 그날을 기대하며 다시 오실 만왕의 왕 예슈아를 기다립니다.

노아흐 주간의 말씀

1. 하나님은 내 삶의 주관자이시며 나는 또한 내 삶의 개척자입니다. 내 삶은 하나님의 손에 있지만 또한 나에게 주어져 있습니다. 하나님과 히트할렉הִתְהַלֵּךְ하는 삶은 이와 같습니다.

2. 하나님과의 동행은 우리가 마지막 날까지 우리에게 부딪쳐 오는 삶의 모든 상황을 피하는 것이 아닌 마주하며 살아갈 수 있게 하는 힘이 될 것입니다.

3. 하나님의 파괴는 다시 시작하고 되돌리시겠다는 하나님의 자비가 포함되어 있습니다.

4. 방주를 위해 무엇보다도 역청을 구해야 합니다. 구원의 방주 안으로 사망의 물이 침범하지 못하도록 우리 영혼에 말씀과 속죄의 피를 안팎으로 단단히 바르고 적용해야 합니다. 쉼 없이 읽고, 되뇌이고, 전하고, 가르치는 것이 마지막 때 구원의 방주가 방수 기능을 하는 방주로서의 역할을 하게 할 것입니다.

5. 홍수 심판 이후 인류의 역사가 진행되는 가운데 중요한 사건들이 하나님이 정하신 시간 안에 이루어졌다는 것은 우연이 아닙니다.

6. 홍수로 인한 첫 번째 인류의 심판과 구원이 있었고 이것은 앞으로 다가올 마지막 인류의 심판과 구속을 예표합니다. 이제 다가올 심판과 구속의 시간은 하나님이 정하신 시간, 나팔절부터 초막절까지 이뤄질 것입니다.

7. 하나님과 친밀함을 누리고 그 언약을 붙드는 아비 세대는 자녀에게 믿음을 유업으로 흘려 보내줍니다.

8. 에녹은 죽음을 보지 않고 하늘로 들어 올려졌습니다. 노아는 심판으로 완전히 멸망된 이 땅에 죽지 않고 살아남아 새로운 세상(올람 하바)으로 들어갔습니다. 에녹은 마치 마지막 때 휴거하는 성도들과 같고 노아는 마치 마지막 때에 끝까지 살아남은 자들로서 천년왕국으로 바로 들어가는 자들과 같습니다.

9. 하나님이 악한 세대를 동서남북 사방으로 흩어버리셨지만 마지막 날에 예슈아는 사방으로 흩어진 하나님의 백성들을 다 불러모아 그분의 보좌앞에 둘러서서 모이게 하실 것입니다.

노아흐 주간의 선포

1. 완전히 무너진 예루살렘 성과 성전을 바라보며 예레미야는 절망 가운데서도 하나님의 자비과 긍휼이 무궁하므로 아침마다 새롭고 늘 새롭다고 고백하였습니다(애3:19-23). 하나님의 무너뜨림은 새로움을 향한 무너뜨림이라는 것을 기억하며 이 세상에서 하나님보다 높아진 모든 것들이 흔들리고 무너져 뿌리 뽑히고 파괴될지어다. 나라뿐만 아니라 내 안에서도 잘못 쌓아 올려진 것들도 파괴될지어다. 무너짐의 과정은 힘들지만 하나님을 더욱 신뢰할 것을 결정합니다.

2. 하나님의 생각은 언제나 평안과 미래에 소망을 주는 것입니다(렘29:11). 파괴하고 멸망하시는 순간에도 하나님의 마음은 생명을 살리는 데 있습니다. 그래서 하나님은 생명을 살리기 위해 하나님 말씀에 준행하는 종, 하나님의 말씀의 양식을 때에 맞게 잘 나눠주는 충성되고 지혜로운 종을 찾으십니다. 노아의 때에 노아와 같이 합당한 종들이 각 분야와 영역 가운데서 일어나게 하소서.

3. 하나님을 따르면서 나에게 주어진 삶을 적극적으로 부딪치는 히트할렉הִתְהַלֶּךְ의 삶을 살게 하소서. 부딪쳐 오는 상황에 쉽게 동요되고 좌절되는 연약함이 벗어지고 강하고 담대하게 되게 하소서.

4. 역청, 단단하게 붙여주고 외부로부터의 침입을 차단하는 말씀과 구속의 피로 내 영혼, 내 가정, 내 공동체의 안팎을 칠하게 하소서.

5. 킹덤의 문화, 존중의 문화가 우리의 입과 말로부터 다시 세워지게 하소서. 지성소의 예배가 드려질 때마다 제단의 숯불로 우리를 정결하게 하소서. 그리고 하나님이 다시금 부르실 때 "내가 여기 있습니다 나를 보내소서"라고 언제든지 응답하고 나갈 수 있게 하소서.

3주간

לֶךְ־לְךָ
LECH LECHA
레크 레카, 너를 위해 가라

파라샤 **창12:1-17:27**

하프타라 **사40:27-41:16**

브리트 하다샤 **롬4:1-25 /요8:51-58**

DAY 1 창12:1-14

땅과 자손, 고이 가돌 גּוֹי גָּדוֹל

하나님은 홍수 심판 이후 새로운 세상에서의 첫 사람 노아에게 "생육하고 번성하고 땅에 충만하라"는 첫 사람 아담에게 내리신 명령과 같은 명령을 내리십니다. 하나님이 같은 명령을 내리신 이유는 이것이 하나님이 세상을 창조하신 이유이기 때문입니다. 하늘과 땅이 하나되어 있었던 첫 장소 에덴-동산에서부터 시작된 하나님의 통치가 온 땅으로 확장되는 것이 아담과 노아에게 맡겨진 사명이었습니다. 이 사명은 인간의 죄와 타락으로 번번이 실패하고 좌절되는 것처럼 보였지만 그 가운데서도 한 사람을 선택하셔서 하나님의 계획을 실행해 가십니다. 홍수 이후 인구수가 다시 급증하기 시작했고 수천만명의 사람들이 고대 근동 땅에 살아가면서 일월성신, 나무, 돌 등 하나님의 피조물을 섬기는 우상숭배가 자연스럽게 만연하기 시작했습니다. 그런데 우상숭배가 팽배한 땅에서 하나님을 따르기로 결정한 한 사람이 있었으니 그가 바로 아브라함이었습니다.[29] 홍수 이전 수십억 명의 사람들이 있

---

29 【희년서12장】 아브라함은 갈대아 우르에서 우상 제조 판매를 하던 아버지 데라에게 생명이 없는 우상을 왜 숭배하는지 따지고 물으며 아버지와 다투었다. 아브라함이 60세가 되던 해 그는 아무도 모르게 우상 창고에 불을 질러 우상들을 태웠고 그의 방화 사실이 그 우상 숭배의 도시에 알려져 생명이 위태롭게 되었다.그때 영광의 하나님이 아브라함에게 나타나 '네 고향과 친척을 떠나 내가 네게 보일 땅으로 가라'고 하셨다. 데라는 아브라함과 롯과 사라를 데리고 약속의 땅으로 이동하다가 하란에 정착하게 된다. 하란에서 만 14년이 지나고 아브라함이 75세가 되던 그해 유대력 7월 1일, 새해가 되는 첫 날에 당시 고대 근동에 팽배했던 하늘의 별들을 보며 한해의 강수량을 점치던 풍습에 따라 아브라함도 새해에는 어떨지를 알아보기 위해 하늘의 별들을 밤새 바라보던 중 잠시 세속의 흐름을 따르는 자신의 모습을 회개하고 자연만물의 창조주이신 하나님의 주권을 인정하며 하나님의 통치권을 선택하고 하나님만 따르기로 결단하는 기도를 한다. 그때 하나님은 아브라함을 다시 부르신다. 【창12:1-4】

었지만 단 한 사람 에녹이 그리고 노아가 하나님과 동행했던 것처럼, 홍수 이후 다시 타락한 사람들과 우상숭배자들 사이에서 하나님만을 따르기로 결단한 한 사람 아브라함이 하나님의 부르심을 받습니다. 하나님을 따르기로 결정한 아브라함에게 하나님이 명령하십니다.

"너는 너의 고향과 친척과 아버지의 집을 떠나
내가 네게 보여 줄 땅으로 가라"창12:1

생육하고 번성하여 땅에 충만하라는 명령을 받은 아담과 노아와는 조금 다른 명령이 아브라함에게 주어집니다. 그것은 아브라함에게 고향과 친척과 아버지의 집을 떠나 하나님이 보여주시는 땅으로 가라는 것이었습니다. 하나님이 보여주실 땅은 에덴-동산 이스라엘 중앙 산지였습니다. 그곳으로 들어가 그 땅을 차지하고 그 땅에서 자손을 낳아 그 자손을 통해 하나님의 킹덤이 세워지게 하는 하나님의 원대한 계획을 아브라함을 통해 이루시기 위해 하나님은 이전의 삶의 자리를 떠나 에덴-동산 이스라엘 중앙 산지로 들어가라고 명령을 내리신 것입니다. 그리고 그에게 약속을 주십니다.

"내가 너로 큰 민족(고이 가돌)을 이루고 네게 복을 주어
네 이름을 창대하게 하리니 너는 복이 될지라"창12:1-2

하나님은 아브라함에게 가라고 명령하시면서 그를 통해 큰 민족을 이루겠다고 약속하십니다. 하나님이 말씀하신 큰 민족은 히브리어로 고이 가돌גּוֹי גָּדוֹל이라고 하는데 이 단어가 처음에는 이스라엘 한 민족을 의미하는 단어로 사용되었지만 후에는 열방 중에서 이스라엘에게로 접붙임 받아 들어오게 될 많은 민족들을 포함한 '확장된 한 큰 민족'을 의미하는 단어로 사용됩니다. 고이 가돌이라는 말은 이스라엘과 교회가 함께 이루게 될 하나님의 킹덤을 표현하는 단어입니다. 하나님이 아브라함을 불러내신 이유는 단순히 이스라엘 민족 '하나'를 이루시기 위해서가 아니라 모든 열방 중에서 믿음으로 아브라함의 자손이 될 많은 이방인들을 포함한 '확장된 한 큰 민족'을 이루시기 위해서입니다. 그리하여 유대인과 이방인이 그리스도 예수 안에서 그의 피로 가까워지고 모퉁이 돌이 되어 주신 예수님을 중심으로 둘이 함께 연결되어 하나님의 거하실 처소로서 함께 지어져 가는 성전이 되는 것이 하나님의 계획입니다(엡2:13-22). 하나님은 유대인과 이방인이 한 성령 안에서 한 새 사람을 이루어 아버지께 나아감을 얻게 하는 원대한 계획을 위해 아브라함을 향하여 "너는 너의 본

토 친척 아비 집을 떠나 내가 네게 보여줄 땅으로 가라"라고 명령하신 것입니다.

하나님이 아브라함에게 명령하신 것은 보여줄 땅으로 가라는 것이었고, 그 명령과 함께 주시겠다고 약속하신 것은 많은 자손과 (유대인과 이방인이 함께 이루는) 한 큰 민족이었습니다. 땅과 자손은 하나님의 킹덤을 이어가고 확장하게 하는 중요한 핵심 요소입니다. 하나님 킹덤의 역사가 멈추지 않고 진행될 수 있었던 것은 하나님이 부르시고 택하신 사람들에게 허락하신 땅과 자녀의 축복이 있었기 때문입니다. 하나님은 당신의 백성들에게 실제적인 땅을 허락하십니다. 그 땅을 다스릴 자손도 허락하십니다. 자손을 통해 땅을 계속 확장하고 정복하고 다스리게 하는 것, 이것이 하나님이 인간에게 처음 명령하신 것이며 아브라함을 불러내실 때 명하신 명령이고 하나님의 킹덤의 확장 원리입니다.

그런데 약속의 땅을 더 얻으려고 하는 것은 탐욕이고 약속의 자손을 많이 낳는 것은 분에 지나친 부담스러운 일이라는 사탄의 거짓말이 많은 그리스도인들이 부요함을 누리지 못하도록 막고 더 번성하는 것도 막고 있습니다. 하나님은 우리에게 땅을 주기를 원하십니다. 땅이 하나님이 통치하시는 왕국이 세워질 곳이기 때문입니다. 땅을 차지한 자가 죄를 지으면 결국 그 땅은 그 사람들을 토해냅니다(레18:28, 20:22). 땅은 그 땅을 거룩한 하늘과 하나 되게 할 사람이 차지하고 살기를 원합니다. 진리의 말씀대로 순종하고 살아가는 사람이 땅을 차지하고 정복하고 다스릴 때 땅도 안식을 누릴 수 있습니다(레26:34).

아브라함에게 주신 8가지 축복과 메시아

창세기 12:2-3에서 하나님은 아브라함에게 7가지 축복을 약속하시고 아브라함이 말씀을 따라 약속의 땅으로 들어왔을 때 한 가지 축복을 더하여 주심으로 8가지 축복을 약속하십니다. 이 약속들은 아브라함이 하나님의 명령에 따라 우상숭배하던 가족과 고향과 친척을 떠나 약속의 땅으로 들어가는 것을 전제로 합니다. 하나님이 아브라함에게 주겠다고 약속하신 축복은 그에게만 허락된 것이 아니라 부르심에 순종하여 삶의 자리를 떠나 부르신 곳으로 들어가기로 결정한 아브라함과 같은 믿음을 가진 모든 사람을 향한 것이었습니다. 또한 하나님이 아브라함에게 주겠다고 약속하신 8가지 축복은 메시아를 통해 온 열방이 구원으로 들어가는 축복을 예표합니다.

1) 내가 너로 큰 민족을 이룰 것이다

아브라함은 이스라엘의 혈통적인 조상입니다. 또한 혈통으로 나진 않았어도 모든 믿는 자들은 믿음의 조상 아브라함의 자손이 되어 아브라함의 큰 가족안으로 들어오게 되는 은혜의 길을 하나님께서 열어놓으셔서 믿음으로 말미암은 자는 믿음이 있는 아브라함과 함께 복을 받습니다(갈3:9). 이는 그리스도 예수 안에서 아브라함의 복이 이방인에게 미치게 하고 또 우리로 하여금 믿음으로 말미암아 성령의 약속을 받게 하려하심입니다.

열방 중에서 아브라함과 같은 믿음을 따르는 자들이 아브라함의 자녀가 된 것처럼 예슈아를 메시아로 고백하는 모든 자들은 메시아 왕국의 백성이 될 것입니다. 메시아는 한 큰 민족, 고이 가돌의 왕이십니다.

> "하나님은 온 땅의 왕이심이라 지혜의 시로 찬송할지어다 하나님이
> 뭇 백성을 다스리시며 하나님이 그의 거룩한 보좌에 앉으셨도다
> 뭇 나라의 고관들이 모임이여 아브라함의 하나님의 백성이 되도다
> 세상의 모든 방패는 하나님의 것임이여 그는 높임을 받으시리로다"시47:7-9

2) 너를 축복할 것이다

하나님은 아브라함을 축복하셨고 아브라함이 받은 축복은 그의 믿음의 길을 따르는 자손들에게 이어졌으며 메시아이신 예슈아는 그의 이름을 믿는 자들에게 하늘의 모든 신령한 복들을 주셨습니다(엡1:3). 하나님이 아브라함을 축복하셨듯이 메시아는 아브라함의 믿음의 자손인 우리들을 축복합니다.

> "이는 확실히 천사들을 붙들어 주려 하심이 아니요
> 오직 아브라함의 자손을 붙들어 주려 하심이라"히 2:16

3) 너의 이름을 크게 할 것이다

하나님은 아브라함의 이름을 열방 중에서 크게 하겠다고 하셨습니다. 예슈아의 이름은 모든 이름위에 뛰어난 이름입니다. 하나님은 아브라함의 이름을 크게 하셨고 예슈아의 이름을 모든 이름 위에 그리고 온 우주에서 가장 뛰어나게 하셨습니다.

4) 너는 복이 될 것이다

하나님은 아브라함의 존재 자체가 축복이 될 것이라고 말씀하셨습니다. 아브라함은 가는 곳마다 풍성함을 얻었고 사람들로부터 칭찬과 명성을 얻었습니다. 메시아는 마지막 날에 자신의 백성들이 원수에게 빼앗겼던 칭찬과 명성을 다시 회복케 하시고 그 백성을 높여 주실 것입니다. 믿음으로 마지막 때를 살아낸 남은 자들은 메시아로 인해 칭찬과 명성을 얻는 축복을 받게 될 것입니다.

5) 너를 축복하는 자를 축복하고

하나님은 아브라함을 축복하는 자들에게 아브라함과 같은 축복을 주실 것이라 약속하십니다. 예슈아는 지극히 작은 자에게 한 것이 예슈아 자신에게 한 것과 같다고 말씀하시며 그들이 창세로부터 예비된 나라를 상속받을 것이라고 말씀하십니다(마25:34). 형제 자매를 축복하는 것은 곧 나의 축복이 되고 상급이 됩니다. 이것이 하나님의 킹덤에서 나를 위해 예비된 축복을 받아 누리게 되는 원리입니다.

6) 너를 저주하는 자에게 내가 저주하리니

아브라함과 그의 자손들을 저주하는 자들은 하나님의 저주 아래에 있는 것과 같습니다. 예슈아는 지극히 작은 자 하나에게 하지 아니한 것이 곧 그분께 하지 않은 것과 같다고 말씀하시며 영벌에 들어가게 될 것이라 말씀하십니다(마25:45-46).

7) 땅의 모든 족속이 너로 말미암아 복을 얻을 것이니라

아브라함으로 인해 그 믿음의 길을 따르는 모든 족속들이 복을 얻게 되었습니다. 믿음으로 예슈아를 메시아로 고백하는 모든 이들은 모두 예슈아에게 속한 자들로 예슈아로 인해 하나님 아버지의 자녀가 되었습니다. 사도 바울은 그리스도에게 속한 자들은 곧 아브라함의 자손이고 약속대로 유업을 이을 자라고 말합니다(갈3:29). 예슈아로 인해 아브라함의 축복의 유업을 우리도 함께 얻게 되었습니다.

8) 내가 이 땅을 네 자손에게 주리라

앞서 하나님이 아브라함에게 주신 일곱 가지 축복은 아직 믿음의 발걸음으로 떠나기 전, 약속의 땅으로 들어오기 전의 약속으로 떠나는 것을 전제로 한 축복이었습니다. 그러나 마지막 여덟 번째 축복은 약속의 땅으로 들어온 아브라함에게 하나님이 직접 나타나셔서 하신 축복입니다. 그것은 믿음으로 아브라함이 하나님이 보여주실 땅에 들어왔기에 이 땅을 아브라함의 자손에게 주겠다고 하신 것입니다. 믿음으로 메시아닉 킹덤에 들어갈 것을 바라보며 세상을 따르지 않는 자들에게 하나님은 땅을 주시고 그들을 왕과 제사장으로 삼아 예슈아와 함께 영원히 다스리는 자가 되게 하실 것입니다. 아브라함은 이 여덟 번째 약속을 받고 제단을 쌓고 예배를 드렸습니다. 하나님의 킹덤에서 왕 같은 제사장으로 세움받을 자들은 영원히 그분을 찬양하며 예배하게 될 것입니다.

DAY 2 창12:14-13:4

믿음의 시련

고대 근동의 가장 크고 화려한 도시 갈대아 우르를 떠나 가나안을 향해 오던 데라는 목적지인 가나안으로 가지 않고 중간에 멈춰서 하란에 정착했습니다. 하지만 아브라함은 하나님의 말씀을 따라 하란을 떠나 하나님이 보여주실 땅으로 향했습니다. 아브라함은 하나님이 약속해주신 말씀을 믿고 인간적으로 보장되어 있는 풍족한 생활과, 울타리가 되어 주는 부모님과 가족, 그리고 안정됨을 버리고 떠났습니다. 하나님을 믿고 따랐으니 약속하신 것들을 기대했겠지만 그가 약속하신 땅으로 도착한 후 맞닥뜨린 상황은 기근이었습니다. 풍족, 안정, 그리고 보호와 안전, 어느 것 하나 하나님이 말씀하신 축복과 합하는 것이 없었습니다. 그래서 선택한 것이 이집트였습니다. 가족도 살려야겠고 자신의 미래도 다시 설정해야 했기에 아브라함은 하나님이 보여주신 땅을 떠나게 됩니다.

그러나 자신의 생각에 기근이 닥친 곳보다 나을 것이라 예상했던 이집트에 더 큰 문제가 있었으니 그것은 자신의 생명에 대한 위협이었습니다. 아름다운 아내 사라로 인해 자신의 목숨이 위태할 수 있다는 것을 느낀 그는 사라에게 다음과 같은 것을 요청합니다.

"그대는 나의 누이라 하라 그러면 그대로 말미암아 안전하고
내 목숨이 그대로 말미암아 보존되리라" 창12:13

아브라함은 두 번이나 반복해서 '그대로 말미암아'라고 말하며 사라로 인해 자신의 목숨이 안전하게 보호될 것이라 말합니다. 남편과 가족 모두를 지키기 위해 사라는 이집트 왕 파라오에게 갑니다. 사라가 남편과 가족을 위해 파라오 왕에게 간 것으로 인해 아브라함은 많은 부를 얻게 되지만 아내를 큰 위험에 빠뜨리게 됩니다. 하나님이 보여주신 땅에는 기근이 있고 그 기근을 피해온 이집트에는 생명에 대한 위협이 도사리고 있어 이 모든 것이 아브라함뿐 아니라 사라에게도 고통스러운 상황이 되었습니다. 믿음의 결과는 시련이었습니다. 이제 막 믿음의 여정을 시작한 아브라함에게 있어서 기근을 피해 애굽으로 내려간 것은 이유가 있는 결정이었지만 그것은 하나님의 음성을 들은 것이 아니었습니다. 그의 생각에 시련을 피할 수 있으리라 생각한 방법은 더 큰 시련을 직면하게 했습니다.

이 때 하나님은 친히 아브라함의 상황에 개입하십니다. 하나님의 개입으로 인해 아브라함은 아내를 구할 뿐 아니라 더 큰 부를 얻고 하나님이 보여주신 땅, 약속의 땅으로 돌아오게 됩니다. 분명히 믿음으로 선택한 일인데 상황적으로 더 어려워질 때 우리는 당황하며 빨리 해결책을 찾아보려고 합니다. 특별히 믿음의 여정을 막 시작한 이들, 아직 믿음이 온전하지 않은 이들은 경험과 생각을 바탕으로 상황을 해결하기 위한 방법을 선택합니다. 그런데 하나님은 이 과정 역시 믿음의 여정이라고 보십니다. 시련을 통해 우리는 우리 자신이 하나님을 온전히 신뢰하고 있는가에 대해 믿음을 점검해 볼 수 있고 하나님의 방법과 사람의 방법이 얼마나 다른지를 깨닫게 되며 무엇보다 믿음이 부족한 연약한 반응에도 끝까지 놓지 않으시고 친히 상황을 이끌어 주시는 하나님의 은혜를 경험함으로써 하나님을 더 깊이 알아가게 됩니다. 그리고 하나님은 시련 끝에 반전을 허락하셔서 고통스러운 상황이 도리어 선이 되게 만드십니다. 이것을 통해 결국은 모든 것을 합력하여 선을 이루시는 하나님을 알게 됩니다.

하나님의 말씀을 믿고 따르기로 결정한 자들에게는 시련이 따라옵니다. 시련은 우리의 믿음을 더욱 성장하게 하고 굳건하게 하기 위한 하나님의 선한 방법입니다. 시련과 환란은 우리를 인내하게 하고 인내는 우리의 성품을 단련시키며 단련된 성품 속에서 우리는 더

욱 하나님을 소망하게 됩니다(롬5:3-4)[30]. 그런데 시련은 믿지 않는 자에게도 닥칩니다. 시련이 믿는 자와 믿지 않는 자 모두에게 닥칠 때 어느 쪽에게 더 유익이 되겠습니까? 믿지 않는 자는 시련을 고통으로만 바라보며 두려워하겠지만 믿는 자는 이 고통의 끝에 하나님의 은혜와 선하심이 있다는 것을 믿기 때문에 시련을 통해 오히려 더 큰 유익을 누리게 됩니다. 그 유익은 하나님과의 친밀함입니다. 코로나를 지나면서 온 세계가 함께 시련을 겪었습니다. 이 과정에서 믿는 자와 믿지 않는 자의 반응이 다른 것을 분명히 보았습니다. 믿는 자들의 믿음은 더 증가했고 권세도 증가했으며 무엇보다 하나님과 더 깊은 친밀함으로 들어가게 되었습니다. 믿음을 선택했기 때문에 시련이 닥쳐서 고통스러운 것이 아니라 믿음을 선택했기 때문에 상황을 능가하시는 하나님의 은혜 안으로 더 깊이 들어가게 되었다는 것에 집중해야 합니다.

DAY 3 창13:5-18

선택 #1 아브라함과 롯의 선택

하나님은 아브라함에게 땅을 주시겠다고 약속하셨습니다. 그래서 아브라함은 사랑하는 조카 롯과 함께 그 땅을 두루 밟기 시작했습니다. 아브라함에게 주신 축복이 롯에게도 흘러가 롯도 큰 부를 소유하게 됩니다. 그러나 그들의 소유가 풍부해지면서 결국 아브라함의 목자와 롯의 목자가 서로 누가 더 나은 목초지를 차지할 것인가를 놓고 다투게 되어 둘의 관계가 불편한 상황이 되었습니다. 아브라함은 지혜롭게, 그리고 여유있고 넓은 마음으로 사랑하는 조카 롯을 위해 그에게 먼저 땅을 선택할 수 있는 결정권을 내어줍니다.

롯은 눈을 들어 "여호와의 동산과도 같고 애굽 땅과도 같아 보였던"(창13:10) 소돔 땅을 선택하고 자신의 장막을 소돔으로 옮깁니다. 하지만 롯은 여호와 앞에 큰 죄인이었던 소돔 사람(창13:13)의 땅에 장막을 치고 살게 되면서 무법한 자의 음란한 행실 때문에 고통하며 살

---

[30] 개역개정 성경에 '인내는 연단을'이라고 번역된 연단이라는 헬라어 원어 '도키메'는 시련을 통해 증명되고 단련된 성품이라는 뜻을 담고 있다.

게 되고 날마다 그 불법한 행실을 보고 들음으로 그의 심령이 상하고 긁히고 거칠게 고문당하게 됩니다(벧후2:7-8). 중요한 순간에 롯이 선택한 것은 세상이었고 결국 이 선택은 그의 올무가 되었습니다. 우리에게는 에덴-동산의 두 나무, 생명 나무와 선악을 알게 하는 지식의 나무처럼 하나님의 킹덤과 세상 나라 사이에서 선택해야 하는 상황이 주어집니다. 그런 결정적 순간에 무엇을 어떻게 선택하는지가 그 사람의 진짜 영적 상태를 보여줍니다. 예수님은 "손에 쟁기를 잡고 뒤를 돌아보는 자는 하나님의 나라에 합당치 않다"(눅9:62)고 말씀하셨습니다.

화평케 하는 자는 복이 있나니

아브라함에게 있어서 재산과 땅보다 더 소중한 것은 조카 롯과의 관계였습니다. 아브라함은 분명 롯에 대해 삼촌으로서의 권위를 가지고 있었기에 조카와의 사이에서 발생한 재산권에 대해 먼저 자신의 이익을 챙길 수도 있었고, 혹은 조카에게 땅을 지정해 주면서 다른 곳으로 가라고 말할 수도 있었습니다. 하지만 아브라함은 롯이 자신이 만족할 만한 땅을 먼저 선택할 수 있도록 하였습니다.

보통 사람들은 아브라함처럼 반응하지 않습니다. 그것도 권위를 가진 연장자일 경우에는 더더욱 그렇게 하지 않습니다. 자신 혹은 자신에게 속한 그룹의 이익을 먼저 생각하는 경우가 지극히 정상적이고 일반적입니다. 특별히 이것이 분쟁이나 다툼의 상황일 경우에는 자신을 지키기 위해 자기 것을 먼저 챙기려고 하는 것이 반사적인 반응입니다. 이것은 인간의 본성입니다. 그러나 하나님의 성품은 아닙니다. 예슈아는 우리에게 악하게 대항하는 사람들을 향해 오히려 뺨도 대주고 물건도 더 나누어 줌으로 그냥 손해를 보라고 말씀하십니다(마5:39-42).

아브라함이 롯에게 한 행동이 이와 같은 것이었습니다. 그는 다툼과 분쟁 속에서 자신의 이익을 고려하지 않고 롯과 화평의 관계를 먼저 선택했습니다. 그래서 권위를 사용하지 않고 그에게 선택권을 주었습니다. 아브라함의 이와 같은 행동은 그가 얼마나 겸손한 사람이었는지를 보여줍니다. 겸손한 사람은 자신의 이익을 먼저 생각하기 전에 다른 사람을 돌아봅니다.

롯은 악한 사람이 결코 아니었습니다. 그는 지극히 자신의 이익을 생각하고 지키는 평범한 사람이었습니다. 그러나 아브라함은 인간의 본성을 따르지 않고 하나님의 성품을 따른 사람이었습니다. 예슈아는 화평케 하는 자가 받는 복이 하나님의 아들이라 일컬음을 받는 것이라 말씀하셨습니다(마5:9). 아브라함은 시련을 통해 인내와 단련된 성품을 가진 하나님의 사람(자녀)이었습니다. 눈에 보이는 손익에 집중하지 않고 혈육된 롯을 지켜준 아브라함에게 롯이 떠난 후에 하나님은 약속하신 땅을 영원히 그와 그의 자손에게 주겠다고 다시 한 번 약속하십니다(창13:15). 아브라함이 자신의 이익을 내려 놓았을 때 그는 오히려 영원히 이르게 될 땅과 티끌같이 많아질 자손에 대한 약속을 받게 됩니다.

우리의 삶에서 충돌과 갈등, 분쟁과 다툼은 피할 수 없는 영역입니다. 반드시 일어나는 이런 상황에서 우리가 어떤 반응을 보이는가에 따라 우리가 정말 하나님의 자녀인지 드러나게 됩니다. 우리가 하나님의 자녀로서 하나님을 닮은 성품으로 사람들을 대하기로 결정할 때 우리는 아브라함에게 약속하신 복을 이어받게 됩니다. 당장의 손익을 볼 것인가, 영원한 약속을 상속받을 것인가의 선택이 우리 삶에 있습니다.

> "무슨 일을 하든지 경쟁심(이기적인 야심)이나 허영으로 하지 말고 겸손한
> 마음으로 하고 자기보다 서로 남을 낫게 여기십시오. 또한 여러분은 자기 일만
> 돌보지 말고(자기 실속만 챙기지 말고) 다른 사람들의 일도 돌보아 주십시오
> (남의 이익도 챙기십시오)"(빌2:3-4, 새번역, 괄호안은 공동번역)

하나님이 주실 것을 바라보고 어린 롯에게 모든 것을 양보한 아브라함에게는 더 많은 땅이 주어졌습니다. 시편 37편은 여호와를 소망하는 자, 온유한 자, 의인, 여호와의 도를 바라고 지키는 자는 땅을 차지할 것이라고 말씀합니다.

> "여호와를 소망하는 자들은 땅을 차지하리로다"시37:9
> "주의 복을 받을 자들은 땅을 차지하고"시37:22
> "의인이 땅을 차지함이여 거기서 영원히 살리로다"시37:29
> "온유한 자는 복이 있나니 저들이 땅을 기업으로 받을 것임이요"마5:5

하나님은 아브라함에게 땅에 대해서 약속하셨습니다. 하나님의 말씀을 믿고 따르며 조카 롯에게 먼저 양보할 줄 아는 여유 있는 마음을 가진 온유한 아브라함에게 하나님은 땅과 자손의 축복을 주셨습니다. 하나님은 당신의 백성이 땅을 가지고 풍성히 누리는 것을 기뻐하십니다. 하나님은 우리에게 회복된 새 예루살렘에서 땅을 기업으로 받아 영원히 살게 하실 것입니다.

선택 #2 약속의 자손과 육체의 자손

롯이 스스로 눈을 들어 세속의 가치를 선택하고 떠난 후 하나님은 아브라함에게 '너는 눈을 들어 너 있는 곳에서 동서남북을 바라보라'라고 하시면서 두 번째 축복의 약속을 하십니다.

> "보이는 땅을 내가 너와 네 자손에게 주리니 영원히 이르리라"창13:15
> "너는 일어나 그 땅을 종과 횡으로 두루 다녀보라
> 내가 그것을 네게 주리라"창13:17

큰 민족을 이루겠다는 하나님의 약속이 한 번 더 강조됩니다. 그리고 이 약속은 하나님이 친히 횃불 사이로 지나가심으로 아브라함과 변하지 않는 언약을 맺으시면서 확증됩니다. 횃불 사이로 지나가신 하나님은 아브라함에게 약속하신 자손에 대해 더 구체적인 말씀을 주십니다.

> "네 몸에서 날 자가 네 상속자가 되리라
> 또한 네 씨가 하늘의 별과 같으리라"창15:4-5

하나님은 아브라함의 몸에서 날 자가 상속자가 될 것이라고 확실한 말씀을 주셨고 아브라함은 하나님을 믿었으며 하나님은 이 믿음을 그의 의로 여기십니다(창15:6). 그러나 아브라함의 몸을 통해 주겠다고 하신 상속자가 약속한지 10년이 지나도 태어날 기미가 보이지 않자 자신의 몸의 노쇠함을 느낀 사라는 자손에 대한 약속이 자신을 통해서 이루어지는 것이 아닐 것이라고 생각합니다. 그래서 비록 자기 몸은 아니지만 자신의 여종 이집트인 하갈을 통해 상속자를 얻도록 아브라함에게 제안합니다. 이 제안이 여자로서 쉬운 제안은 아니었기에 사라의 제안과 결정에 아브라함은 동의하고 따릅니다.

아브라함과 사라의 선택은 하나님의 방법이 아닌 사람의 방법이었습니다. 아브라함과 사라는 그들을 통해 한 큰 민족을 이루겠다는 하나님의 약속은 믿었지만 그것을 이루는 과정에 있어서는 자신들의 방법을 사용했습니다. 아브라함과 사라는 자신들을 통해 하나님의 계획이 성취될 것이라는 믿음에는 변함이 없었지만 그들의 몸은 노쇠해 가고 있었고 약속된 자녀가 태어날 것을 기다리는 시간은 점점 길어졌습니다. 그러자 그들은 하나님의 계획을 자의적으로 해석하여 인간적인 방법을 통해 그 뜻을 성취하려고 했고 그들은 이것이 믿음의 성취라고 생각했습니다. 결국 자신들의 계획에 의해 태어난 계집 종 하갈의 아들 이스마엘은 약속의 아들인 이삭과 대립하며 분쟁의 결과를 낳게 됩니다. 그러나 선하신 하나님은 그도 아브라함의 자손이기에 축복하십니다(창17:20). 비록 육체를 따라 낳은 아들이었지만(갈4:23) 하나님은 그를 돌보십니다. 그리고 횃불 사이에서 맺으신 언약의 말씀을 더 확고하고 구체적으로 말씀하십니다. "아브람 네 몸을 통해서"(창15:4)라고 말씀하셨던 것에서 "네 아내 사래를 통해서"(창17:19) 약속의 자손을 낳게 하시겠다고 확정하십니다.

믿음의 여정 가운데 우리에게는 많은 선택의 순간이 있습니다. 하나님의 약속은 믿지만 그것을 이루시는 분이 하나님이심을 온전하게 믿지 않을 때 우리는 우리의 생각과 방법을 사용해서 하나님의 약속을 이뤄드리려는 실수를 합니다. '가라'는 명령 앞에 지체하지 않고 즉각 순종함으로 움직이는 믿음이 필요할 때가 있습니다. 반면 네 몸에서 날 자손을 통해 이루시겠다고 하신 것과 같은 약속 앞에서는 기다리는 믿음이 필요합니다. 그러나 기억해야 할 것은 우리가 움직일 때이든 기다릴 때이든 그 약속을 이루시는 주체는 하나님이시라는 것입니다. 하나님의 명령 앞에 지체하지 않고 움직이는 믿음을 보여준 아브라함이었지만 더 합리적인 방법을 찾으려 했고 결국 기다리지 못해 실수를 하게 되었습니다. 즉각 순종하는 믿음을 사용해야 할 때가 있고 기다리는 믿음을 사용해야 할 때가 있습니다. 주님보다 앞서 가지고 않고 뒤쳐지지도 않으면서 주님과 발맞추어 가는 것이 믿음의 동행입니다.

DAY 4 창14:1-20

메시아닉 킹덤의 잔치를 예표하는 멜기세덱의 잔치

성경 66권은 우리에게 멜기세덱이 어떤 인물인지 자세하게 설명해 주지 않습니다. 우리가 알 수 있는 것은 그가 살렘의 왕이었고 그의 이름의 뜻은 의의 왕이라는 것입니다 (창14:18). 그리고 그는 지극히 높으신 하나님을 알고 있었고 믿고 따르는 자였습니다(창14:19). 또 그는 하나님의 이름으로 축복하는 제사장이었습니다(창14:18). 그가 다스렸던 살렘은 예루살렘의 고대 이름이었고 예루살렘은 메시아가 오셔서 온 땅을 통치하는 중심이 될 장소입니다. 이 사실들을 통해 우리가 알 수 있는 것은 지극히 높으신 온 우주의 주재이신 하나님을 믿는 왕이자 제사장으로서 예루살렘을 다스리고 있었던 멜기세덱은 하나님이 정하신 '마지막 그 날'에 다시 오셔서 예루살렘을 중심으로 왕으로, 또 제사장으로 온 땅을 통치하실 메시아를 예표한다는 것입니다.

아브라함과 그의 일행들이 전쟁에서 이기고 돌아왔을 때 소돔 왕은 샤웨 골짜기, 왕의 골짜기, 지금의 기드론 골짜기에 나와 그들을 맞이하였고 그 때 멜기세덱은 떡과 포도주를 가지고 마중나와 아브라함을 축복합니다. 전쟁에서 이기고 돌아온 아브라함을 향해 멜기세덱은 "천지의 주재이시요 지극히 높으신 하나님"의 이름을 부르며 아브라함을 축복합니다. 멜기세덱이 고백한 하나님에 대한 이름은 히브리어로 다음과 같습니다.

אֵל עֶלְיוֹן קֹנֵה שָׁמַיִם וָאָרֶץ

엘 엘욘 코네 샤마임 바아레쯔

코네קֹנֵה라는 히브리어는 '사다, 소유하다, 값을 지불하다'라는 뜻입니다. 멜기세덱은 지극히 높으신 하나님이 하늘과 땅을 창조하신 분으로서 천지를 소유하신 분이시며 또한 대가를 지불하고 완전히 소유하시는 분이라는 고백을 하고 있습니다. 하나님은 우리의 창조주이시며 또한 우리를 구속하신 분이십니다.

히브리서 기자는 아브라함이 하나님이 계획하시고 지으실 터가 있는 성을 믿음으로 바라보았다고 말합니다(히11:10). 아브라함은 예루살렘이 하나님이 계획하시고 지으실 터가 있는 성으로서 하늘의 본향이 내려올 때 받을 터가 되는 장소라고 이해하고 있었습니다. 그래서 그의 전리품의 십분의 일을 그 곳에서 왕과 제사장으로 있는 멜기세덱에게 바칩니다. 그리고 그는 그 곳에서 먼 미래에 있을 잔치를 멜기세덱이 차려준 떡과 포도주의 잔치를 통해 미리 맛보게 됩니다.

하나님이 정하신 '마지막 그 날'에 끝까지 믿음을 선택한 의로운 자들은 치열하고 지독한 어둠과의 전쟁에서 승리하고 부활하여 만왕의 왕으로 예루살렘에 입성하시는 예슈아와 함께 천년왕국을 시작하면서 그 상급 잔치에 참여하게 될 것입니다. 수천 년 전 과거에 있었던 멜기세덱과 아브라함의 잔치는 '마지막 그 날'에 온 우주적으로 재현될 것입니다. 아브라함의 자손들인 이스라엘과 또 아브라함의 믿음의 길을 따라 믿음으로 아브라함의 자녀들이 된 교회가 함께 그 잔치에 참여하게 될 것입니다.

DAY 5 창14:21-15:6

끝까지 세상을 포기하지 못한 롯, 그런 롯을 끝까지 사랑한 아브라함

롯은 "여호와의 동산과도 같고 이집트 땅과도 같은"(창13:10) 소돔과 고모라 땅을 선택했습니다. 아버지 데라가 하란이라는 도시의 화려함과 풍성함을 포기하지 못했듯이 조카 롯의 마음에도 여전히 이집트와 같은 세상을 포기하지 못하는 마음이 있었습니다. 소돔 사람은 여호와 앞에 악하며 큰 죄인이었다고 성경은 말합니다(창13:13). 롯은 그런 땅을 선택함으로써 뜻하지 않은 나라 간의 세력 전쟁의 포로가 되고 맙니다. 아브라함은 포로가 된 롯을 구하기 위해 집에서 길리고 훈련된 자 318명을 데리고 떠납니다.

삼촌 아브라함의 믿음을 옆에서 보고 따랐다면 소돔을 선택하지 않았을텐데 마음에 남겨져 있는 인간 세상에 대한 미련은 결국 롯의 발목을 붙잡고 맙니다. 늘 믿음 생활을 한다고 하면서도 세상을 향한 미련이 우리의 발목을 붙잡고 죄로부터 우리를 분리하지 못하고 있을 때 우리는 어김없이 세상의 전쟁에 휩싸이고 그 노예가 될 수 밖에 없습니다. 그러나 하나님을 향한 절대적인 믿음을 따르는 자는 세상에서 보기에 아름다움은 없을지 모르지만 오히려 세상보다 강한 담대함을 가지고 세상을 정복하는 자가 될 것입니다. 아브라함은 고작 318명을 가지고 당당하게 세상의 왕들을 이겼습니다. 세상을 이기는 자가 될 것인지, 세상의 노예가 될 것인지의 선택은 여전히 우리 앞에 놓여 있습니다. 소돔을 여전히 붙잡고 있는 내 안의 생각과 방법들을 하나님께 보여주시도록 구하고 그것을 철저하게 내려놓을 때 비로소 우리는 우리의 발목을 붙잡는 죄의 올무로부터 벗어나게 될 것입니다.

나는 네 방패요 너의 지극히 큰 상급이니라

아브라함은 전쟁에서 이긴 전리품 중에서 아무것도 취하지 않았습니다. 그에게는 전리품을 취해서 부를 쌓는 것보다 하나님의 이름의 영광이 가려지는 것이 더 두려운 일이었습니다. 소돔 왕은 아브라함에게 사람만 빼고 모든 전리품을 가져가라고 말했지만 아브라함은 아무것도 가져가지 않겠다고 선언합니다(창14:23). 소돔 왕의 간사함을 안 아브라함은 그가 나중에 아브라함이 자기로 인해 부유하게 되었다 말할 것을 예상했기 때문입니다. 그는 물질을 두고 소돔 왕과 타협하지 않고 하나님을 선택합니다. 멜기세덱을 통해 창조주이실 뿐만 아니라 모든 값을 지불하고 하늘과 땅을 소유하신 지극히 높으신 하나님의 축복을 받은 아브라함은 온 하늘과 땅의 소유자이신 하나님의 이름 '엘 엘룐 코네 샤마임 바 아레쯔אֵל עֶלְיוֹן קֹנֵה שָׁמַיִם וָאָרֶץ'라고 고백하며 소돔 왕에게 속한 그 어떤 물질도 갖지 않습니다. 이 일이 있은 후에 하나님이 환상 중에 아브라함에게 임하여 말씀하십니다.

"아브람아 두려워하지 말라 나는 네 방패요 너의 지극히 큰 상급이니라"창15:1

　　시날과 엘라살과 엘람과 고임의 왕들과 그들의 군대들을 무찌르고 돌아온 후에 그들이 다시 보복하기 위해 올지도 모르는 상황속에서 하나님은 아브라함에게 두려워하지 말라고, 나는 너의 방패라고 말씀하십니다. 전쟁에서 이긴 후에 가지는 전리품은 당연히 취할 수 있는 대가입니다. 그러나 아브라함은 사람을 통해 영광 받기를 거절하고 스스로 손해를 자청합니다. 형제인 롯과의 관계를 위해 자신의 이익을 생각하지 않고 롯을 먼저 돌보는 이기심 없는 마음처럼 부를 생각하지 않고 하나님의 영광을 가리지 않기 위해 자기의 유익을 내려놓은 아브라함을 향해 하나님은 자신이 아브라함의 보호이며 상급이자 대가이심을 약속하십니다.

　　히브리어 싸칼שָׂכָר은 '상급, 월급, 사례'라는 뜻을 가지고 있습니다. 하나님이 아브라함에게 '내가 너의 상급'이라고 말씀하신 것은 '나는 너가 수고하여 받아야 할 모든 것을 챙겨주는 하나님'이라는 뜻입니다. 아브라함은 소돔 왕의 물질 중 그 어느 것도 챙기지 않았습니다. 그는 다만 그와 함께 죽음을 무릅쓰고 전쟁에 나가서 싸워주었던 동맹자들 마므레, 아넬, 에스골과 더불어 젊은 군사들의 몫을 챙겨주었을 뿐입니다. 하나님이 아브라함이 자신을 제외한 모든 사람들을 챙겨주는 것을 보셨고 그런 아브라함을 향해 너의 것은 내가 친히 다 챙겨주겠다고 말씀하신 것입니다. 우리가 하나님의 영광을 위해 다른 사람들을 섬길 때 하나님은 우리를 챙겨 주십니다. 우리가 믿음으로 해야 할 일들을 하면 하나님은 우리를 보호해 주시고 막아 주시는 방패가 되어 주시고 우리의 싸칼, 상급이 되어 주십니다. 삶 가운데 때로 우리는 일반적인 원칙에 따라 우리의 유익을 위해 당연하게 선택할 수 있는 상황도 스스로 선택하지 않음으로 재정적인 손해를 볼 때가 있습니다. 하지만 궁극적으로 하나님은 우리의 보호이며 상급이십니다.

　　하나님이 보호이며 상급이시라는 말씀에 아브라함은 하나님께 나에게 무엇을 주실 수 있냐고 물으며 자신에게 자녀가 없음을 호소합니다(창15:2). 땅과 자손에 대한 약속을 받았지만 여전히 자녀가 없는 아브라함에게 하나님은 하늘의 별을 보여주시며 이와 같이 그의 자손이 많을 것이라고 약속하십니다(창15:5). 아브라함은 이것을 믿었고 하나님은 아브라함의 믿음을 의롭게 여기십니다(창15:6). 아브라함의 믿음에 대해 바울은 그가 하나님은 죽은 자를 살리시며 없는 것을 있는 것으로 부르시는 분으로 바랄 수 없는 중에 바라고 믿었다고 증언합니다(롬4:17-18). 그리고 또한 약속하신 것을 능히 이루실 줄을 확신하였고 이것이 그에게 의로 여겨졌다고 말합니다(롬4:21-22). 그리고 예슈아를 죽은 자 가운데서 살리신 하나님이 마지막 날에 우리를 부활하게 할 것을 믿는 자들이 아브라함처럼 의롭게 여겨질 것이라고 선포합니다(롬4:24).

그러므로 우리가 믿음으로 아브라함의 자녀가 되었다는 것은 곧 우리가 부활을 믿는다는 것과 우리를 새피조물로 창조하시는 분을 믿는다는 것을 의미합니다. 우리가 부활의 새피조물이 됨을 믿을 때 주님은 이 믿음을 의롭게 여겨주십니다. 우리는 부활할 것입니다. 부활의 믿음이 있는 자는 이 땅의 상급을 바라보지 않습니다. 영원한 상급을 주실 하나님을 바라보며 사람들로부터 인정과 영광을 취하지 않고 영원한 하나님의 킹덤을 상속받을 것을 소망합니다. 그래서 세상과 타협하지 않고, 세상의 듣기 좋은 제안을 거절할 당당함을 가질 수 있게 됩니다. 부활에 대한 믿음과 소망이 우리에게 영원한 하나님의 킹덤을 상속받게 할 것입니다.

DAY 6 창15:7-17:6

'그 날'에 맺은 햇불 언약

아브라함의 믿음을 보시고 그와 언약을 맺기로 작정하신 하나님께서 아브라함에게 희생 제물을 가져와 그것을 쪼개어 벌여 놓게 하십니다. 그리고 '그 날'에 아브라함과 언약을 세우시면서 아브라함의 자손에게 이집트 강에서부터 큰 강 유브라데까지의 땅을 주겠다고 약속하십니다(창15:18). 하나님이 말씀하신 이 땅의 영역은 에덴-동산의 넓은 영역을 의미합니다. 자손이라 번역된 히브리어 제라ﬠַרֶז는 '씨앗 하나(seed)'를 의미하기도 하지만 그 씨 안에 포함된 미래에 나타나게 될 '많은 자손들(offsprings, descendants)'을 의미하기도 합니다. 그러므로 아브라함의 씨는 그로부터 태어나는 한 자손, 여인의 후손인 메시아를 의미하면서 동시에 믿음으로 아브라함의 자녀가 된 모든 이들을 포함하는 이중적 의미를 가지게 됩니다. 하나님은 횃불 언약을 통해 메시아와 믿음의 자녀들이 에덴-동산을 다시 차지하게 될 것을 약속하십니다. 그리고 하나님이 아브라함과 언약을 맺은 '그 날'은 하나님의 언약이 완전히 성취되는 '마지막 그 날'을 예표 합니다. 하나님은 이 언약을 맺으실 때 일방적으로 홀로 불꽃으로 쪼갠 예물 사이를 지나가시며 하나님 스스로 이 언약을 반드시 이루시겠다는 의지를 보이십니다.

그러나 언약이 성취되는 그날을 향해 가는 과정 중에 아브라함의 자손은 400년간 이방에서 나그네 되어 괴롭힘을 당하다가 하나님이 언약해 주신 땅으로 돌아가게 될 것입니다. 이것은 이집트에서 수백 년간 고통 당할 이스라엘 백성을 의미하면서 동시에 마지막 날 세상으로부터 고통 당할 하나님의 백성을 의미하기도 합니다. 또한 이스라엘 백성이 이집트로부터 구원받아 홍해를 건넌 것은 마지막 날 세상으로부터 완전히 구원받아 불이 섞인 유리 바다를 건널 하나님의 백성을 예표합니다.

유대 문헌은 아브라함과 하나님이 횃불 언약을 맺은 이날이 430년 뒤에 이스라엘 백성이 이집트로부터 나온 아빕 월 15일, 하나님이 자신의 백성을 세상으로부터 끌고 나와 하나님의 통치안으로 옮기려고 계획하신 유월절 그날이었다고 말합니다. 하나님이 아브라함에게 희생 예물을 가져오도록 하실 때는 아빕 월 14일 오후였고 그 때 아브라함은 예물을 죽였습니다. 430년 뒤에 이스라엘 백성은 이집트에서 하나님의 명령을 따라 아빕 월 14일 오후에 어린 양을 죽였고, 약 1450년 후 아빕 월 14일에 예슈아는 죽임을 당하셨습니다. 해질 때에 아브라함은 큰 흑암과 두려움을 경험했고 그 밤은 아빕 월 15일의 밤이 되는 날이었고 430년 후 같은 날 죽음의 권세가 이스라엘 백성을 지나갔으며 예슈아는 무덤으로 들어가셨습니다. 하나님은 아브라함과 언약을 맺으실 때 이 모든 구원의 여정을 시간 속에 완전하게 계획해 놓으셨습니다.

하나님과 아브라함이 횃불 언약을 맺은 날을 '그 날, 바욤 하후ביום ההוא'라고 표현하는데 이날이 일반적인 날이 아닌 하나님이 정해 놓으신 어떤 특정한 한 날이었음을 우리에게 알려줍니다. 그리고 선지서들에서 선지자들을 통해 선포된 '그 날'은 모두 구원과 심판의 날을 의미하며 이것은 악한 짐승으로 예표되는 세상의 마지막 날이자 천년왕국의 시작이기도 합니다. 언약을 통해 이 모든 구원을 예표하신 하나님의 섭리와 시간의 계획에 우리는 사도 바울이 고백했던 고백을 하지 않을 수 없게 됩니다. 사도 바울은 열방의 구원이 시작되고 그 수가 차면 온 이스라엘이 구원을 받게 될 것이라는 것을 깨닫고 다음과 같이 탄성을 질렀습니다.

"깊도다 하나님의 지혜와 지식의 풍성함이여"롬11:33

에덴-동산의 영역

하나님은 아브라함과 맺은 언약을 통해 땅의 지경을 정하여 주셨습니다.

"그날에 여호와께서 아브람과 더불어 언약을 세워 이르시되 내가 이 땅을 이집트 강에서부터 그 큰 강 유브라데까지 네 자손에게 주노니"창15:18

아브라함을 통해 주겠다고 약속하신 땅의 지경은 이집트 강에서부터 큰 강 유브라데까지 입니다. 하나님은 왜 이집트강(나일강)에서부터 큰 강 유브라데까지를 말씀하셨을까요? 이 영역이 에덴-동산의 영역과 관련 있기 때문입니다. 에덴-동산은 곧 새 예루살렘의 영역이기도 합니다. 창세기 2장의 에덴-동산은 하늘 에덴과 땅 동산이 연합된 첫 장소였습니다. 하나님은 아담을 에덴-동산에 두시고 여기서부터 시작하여(미케뎀מקדם) 온 땅에 번성하고 충만하라고 명령하셨습니다. 하나님의 계획은 하늘과 땅의 연합된 상태인 에덴-동산이 온 땅에 충만하게 되어 온전하게 하나님의 킹덤을 이루는 것입니다. 이 계획이 아담을 통해서는 실패했지만 노아를 통해 다시 시작하셨고 오직 하나님을 믿는 믿음을 가진 아브라함을 통해 구체적으로 실행됩니다. 아브라함에게 밟게 하신 이스라엘 중앙 산지는 하나님의 임재와 영광이 땅에 거하심으로 하늘과 땅이 연합되었던 첫 장소, 바로 에덴-동산의 중앙이었습니다.

하나님은 아브라함에게 에덴을 그 땅에 다시 이루어 주시겠다고 약속하신 것입니다. 그 땅에 있을 에덴의 회복에 대한 계획을 알려주시며 아브라함을 모리아 땅으로 즉, 여호와께서 보여주실 땅으로 이동하게 하셨습니다. 아담에게 주셨던 그 에덴-동산을 이제 아브라함과 그 자손과 한 큰 민족(고이 가돌)에게 주겠다고 언약하신 것입니다. 그러므로 이스라엘 땅은 단순히 그냥 땅이 아닙니다. 에덴-동산의 그 동산입니다. 또한 예루살렘은 그 동산의 중앙입니다. 하나님의 '가라'는 명령에 아브라함이 순종함으로 하나님과 그의 백성들이 함께 먹고 마시고 즐거움을 누리는 땅인 에덴-동산의 회복이 시작되었고 그의 자손 이스라엘에게 유업으로 이어졌습니다. 그리고 솔로몬 성전을 통해서 에덴-동산의 상태는 예루살렘에 가시적으로 드러났습니다. 그 후 사람 성전이신 예수님을 통해 하나님의 킹덤(하늘 에덴의 통치)이 본격적으로 나타났으며 예수님의 십자가와 부활은 사람이 지성소로 나아갈 수 있는 새롭고 산 길을 열어 주셨습니다. 동시에 하늘의 에덴이 땅의 사람에게로 흘러 들어와 사람이 에덴-동산의 상태 즉, 하늘과 땅이 연결되어 하나 된 상태가 되도록 새롭고 산 길을 열어 놓아주셨습니다(히10:19-20).

예수님의 십자가와 부활로 우리들은 하늘 에덴의 통치안으로 초대됨으로 에덴-동산의 상태가 되었습니다. 즉, 사람 성전이 된 것입니다. 이방인의 충만한 수가 채워질 때 하늘과 땅이 만나는 연결도 충만하게 채워지게 될 것입니다. 또 유대인들도 예슈아를 영접함으로 메시아안으로 들어와 유대인의 충만한 수를 채워 사람 성전의 충만함이 완성될 때 예슈아는 약속하신 대로 다시 오셔서 땅의 보좌에 좌정하실 것입니다. 마지막 날 우리는 의와 공평으로 온 세상을 다스리실 만왕의 왕 예슈아와 함께 회복된 에덴-동산으로 재입장 할 것이며 또한 최종 완성된 에덴-동산의 모습인 새 예루살렘으로 들어가게 될 것입니다.

【주제 #6】에덴-동산과 새 예루살렘의 영역

창세기 2장에서 하나님은 하늘 에덴의 강이 땅의 그 동산에 흐르게 하여 그 땅에 에덴의 상태가 이루어진 에덴-동산을 만들어 놓으시고 아담을 그 중앙에 두셨다. 그 동산은 비손강과 기혼강과 힛데겔강과 유브라데강이 흐르는 넓은 면적의 땅이었고 그 동산 한가운데에는 생명나무와 선악을 알게 하는 지식 나무가 있었다.

기독교에서는 에덴-동산의 위치를 여러 곳으로 추정하고 있다. 대표적으로 티그리스와 유프라테스 강이 흐르는 메소포타미아 어느 지역이라는 설에서부터 아라비아지역, 북서아프리카지역, 터키지역 등으로 크게 거론되고 있다. 이 모든 지역들은 다 에덴-동산에 속한 한 지역들이었다. 하지만 이 지역들은 동산의 중앙은 아니었고 변두리였다. 그 동산의 중앙, 베토크 하간 בְּתוֹךְ הַגָּן 은 메소포타미아에 있던 아브라함에게 '가라'고 명령하시며 보여주신 모리아 땅이며 솔로몬이 성전을 지은 예루살렘 모리아 산이자 십자가와 부활과 승천과 성령강림 사건이 있었던 예루살렘이며 다시 오실 예수님의 보좌가 놓일 땅 시온이다. 이러한 '예루살렘의 중심성'은 고대 유대 문헌들에서 나타나는 히브리적 관점이다.

물론 노아의 대홍수 때 지각 대변동이 있어서 지형적인 큰 변화가 있었다라는 것을 감안하더라도 네 강이 흐르는 그 동산의 땅의 범위는 여호와께서 아브라함을 부르시고 횃불 언약을 통해서 주시겠다고 약속하신 약속의 땅의 큰 범위인 나일강에서부터 큰 강 유브라데까지와 거의 일치한다. 그 동산 한가운데 제1차 성전을 세웠던 솔로몬 때가 되어서야 그 나라의 통치 영역은 유브라데 강에서부터 이집트 지경까지 확장되어 관할 되었다.

그 이후 역사에서 다시 한번 그 동산의 면적을 언급하는 장면은 계시록 21:16의 새 예루살렘의 묘사에서 나타난다. "그 성은 네모가 반듯하여 장광이 같은지라 그 갈대로 그 성을 측량하니 12,000스타디온이요" 12,000스타디온은 약 2,220km가 된다. 이 면적은 예루살렘을 중심으로 놓고 보면 큰 강 유브라데에서부터 나일강까지의 면적과 상응한다.

여기서 우리는 에덴-동산의 범위를 생각해 보았고 아브라함에게 주리라고 약속하신 땅의 범위가 에덴-동산의 범위와 비슷한 것을 보았으며 그 동산 중앙에 하늘과 땅이 하나 되게 하는 성전을 세웠던 솔로몬 시대 때에 그 왕국의 통치가 에덴-동산의 범위와 비슷한 것을 보았다.

하늘에서 땅으로 재림하실 예수님은 하늘 보좌에서부터 땅의 보좌가 놓일 예루살렘으로 강림하셔서(내려오셔서) 그 보좌에 좌정하시고 그 동산의 중앙인 예루살렘을 통치의 중심으로 삼으시고 천 년 동안 통치하실 것이다. 창조의 7일과 상응하는 하나님이 셋팅해 놓으신 인류 역사 7,000년이 마감될 때 처음 하늘과 처음 땅과 첫 창조에 속한 모든 것은 완전히 다 지나가게 될 것이다(계21:1). 첫 창조에 속한 것이 그 쓰임이 다하고 사라지면서 "보라 내가 만물을 새롭게 하노라"는 하나님의 장엄한 선포와 함께 새 하늘과 새 땅이 나타나게 되어 영원 세계가 시작될 것이다(계21:5). 이미 새 창조에 속한 부활의 몸을 입은 우리는 새 예루살렘을 이루어 새 예루살렘 성에서 영생을 누리며 새 에덴-동산인 새 예루살렘을 중심으로 온 하늘과 땅을 왕과 제사장이 되어 그리스도와 함께 영원 무궁히 다스리게 될 것이다.

놀라운 신비는 옛 창조에 속한 지금의 내 안에 새 창조에 속한 새 피조물이 이미 시작되었다는 것이다.

"그런즉 누구든지 그리스도 안에 있으면 새로운 피조물이라
이전 것은 지나갔으니 보라 새것이 되었도다"고후5:17

요한계시록 21장에서 사도 요한이 보았던 새 예루살렘은 아직 오지 않았지만 우리는 그 새 예루살렘에 이미 속하여 있으며 우리 한 사람 한 사람이 그 새 예루살렘을 구성하는 일원이며 우리는 그 새 예루살렘 성의 황금길을 걸어 다닐 것이다. 요한계시록 21장의 새 예루살렘의 그림 안에 이미 내가 있음을 바라본다.

언약의 성취

언약은 위탁되고 헌신된 두 관계가 끊어지지 않게 하는 변함없는 약속입니다. 노아와 언약을 맺으셨던 하나님은 아브라함과도 언약을 맺으십니다. 하나님이 아브라함에게 보여 주시겠다고 한 땅으로 아브라함이 들어왔을 때 하나님은 그 땅을 아브라함에게 주어 소유로 삼게 하시겠다 말씀하시며(창15:7) 해가 져 어두울 때에 둘로 쪼갠 제물 사이로 친히 지나가시며 언약을 확증하십니다.

고대 사회에서 언약은 서로가 합의하에 약속하고 불이행시 생명을 내어 놓겠다는 의미로 함께 그 쪼갠 제물 사이로 지나가는 것이었습니다. 하나님은 아브라함에게 아무것도 요구하지 않으시고 횃불 안에서 스스로를 보이지 않게 감추시고 나타나셔서 쪼갠 제물을 일방적으로 지나가심으로 언약에 대한 모든 책임을 스스로 담당하시겠다는 의지를 보여주십니다. 아브라함이 하나님께 보여드린 것은 믿음뿐이었습니다(창15:6). 하나님은 그의 믿음을 보시고 만족하시며 충분하다 하시고 아브라함이 '옳다'고 인정하십니다. 그리고 '나머지는 내 쪽에서 다 책임지겠다'고 하시며 스스로 언약을 맺으십니다. 하나님은 이 언약이 영원히 변하지 않을 것이라고 약속하십니다. 아브라함이나 그의 후손들의 어떠함과 관계없이 반드시 지키겠다고 하신 하나님의 언약은 말도 안 되는 일방적인 사랑입니다. 이 언약 관계에서 아브라함이 하나님에게 드린 믿음은 죽은 자를 살리시는 부활의 하나님을 믿는 믿음, 없는 것을 있는 것으로 부르시는 창조의 하나님(롬4:17)을 믿는 믿음, 그리고 바랄 수 없는 중에도 바라고 믿는 믿음(롬4:18)이었습니다. 또한 약속하신 그것을 능히 이루실 줄 믿는 믿음(롬4:21)이었습니다. 하나님은 아브라함의 믿음을 보셨고 믿음으로 인해 아브라함은 하나님과 언약 관계가 되었습니다. 언약은 사랑과 신뢰, 믿음의 관계 안에서 맺어집니다.

아브라함의 믿음은 부활에 대한 믿음이었습니다. 우리의 믿음은 내가 죄에서 구원받았다는 차원을 넘어서 죽음에서 부활하는 것에 대한 믿음이어야 합니다. 부활에 대한 믿음은 우리에게 영생에 대한 소망을 바라보게 합니다. 영원한 삶은 실제적이며 완전한 것입니다. 메시아가 오셔서 통치하실 천년왕국의 시작 직전에 우리의 몸은 부활할 것입니다. 천년왕국 동안 우리는 부활의 몸으로 왕과 제사장 되어 하나님을 섬기며 그리스도와 함께 땅을 다스릴 것입니다. 천년왕국으로 들어갈 때 부활한 우리는 천년을 지나 연속선상 안에 있게 될 새 하늘과 새 땅 새 예루살렘으로 들어가 영원 무궁히 영생을 누리게 될 것입니다. 이 영광스러운 날들에 대한 기대가 우리의 믿음이 되어야 합니다. 이것이 아브라함이 가졌던 믿음이며 아브라함이 바라보았던 믿음이었고 믿음의 조상들이 가졌던 믿음이었습니다.

"이는 하나님의 경영하시고 지으실 터가 있는 성을 바랐음이니라"히11:10
"그들이 이제는 더 나은 본향을 사모하니 곧 하늘에 있는 것이라 그러므로
하나님이 그들의 하나님이라 일컬음 받으심을 부끄러워 아니하시고
그들을 위하여 한 성을 예비하셨느니라"히11:16

하나님의 언약은 처음엔 큰 덩어리 하나만 보입니다. "가라 너를 통해 큰 민족을 이루겠다" 이 언약만 보면 뭔가 확실히 알기는 어렵습니다. 구체적인 방법이 없기 때문입니다. 하지만 하나님은 믿음의 여정을 가는 가운데 실수와 어려움이 있을 때마다 약속을 상기시켜 주시고 구체적인 내용을 가르쳐 주십니다. "너의 자손이 하늘의 별 같이, 땅의 티끌 같이 많아질 것이며, 너는 그들의 조상이 될 것이다. 너의 자손은 400년간 이방에서 객이 되고 종이 되겠지만 큰 민족이 될 것이며, 너로부터 민족들과 왕들이 나오게 될 것이며, 그리고 지금 말하는 이러한 후손은 너의 몸을 통해 그리고 네 아내 사라의 몸을 통해 태어날 것이다"(창15:5, 13-14; 17:6, 16, 19; 18:10)라고 말씀하시면서 하나씩 구체화시켜 보여주시고 확장시켜 가시며 이해시켜 주십니다. 그리고 결국 성취하십니다.

하나님의 언약은 믿음을 통해 성취됩니다. 믿음(에무나אֱמוּנָה)은 적극적인 행동을 요구하면서 동시에 끝까지 견지하며 기다리는 것을 모두 포함하는 말입니다. 하나님의 시간에 그분의 주권하에 전적으로 성취될 것을 믿음으로 기다리면서 우리에게 명령하신 것을 순종함으로 큰 그림 안에서 내가 해야 할 영역을 하는 것이 우리의 믿음이 되어야 합니다. 하나님은 이 믿음을 의로 여기십니다. 각 사람 안에 하나님이 주신 약속이 있습니다. 각 민족을 향해 하나님이 주신 부르심이 있습니다. 한 사람, 한 민족을 향한 하나님의 언약이 성취될 때까지 적극적인 순종과 행동, 끝까지 기다리는 믿음의 여정은 계속되어야 합니다.

남편과 아내

사라는 자신을 생각하기보다는 남편과 가정을 보호하기 위해, 그리고 남편의 말에 복종하여 기꺼이 이집트 왕에게까지 가는 위험을 감수한 용감한 여인이었습니다. 그녀는 아브라함을 통해 자손을 주시겠다는 하나님의 약속을 바라본 믿음의 여인이었습니다. 그러나

하나님의 약속이 이뤄지는 주체가 자신이라고 생각한 순간 그녀는 자신의 방법으로 아브라함에게 자손을 얻게 하려고 했습니다. 고대 사회의 족장 시대에는 많은 자손을 얻기 위해 일부 다처제가 흔하기도 하고 합법적인 일이었지만 아브라함은 사라 외에 아내를 두지 않았습니다. 그는 자신과 사라를 통해 자손을 주시겠다고 하신 하나님의 약속을 믿고 기다렸습니다. 그러나 또한 자신이 제일 사랑하고 신뢰하는 아내 사라의 말도 신뢰했습니다. 그래서 아브라함은 사라의 말을 따라 여종을 통해 아들을 얻었습니다.

그러나 사라의 합리적인 선택은 남편의 아이를 가진 여종으로부터 무시를 받는 끔찍한 결과를 낳았습니다. 사라는 남편을 빼앗길 수도 있다는 두려움과 자신의 위치가 여종으로부터 위협받는 상황에 크게 분노하게 됩니다. 그래서 아브라함에게 따집니다.

> "내가 받는 이 고통은 당신이 책임을 지셔야 합니다(당신 탓입니다)….
> 주님께서 당신과 나 사이를 판단하여 주시면 좋겠습니다
> (시비를 가려주시기 바랍니다)"창16:6, 새번역과 괄호안은 공동번역

아브라함은 사라의 말을 듣고 선택한 것이었습니다. 그러나 자신보다는 남편과 가정을 위해 모든 것을 선택한 사라에게 닥친 불행이 순간 남편 때문이라고 느껴진 사라의 마음은 심히 상해 버렸습니다. 배려 받지 못하고 존중받지 못하는 무시 받는 상황에 마음이 상한 사라는 남편에게 쏟아버리고 맙니다. 보통 남편 같으면 이런 상황에서 사라를 탓할 것입니다. "내가 결정한 것도 아니고 당신이 말한 대로 한 건데 이제 와서 왜 나에게 짜증을 내는 거지? 본인이 벌인 일이니까 알아서 해결해. 이건 당신 문제요"라고 하며 충분히 화를 낼 수도 있었을 것입니다. 그러나 아브라함은 그렇게 하지 않았습니다. 그는 이 결혼 생활 가운데서 사라가 자신과 함께 걸어온 믿음의 여정을 알고 있었고 그녀를 향한 강한 신뢰와 사랑이 있었기에 사라가 보이는 반응에 집중한 것이 아니라 그녀의 상한 마음을 보았습니다. 그리고 무엇 때문에 사라가 불안해하고 화가 났는지를 알았습니다. 그래서 이렇게 말합니다.

> "여보, 당신의 종이니 당신 마음대로 할 수 있지 않소?
> 당신이 좋을 대로 그에게 하기 바라오"창16:6, 새번역

아브라함은 이 가정의 권위가 자신의 아이를 가진 하갈이 아닌 사라에게 있음을 확

실하게 말해 주었습니다. 그리고 그녀에게 모든 것을 맡기며 자신의 신뢰를 보여줍니다. 남편과 아내 사이에 갈등이 일어나면 자신의 입장을 주장하고 강조하는 것이 보통 부부의 모습입니다. 생각보다 사소한 것이 쌓여서 터지면 서로가 얼마나 참아왔고 얼마나 희생해 왔는지 겨루면서 자기 보호와 변명을 하기에 바쁩니다. 상대방의 상한 마음은 눈에 들어오지 않습니다. 그러나 아브라함은 사라의 마음을 보았습니다. 사라는 옳고 그름을 따지자면서 하나님의 판단까지 구했습니다. 사라의 모든 결정은 자신을 위한 것이 아니라 남편과 가정을 위한 것이었기 때문에 그녀는 자신이 옳다는 확신을 가지고 있었습니다. 아브라함도 사라의 결정이 사라 자신이 아닌 아브라함과 가정을 위한 것이라는 것을 알고 있었습니다. 그렇다고 여종이 사라에게 함부로 하는 것에 대한 책임이 아브라함에게 있는 것도 아니었습니다. 아브라함 탓을 하며 책임을 지라는 사라의 말에 아브라함도 맘이 상했을 수 있습니다. 그러나 아브라함은 옳고 그름을 따지는 것이 아니라 사라의 불안하고 상한 마음을 읽어 주었습니다. 사라의 인간적인 방법으로 파생된 문제였지만 아브라함은 문제의 탓을 사라에게 돌리지 않고 끝까지 그녀에게 자신의 신뢰를 보여주었습니다. 85년 만에 어렵게 가진 아이인데 그 아이를 가진 여인을 보호해 주었을 수도 있지만 아브라함은 철저하게 사라에게 모든 것을 맡깁니다. 그렇게 하여 여종이 여주인의 자리를 대체하려는 오만함과 충돌로부터 가정의 질서를 지켜 줍니다.

사도 베드로는 남편들에게 아내가 더 연약한 질그릇과 같다는 것을 이해하고 알아야 한다고 권면해 줍니다. 그리고 생명의 은혜를 함께 상속받을 사람으로 알고 존중할 때 기도가 막히지 않을 것이라고 말합니다(벧전 3:7). 부부 관계에 갈등이 일어났을 때 누군가는 상대의 마음을 먼저 읽어 주어야 합니다. 그것이 남편일 수도 있고 아내일 수도 있을 것입니다. 부부 사이의 갈등은 옳고 그름으로 시비를 가려서 해결되는 것이 아니라 마음으로 포용하고 감싸야 하는 것입니다. 마음의 여유가 더 있는 사람이 그렇게 할 수 있을 것입니다. 아브라함이 가진 관용의 마음은 우리에게 결혼 생활과 부부 관계의 지혜를 얻게 해줍니다.

이쉬마엘 יִשְׁמָעֵאל, 하나님이 들으신다

여주인의 자리를 감히 넘본 하갈은 자신의 오만 방자함 때문에 사라로부터 거칠게 다룸을 당했고 그녀는 결국 도망쳐 나오게 됩니다. 그러나 하갈이 가진 씨도 아브라함의 자손이었습니다. 하나님은 그것을 보셨고 하갈에게 천사를 보내어 여주인에게 복종할 것을 명령합니다. 그리고 그녀가 가진 아이의 이름을 이쉬마엘 יִשְׁמָעֵאל이라 하시며 하나님이 들으신다고 약속해 주십니다. 자신을 돌보시는 하나님을 만난 하갈은 말씀에 순종하여 돌아가 사라에게 복종하였고 아들 이스마엘을 낳게 됩니다.

하나님은 이스마엘의 이름대로 그의 소리를 들으십니다. 오늘날 이스마엘의 자손들인 아랍 자손들의 소리를 하나님은 여전히 듣고 계십니다. 하나님은 단 한 번도 그들을 버린 적이 없으셨습니다. 하나님은 아브라함의 씨를 통해 태어날 여인의 후손이자 약속의 자손인 메시아가 태어날 때까지 그 혈통을 보호하셔야 했기에 육체를 따라 태어난 이스마엘을 아브라함으로부터 떠나게 하셨지만 이 모든 과정에서 그들이 겪을 고통도 아셨기에 '하나님이 들으신다'라는 이름을 주시면서 그들이 하나님을 기억할 수 있도록 하셨습니다.

사탄은 그들의 거절감을 이용하여 그들에게 수백 년간 하나님이 아닌 거짓 신을 섬기게 함으로써 아브라함의 약속의 자손인 예슈아와 이스라엘을 대적하게 하였지만 하나님은 지금도 그들의 외로움과 고통, 어려움을 듣고 계십니다. 그리고 하나님 아버지의 사랑을 경험한 우리들이 아버지의 마음으로 그들의 소리를 들어주길 원하십니다. 이들이 아버지의 사랑을 깨닫고 돌아오는 순간 큰 사랑에 압도되어 하나님과 깊은 친밀함을 가지게 될 것이며 이들이 누리게 될 친밀함을 바라보며 가장 질투할 사람들은 바로 이스라엘이 될 것입니다. 그래서 이스라엘의 부흥을 위해 기도할 때 우리는 이스마엘의 자손들, 아랍 형제들의 부흥을 위해 함께 기도해야 합니다. 이들이 먼저 아버지께로 돌이킬 것입니다.

DAY 7 창17:7-27

새로운 정체성과 영원한 언약의 표징인 할례

하나님은 아브라함과 언약을 맺고 축복을 주시면서 그에게 새 이름을 주십니다(창17:5). 이름이 바뀐다는 것은 새로운 정체성을 가지게 되는 인생의 전환을 의미합니다. 아브람은 아브라함이 되면서 그의 정체성은 '높임 받는 아버지'에서 '많은 민족들의 아버지'로 바뀌었습니다. 높임 받고 존경받는 존귀한 아버지에서 하늘의 별과 같이 무수하고 땅의 티끌같이 셀 수 없이 많은 사람들을 자손으로 약속받음으로써 광대한 믿음의 가족의 아비가 되는 것이 아브라함이 부여받은 새 정체성이었습니다. "아브라함 너는 나와 언약을 맺었으니 너는 완전히 내 것이다"라고 찜하십니다.

> "내가 내 언약을 나와 너 및 네 대대 후손 사이에 세워서 영원한 언약을 삼고 너와
> 네 후손의 하나님이 되리라. 내가 너와 네 후손(너를 따르는 너의 후손)에게
> 너가 거류하는(마구르 גוּר,나그네로서 살아가는) 이 땅 곧 가나안 온 땅을 주어
> 영원한 기업이 되게 하고 나는 그들의 하나님이 되리라"창17:7-8

'완전히 너와 너의 자손은 영원히 나에게 속하였다.'라고 선언하십니다. 그리고 이 영원한 언약의 표징으로 몸에 할례를 받으라고 하십니다. 난지 8일 만에 할례를 행하여 "내 언약이 너희 살에 있어 영원한 언약이 되게 하라"고 하십니다(창17:13).

할례는 표피의 일부를 잘라내는 것입니다. 몸의 일부를 잘라낸다는 것은 정욕과 탐심, 쾌락을 추구하려는 옛 사람을 잘라낸다는 의미입니다. 또한 일부를 잘라낸다는 것은 그 부분의 죽음을 의미합니다. 그러므로 할례는 자아의 죽음과 옛 사람의 죽음을 뜻합니다. 옛 사람의 자아는 우리 안에 들어온 죄와 불순종의 속성이며 사탄적 속성을 받아들이려는 죄성을 상징합니다. 많은 그리스도인들이 옛 자아와 죄의 문제를 극복해 보려고 합니다. 그런데 극복하려고 노력하면 할수록 더 괴로움에 빠지고 더 묶이게 되는 것을 경험합니다. 옛 자아와 죄의 문제는 극복하는 것이 아니고 죽어야 하는 것이기 때문입니다. 극복이 아니고 잘라 내야 하는 것입니다. 옛 사람을 벗어버리고 새 사람을 입는 것입니다. 할례는 죽음을 넘어 부활로 나아감을 뜻합니다. 더 이상 옛 자아의 지배를 받지 않고 완전히 하나님의 사랑을 덧입고 새 사람이 됨을 의미합니다.

하나님은 난지 8일째에 할례를 하도록 하셨습니다. 8은 영원을 상징하는 숫자이며 새로운 시작을 의미합니다. 영원한 새로운 시작을 의미하는 숫자인 8일째의 할례는 부활과 영생을 의미합니다. 부활하여 영원한 생명으로 들어가도록 당신의 사랑하는 자녀들을 반드시 이끄시겠다는 하나님의 영원한 언약의 표징이 바로 할례입니다. 하나님은 아브라함과 그의 자손들에게 할례를 언약의 표징으로 주시면서 '너희들은 완전히 나의 소유이다'라는 것을 말씀하셨습니다. 그리스도인들에게는 어떠합니까? 침례를 통해 말씀하십니다. 침례로 몸이 물에 완전히 잠기었다가 물에서 다시 일어나는 것 역시 나의 옛 사람은 그리스도와 함께 죽고 그리스도와 함께 새 사람으로 부활함을 나타냅니다. 그러므로 '잘라냄'으로 옛 사람을 벗어버리는 할례와 '잠기는 침례'는 모두 우리 옛 사람의 죽음을 통해 우리가 완전히 새롭

게 부활할 것을 말하며 부활의 소망으로 하나님 킹덤을 기대하고 확장시켜 나아갈 삶의 동기가 됩니다. 무엇보다 할례와 침례(세례)는 우리가 완전히 하나님께 속하게 되었음을 말해 줍니다.

그리스도와 영원하고 완전한 연합을 이룬 하나님의 신부, 그리고 자녀됨의 상징은 할례(세례)입니다. 죄는 극복하는 것이 아니고 잘라내야 할 것이고 죄에 대하여서는 죽어야 하는 것입니다. 나의 옛 자아가 죽는 것을 부끄러워하거나 아쉬워하거나 두려워할 필요가 없습니다. 죽음의 너머에는 약속된 부활과 영원한 생명이 있기 때문입니다. 지금 이 땅에서 자아를 부인하고 죄에 대해서 죽는 순간마다 몸의 부활 때 더 좋은, 더 아름다운, 더 빛나는 부활이 나를 위해서 예비될 것입니다.

하프타라 사40:27-41:16

나의 친구 아브라함의 자손

하나님은 아브라함을 친구라 부르십니다(사41:8). 친구 아브라함의 자손을 향해 그들을 멀리서부터 데리고 오시고 불러내신 하나님께서 그들을 결코 버리지 않으실 것임을 약속하십니다(사41:9). 하나님 자신의 의지로 반드시 이루실 것을 보이시면서 아브라함과 맺으신 횃불 사이에서의 언약을 기억하시는 하나님은 그들이 지렁이 같고 벌레 같은 존재라 할지라도 그들을 돕고 반드시 속량하실 것을 선포하십니다(사41:14). 아브라함의 믿음은 하나님을 만족하게 하였고 기쁘게 하였습니다. 그래서 아브라함의 자손들이 숱하게 반역을 하고 하나님을 떠난다 할지라도, 때로는 한없이 약하여 하나님을 알지 못하는 나라들에게 짓밟히고 빼앗긴다 할지라도 아브라함이 하나님을 붙잡았고 믿었던 그 믿음으로 인하여 하나님이 이들을 통해 하나님의 역사를 견인해 가시겠다는 의지를 보이십니다.

요나단은 친구 다윗을 보호하기 위해 그를 아버지 사울로부터 도망칠 수 있도록 도왔고, 다윗은 친구 요나단을 사랑하여 그의 아들 절름발이 므비보셋을 왕의 식탁에 참석하게 하였습니다. 예수님은 우리를 친구라 부르시며 친구에게는 모든 것을 알리고 또 친구를 위해 자신의 생명을 내어 놓는다고 하셨습니다. 하나님을 향해 절대적인 신뢰와 믿음을 보인 아브라함으로 인해 그의 자손들은 하나님의 생명을 내어놓은 사랑을 받았습니다. 사랑뿐 아니라 아브라함에게 주신다고 약속하셨던 모든 축복을 받았습니다. 그리고 이 축복은 아브라함의 믿음을 따르는 모든 자들을 향한 축복이 되었습니다. 영원하신 하나님, 땅 끝까지 창조하신 분, 피곤을 느끼지 않으시며 지칠 줄 모르시며 지혜가 무궁하신 하나님께서 메시아닉 킹덤을 바라보면서 믿음으로 살아가는 모든 자들, 아브라함의 믿음을 따라가는 자들을 친구라 부르시며 승리의 오른팔로 붙들어 주실 것입니다(사40:28,41:10).

브리트 하다샤 롬4:1-25 / 요8:51-58

믿음으로 받은 언약

아브라함이 태어나기 전부터 계셨던 예수님께서 유대인들을 향해 예수님은 아버지를 알고 계시고 또 그분의 말씀을 지키고 있다고 말씀하셨습니다(요8:55,58). 예수님은 유대인들이 믿고 따르는 아버지인 아브라함이 보리라고 기대하면서 즐거워하였던 것은 나의 날 즉, 인자의 날이라고 말씀하셨습니다(요8:56). 예수님이 말씀하신 아브라함이 보리라고 기대하면서 즐거워하였던 인자의 날이란 무엇입니까? 이미 초림으로 와 계신 주님이 이야기하는 인자의 날은 재림의 날을 의미합니다. 메시아의 재림의 날, 메시아가 오셔서 통치하시는 완성될 천년왕국입니다. 히브리서 기자는 아브라함이 멀리서 보고 환영했던 성이 있었는데 아브라함과 믿음의 조상들은 다 이것을 믿음으로 받았고, 그 믿음을 따라 죽었다고 말합니다(히11:13-16). 아브라함과 믿음의 조상들이 믿음으로 받고 기대하고 즐거워했던 메시아의 오심은 예수님께서 처음 이 땅에 오시던 그 때에 이미 성취되기 시작했습니다. 그리고 '마지막 그 날'에 완전히 성취될 것입니다. 그들은 오직 이것을 믿음으로 바라보며 자신들의 삶을 살아내었고 견디었고 그들의 역할을 마쳤습니다.

아브라함이 가졌던 믿음은 죽은 사람을 살리시고 없는 것을 불러내어 있는 것이 되게 하신 하나님을 믿은 것이었습니다(롬4:17). 아브라함은 하나님을 믿기로 결정하고 말씀에 따라 고향을 떠나 '가라(레크레카)'고 하신 땅으로 가기 시작한 순간부터 많은 도전들과 굴곡을 겪었지만 동시에 많은 축복을 약속으로 받았습니다. 그는 하나의 고비를 넘으면 또 다른 고비의 순간이 다가온다 할지라도 하나님을 믿고 의심하지 않았고 시간이 흐를수록 오히려 그의 믿음이 더 굳세어져서 하나님께 영광을 돌렸습니다(롬4:20). 아브라함은 하나님께서 약속하신 바를 능히 이루실 것이라고 확신하였습니다(롬4:21). 하나님은 이런 아브라함을 보시며 의롭다고 인정하셨고 아브라함이 인정받은 이 의로움은 우리 주 예수 그리스도를 죽은 사람들 가운데서 살리신 하나님을 믿는 믿음을 가진 모든 자들을 향한 것이 되었습니다(롬4:23-24). 아브라함이 가진 부활의 믿음은 곧 예수님의 부활하심을 믿고, 우리도 부활할 것을 믿는 믿음입니다. 이 믿음을 가진 자들에게 하나님이 언약을 주셨고 이 믿음을 가진 자들에게 하나님의 언약이 성취될 것입니다. 믿음은 우리를 의롭게 하고 언약을 받게 하며 언약이 성취되는 것을 보게 합니다.

"오직 의인은 믿음으로 말미암아 살리라"합2:4, 롬1:17

레크레카 주간의 말씀

1. 하나님이 아브라함을 불러내신 이유는 단순히 이스라엘 민족 '하나'를 이루시기 위해서가 아니라 모든 열방 중에서 믿음으로 아브라함의 자손이 될 많은 이방 교회들을 포함한 '확장된 한 큰 민족'을 이루시기 위해서 입니다.

2. 믿음을 선택했기 때문에 시련이 닥쳐서 고통스러운 것이 아니라 믿음을 선택했기 때문에 상황을 능가하시는 하나님의 은혜안으로 더 깊이 들어가게 되었다는 것에 집중해야 합니다.

3. 아브라함이 롯에게 한 행동이 이와 같은 것이었습니다. 그는 다툼과 분쟁 속에서 자신의 이익을 고려하지 않고 롯과 화평의 관계를 먼저 선택했습니다. 겸손한 사람은 자신의 이익을 생각하지 않고 먼저 다른 사람을 돌아봅니다.

4. 아브라함과 사라는 자신들을 통해 하나님의 계획이 성취될 것이라는 믿음에는 변함이 없었지만 그들의 몸은 노쇠해 가고 있었고 약속된 자녀가 태어날 것을 기다리는 시간은 점점 길어졌습니다. 그러자 그들은 하나님의 계획을 자의적으로 해석하여 인간적인 방법을 통해 그 뜻을 성취하려고 했고 그들은 이것이 믿음의 성취라고 생각했습니다.

5. 즉각 순종하는 믿음을 사용해야 할 때가 있고 기다리는 믿음을 사용해야 할 때가 있습니다. 주님보다 앞서 가지 않고 뒤쳐지지도 않으면서 주님과 발맞추어 가는 것이 믿음의 동행입니다.

6. 아브라함은 예루살렘에서 먼 미래에 있을 천년왕국의 시작에 열리게 될 잔치를 멜기세덱이 차려준 떡과 포도주의 잔치를 통해 미리 맛보게 됩니다.

7. 삶 가운데 때로 우리는 일반적인 원칙에 따라 우리의 유익을 위해 당연하게 선택할 수 있는 상황도 스스로 선택하지 않음으로 재정적인 손해를 볼 때가 있습니다. 하지만 궁극적으로 하나님은 우리의 방패이시며 지극히 큰 상급(싸칼, 보상, 사례)이십니다.

8. 우리가 믿음으로 아브라함의 자녀가 되었다는 것은 곧 우리가 나를 부활케하실 분을 통해 나의 부활을 믿는다는 것을 의미하는 것이며 또한 이 믿음이 우리의 의가 될 것이라는 것을 뜻하기도 합니다. 부활의 믿음이 우리에게 영원한 하나님의 킹덤을 상속받게 할 것입니다.

9. 하나님의 언약은 믿음을 통해 성취됩니다. 믿음(에무나אֱמוּנָה)은 적극적인 행동을 요구하면서 동시에 끝까지 견지하며 기다리는 것을 모두 포함하는 말입니다. 하나님의 시간에 그분의 주권하에 전적으로 성취될 것을 믿음으로 기다리면서 우리에게 명령하신 것을 순종함으로 큰 그림 안에서 내가 해야 할 영역을 하는 것이 우리의 믿음이 되어야 합니다.

10. 하나님은 아브라함의 씨를 통해 태어날 여인의 후손이자 약속의 자손인 메시아가 태어날 때까지 그 혈통을 보호하셔야 했기에 육체를 따라 태어난 이스마엘을 아브라함으로부터 떠나게 하셨지만 이 모든 과정에서 그들이 겪을 고통도 아셨기에 '하나님이 들으신다'라는 이름을 주시면서 그들이 하나님을 기억할 수 있도록 하셨습니다.

11. 옛 자아와 죄의 문제는 극복하는 것이 아니고 죽어야 하는 것이기 때문입니다. 극복이 아니고 잘라 내야 하는 것입니다. 옛 사람을 벗어버리고 새 사람을 입는 것입니다. 할례는 죽음을 넘어 부활로 나아감을 뜻합니다. 더 이상 옛 자아의 지배를 받지 않고, 완전히 하나님의 사랑을 덧입고 새 사람이 됨을 의미합니다.

레크레카 주간의 선포

1. 믿음의 여정 가운데 우리에게 닥치는 시련으로 인해 인내와 단련된 성품을 갖게 하시는 하나님을 찬양합니다. 하나님만을 바라보는 소망으로 가득하게 하소서

2. 손익을 따지기 보다 하나님이 기뻐하시는 것을 선택할 수 있는 용기를 더하여 주소서. 형제를 사랑하는 넉넉한 관용의 마음을 더하여 주시고 특별히 남편과 아내의 관계 안에서 서로의 마음을 읽어 줄 수 있는 마음의 여유와 깊이를 더하여 주소서.

3. 이 땅의 것으로 인해 마음 졸이고 걱정하지 않고 우리의 지극히 큰 상급이 되시는 하나님을 바라보며 매순간 하나님의 방법을 선택하게 하소서. 우리 스스로 하나님의 계획을 이뤄드린다는 잘못된 의로 인해 인간적인 실수하지 않도록 주님의 길로 인도해 주시고 혹여 실수했을 지라도 긍휼히 여기시는 사랑과 은혜로 모든 것으로 선으로 바꾸어 주소서.

4. 마지막 때를 예표해 놓으신 토라의 말씀의 비밀을 더 깊이 깨달아 아는 지혜를 더하여 주소서. 그리하여 '마지막 그 날'에 완성하실 하나님의 계획을 미리 맛볼 수 있는 은혜를 더하여 주소서. 그 날, 새 예루살렘에서 왕이요 제사장이신 예슈아와 함께 기쁨의 잔치에 설 수 있게 하소서.

5. 하나님이 듣고 계시는 이스마엘의 자손들인 아랍의 형제들을 추수할 일꾼을 보내 주소서. 아랍의 형제들을 통해 유대인들이 아버지의 품으로 돌아오게 하소서. 유대인들이 아버지의 품으로 돌아올 때 이들을 섬길 메시아닉 교회들을 더욱 준비시켜 주소서.

6. 우리 안에 불필요한 것들 잘라 주시고 확실한 언약을 믿으며 영생을 소망하게 하소서.

4주간

נַיֵּרָא

VAYERA

봐예라, 그리고 그가 나타났다

파라샤 **창18:1-22:24**
하프타라 **왕하4:1-37**
브리트 하다샤 **눅1:26-38, 24:36-53**

DAY 1 창18:1-14

헤브론 חֶבְרוֹן(친구, 연합, 우정의 도시)에서 나눈 하나님 나라의 전략 회의

햇빛이 강렬한 대낮에 마므레(מַמְרֵא 기름지고 풍성한) 상수리 수풀 근처의 장막 문에 아브라함이 앉아 있습니다(창 18:1). 아브람에서 아브라함으로, 사래에서 사라로 정체성이 바뀌고 할례를 통해 자아의 죽음을 지난 아브라함에게 하나님이 친히 나타나 보이십니다(봐예라 וַיֵּרָא). 그곳의 이름은 헤브론입니다. 헤브론이란 친구, 연합, 우정이라는 뜻의 헤베르חֶבֶר에 접미어가 붙어 만들어진 단어입니다. 소돔과 고모라의 죄악이 차고 넘치자 직접 확인하기 위해 오신 여호와와 두 천사는 바로 그 도시를 향하셨어도 됐을텐데 굳이 헤브론(친구의 도시)에 있는 아브라함에게 들르십니다. 아마도 하나님은 속마음을 나눌 친구가 보고 싶으셨나 봅니다. 목적지를 향해 가는데 가는 김에 사랑하는 사람을 보고 싶고, 마음을 나누고 싶은 그런 마음이 아니었을까요?

친구를 만나기 위해 아브라함에게 나타나신 여호와를 아브라함도 바로 알아보고(할례를 행한지 얼마되지 않아 아직 완전히 아물지 않았을 텐데) 달려나가 그들을 맞이합니다. 늘 장막 문에 앉아 있던 아브라함은 뜨거운 한낮, 사람들이 다니지 않는 시간에 세 사람이 눈앞에 다가오는 것을 보고 하늘에서 보냄 받은 분들이심을 바로 알아봅니다.

> "내 주여(아도나이), 내가 당신의 눈에서 은혜를 찾고자 합니다"창18:3

마치 노아가 하나님의 눈에서 은혜를 찾았듯이(창6:8) 아브라함도 그분들의 눈에서 은혜를 찾고자 한다고 고백합니다. 그리고 그냥 지나가지 마시기를 간곡히 요청합니다. 하나님께 시선을 두고 있는 사람들, 하나님께 마음의 중심이 있는 사람들은 하나님의 은혜를 찾습니다. 은혜를 간구하는 자들에게 하나님이 주시는 은혜는 함께하심(임재)과 동행입니다. 여호와는 여호와의 눈에서 은혜를 찾은 노아와 동행하셨고, 여호와의 눈에서 은혜를 구한 아브라함과 함께 머무셨습니다. 하나님이 함께하시는(임재) 은혜를 절대 놓치지 않았던 아브라함은 근사한 점심 식사의 자리를 마련합니다. 식사의 자리에서 여호와 하나님은 친구인 아브라함에게 두 가지를 나누십니다. 죽은 것과 같은 사라의 자궁에서 약속한 생명이 태어나게 될 것, 그리고 악한 소돔과 고모라를 심판하실 것을 말씀하십니다. 한 가지는 죽음을 이긴 생명을, 다른 한 가지는 심판과 멸망에 대한 것이었습니다. 아브라함의 점심 식탁은 하나님 나라의 전략 회의가 되었습니다. 아브라함과 사라의 몸을 통해 약속한 자녀를 낳게 하시려는 것은 그 자녀의 씨를 통해 메시아를 낳게 하시고 하나님 나라의 완성을 계획하셨기 때문이며 소돔과 고모라를 심판하시는 것은 하나님의 공의가 반드시 악한 자들을 심판하실 것임을 나타내기 위해서였습니다.

사람들은 가장 친한 친구에게는 마음속 깊은 이야기를 합니다. 속상한 이야기, 놀라운 계획, 좋고 나쁜 것 등 친구와 마음을 나눕니다. 하나님이 아브라함에게 그러셨습니다. 친구, 우정, 연합이라는 이름을 가진 헤브론에서 하나님은 친구인 아브라함에게 생명과 사망, 부활과 멸망에 대한 이야기를 나누셨습니다. 하나님은 우리에게 가장 깊은 이야기를 하길 원하십니다. 하나님은 먼저 우리를 향해 친구라고 부르기를 기뻐하십니다. 나는 하나님의 친구입니까? 나의 헤브론, 하나님과 가장 친밀함을 누리고 우정을 나누며 추억을 공유하고 있는 나의 헤브론은 어디입니까? 내가 하나님과 추억을 만들어 가는 장소가 나의 헤브론이 됩니다. 그곳 헤브론으로 우리를 찾아 들리시는 하나님의 눈을 바라볼 때 우리는 하나님 나라의 비밀을 듣고 보고 알게 될 것입니다.

사라의 웃음

하나님은 아브라함에게 내년 이맘 때(כָּעֵת חַיָּה 생명의 때에 맞춰) 다시 돌아오실 것이며 사라에게 아들이 있을 것이라고 말씀하셨습니다. 하나님은 아브라함에게 거듭해서 너를 통해서 하나님의 후손, 약속의 자손이 태어나게 하실 것이라고 말씀해 오셨고 이제는 그 자손이 사라의 몸을 통해서 하나님이 정한 시간에 태어날 것이라고 명확하게 말씀해 주십니다. 그러나 장막 문에서 이 이야기를 들은 사라는 두 가지 이유를 생각하며 속으로 웃습니다.

"나는 늙었고 내 주인도 늙었으니" 창18:12

사라는 자신의 자궁에서 생명이 태어난다는 말에 웃습니다. 사라가 웃은 것이 이상한 일입니까? 상식적으로 생각할 때 사라가 웃은 것은 결코 이상한 일이 아닙니다. 50세에 아이를 낳는다고 해도 놀랍다고 하는데 하물며 90세입니다. 이미 월경도 끝났습니다. 그런데 아이가 태어난다고 말씀하시니 사라는 자신도 모르게 웃음이 튀어나왔습니다. 사라가 웃자 하나님은 왜 웃냐고 물으십니다. 사라에게는 당연히 웃음거리가 될 만한 것이 하나님에게는 전혀 그렇지 않습니다. 하나님은 없는 것에서 존재하도록 만드신 창조주이시며, 죽음에서 생명을 일으키시는 하나님이시기 때문입니다.

하란을 떠날 때 분명히 하나님이 큰 민족을 이루겠다고 약속하셨고 그로부터 10년이 지났지만 한 명의 자녀도 생기지 않을 뿐 아니라 자신의 생리가 끊어졌기에 여종 하갈을 통해 자손을 얻을 방법을 생각한 사라였습니다. 하나님의 약속이 있었지만 사라는 오랜 시간 응답되지 않은 것과 또 자신과 아브라함의 늙음으로 인해 낙심의 마음을 가지고 있었고 이런 마음은 그녀가 시니컬한 반응을 보이도록 했습니다. 그녀의 웃음은 하나님이 약속한 시간에 다시 오시겠다고 한 것과, 그녀에게 아들이 있을 것이라는 것에 대한 냉소적인 웃음이었습니다. 이런 반응은 이집트에서 오랫동안 노예생활을 했던 이스라엘 백성에게도 있었습니다. 모세는 그들에게 하나님의 구원 계획을 선포했지만 그들은 차갑게 대응하며 그것을 믿지 않았습니다(출6:9). 이집트에서의 오랜 고통이 그들의 희망을 짓밟았고 그들에겐 구원에 대한 약속을 믿을 힘도 남아 있지 않았습니다.

마지막 때도 이와 같은 반응들이 있을 것입니다. 오랜 시간 기다렸지만, 또 오랜 시간 절실하게 기도해 왔지만 응답이 되지 않는 현실을 보며 사람들은 곧 예슈아가 오실 것이라는 말씀에 대해 둔감한 반응을 보이며 과연 곧 오실까라며 냉소적인 반응을 보일 것입니다. 뿐만 아니라 믿음이 없는 이들은 다시 오실 예슈아를 기다리는 사람들을 비웃을 것입니다. 마지막 때 일어날 것이라고 미리 예언된 많은 현상들을 보며 예슈아의 오심과 부활을 믿는 이들을 향해 그것은 신학적이지 않고 합리적이지 않다며 어리석다고 비난할 것입니다.

> "먼저 이것을 알지니 말세에 조롱하는 자들이 와서 자기의 정욕을 따라 행하며
> 조롱하여 이르되 주께서 강림하신다는 약속이 어디 있느냐 조상들이 잔 후로부터
> 만물이 처음 창조될 때와 같이 그냥 있다 하니" 벧후3:3-4

그러나 하나님은 사라에게 아들이 있을 때를 정해 놓으셨듯이 반드시 정한 때에 하나님의 약속을 이행하실 것입니다. 죽은 것과 같은 사라의 자궁에서 생명을 일으키신 하나님께서 그 날, 그 첫째 부활이 있게 될 그 생명의 때(עֵת חַיָּה)에 맞춰서 '위에 있는 예루살렘 곧 우리 어머니'의 '자궁'에 있던 성도들을 부활 생명으로 출생하게 하실 것입니다.

현실적인 인식으로 인해 냉소적인 웃음을 보였던 사라였지만 그녀의 웃음은 이삭을 품에 앉는 순간 큰 기쁨의 웃음으로 바뀌었습니다(창21:6). 낙심과 절망이 우리 삶에 없을 수는 없지만 그것을 뛰어넘어 반드시 이루시는 하나님의 신실하심을 붙잡는 자들이 되길 소망합니다. 사라가 비록 냉소적인 반응을 보였지만 그런 사라에게 약속을 이행하셨던 하나님께서 우리의 삶에도 반드시 약속하신 것을 이루실 것을 믿기를 원합니다. '그 날'에 반드시 우리의 입에는 웃음이 가득하고 혀에는 찬양이 채워져 하나님이 큰 일 행하심을 크게 외치게 될 것입니다(시126:2-3).

DAY 2 창18:15-33

하나님 나라의 기초 – 쩨다카 צְדָקָה와 미쉬파트 מִשְׁפָּט (의와 공도)

하나님이 아브라함에게 생명과 죽음, 심판에 대한 모든 계획을 보이신 이유는 하나님께서 아브라함을 친구로 여기셨기 때문이며 "그가 그의 자녀들과 그의 집안 사람들에게 명하여 여호와의 도를 지켜 의와 공도를 행하게 하려고" 그를 택하셨기 때문이었습니다(창18:19). 여기서의 의, 쩨다카צְדָקָה는 '바른 상태'를 말합니다. 공도, 미쉬파트מִשְׁפָּט는 '바른 판단과 바른 결정, 재판에서의 판결'을 말합니다. 쩨다카는 '하나님과의 바른 관계'를 기초로 세워진 의로움 입니다. 하나님과 관계가 바로 서 있는 사람, 그 중심이 하나님께 정확히 맞춰져 있는 사람을 하나님은 의롭다고 하십니다. 이러한 쩨다카의 기초로부터 올바른 행위들이 자연스럽게 열매로서 나타나게 되는데 이것도 쩨다카의 한 부분입니다. 또한 쩨다카, 하나님과의 관계가 바로 서 있는 자는 바른 미쉬파트 즉, 바른 판단과 바른 결정을 할 수 있습니다. 판단과 결정의 기준이 하나님께 바로 맞춰져 있기 때문입니다.

하나님이 아브라함의 자손을 통해 하나님의 의와 공도를 행하게 하려고 하신 이유는 이 두 가지가 하나님이 통치하시는 하나님의 킹덤의 보좌의 기초이기 때문입니다. 시편 89:14에서는 "의와 공의 (쩨덱 우미쉬파트וֹמִשְׁפָּט צֶדֶק)가 주의 보좌의 기초라 인자함과 진실함이 주 앞에 있나이다"라고 찬양합니다. 주님의 보좌는 그분의 나라의 통치를 상징합니다. 하나님이 이 땅에 하나님의 킹덤을 세우기 위해 요구하시는 두 가지는 쩨다카와 미쉬파트 (의와 공도)입니다. 그러나 세상은 하나님과 바른 관계를 기초와 기준으로 삼으려 하지 않고, 각자의 기준대로 판단하고 결정하려 합니다. 바른 쩨다카와 미쉬파트가 없는 세상은 점점 더 꼬이고, 혼란스럽고, 다툼, 분열, 살인, 전쟁 등과 같은 악과 불의로 가득하게 됩니다. 그러나 하나님은 불의가 가득한 이 세상에 쩨다카와 미쉬파트를 기초와 터전으로 든든하게 세워 그분의 보좌를 세우고 하나님 나라의 통치가 오게 할 백성들이 아브라함을 통해 일어서게 될 것임을 계획하셨습니다.

> "아브라함은 반드시 크고 강한 나라(고이 가돌)가 되고 천하 만민은 그를 인하여
> 복을 받게 될 것이 아니냐 내가 그로 그 자식과 권속에게 명하여 여호와의 도를
> 지켜 의(쩨다카)와 공도(미쉬파트)를 행하게 하려고 그를 택하였나니 이는
> 나 여호와가 아브라함에게 대하여 말한 일을 이루려 함이니라"창18:18-19

여기서 그의 자식들은 아브라함의 혈통적 자녀들을 의미하며 권속들(아브라함의 집에 속한 자들)은 이방인들 중에서 믿음으로 아브라함의 자녀가 되어 아브라함의 집에 속한 가족으로서 아브라함과 함께 복을 받게 될 믿음의 자녀들을 의미합니다.[31] 아브라함으로 인하여 복을 받게 될 천하 만민(땅의 모든 민족들)이 크고 강한 나라의 백성이 되어 의(쩨다카)와 공도(미쉬파트)를 행함으로 하나님 나라의 통치를 견고하게 세우고 보존하고 영원히 증가하게 하는 일을 하라고 아브라함을 먼저 택하셨습니다.

> "그런즉 믿음으로 말미암은 자들은 아브라함의 아들인 줄 알지어다 또
> 하나님이 이방을 믿음으로 말미암아 의로 정하실 것을 성경이 미리 알고
> 먼저 아브라함에게 복음을 전하되 모든 이방이 너를 인하여 복을 받으리라
> 하였으니 그러므로 믿음으로 말미암은 자는 믿음이 있는
> 아브라함과 함께 복을 받느니라"갈3:7-9

---

31 3주 레크레카 "고이 가돌"에 대한 설명 참고

하나님은 아브라함을 처음 부르실 때부터 땅의 모든 족속들이 아브라함으로 인하여 (안에서) 복을 받게 될 것을 계획해 놓으시고 아브라함을 부르셨습니다. 아브라함과 다윗의 자손이신 예수 그리스도를 믿음으로 말미암아 그리스도의 몸이 되어 그리스도에게 속한 자가 된 우리는 창세기 12:1-3의 계획대로 아브라함의 자손과 그 집에 속한 자들이 되어 아브라함이 받아 누릴 복을 우리도 함께 누리는 자가 되었습니다.

> "너희가 그리스도께 속한 자면 곧 아브라함의 자손이요
> 약속대로 유업을 이을 자니라"갈3:2

혈통적 자녀들뿐 아니라 이방인들 중에서도 믿음으로 아브라함의 자녀가 된 믿음의 자녀들까지 모두 다 약속대로 아버지의 나라의 유업을 잇는 자가 된 것입니다.

> "그러므로 후사가 되는 이것이 은혜에 속하기 위하여 믿음으로 되나니 이는 그
> 약속을 그 모든 후손에게 굳게 하려 하심이라 율법에 속한 자에게뿐 아니라
> 아브라함의 믿음에 속한 자에게도니 아브라함은 하나님 앞에서
> 우리 모든 사람의 조상이라"롬4:16

이를 위해서 하나님은 그에게 '죽은 것과 같은 사라의 자궁'을 통해 생명이 태어나게 하셨고 '죽은 것과 같은 혼돈과 공허의 세상'에서 빛과 생명이 충만한 하나님의 킹덤이 세워질 것을 보여주셨습니다. 동시에 소돔과 고모라의 심판을 통해 반드시 잘못된 쩨다카와 미쉬파트는 하늘의 불로 심판하실 것임을 보여주십니다.

우리가 하나님과 바른 관계 안에서(쩨다카) 바른 행위를 하는 것과 바른 판단과 결정을 하는 것(미쉬파트)만으로도 하나님을 경외하고 신뢰하며 진리의 편에 서는 것입니다. 그러므로 우리 안에 섞여 들어와서 잘못 세워진 미쉬파트들의 기초와 뿌리를 뽑아내고 처리해야 합니다. 무엇이 잘못된 것인지 아는 방법은 하나님의 생각과 마음을 아는 것입니다. 진리로부터 벗어난 것이 무엇인지 알아야 우리는 기준, 본질로 돌아갈 수 있습니다. 하나님의 생각과 마음을 알고 그 진리에 자신을 튜닝한 자는 자기 안에 쩨다카와 미쉬파트를 바로 세울 것이고 주님은 이런 사람들을 모아서 하나님 나라의 통치권과 평강의 증가함이 끝이 없이 확장되어 나가게 하실 것입니다.

간절한 중보, 심판, 남은 자

여호와께서 아브라함에게 소돔과 고모라의 심판을 말씀하신 뒤 두 천사는 그 땅을 향해 먼저 떠납니다. 그러나 아브라함은 여전히 여호와 앞에 서 있습니다(창18:22). 심판을 듣고 아브라함에게 가장 먼저 떠오른 것은 사랑하는 조카 롯이었습니다(창19:29). 이미 심판을 위해 떠난 두 천사의 모습을 보고도 아브라함은 여전히 여호와 앞에 서서 간구하기 시작합니다. 그 성에 의인 오십부터 십인까지 숫자를 내려가면서 성을 멸하지 않으시길 간구합니다. 아브라함은 마지막 순간까지 기회를 주시는 자비로우신 하나님이심을 알고 있었습니다. 그래서 그는 끝까지 하나님의 은혜와 자비를 그 땅에 보이시길 구합니다. 아브라함은 소돔과 고모라에 대한 하나님의 계획을 듣고 심판이 피해 갈 수 없을 것이라는 것을 알았지만 그럼에도 심판 전에 세상을 구원하시는 하나님의 자비가 역사할 것이라는 것도 알았습니다. 그래서 그는 그 땅을 향한 미움이나 불의에 대한 분노의 마음이 아닌 하나님의 자비의 성품을 깊이 이해하고 하나님의 마음을 헤아리는 기도를 올려드리는 중보자로 하나님 앞에 섭니다.

아브라함이 그렇게 하나님의 생각과 마음을 알고 간구했기에 하나님은 그의 기도를 들어주겠다고 하십니다(창18:32). 그리고 구원을 위해 하나님이 그 큰 성읍에서 찾으셨던 의인의 수는 고작 10명이었습니다. 10명만 있어도 그 성을 구원하시겠다고 말씀하신 하나님의 마음은 불로 다 태워 없애 버리는 것이 아니고 의인 10명을 통해 그 곳 전체가 멸망되지 않는 것이었습니다. 하나님이 인간의 역사를 지금까지 이어오게 하신 이유는 무엇입니까? 한 사람이라도 더 구원받게 하기 위함입니다. 그런 하나님의 마음을 헤아렸기에 아브라함은 '의인을 악인과 함께 죽이심은 당신께 어울리지 않으며 의인과 악인을 똑같이 취급하심도 당신께 결코 있을 수 없는 일입니다'라고 하나님의 성품을 근거로 협상을 시작합니다. 계속되는 협상속에서 아브라함은 자신을 여호와 앞에 낮추며 '티끌이나 재와 같은 제가 감히 내 주께 아룁니다'라고 이어갑니다. 마지막으로 여섯 번째 협상을 할 때 '내가 다시 한번 아뢴다고 주님께서는 노여워하지 마소서'라고 용기를 내서 입술을 열고 '혹시 거기서 10명의 의인을 찾으시더라도 그곳을 다 멸하시려하십니까'라고 물으며 아브라함은 끝까지 중보하였습니다.

심판이 일어나는 그날까지 하나님은 여전히 기회(시간)를 허락하십니다. 죄인들에게는 회개할 수 있는 기회를, 의인들에게는 심판을 면하고 구원받아야 할 영혼들을 위해 끝까지 중보할 기회를 허락하십니다. 하나님의 때가 꽉 차지 않는 한 여전히 기회가 주어져 있습니다. 그러므로 아무리 악한 자일지라도, 그것이 도무지 용납되지 못할 죄를 짓는 포악한 지도자일지라도 하나님의 때가 되기 전까지는 계속 기회가 주어집니다. 그러나 결국 하나님의 때가 되면 심판이 행해지게 되고 그 가운데서 남은 자는 하나님의 보호와 구원을 받게 됩니다. 그렇게 롯의 가정만 구원받았습니다. 그런데 롯의 가정 중에서도 롯의 말을 웃기는 농담으로 받아들였던 사위들은 구원받지 못했고 아내조차 탈출하는 도중에 뒤를 돌아보다 소금 기둥이 되고 맙니다. 하나님의 자비와 은혜가 남은 자를 향해 끝까지 펼쳐지듯 우리도 구원을 이루기 위해 끝까지 믿음으로 행해야 합니다. 소돔과 고모라에서는 빠져나온 롯의 아내였지만 결국 뒤를 돌아봄으로 구원을 이루지 못했습니다. 끝날 때까지 믿음을 가지고 순종하는 사람이 될 수 있을지, 도중에 뒤돌아보지 않을 수 있을지 늘 우리 자신을 점검해 보아야 합니다.

롯은 여호와의 동산과도 같고 이집트와도 같은 소돔을 선택함으로(창13:10) 하나님 나라와 세상 모두를 취하고 싶어 했지만 결국 두 마음은 그로 하여금 세상의 심판 한가운데 서게 하였습니다. 그럼에도 하나님의 자비하심이 롯을 구원하셨습니다. 아브라함으로부터 섬김을 배운 롯이 세상 한가운데서도 아브라함으로부터 배운 섬김을 잃지 않고 깨어 있었기에 그는 천사들을 대접할 수 있었고 심판에 대한 메시지를 들을 수 있었습니다. 믿음의 씨는 남겨집니다. 우리의 가족에게 믿음의 씨가 던져졌다면 그것은 반드시 남겨져 역사할 것입니다. 그러므로 믿음이 흘러갈 수 있도록 끝까지 가르치고 보여야 합니다. 이것이 구원을 이루는 역사가 됩니다.

"그 사람들이 롯에게 말하기를 "여기에 네게 속한 자가 누가 더 있느냐?
사위들이나 네 아들들이나 딸들이나 이 도시에서 누구든지
네게 속한 자들은 모두 이곳에서 데리고 나가라"창19:12

DAY 3 창19:1-20

두 마음

하나님이 아브라함에게 보여주신 두 번째 계획은 심판에 대한 것이었습니다. 하나님은 아브라함이 이루게 될 큰 나라와 또 그에 집에 속한 가족들이 하나님의 쩨데카와 미쉬파트를 행할 것을 바라보시며 그에게 악으로 가득 찬 도시 소돔과 고모라에 대한 심판을 말씀하십니다. 심판 앞에 아브라함은 의인과 악인을 함께 멸하지 말아주시기를 간청하고 의인에 대한 기도를 할 때 그 마음에 롯을 생각하게 됩니다(창19:29). 어떤 사람이 의인입니까? 하나님과 바른 관계 안에 있는 사람, 하나님과 친밀한 관계 안에 있는 사람, 그래서 하나님으로부터 오는 생각과 마음으로 바르게 판단하고 행하는 사람이 의인입니다. 죄악이 가득한 그 땅에 하나님과의 관계가 바로 서 있는 사람이 있다면 하나님은 그 성을 사하겠다고 약속하십니다. 예레미야에게도 불의로 가득 찬 예루살렘 성이었지만 정의를 행하고 진리를 구하는 사람 한 사람만 있어도 그 성을 사하겠다고 말씀하신 하나님이십니다(렘5:1). 이 세상은 점점 더 하나님을 대적할 것이고 하나님으로부터 더 멀어질 것입니다. 그럴 때 하나님이 찾으시는 사람은 의인, 하나님과 바른 관계 안에 있는 사람들입니다. 이들이 하나님의 긍휼과 은혜를 구할 것이고 이들의 기도로 하나님은 기회를 주실 것입니다. 그리고 악한 세상이 하나님이 주신 기회를 잡지 못할 때 하나님의 긍휼과 은혜는 의인들을 더 강력하게 덮고 보호할 것입니다. 마지막 때 의인은 오직 신실함으로만 살게 될 것입니다(합2:4).

롯은 마지막 때 죄악이 넘쳐 흐르는 세상을 예표하는 소돔과 고모라에서 하나님과의 관계안에 있었던 한 사람이었습니다. 사도 베드로는 그가 의로운 롯이었다고 말합니다(벧후2:7).

> "무법한 자들의 음란한 행실로 말미암아 고통당하는 의로운 롯을 건지셨으니
> 이는 이 의인이 그들 중에 거하여 날마다 저 불법한 행실을 보고 들음으로
> 그 의로운 심령이 상함이라" 벧후2:7-8

롯은 삼촌 아브라함과 함께 믿음의 여정을 떠난 사람이었고 그는 하나님을 아는 사람이었습니다. 그래서 그 역시 성문에 앉아 있다가 성을 향해 오는 두 천사를 바로 알아볼 수

있었습니다. 그는 하나님과의 바른 관계 안에 있었기에 소돔과 고모라의 불법과 음란으로 인해 몹시 그 영이 괴로운 사람이었습니다. 그래서 하나님은 소돔과 고모라의 심판이 예정된 그때에 의로운 롯을 그곳에서 구하시기 위해 직접 찾아가십니다. 롯은 천사들의 심판에 대한 경고를 듣고 사위를 찾아가 말하지만 그들의 눈에는 롯이 웃기고 있는 것처럼 받아들여져서 롯의 진정어린 말은 비웃음을 받게 됩니다(창19:14). 그러나 롯은 임박한 심판을 마주하고도 밤새 동틀 때까지 머뭇거립니다(창19:16). 무엇이 그를 지체하게 한 것일까요?

삼촌 아브라함으로부터 먼저 좋은 땅을 선택할 것을 제안받았을 때 롯은 소돔을 선택했습니다. 그가 소돔을 선택한 이유는 이 땅이 하나님의 동산과도 같고 이집트 땅과도 같았기 때문입니다(창13:10). 그의 마음에는 두 마음이 있었습니다. 여호와의 동산을 막연하게 사모하는 마음과 동시에 이집트 땅, 세상의 좋은 것을 놓칠 수 없는 마음입니다. 천사들이 와서 심판을 알려주며 속히 떠나라고 하는 경고 앞에서 그는 그 땅의 불의함으로 괴로워해 왔으면서도 그 땅이 주었던 풍요, 재산, 자신이 쌓아 온 것들에 대한 미련으로 이러지도 저러지도 못했습니다. 그는 분명 어느 정도 의로운 자였지만 여전히 세상을 포기하지 못하는 사람의 샘플입니다.

예슈아는 마지막 날에 노아의 때처럼, 또 롯의 때처럼 사람들이 여전히 먹고 마시고 사고 팔고 심고 집을 짓고 장가들고 시집가겠지만 심판의 때가 임할 그 순간에 이르렀을 때는 절대 뒤도 돌아보지 말고 있던 곳으로 되돌아가지도 말며 미련없이 주저하지 말고 즉시 모든 것을 버리라고 말씀하셨습니다(눅17:27-31). 쌓아 온 것들, 가져왔던 것들에 대해 즉시 내려놓아야 한다고 말씀하셨습니다. 이런 것들에 대한 미련이 있을 때 자기 생명을 보존하지 못할 것이라고 경고하셨습니다. 롯은 이런 미련 때문에 지체했지만 여호와의 불쌍히 여기심을 얻어 천사들의 손에 강하게 이끌림을 받아 멸망을 면했습니다. 그러나 그의 아내는 끝까지 미련을 버리지 못해 뒤를 돌아보다가 소금기둥이 되고 맙니다(창19:26). 소돔에서 일궈낸 것들이 자신의 생명으로 여겨지는 결탁이 있었기에 그것을 버리지 못한 미련으로 소돔을 다시 쳐다본 롯의 아내는 생명을 잃게 되었습니다. 예슈아는 롯의 아내를 기억하라고 하시며 무릇 목숨을 보전하고자 하는 자는 잃을 것이고 잃는 자는 살 것이라고 말씀하셨습니다(눅17:32-33).

뒤를 돌아보는 것은 두 마음이 있다는 것이고 세상을 향한 미련이 있다는 증거입니다. 예슈아를 따르려고 찾아왔던 사람들이 돌아가서 죽은 가족을 장사하고 오겠다고 했을 때 주님은 쟁기가 손에 쥐어졌는데 쟁기를 잡은 채 뒤를 돌아보는 자는 하나님의 나라에 합당하지 않다고 하셨습니다(눅9:62). 주님을 따른다고 하면서도 자신의 과거, 경험, 생각에 사로잡혀 있는 사람은 뒤를 돌아보는 사람이고 그것에 미련을 가진 사람입니다. 과거에 인정받고 좋은 성취를 이뤘던 사람은 여전히 세상의 인정을 구하는 미련이 남아 있는 사람이고, 과거에 있었던 상처와 어려움을 가지고 여전히 그것을 붙잡고 있는 사람은 용서하지 못하고 자기 연민에 빠져서 하나님을 보지 못하는 미련한 사람입니다. 이런 사람들은 하나님의 나라에 합당하지 않습니다. 이 역시 두 마음을 품은 것과 같습니다.

예슈아는 하나님의 나라와 세상을 같이 섬기지 못한다고 하셨고 예수님의 동생 야고보는 두 마음을 가진 자들은 마음이 성결하지 못하며 또 정함이 없는 자들이라고 했습니다(약1:8, 4:8). 지금 하나님은 예슈아의 오심을 준비해야 하는 신부들이 두 마음을 갖지 않도록 철저히 훈련하고 계십니다. 여러가지 혼의 섞임들을 걸러 내시기 위해 연단을 과정을 허락하시고, 하나님을 사랑하지만 여전히 내려놓지 못하는 세상의 끈을 놓게 하시기 위해 흔드시고 시험하십니다. 때로는 머뭇거리고 있는 나의 손을 강하게 잡아 끌어내시기도 하십니다. 모든 것이 우리를 구원하기 위한 하나님의 은혜입니다. 하나님과의 관계 안에 있는 우리들이 두 마음이 아닌 온전히 하나님 킹덤의 통치를 받고자 사모하는 마음이길 소망합니다.

DAY 4 창19:21-21:4

하나님이 아브라함을 생각하사 창19:29

하나님이 롯이 거주하는 성을 엎으실 때 아브라함을 생각하셨다고 합니다. '엎으시다'라고 번역된 히브리어 샤하트ﬨﬧﬦ는 하나님이 홍수로 땅을 심판하실 때 땅의 모든 것을 '쓸어버리셨다'고 할 때 쓰인 단어입니다. 망가지고, 부패하고, 썩은 것을 파멸할 때 쓰이는 단어입니다. 하나님은 심판하시기까지 충분한 시간과 기회를 주시지만 심판하는 순간에는 조금의 오차도 없이 확실하게 파멸하시는 하나님이십니다. 그 성들을 엎으시는 중에도 하나님이 아브라함을 생각하셨습니다. '생각하다'로 쓰인 히브리어 자카르ﬧﬤﬡ는 '기억하다, 회상하다'라는 뜻입니다. 하나님은 아브라함의 중보를 기억하셨습니다. 그래서 롯을 구하셨습니다. 아브라함이 그 땅에 남겨진 의인들을 위해 기도했기 때문입니다.

　　　남겨진 자들을 위해 기도해야 합니다. 사회가 악하고, 하나님을 모르는 자들이 악한 것보다 더 견디기 어려운 것은 교회 안에서 하나님을 두려워하지 않고 세상의 편을 드는 사람들입니다. 이런 사람들과 함께 신앙생활 하면서 진리를 말할 때 덮쳐오는 판단과 편견이 더 견디기 쉽지 않습니다. 말씀이 없는 자들이 하나님을 거역하는 말을 내뱉는 것을 견디는 것보다 성경 말씀으로 하나님의 진리를 거역하는 묘한 미혹을 외쳐대는 것을 견디는 것이 더 괴롭습니다. 그러므로 도시와 나라뿐 아니라 교회 안에 진리를 지키면서 남겨진 자들을 위해 기도해야 합니다. 하나님이 엎으시는 중에도 의인들을 위해 간구한 기도를 들으시고 의인들을 보호하실 것입니다.

DAY 5 창21:5-21

그의 나이 백 세에 창21:5

　　　아브라함이 아들을 낳을 때가 백 세였습니다(창21:5). 아브라함은 자기 종 엘리에셀이 상속자인가 생각했을 때도 있었고 사라는 자기 여종을 통해 남편의 씨를 얻으면 되리라 생각하여 하갈을 통해 이스마엘을 얻기도 했지만 하나님은 끝까지 아브라함과 사라 너희들의 몸에서 날 자가 상속자가 될 것이라 말씀하셨습니다. 그래서 아브라함과 사라는 믿었습니다. 성경은 이 두 사람의 믿음을 바랄 수 없는 중에 바라고 믿은 믿음(롬4:18), 하나님이 약속하신 것을 이루신다는 믿음(히11:11) 이었다고 증거합니다.

　　　그리하여 이삭이 태어났고 그들은 하나님이 말씀해주신 대로 크게 웃습니다. 이 웃음은 하나님이 이루셨다는 승리의 웃음, 땅에서는 도저히 찾아낼 수 없는 하늘의 기쁨으로 충만한 웃음이었습니다. 아마 이 웃음은 마지막 날, 끝까지 기다리고 견딘 성도들이 웃게 될 웃음일 것입니다.

　　　죽은 것과 같은 사라의 자궁에서 생명을 만드신 하나님의 창조의 능력을 알게 하시기 위해 아브라함과 사라가 취해야 했던 믿음의 행위는 기다림이었습니다. 믿음은 두 가지 행동이 있습니다. 말씀하실 때 즉각적으로 결단하고 순종하는 믿음, 말씀하실 때 그것을 이루실 때까지 기다리는 믿음입니다. 당장에 우리 눈에 결과물을 보기 위해 자기 의를 사용하면 육신의 일을 낳게 됩니다. 그러나 어느 시점이 되면 결국 잘못된 판단으로 결정한 육신의 일로 인한 결과를 잘라 버려야할 때가 옵니다. 그래서 사라는 이삭을 놀리는(짜하크ְצַחק, 비웃다, 모욕하다, 놀리다, 장난감처럼 가지고 놀다) 이스마엘이 이삭과 함께 기업을 얻지 못할 것이라(야라쉬יָרַשׁ, 차지하다, 기업을 얻다)고 말하며 그를 쫓아냅니다(창21:10). 아브라함은 마음이 아팠지만 이삭에게서 나는 자라야 너의 씨(창21:12)라는 하나님의 말씀에 순종하여 육신의 일로 말미암은 것을 잘라 버리기로 결단합니다.

바랄 수 없는 중에 바라고 믿는 믿음, 그것을 위해 기다리는 믿음이 필요한 때입니다. 시편 27:14은 "너는 여호와를 기다릴지어다 강하고 담대하며 여호와를 기다릴지어다"라고 노래합니다. 하나님이 하실 것을 믿고 기다림이 강하고 담대한 믿음이라는 것을 기억하고 끝까지 믿음을 가지고 기다려야 할 때입니다. 그 기다림 끝에 우리는 "하나님이 하셨다"고 외치며 승리의 웃음을 짓게 될 것입니다. 기다리는 중에 혹 우리의 잘못된 생각으로 육신의 일을 하게 한 것이 있다면 잘라내야 하는 결단이 필요할 때도 있습니다. 그러할 때 과감히 잘라내는 것도 믿음입니다. 강하고 담대하게 기다릴 때 하나님이 승리의 웃음을 우리에게 허락하실 것입니다.

이삭과 나팔절

이삭의 태어남을 말씀하셨을 때와 소돔의 심판의 때는 같은 날 예정되었습니다. 하나님은 내년 이맘 때 이삭이 태어날 것이라고 말씀하시고 소돔을 심판하기 위해 가셨습니다. 그리고 하나님이 말씀하신 그 시기에 정확히 아들 이삭이 태어났습니다. '하나님이 말씀하신 시기'(창21:2)라고 번역된 히브리어는 모에드מוֹעֵד입니다. 모에드는 '예정된 장소에서 예정된 시간'이라는 뜻으로 하나님의 절기들이 바로 모에드입니다. 이 말은 이삭이 태어나도록 하나님이 정하신 시간이 있었다는 뜻입니다. 그리고 유대 학자들은 이삭이 태어나도록 하나님이 정하신 그 시간이 바로 로쉬 하샤나, 나팔절이었다고 말합니다. 그래서 유대인들은 나팔절의 토라 포션으로 이삭이 태어나는 본문을 읽습니다.

성경의 위대한 인물들은 하나님이 정하신 시간에 태어나고 죽습니다. 에녹은 오순절에 태어났고 오순절에 승천했다고 에녹2서는 기록하고 있고 다윗 왕도 오순절에 태어났고, 오순절에 죽었다고 유대 문헌은 기록하고 있습니다. 하나님은 태초부터 하나님의 절기, 예정하신 약속된 시간에 하나님이 하실 일들을 셋팅해 놓으셨습니다. 그래서 하나님은 하나님의 절기를 하나님의 백성에게 가르쳐 주시면서 그 시간 속에 살면서 리허설하라고 명령하셨습니다. 성경은 절기가 유대인의 절기가 아닌 여호와의 절기라고 기록하고 있습니다. 여호와의 절기, 하나님의 시간의 흐름을 탈 때 하나님이 정하신 인류 역사의 사이클을 이해할 수 있고 또 예견할 수 있습니다.

창세기 18:10과 창세기 18:14에 '내년 이맘 때'라고 의역한 카에트 하야כָּעֵת חַיָּה라는 단어가 두번 나옵니다. 이것은 '생명의 때에 맞춰'라고 직역될 수 있습니다. 창세기 18:10을 '생명의 때에 맞춰 내가 반드시 네게로 돌아오리니 네 아내 사라에게 아들이 있으리라'고 이해하고, 창세기 18:14을 '여호와께 능치 못한 일이 있겠느냐 생명의 때에 맞춰 내가 정한 절기에 네게로 돌아오리니 사라에게 아들이 있으리라'고 이해한다면 이 카에트 하야כָּעֵת חַיָּה는 새해의 시작인 로쉬 하샤나 곧 나팔절을 의미하는 것으로 볼 수 있습니다.

이삭은 나팔절에 태어났고 그로부터 꼭 일 년 전인 나팔절에는 소돔이 멸망했습니다. 유대 민간력으로 새해의 시작인 나팔절은 첫째 아담이 창조되던 날로서 '그 날' 나팔이 불려지며 인류가 출생한 날이라고 유대 전승은 이야기합니다. 예슈아의 다시 오심을 알리는 가을 절기 중에서 첫째 부활과 휴거가 있게 될 절기(모에드מוֹעֵד)인 나팔절은 아담 이후 부활 언기에 합당한 모든 자들이 첫째 부활에 참여하여 부활의 몸으로 출생할 날입니다. 그런데 하나님은 의도적으로 이삭의 출생 날자를 인류가 첫째 부활로서 출산하게 될 날인 그 생명의 때에 맞춰כָּעֵת חַיָּה 그 정한 절기에 아들이 태어나게 하셨습니다.

나팔절은 또한 세상의 멸망을 위한 심판이 시작되는 날입니다. 하나님은 이삭의 태어남과 소돔의 멸망을 통해 하나님의 시간의 사이클 안에서 어떤 역사가 펼쳐질지를 미리 알 수 있도록 하셨습니다. 우리는 성경에서 일어났던 역사를 통해 앞으로의 역사를 예견할 수 있고 이것을 통해 우리가 어떤 삶을 살고 어떻게 준비되어야 하는 것을 알 수 있습니다.

하나님의 비밀은 감추어졌지만 반드시 드러나는 것입니다. 그리고 구하고 찾고 두드리는 자에게 반드시 찾아지고 열려지게 될 것입니다. 하나님의 말씀과 시간 속에 감춰진 비밀, 이 모든 인류 역사의 중심 무대인 예루살렘이라는 땅에 감춰진 비밀이 계속 열려지는 때입니다.

그 어린 아이의 소리를 들으셨으므로

마침내 죽음과 다름없는 상태에서 생명이 태어납니다. 그리고 육체를 따라 태어난 아들(이스마엘)은 약속과 말씀을 통해 태어난 아들(이삭)과 함께 하지 못합니다(창21:10). 그럼에도 하나님은 들으시겠다고 약속하신 대로 그 아이의 소리를 들으시고 죽음에서 구원하십니다. 죽은 것과 같은 자궁에서 생명을 가지고 태어난 이삭, 광야에서 죽어가는 가운데 살아난 이스마엘, 모두 하나님의 생명의 능력과 긍휼로 태어나고 살아났습니다. 이것은 하나님의 사랑입니다. 하나님이 친히 들으시겠다고 이름을 지어주신 이스마엘의 자손들이 버림받은 자손입니까? 아버지가 그 아들을 거절하신 것입니까? 결코 그렇지 않습니다. 하나님의 구속사적 계획 안에서 약속의 아들 이삭과 그 씨(예슈아)를 보호하시기 위한 하나님의 섭리입니다.

하나님은 하갈에게 약속하신 대로 그 아이, 이스마엘의 소리를 들으셨습니다. 정처없이 브엘세바 광야를 방황하던 하갈이 소리 내어 울었는데 하나님은 그 어린아이의 소리를 들으셨다고 말씀하셨습니다(창21:17). 죽어가는 아이의 신음과 소리 없는 탄식까지 하나님은 들으셨습니다. 아이를 살릴 물이 있는 곳으로 이끄시고 그 아이가 자랄 때 함께 하십니다(창21:20). 하나님은 이스마엘도 열 두 통치자를 낳고 큰 민족을 이루겠다고 하시며 그는 들나귀 사람이 되어 그 손이 모든 사람을 치고 모든 사람의 손이 그를 치는 운명으로 하나님의 섭리에 의해서 이스라엘 주변 중동에 살게 됩니다. 인류 최대 거짓말 중 하나인 이슬람은 이스마엘 자손들의 마음을 하나님으로부터 완전히 돌려놓았습니다. 하나님 아버지를 완전히 왜곡해서 아버지에 대한 비뚤어진 인식을 가지게 했습니다. 마지막 때에 이스라엘과 이스라엘 주변에서 일어나게 될 전쟁을 위해서 쓰임받게 될 역할이 그들에게 예정되었지만 또한 '여호와께서 네 고통을 들으셨다'라는 이름의 이스마엘 자손들은 마지막 때에 아버지께로 돌아오게 될 것입니다. 중동 땅과 이스라엘에 전쟁의 소문이 들리고 있지만 또한 부흥과 추수의 때도 오고 있습니다.

DAY 6 창21:22-34

결혼 생활

하나님을 두려워하지 않는 자들이 사는 그랄 땅의 사람들에 대한 두려움으로 아브라함은 자신과 가정을 지키기 위해 아내를 누이라 말하였고 이로 인해 사라는 또 한 번의 어려움에 처하게 되었습니다. 다른 남자에게 가는 것을 막지 못한 남편 아브라함이었지만 사라는 순종합니다. 아무리 이해하려고 해도 합리적인 이유가 없습니다. 가족을 보호하기 위함이라 해도 왠지 변명처럼 느껴집니다. 그러나 사라는 남편 아브라함의 말에 따릅니다. 사라는 남편을 "내 주인, 아도니"(창18:12) 라고 호칭하는 여인입니다. 남편을 주인처럼 섬긴 여인입니다.

자칫 다른 남자에게 모욕을 당할 수도 있는 상황인데 그것까지 순종한 사라로 인해 하나님은 이 상황에 직접 개입하셔서 아브라함과 사라를 보호해 주셨고 오히려 아브라함의 기도로 그랄 왕 아비멜렉 집안의 여인들이 아이를 낳을 수 있게 하였습니다. 그랄 왕 아비멜렉은 사라가 받은 수치를 은 천개로 그 대가를 지불해 주었고 아브라함에게는 땅과 짐승들을 주었습니다. 뿐만 아니라 후에 아비멜렉은 아브라함과 일곱 암양 새끼를 두고 언약을 맺습니다. 아비멜렉이 하나님이 아브라함과 함께 하심을 보았기 때문입니다(창21:22).

합리적인 것만 순종하는 것이 아니라 하나님을 경외함으로 끝까지 순종할 때 하나님이 허락하시는 축복이 우리에게 있을 것입니다. 인권을 외치는 페미니즘의 사상들이 깊숙이 자리 잡은 세상에서 아내로서 남편을 그리스도를 섬기듯 섬기라 하신 말씀을(엡5:22-23) 지켜내기가 쉽지 않습니다. 그러나 하나님이 정해주신 질서와 권위 아래서 가정이 지켜지는 것이 하나님 나라를 지키는 것과 같음을 기억해야 합니다. 순종을 배우는 교회, 순종을 배우는 여인이 하나님을 경외하는 마음으로 가득 채워질 것입니다.

사라는 두 번이나 같은 일을 겪으면서 아브라함을 원망할 수 있었겠지만 사라는 여전히 자신의 남편을 '주(主)'로 섬겼습니다(벧전3:6). 그리고 남편과 가정을 지키기 위해 그녀는 스스로 자신이 결혼한 여자라는 것을 밝히지 않고 기다렸습니다. 사라에게는 하나님과 남편 아브라함을 향한 신뢰가 있었습니다. 마찬가지로 아브라함도 아내 사라를 향한 절대적인 신뢰가 있었습니다. 하갈의 아들 이스마엘이 이삭을 모욕하며 놀렸을 때 사라는 아브라함에게 그들을 쫓아낼 것을 요구합니다. 그 이유는 이스마엘이 이삭과 함께 기업을 받을 수 없다고 판단했기 때문입니다(창21:10). 사라의 이 판단은 옳은 것이었습니다. 그녀는 약속의 아들인 이삭을 통해 하나님이 하실 일에 대해 알고 있었고 그것은 이스마엘과 함께 있을 때 어려움이 될 것을 미리 보았기에 과감히 그들을 내쫓을 것을 요구합니다. 물론 사라의 인간적인 감정도 개입이 되었을 것입니다. 모든 것은 조금씩 섞여 있기 마련입니다. 이럴 때 아브라함은 아들 이스마엘로 인해 깊이 고민하지만 하나님은 사라의 말을 들으라고 말씀하시고 아브라함은 하나님과 사라를 신뢰함으로 그 결정에 따릅니다.

아브라함과 사라가 서로를 향해 보여준 신뢰와 복종은 예슈아와 신부인 우리의 관계가 그러해야 함을 보여줍니다. 남편은 가정의 머리이고 또 아내의 머리이지만(사라가 아브라함을 '주'라고 고백했듯이) 하나님의 킹덤에서 머리인 리더십의 역할은 엄격하고 권위적이며 독재적인 것이 아닙니다. 하나님의 킹덤에서의 리더십은 서로 낮아져서 섬기는 것이며 상호 복종하는 것입니다. 예슈아는 우리의 머리이지만 우리를 섬기시기 위해 무릎을 꿇고 우리의 발을 씻겨 주셨고 죽기까지 복종하셨습니다. 신부인 우리는 예슈아를 섬기기 위해 그 말씀에 복종하고 충성해야 합니다. 상호 섬김과 복종, 이것이 킹덤에서 하나됨의 관계안에 있는 사람들의 모습입니다. 바벨론 문화는 자기 것을 더 지키고 자기 권리를 더 가지라고, 또 그것을 위해 남의 것을 빼앗고 차지하는 것까지도 해야 힘있고 살아남는 것이라고 가르치지만 하나님의 킹덤에서는 서로의 권위과 역할을 존중하고 각자의 경계를 지켜주면서 서로 섬기고 복종하라고 말씀합니다.

DAY 7 창22:1-24

그 아들이 죽기까지

모든 사람의 삶에는 굽이 굽이 어려운 과정들이 있습니다. 한 고비를 넘기면서 인생은 더 성숙해지고 다음 단계로 나아갑니다. 그리고 또 다른 고비가 나타나지만 또한 그것을 넘어가면서 인생의 끝에 다다릅니다. 보통 사람의 인생도 이러한데 하물며 믿음을 선택한 이의 삶은 더욱 큰 시련에 직면하기 마련입니다. 아브라함의 삶은 믿음의 삶이었습니다. 그리고 그의 믿음의 삶은 시련과 시험의 삶이었습니다. 그는 맨 처음 하나님의 '가라(레크레카)'는 명령에 따라 믿음의 여정을 시작했고 선택의 상황에서 그는 인간적으로는 손해보는 선택을 했지만 하나님의 입장에서 그 분의 영광을 위한 선택을 했습니다. 그 선택은 믿음의 선택이었고 그럴 때마다 하나님은 그에게 땅과 자손, 축복을 약속하셨습니다.

처음 '가라(레크레카)'는 명령은 아버지와 가족, 자신의 삶의 터전을 떠나는 명령이었는데 하나님이 다시 아브라함을 부르셔서 '가라(레크레카)'고 명령하십니다. 그리고 이 두 번째 '가라(레크레카)'는 명령은 단호한 명령이 아닌 정중한 부탁의 느낌으로 말씀하십니다.

> "네 아들 네 사랑하는 독자(하나뿐인) 이삭을 데리고 모리아 땅으로 가서(레크레카)
> 내가 일러준 한 산 거기서 그를 번제로 드리라"창22:2

하나님은 아브라함의 하나뿐인 아들 이삭을 데리고 가라고 말씀하십니다. 번역은 되어 있지 않지만 '데리고 가라'고 할 때 히브리어 원문에는 '나ﬡ'라는 단어가 붙는데 이것은 정중하게 부탁할 때 쓰이는 단어로 'please'라는 뜻입니다. 하나님은 친구인 아브라함에게 아들을 데리고 가줄 것을 정중하게 부탁하십니다. 그리고 그 부탁의 내용은 그 아들을 하나님이 일러주시는 한 산에 가서 태워드리는 제물로 올려드리라는 것이었습니다.

하나님이 명령하신 두 번째 '가라(레크레카)'는 명령(부탁)은 하나뿐인 아들을 제물로 바치기 위해 가라는 것이었습니다. 놀랍게도 아브라함은 다음 날 주저없이 짐을 싸들고 하나님이 일러주신 산으로 삼일 길을 갑니다. 히브리서 기자는 이런 아브라함을 다음과 같이 묘사합니다.

> "아브라함은 시험을 받을 때에 믿음으로 이삭을 드렸으니…… 그가 하나님이 능히
> 이삭을 죽은 자 가운데서 다시 살리실 줄로 생각한지라"히11:17-19

아브라함은 하나님이 이삭을 통해 자손들을 번성하게 하실 것이라는 약속을 하셨고 이삭의 후손 가운데 메시아가 올 것을 말씀하셨습니다. 그렇기 때문에 아브라함은 하나님이 독자 이삭을 번제로 바치라고 말씀하셨지만 동시에 이삭을 죽음 가운데서 다시 살리실 것이라고 믿었던 것입니다. 이삭이 태어날 때 이미 죽은 것과 같은 자궁에서 태어난 것을 경험한 아브라함이었습니다. 그의 마음에는 하나님을 향한 절대적인 신뢰, 그리고 믿음이 있었습니다. 그래서 그는 주저없이 하나님의 명령이자 정중한 부탁을 이행합니다. 아들 이

삭이 번제할 제물이 어디 있느냐 물었을 때도 그는 하나님이 친히 자신을 위해 준비하실 것이라 답합니다. 아브라함은 하나님을 너무 잘 알고 있었습니다.

하나님은 자신의 독자 예슈아를 이 땅에 보내실 때 그 아들이 온 인류의 죄를 대신해 희생 제물로 죽임을 당하겠지만 다시 부활하여 죄와 사망의 권세를 깨뜨리고 온 인류를 구원하게 하실 것을 계획하셨습니다. 그리고 하나님과 언약을 맺은 친구 아브라함이 하나님이 가지신 구원 계획을 이행하실 것이라는 믿음을 그의 삶을 통해 보여주기를 원하셨습니다. 그래서 아브라함이 하나님의 친구로서 하나님이 약속을 지키실 것이라는 믿음을 가지고 그 아들을 내어줄 수 있는지 시험하셨고 아브라함은 이를 준행함으로써 시험을 통과했습니다. 아브라함이 이 시험을 통과함으로써 이삭은 이미 죽은 것과 다름없는 상태에서 부활을 경험했고 아브라함은 그 자신이 하나님과의 친구라는 것을 입증했습니다(약2:21-23).

위대한 믿음의 아버지 아브라함은 자기 아들을 죽기까지 내어줌으로 인해 하나님을 향한 자신의 사랑과 신실함을 입증하였고 하나님은 자신의 아들 예슈아를 우리가 아직 죄인 되었을 때 우리를 위해 죽게 하심으로 우리를 향한 자신의 사랑을 입증하셨습니다(롬5:8). 아브라함의 믿음으로 하나님의 구원 계획도 우리 안에 완전히 성취되었습니다. 아브라함의 믿음은 한 개인의 믿음이 아닌 온 인류를 구원하기 위한 하나님의 언약이 성취되게 한 믿음이었습니다. 그리고 믿음으로 아브라함의 자손이 된 우리에게도 이 믿음을 따라 걸으라고 권면합니다. 이 믿음은 인류 역사의 마지막에 성취될 부활에 대한 믿음입니다.

예슈아는 당신이 다시 오실 때 이 세상에서 믿음을 볼 수 있겠냐고 물으셨습니다(눅18:8). 불의한 재판관일지라도 끝까지 가서 구하는 믿음, 포기하지 않고 끝까지 쫓아가서 취하는 믿음, 주님은 지금 우리가 이런 믿음을 가질 수 있도록 우리에게 시험과 시련을 통과하여 지나가게 하고 계십니다. 우리가 이 시험을 잘 통과하여 예슈아께서 다시 오실 때 그분이 찾으시는 그런 믿음을 가진 자들이 되길 소망합니다.

하프타라 왕하4:1-37

생명을 잉태하는 믿음

야샬의 책은 아브라함이 아들 이삭을 바치기 위해 모리아 땅으로 갈 때 사탄은 계속 아브라함에게 나타나 그 일을 하지 말도록 여러 방법으로 집요하게 유혹했고 아브라함은 그 유혹을 뿌리치고 모리아 산까지 올라갔다고 기록하고 있습니다. 하나님은 독자 이삭을 통해서만 하나님의 킹덤의 유업이 이어질 것이라 말씀하셨기에 아브라함은 이 아들이 죽을지라도 살아날 것이라는 믿음을 가졌다고 히브리서는 기록하고 있습니다(히11:19).

이번 주간 하프 타라와 신약의 본문은 모두 생명을 낳을 수 없는 여인들이 아들을 낳게 되는 주제를 다루고 있습니다. 수넴 여인은 남편이 늙어 자녀가 없었고, 엘리사벳은 부부 모두 나이가 많아 아이를 낳을 수 없었으며 마리아는 결혼을 하지 않은 처녀였기에 아이를 낳을 수 없었습니다. 그러나 하나님은 하나님을 경외하는 이 여인들의 마음과 믿음을 아셨기에 그들에게 생명을 허락하심으로 생명을 주관하시는 하나님, 창조와 부활의 하나님을 그들을 통해 나타내셨습니다. 부활은 하나님의 능력을 나타내는 영광스러운 일입니다. 우리가 부활 할 것을 정말 믿고 기대한다면 지금 우리의 삶은 완전히 달라질 것입니다.

우리가 하나님을 믿지 못하도록 사탄은 온갖 감언이설을 통해 우리를 속입니다. 하나님의 말씀을 묘하게 왜곡시켜서 우리가 속아 넘어가도록 덫을 놓습니다. 이 교묘한 속임과 덫에 넘어가지 않게 하는 것은 죽은 것도 살리시는 부활의 믿음입니다. 없는 것을 있는 것으로 만드시는 창조자 하나님에 대한 경외함과 믿음이 마지막 날에 우리를 미혹에서 건질 것입니다. 죽음 자체에 대한 두려움보다 부활로 모든 것을 일으키시는 하나님에 대한 믿음이 더 증가되고 확장되길 기도해야 합니다.

브리트 하다샤 눅1:26-38, 24:36-53

예슈아로 완성된 부활과 영생

하나님은 사라의 죽은 자궁에 창조의 능력으로 이삭을 태어나게 하셨고, 처녀인 마리아의 자궁에 성령으로 예슈아를 잉태하게 하셨습니다(눅1:35). 무에서 유를 창조하시는 하나님의 능력이 믿음으로 자신을 내어드린 자의 순종을 통하여서 예슈아라는 구원을 오게 했습니다. 예슈아가 오시기까지 하나님은 하나밖에 없는 아들의 죽음을 통해 어떻게 사람들을 부활의 생명으로 일으키시는지 여러 번 보여주십니다. 아브라함으로부터 시작하여 사르밧 과부의 독자가 죽었을 때 엘리야를 통해 살리시고(왕상17:22), 엘리사를 통해 어렵게 얻은 수넴 여인의 독자가 죽자 엘리사를 통해 살리십니다(왕하4:35). 하나님은 죽은 자가 다시 살아나는 부활과 영원한 생명이 있다는 것을 반복적으로 우리에게 나타내 보여주셨고 말씀하셨습니다. 그리고 예슈아는 이 땅에 오셔서 친히 말씀하셨습니다.

> "나는 부활이요 생명이니 나를 믿는 자는 죽어도 살겠고
> 무릇 살아서 나를 믿는 자는 영원히 죽지 아니하리니" 요11:25-26

예슈아는 죽으셨고, 또 부활하여 제자들 가운데 나타나셨습니다. 부활에 대해 들었지만 믿지 못했던 제자들은 부활을 직접 보고 믿고 소망을 갖게 되었습니다. 예슈아는 부활의 몸으로 제자들에게 나타나셔서 모세의 율법과 선지자의 글과 시편에 자신을 가리켜 기록된 모든 것이 이루어져야 하리라고 말씀하셨습니다. 그리고 다시 한번 말씀 가운데 숨겨놓으셨던 아버지의 비밀이신 예슈아를 제자들에게 열어 보여주십니다(눅24:44-45). 예슈아는 부활을 통해 자신이 토라이시며 토라의 내용이시며 토라의 완성이심을 제자들에게 명확하게 알게 하시고 이것을 모든 족속에게 증거하는 증인이 되라고 명령하십니다(눅24:47-48). 그리고 이 증거는 오늘도 예슈아의 부활을 믿고 소망하는 증인들을 통해 전파되고 있습니다.

우리는 예수 그리스도를 믿음으로 구원받았습니다. 그리고 우리는 그 믿음으로 부활할 것입니다. 부활하여 천년왕국에서 예슈아와 함께 왕과 제사장이 되어 땅에서 다스릴 것입니다.

"저희로 우리 하나님 앞에서 나라와 제사장들을 삼으셨으니
저희가 땅에서 왕 노릇 하리로다 하더라"계5:10

누군가는 이렇게 말합니다. "우리가 믿음으로 구원받은 지금의 삶이 중요하지 왜 오지도 않은 재림과 부활을 이야기합니까? 믿음으로 이 땅에서 잘 사는 것이 더 낫습니다." 이것은 온전한 믿음이 아닙니다. 부활에 대한 믿음을 가지는 것은 사람들의 비웃음을 견뎌야 하고 그것을 넘어서야 합니다. 사람들이 당연하다고 말하는 것에 대해 하나님께 물어야 합니다. 그리고 말씀 속에서 그 해답을 찾아야 합니다.

우리 믿음의 완성은 예슈아의 다시 오심을 통해 이루어질 우리 몸의 구속을 통해서 그분과 함께 영원히 사는 것에 있습니다. 그러므로 주님의 오심이 멀지 않은 이때에 믿음으로 그것을 바라보며 환영할 준비를 하는 것이 지금은 어느 때보다도 중요합니다. 부활은 우리가 이 땅에서 더욱 믿음으로 살게 하는 것이며, 하나님의 통치를 실제가 되게 하는 것입니다. 믿음은 우리가 바라고 소망하는 것을 실제가 되게 합니다.

소돔의 심판을 통해 하나님은 온 세상을 향한 공의의 심판이 있을 것이지만 반드시 남은 자의 구원이 있을 것을 보여주십니다. 소돔은 의와 공도, 미쉬파트와 쩨다카가 무너진 세상을 보여줍니다. 그런 세상은 결국 반드시 심판을 받게 될 것입니다. 그러나 하나님은 하나님의 킹덤을 이루실 계획을 아브라함을 선택하심으로 본격적으로 시작하셨고 그를 통해 의와 공도를 행하는 하나님의 백성들이 나타나고 그 백성들이 그 나라를 주님과 함께 세울 것임을 보여주십니다. 이삭의 출생과 그를 죽음에 내어주고 다시 살게 하신 과정은 하나님의 아들 예슈아의 탄생이 우리에게 구원을, 그의 죽음이 부활을 우리에게 가져오고 영원한 생명으로 인도할 것임을 예표적으로 보여준 것입니다. 아브라함의 믿음은 하나님의 킹덤이라는 큰 나무 안으로 온 열방이 접붙임 받고 들어와 영생의 복을 누리도록 문을 열어주었습니다. 그의 믿음은 부활에 대한 믿음이요, 하나님 나라에 대한 믿음이고 하늘 본향에 대한 믿음이며 새 예루살렘에 대한 믿음입니다. 이것이 하나님이 아브라함과 이삭의 삶을 통해 보여주신 구속의 역사와 하나님 나라에 대한 비밀입니다. 예슈아는 의와 공도, 쩨다카와 미쉬파트로 보좌의 기초를 삼으시고 하나님 나라의 영원한 통치를 이루실 것입니다.

"그의 나라는 영원하며 그의 통치는 무궁하리라"단7:14,27

봐예라 주간의 말씀

1. 친구, 우정, 연합의 장소라는 이름을 가진 헤브론에서 하나님은 친구인 아브라함에게 생명과 사망, 부활과 멸망에 대한 이야기를 나누셨습니다. 하나님은 우리에게 가장 깊은 이야기를 하길 원하십니다. 하나님은 먼저 우리를 향해 친구라고 부르기를 기뻐하십니다.

2. 의, 쩨다카 צְדָקָה 는 '바른 상태'를 말합니다. 공도, 미쉬파트 מִשְׁפָּט 는 '바른 판단과 바른 결정, 재판에서의 판결'을 말합니다. 쩨다카의 기초는 '하나님과의 바른 관계에서 형성되는 의로움'입니다.

3. 우리가 하나님과 바른 관계 안에서(쩨다카) 바른 행위를 하는 것과 바른 판단과 결정을 하는 것(미쉬파트)만으로도 하나님을 경외하고 신뢰하며 진리의 편에 서는 것입니다.

4. 아브라함은 그 땅을 향한 미움이나 불의에 대한 분노의 마음이 아닌 하나님의 자비의 성품을 깊이 이해하고, 하나님의 마음을 헤아리는 기도를 올려드리는 중보자로 하나님 앞에 섭니다.

5. 심판이 일어나는 그 날까지 하나님은 여전히 기회(시간)를 허락하십니다. 죄인들에게는 회개할 수 있는 기회를, 의인들에게는 심판을 면하고 구원받아야 할 영혼들을 위해 끝까지 중보할 기회를 허락하십니다.

6. 말씀이 없는 자들이 하나님을 거역하는 말을 내뱉는 것을 견디는 것보다 성경 말씀으로 하나님의 진리를 거역하는 묘한 미혹을 외쳐대는 것을 견디는 것이 더 괴롭습니다. 그러므로 도시와 나라뿐 아니라 교회 안에 진리를 지키면서 남겨진 자들을 위해 기도해야 합니다. 하나님이 엎으시는 중에도 의인들을 위해 간구한 기도를 들으시고 의인들을 보호하실 것입니다.

7. 하나님이 하실 것을 믿고 기다림이 강하고 담대한 믿음이라는 것을 기억하고 끝까지 믿음을 가지고 기다려야 할 때입니다. 그 기다림 끝에 우리는 "하나님이 하셨구나"고 외치며 승리의 웃음을 짓게 될 것입니다.

8. 하나님은 하나님의 절기, 정하신 장소 약속된 시간에 하나님의 역사를 태초부터 셋팅해 놓으셨습니다. 그래서 하나님은 하나님의 절기를 자신의 백성에게 가르쳐 주시면서 그 시간 속에 살도록 명령하셨습니다.

9. 상호 섬김과 복종, 이것이 킹덤에서 하나됨의 관계안에 있는 사람들의 모습입니다.

10. 부활은 우리가 이 땅에서 더욱 믿음으로 살게 하는 것이며, 믿음은 우리가 바라고 소망하는 것을 실제가 되게 합니다.

봐예라 주간의 선포

1. 가정을 지키는 것은 하나님의 킹덤을 지키는 것입니다. 생명은 희생을 통해 지켜집니다. 아내와 어머니들의 희생은 가정을 지킬 뿐 아니라 하나님의 킹덤을 지키는 것입니다. 하나님 한 분을 경외하는 거룩한 여인들이 일어나게 하소서. 세상의 주류를 따라가지 않고 말씀의 흐름을 따라가는 믿음의 여인들이 일어나게 하소서.

2. 세상의 악함에 눌려 쪼그라들고 두렵고 걱정이 가득 찬 기도, 혹은 불안을 떨쳐버리려고 하는 기도가 아닌 바랄 수 없는 중에 바라는 믿음, 죽을 자를 다시 살리시는 부활의 믿음을 가지게 하소서

3. 사탄이 교회에서 부활을 이야기하지 못하게, 천년왕국을 말하지 못하게 뿌려 놓은 가라지들을 태워주소서. 이 속임에서 벗어나 날마다 부활에 대한 소망을 가지는 교회되게 하소서.

4. 지금의 시련이 믿는 자들을 더 견고하게 서게 하시고 기도의 자리를 지키는 가운데 마지막 날에 웃는 자 되게 하소서.

5. 나를 친구라 부르시며 생명을 아끼지 않으신 주님을 위해 나의 삶을 쏟아부어 드립니다. 주님이 내게 신실하셨듯 나도 주님께 충성된 자가 되게 하소서. 끝까지 주님의 마음으로 남은 자들을 위해 중보하는 자가 되게 하소서.

6. 낙심과 절망으로 인해 하나님의 말씀을 냉소적으로, 회의적으로 대하지 않게 하소서. 우리의 믿음을 비웃는 사람들의 반응에 나의 마음을 두지 않게 하소서. 세상을 향한 미련으로 뒤를 돌아보는 어리석은 행동을 하지 않게 하소서. 확실하게 하나님의 통치를 선택하는 자 되게 하소서.

7. 마지막 때 하나님이 찾으시는 믿음을 가진 자 되게 하소서. 오직 의인은 믿음(신실함)으로 산다고 말씀하셨으니 하나님과의 바른 관계에 나의 마음을 쏟게 하소서. 하나님과의 관계 안에서 바른 미쉬파트를 할 수 있는 분별을 더하여 주소서.

8. 말씀 가운데 숨겨두신 비밀을 더욱 나타내 보여주소서. 그리고 하나님의 나라라는 보물을 찾게 하소서. 그 보물을 찾았을 때는 나의 모든 것을 다 내어 그 보물을 소유하게 하소서. 하나님의 나라라는 보물을 위해 나의 어떤 것도 아끼지 않게 하소서.

9. 이스마엘의 소리를 들으신 하나님, 이스마엘 자손들의 소리를 들으시고 그들을 돌이키소서. 엘리야의 영과 능력이 부어진 추수군들을 일으키시고 이들을 통해 자녀들이 아버지께 돌아오게 하소서.

10. '가라(레크레카)'는 두 번의 말씀에 주저없이 떠난 아브라함의 믿음을 우리에게 더하여 주소서. 아브라함이 하나님을 알고 믿었던 만큼 우리도 그 부활의 믿음을 갖게 하소서.

5주간

חַיֵּי שָׂרָה
CHAYEI SARAH
하예이 사라, 사라의 일생

파라샤 **창23:1-25:18**

하프타라 **왕상 1:1-31**

브리트 하다샤 **마1:1-17 / 요4:3-14**

DAY 1 창23:1-16

사라, 믿음의 여인의 아름다움

사라는 아름다운 여인이었습니다. 아브라함은 사라를 향해 아름다운 여인이라고 말했고(창12:11) 이집트 왕이나 그랄 왕 아비멜렉의 눈에도 한 번에 들 정도로 아름다운 여인이었습니다. 그러나 생각해 보면 75세에 하란을 떠난 아브라함과 10살 차이 나는 사라의 나이는 이미 65세였습니다. 65세의 나이에 이집트 왕에게 그 아름다움이 눈에 띄었고 이삭을 낳기 전에는 90세가 다 된 나이였음에도 사라는 그랄 왕 아비멜렉의 눈에 들었습니다. 이것은 사라가 단순히 외모적으로만 아름다웠기 때문에 가능한 일은 아니었을 것입니다. 사라는 두 번이나 곤란하고 어려운 상황에 처하더라도 남편 아브라함의 말에 순종한 희생적이며 강한 여인이었습니다. 그런 상황이 있었어도 남편을 '주'라 부르는 겸손한 여인이었습니다. 남편과 함께 믿음의 여정을 한결같이 함께 하였으며 약속의 혈통을 지켜내고 가정을 보호하기 위해 과감한 결단을 내리는 결단력 있는 여인이었습니다. 이러한 사라의 내적인 성품이 그녀를 더욱 가치 있고 빛나게 하였습니다.

사도 베드로는 사라의 아름다움이 그녀의 마음에 숨은 사람(hidden person of the heart) 즉, 속사람이 온유하고 안정된 영으로(gentle and quiet spirit) 단장되었기 때문이라고 말합니다(벧전3:4). 그리고 그렇게 단장된 성품과 외모로 남편에게 순종했을 뿐만 아니라 선한 일을 하면서 어떤 놀랄 말한 일에도 두려워하지 않았다고 말합니다(벧전3:5-6). 그래서 썩을 장신구가 아닌 썩지 않는 내적 성품으로 자신을 단장하고 남편에게 순종하는 여인들은 사라와 같이 될 것이라고 축복하였습니다. 사라는 속사람의 아름다움을 통해 고결함과 위엄을 나타내었고 가정의 질서를 지키면서 남편에게 완전히 순종하는 태도로 하나님께 대한 순종과 믿음도 나타내었습니다. 사라의 속사람의 아름다움은 확실히 그녀를 더욱 빛나게 해 주었습니다.

온유하고 침착한, 안정된 영을 가진 여인 사라는 결단력 있고 인내하고 기다릴 줄 알았으며 어려운 상황에 쉽게 들레지 않으면서 남편과 하나님을 온전히 신뢰하였고 그것을 통해 가정의 재산을 확장하고 지키는 한 가문의 훌륭한 리더이자 어머니였습니다. 믿음으로 죽은 것과 같은 자신의 자궁에서 아들 이삭을 낳아 자신의 믿음의 여정을 끝까지 달려간 사라의 일생은 모든 믿음의 여정을 나아가는 여인들의 분명한 모델이 됩니다. 사라가 남편 아브라함을 신뢰하고 겸손하게 따랐기 때문에 아브라함으로부터 시작된 믿음의 가계가 지켜지고 이어질 수 있었습니다. 만약 사라가 조금이라도 교만한 마음을 가지고 남편의 결정에 이의를 제기하거나 따르지 않았다면 아브라함과 그 가정의 믿음의 여정은 더욱 어려웠을 것입니다. 사라의 온유하고 안정된 영, 그리고 겸손함은 그녀가 믿음과 순종의 삶을 온전하게 살 수 있도록 하였습니다.

가정을 지키고, 가꾸고, 생명을 증가시키는 아내, 어머니의 역할은 믿음의 유업이 이어질 수 있게 하는 중요한 축복의 통로입니다. 썩을 육체를 가꾸기 위해 애쓰는 것이 아닌 숨겨진 속 사람(hidden person of the heart)이 온유하고 안정된 영으로 단장되는 아름다운 여인이 사라가 보여준 아름다운 모범입니다.

사라의 죽음

사라는 127세에 죽습니다. 하나님의 음성을 따라 믿음으로 순종한 아브라함처럼 사라도 남편을 따라 믿음으로 순종했습니다. 사라는 아브라함이 믿음으로 떠난 여정의 동반자였습니다. 그녀도 남편처럼 여호와를 향한 믿음과 또 남편을 향한 신뢰와 순종으로 나그네의 삶을 살아갑니다. 아브라함은 쉽지 않은 나그네의 삶, 순종의 삶에 늘 옆에 함께 해주었던 믿음의 동반자 아내의 묘지를 위해 큰 대가 지불을 하고 헤브론 막벨라 굴을 구입합니다. 믿음으로 살아간 아브라함의 아내 사라는 어떤 모습의 아내였을까요? 그 땅의 민족들로부터 인정받고(헷 족속, 아비멜렉) 강력한 군사력도 지닌 아브라함, 많은 부와 사람을 거느린 아브라함의 아내로서 사라는 집안을 지혜롭게 잘 다스렸을 것입니다. 아브라함이 두 번이나 아내를 누이라 속여 곤경에 빠질 뻔했을 때 사라는 남편과 가정, 함께 하는 모든 사람들을 보호하기 위해 기꺼이 순종을 선택합니다. 사라의 남편을 향한 신뢰와 순종은 아브라함의 인간적인 연약함과 실수에도 불구하고 하나님이 친히 개입하심으로 오히려 더 큰 부를 아브라함에게 가져오게 합니다. 아브라함이 조카 롯을 구하기 위해 집에서 잘 훈련된 남자 318명을 데리고 떠났을 때도 혼자 그 많은 하인과 동물 떼를 인도하며 담대하게 집을 지켰습니다. 하지만 커다란 가족의 질서를 어그러뜨리는 모습이 보일 때는(하갈이 사라를 무시할 때, 이스마엘이 이삭을 조롱할 때) 과감하게 잘라내 버리는 결단을 내리기도 했습니다. 모든 여정이 하나님을 향한 믿음이 아니었다면, 또한 남편을 향한 신뢰가 없었다면 불가능한 삶의 여정이었습니다.

사라의 삶은 믿음의 삶이었습니다. 그녀는 믿음으로 고향을 떠났고 믿음으로 가정을 지켰으며 믿음으로 약속의 자녀를 낳았고 믿음으로 자녀를 죽기까지 하나님께 내어드렸습니다. 사라는 단순히 한 사람의 아내인 사래(שָׂרַי)에서 여러 민족을 이루는 높고 존귀한 여자인 사라(שָׂרָה)로 새로운 정체성을 가진 강인한 여성 리더십이었습니다. 또한 여호와를 믿는 믿음이 아들 이삭에게 이어질 수 있도록 잘 가르친 어머니였습니다.

현대 사회에서는 여성 리더십을 강조할 때 여성의 순종은 미덕이 아니라고 말합니다. 자신을 더 내세우고, 사회에서 위치를 가지고, 자기 것을 가지라고 말합니다. 하지만 성경에서 말하는 여성의 리더십은 순종을 통해 가장家長의 권위를 존중함으로 가정을 보호하고 넉넉함과 여유를 가지고 나누며 강한 결단력으로 불필요한 것들을 잘라내주고 자녀에게 믿음의 유업을 이어가게 해주는 것입니다. 이것은 역할이 다른 것이지 높고 낮은 위치의 문제가 아닙니다. 하나님이 가정 안에서 여성에게 주신 리더십은 질서를 지키고 자녀를 믿음으로 양육함으로써 하나님 나라의 유업이 흘러가게 하는 것입니다. 이 사명과 역할은 참으로 아름다운 것입니다. 분명 희생과 대가가 있습니다. 그러나 희생과 대가보다 더 중요한 것은 그 뒤에 따라오는 새로운 생명입니다. 희생과 대가는 언제나 새로운 생명이 태어나 자라게 합니다. 믿음의 삶은 희생과 대가를 지나 생명의 부활로 나아가는 삶입니다.

나그네의 삶

헬חחת이라는 히브리어 단어는 '두렵게 만들고, 공포를 주어 낙심하게 한다'라는 뜻을 가지고 있습니다. 비록 헷 족속이 공포스럽게 하고, 두렵게 만드는 존재일지라도 아브라함은 그들을 존중하는 마음으로 몸을 굽힙니다(창23:7,12). 그리고 겸손하게 자신에 대해 말합니다.

> "나는 당신들 중에 나그네요 거류하는 자이니"창23:4

자신을 굽혀 겸손하게 '나그네'라고 말하는 아브라함을 향해 헷 족속도 그를 인정합니다.

> "내 주여 당신은 우리 가운데 있는 하나님이 세우신 지도자이시니"창23:6,11

아브라함이 가지고 있는 지도력을 인정하고, 하나님이 세우신 지도자(나씨אשנׁיא, 통치자, 왕자)라고 말함으로 그의 영적인 권위도 인정합니다. 아브라함은 먼저 상대를 존중해 주었고 자신을 낮추었습니다. 상대방의 모습이 강퍅하고 압제하고 공포스러운 모습을 가진 헷 족속이었을지라도 그 땅에서 먼저 살아왔던 사람들이라는 권위를 먼저 인정해 주고 자신에게 주어진 약속을 믿음으로 바라보며 삶이 끝나는 그날까지 그 족속과 어울려 살면서 그들로 하여금 아브라함을 향해 마음을 열게 한 지도자로서의 영향력을 가진 아브라함의 리더십은 '겸손과 존중'이었습니다.

부와 능력과 영향력을 가진 지도자였지만 아브라함은 헷 족속 앞에서 자신을 '나그네'라고 소개합니다. 하나님이 분명 주겠다고 약속하신 땅이지만 아직은 현실적으로 주어지지 않은 상황에서 어떻게 지혜롭게 말하고 행동해야 할지를 아브라함은 알고 있었습니다. 먼저 그 땅에 살아가고 있는 이들을 무시하지 않았고 약속받은 땅이라고 해서 어떻게 해서든지 차지하려고 갈등의 분위기를 만들거나 자신의 부와 군사력을 사용하지 않았습니다. 아브라함은 자신의 역할과 때를 알고 있었습니다. 하나님이 이 땅을 주시겠다고 약속하셨을 때 아브라함은 내가 이 땅을 소유로 받을 것을 무엇으로 알 수 있느냐고 물었습니다(창15:8). 그때 하나님은 횃불 언약을 통해서 아브라함의 자손이 4대 만에 큰 재물을 가지고 이방 나라의 압제에서부터 다시 이 땅으로 돌아오게 될 것이라고 말씀하셨습니다. 이 언약을 통해 아브라함은 두 가지를 깨닫게 됩니다. 하나님은 반드시 이 땅을 아브라함의 자손에게 주실 것이라는 것, 그러나 아브라함의 때에 주어지지는 않을 것이라는 것입니다. 그렇기에 그는 삶이 끝나는 그날까지 이 땅에서 나그네로 살기로 결정합니다. 그러나 그에게는 이미 이 땅이 주어진 것과 다름없었습니다. 왜냐하면 하나님이 그렇게 하겠다고 약속하신 것을 믿었기 때문입니다.

믿음은 현실과 아직 오지 않은 것 사이의 중간 지점을 어떤 입장으로 견지해 나가는가에 놓여있습니다. 그 믿음은 현실 가운데 아직 오지는 않았지만 그것이 이미 주어졌다고 바라보는 것입니다. 그렇기에 아브라함은 자신의 현실 속에서는 아직 주어지지 않았지만 장차 올 것을 바라보았기에 나그네이자, 거류하는 자로서의 정체성을 취하기로 결정하였고 이 것이 그에게는 어려운 것이 아니었습니다. 오히려 그것이 믿음의 고백이었습니다. 그는 자신의 때에 해야 할 일이 있고, 다음 자손의 때에 이루어져야 할 것이 있음을 명확하게 알고 있었기에 기다릴 수 있었습니다. 그는 늘 장차 이루어질 것을 믿음으로 바라보며 기뻐했습니다. 약속받은 것을 받지는 못했지만 그것들을 멀리서 보고 환영하며 이 땅에서 외국인이고 나그네임을 증언하였습니다(히11:13-14).

한 세대 혹은 몇 세대 동안 다 이루어지지는 않는 큰 스케일의 비전도 있습니다. 우리는 하나님이 비전을 주시면 반드시 나의 때에 이루어내고 싶어 합니다. 그래서 커다란 비전을 이루어 내기 위해 모든 방법과 수단을 동원합니다. 결국 자신의 의에 지치든지 또는 반대로 도취되어 교만에 빠집니다. 하나님으로부터 주어진 비전은 하나님이 이루십니다. 하나님이 우리에게 비전을 보여주시면서 우리에게 원하시는 것은 그것이 이루어질 것을 믿고 그것이 이루어지기까지 나의 역할이 무엇인지 명확히 알고 주어진 분량과 역할까지만 하는 것입니다. 그래서 우리는 하나님이 비전을 보여주실 때 물어야 합니다.

"주님, 이 아름다운 하나님의 계획 가운데 나의 역할은 무엇입니까?"

내 때에 다 이루어지지 않더라도 그것을 반드시 이루실 하나님을 믿고 나의 역할까지 감당하는 것이 우리 각자가 할 일입니다.

믿음의 동반자요, 하나님의 킹덤을 향해 나아가는 파트너이자 자신을 주로 섬기고 순종했던 아름다운 아내 사라의 죽음에 아브라함은 깊이 애통합니다. 사라는 아브라함이 거대한 부를 가지고 있고 많은 사람들을 거느리는 지도자가 될 수 있도록 그 모든 것들이 잘 유지되고 지켜질 수 있도록 도운 현숙하고 강한 아내였습니다. 아브라함은 그녀를 위한 무덤이자 자손을 위한 땅을 사기로 결정합니다. 아브라함은 그녀가 부활할 것에 대한 믿음과 기대로 그녀를 위한 무덤이며 곧 자신의 무덤이 될 곳에 그리고 곧 약속의 자녀들이 차지하게 될 땅이 될 곳에 그동안 모아온 대부분의 재산을 모아 은 400쉐켈을 지불을 하고 막벨라 굴을 구입합니다. 아브라함은 사라의 죽음을 계기로 약속의 땅 헤브론에 매장지인 막벨라 밭과 굴을 큰 대가를 지불하여 얻음으로 그 무덤에 여러 민족을 이루게 될[32] 사라의 부활에 대한 믿음을 심습니다.

아브라함은 헷 족속에게서 아내 사라를 위한, 그리고 자손을 위한 땅을 살 때 그들에게 자신의 신분이 '나그네'라는 것을 반복하여 말하면서 그들 앞에 자신을 굽히고 겸손하고 정중하게 그들의 땅을 살 수 있도록 허락을 구합니다. 이미 그 땅의 족속들의 눈에도 아브라함은 하나님이 세우신 지도자였지만(창23:6) 그는 모든 것을 합법적으로 진행합니다. 아브라함은 그 땅의 족속을 존중하고 그 족속들은 합법적으로 아브라함에게 땅의 일부를 내어줍니다. 이로써 사라를 위한, 그리고 자손을 위한 약속의 땅의 일부가 아브라함의 것이 됩니다. 이후 아브라함 부부, 이삭의 부부 그리고 야곱의 부부 믿음의 3대가 아브라함이 소유하게 된 매장지 막벨라 굴에 묻히게 됩니다. 헤브론에 있는 막벨라 굴의 족장들의 무덤은 현재까지도 보존되어 그들의 믿음에 대한 증거로 전해 내려오고 있습니다. 삶의 모든 순간과 죽음을 통해서 조차도 하나님의 말씀을 이뤄낸 믿음의 여인 사라의 삶은 우리로 하여금 부활에 대한 믿음을 더욱 사모하게 합니다.

아브라함의 삶을 통해 배우는 선교의 삶

아브라함은 하나님으로부터 이 땅을 받을 것이라는 약속을 받았지만 현실적으로 그 땅의 주도권을 가지고 있는 민족들을 존중하였습니다. 그들이 하나님을 알지 못했기 때문에 불의하고 사납고 거친 부분들이 있었을지라도 그는 그 땅의 사람들과 친구가 되고 언약을 맺습니다. 그리고 그들과 함께 살아갑니다. 그들에게 부탁할 때 허리를 굽혀 숙이면서 겸손하게 요청합니다. 아브라함이 이방인으로서 현지인들과 관계를 맺어가는 모습을 보면서 선교사의 삶을 돌아보게 됩니다.

---

32 창17:16b에서 "여러 민족의 어머니"가 될 것이라고 사라가 축복을 받았지만 히브리어에는 '어머니'라는 단어가 없다. 원래는 "사라가 여러 민족이 될 것" 또는 "사라가 여러 민족을 이루게 될 것"이라는 의미이다.

선교사도 사람이기에 낯선 땅에 살면서 부딪치는 갈등이 많을 수밖에 없습니다. 특별히 우리와 다른 가치관과 세계관을 가진 이들, 더욱이 복음이 없는 사람들에게서 느껴지는 연약함과 부족함은 선교사의 눈에는 바꿔야 할 부분이요, 가르쳐야 할 부분으로 다가옵니다. 그래서 선교사들은 가르치고 다스리려는 입장에 설 때가 많습니다. 또 하나님께서 그런 역할과 사명을 위해 선교사를 그 땅에 보내신 것도 맞습니다. 그러나 분명한 것은 그 땅은 하나님이 그 민족에게 주셨다는 것입니다. 그래서 여전히 부족하지만 먼저 그들의 삶과 마음을 이해해야 합니다. 또 선교사가 이방인이기에 이용하려고 하거나 거칠게 대하는 부분에 대해 같은 에너지를 사용해서 현지인들을 대하지 않도록 주의해야 합니다. 그래서 선교사에게는 그 땅과 민족을 향한 아버지의 마음과 사랑, 인내가 더욱 필요하고 아버지의 마음을 알기 위해 아버지와 더 친밀한 관계안에 있어야 합니다.

그러나 현실적으로 많은 선교사님들이 이런 부분에 대해 넘어지는 것을 봅니다. 현지인에 대해 이해할 수 없다며 무시하는 말투로 험담하거나 재정을 들고 그들의 위에서 군림하려는 모습, 너희들은 모르니까 나에게 배워야 한다고 하는 고압적인 자세와 같은 것들을 볼 때 오히려 마음이 상하는 것을 느낍니다. 선교사로 부름을 받아 간 땅은 하나님이 약속하신 땅입니다. 왜냐하면 하나님은 구할 때 열방을 유업으로 주겠다고 말씀하셨기 때문입니다(시2:8). 우리의 유업이 되어야 할 땅에 나그네로, 이방인으로 들어가서 우리가 취해야 할 것은 겸손이라는 것을 아브라함을 통해 배웁니다. 그들을 가르치고 군림하는 것이 아니라 친구로 함께 살아가는 것, 그것이 선교사의 삶이라는 것을 다시 한번 느낍니다. 그들 앞에서 고개를 숙이고 존중을 표하는 아브라함을 향해 그 땅의 민족들은 당신은 하나님이 세우신 지도자라고 말하며 아브라함의 하나님을 인정했고 또 아브라함을 인정했습니다. 강한 바람으로 걸어가는 행인의 옷을 벗기는 것이 아니라 따뜻한 햇살이 자연스럽게 옷을 벗기고 자신을 오픈하게 한다는 이솝 우화가 생각납니다.

땅에서는 나그네, 하늘 에덴에서 부활을 기다림, 부활하여 에덴-동산의 상태인 거룩한 성을 누림

아브라함은 이미 하나님으로부터 그 약속의 땅, 에덴-동산의 영역을 받기로 언약이 되어 있었습니다. 그러나 그의 현실은 여전히 그 땅에서 나그네였을 뿐입니다. 많은 부가 있었지만 자신의 땅을 가지지 못했기에 먼저 그 땅에 살고 있던 민족들이 땅에 대한 주도권을 가지고 있었습니다. 아브라함은 하나님이 약속하셨으니까 그 땅을 자기가 가진 부와 힘으로 차지하거나 빼앗는 것이 아닌 그 땅의 민족들을 존중하며 함께 살아가되 본인 자신은 나그네로 장막을 치며 삶을 사는 것을 선택했습니다. 그가 이렇게 할 수 있었던 것은 먼저는 하나님이 그가 밟는 모든 땅을 그와 그 자손에게 주겠다고 하셨으니 그는 자신이 이 땅에 사는 동안 해야 할 역할이 부지런히 땅을 밟는 것이라는 것을 알았기 때문이고 그렇게 할 때 자신의 때가 아닌 먼 미래에 자신이 밟은 모든 땅이 자신의 후손들에게 주어질 것을 바라보았기 때문이며 자신은 이 땅에서 한번 살다가 하늘에 있는 본향으로 돌아가서 기다리고 있게 될 것을 알았기 때문이고 부활 생명을 얻을 때에 맞춰(כָּעֵת חַיָּה) 하늘에 있던 예루살렘이 땅 예루살렘을 터로 삼고 하늘에서 땅으로 내려와 거룩한 성이 완성될 것을 바라보았기 때문입니다(히11:10, 16).

아브라함은 충분한 부가 있었기 때문에 세상을 향한 갈망과 욕심이 조금이라도 더 있었다면 그는 그의 힘으로 뭔가를 해볼 수 있었을 것입니다. 그러나 그의 열망은 멀리서 바라본 메시아의 시대와 새 에덴-동산을 친히 설계하시고 세우실 하나님을 보았기 때문에 이 땅에서 기꺼이 나그네라 칭함 받기를 자랑스럽게 여겼습니다. 그리고 하나님도 온전하게 하나님을 믿는 믿음으로 나그네의 삶을 선택한 아브라함의 하나님이라 불려지기를 자랑스러워하셨습니다(히11:13-16).

사도 바울은 우리의 시민권이 하늘에 있다고 하였습니다(빌3:20-21). 그는 하늘에 계신 우리의 구원자되신 예슈아의 다시 오심과 우리 몸의 부활을 기다리며 모든 것을 배설물로 여기고 부활의 권능에 참여하기 위해 온전히 푯대를 향해 부르신 부름의 상을 위해 달려간다고 말하였습니다(빌3:8-14). 믿음의 아버지들과 선조들은 그 나라를 멀리서 희미하게 보셨지만 우리 앞에는 그 완성이 훨씬 가깝게 다가와 있습니다. 우리가 우리에게 주어진 믿음의 경주를 땅에서 완주하기까지 먼저 하늘 낙원에 도착한 믿음의 선배들은 기다리며 경주의 마지막 주자들을 응원하고 있습니다.

DAY 2 창23:17-24:9

엘리에셀(엘리에젤) – 보냄을 받은 자

아브라함은 사라의 권유로 사라의 여종 이집트인 하갈을 통하여서 이스마엘을 낳고 나서 겪은 사건들을 통해서 다시 같은 실수를 하지 않는 분별과 지혜를 얻었습니다. 그래서 이삭의 나이 40세가 되어 이삭의 아내를 취하기 위해 아브라함은 엘리에셀을 아브라함의 고향으로 보낼 계획을 합니다. 그때는 부친 데라가 하란에서 죽은 지 5년이 지났고 사라가 죽은 지 3년이 지나 사라의 장례 후 긴 애도의 시간이 지났을 때였습니다. 아브라함은 자신의 집의 모든 소유를 관장하고 있던 늙은 종 엘리에셀을 부릅니다. 그리고 그에게 이삭의 신부를 데려오라는 미션을 줍니다. 히브리어 동사 샬라흐ﬥﬡ는 '보내다'라는 뜻이고 이 동사를 명사 형태로 샬리아흐ﬣﬦﬦﬦ라고 하면 '보냄을 받은 자, 메신저'라는 뜻이 됩니다. 이 단어는 헬라어로 아포스톨로스apostolos라고 번역되며 아포스톨로스는 영어로 apostle이고 이는 '사도'라는 뜻입니다. 아브라함은 이삭의 신부를 데려오기 위해 엘리에셀을 '사도'로 보냅니다.

예슈아도 자신의 제자들을 사도로 보내시면서 그들에게 자신의 양들, 신부들을 찾아서 아버지의 집으로 데리고 오도록 하셨습니다. 그리고 예슈아 자신도 아버지로부터 이것을 위해(잃어버린 자녀들과 신부들을 찾기 위해) 보냄 받은 자라고 말씀하셨습니다. 요한복음에는 예슈아가 자신을 아버지로부터 보냄 받은 자라는 말을 여러가지 뉘앙스로 40여 회 이상 말씀하고 있습니다. 그래서 신부를 찾아가는 여정인 창세기 24장은 하나님의 신부를 찾아 좋은 소식을 전하고 약속의 땅, 아버지의 집으로 데리고 돌아오는 복음의 여정과도 같습니다. 그리고 복음의 여정에서 보냄 받은 자인 예슈아는 아버지로부터 보냄 받은 사도로서 우리의 첫 모델이 됩니다.

우리가 하나님의 일을 수행하도록 부름을 받고 보냄 받았다면 우리는 반드시 하나님을 의지해야 합니다. 그 일은 우리의 일이 아니라 하나님의 일이기 때문입니다. 하나님의 일은 하나님의 킹덤을 전파하는 것입니다. 복음을 전하는 일은 종교적인 신념이나 교리로 사람을 전환시키는 것이 아니라 새로운 정체성을 주는 것입니다. 다시 말하면 우리는 복음을 전할 때 그들을 장로교인이 되게 만들고 감리교인이 되게 만드는 것이 아니고 하나님의 아들이신 예수아를 구주로 믿고 아버지께로 마음을 돌이켜서 자녀의 정체성, 신부의 정체성을 찾게 하는 것입니다. 기독교인이라고 해서 그 마음이 하나님께 있는 것이 아닙니다. 그 마음이 종교적인 신념, 교리에 빠져 있기만 하면 또 하나의 우상 숭배가 될 뿐입니다. 사역 현장에서 사역자들이 서로를 정죄하거나 판단하는 경우가 있는데 그 이유의 중심에는 신학적인 차이, 교단의 교리적인 차이, 혹은 선교단체과 교회간의 차이 같은 것들이 존재합니다. 그러나 가만히 본질을 깊이 생각해보면 사실 이런 것들은 방법의 차이에 불과합니다. 하나님 나라를 전하는 본질은 사랑과 섬김이고 그리고 이것은 기록된 말씀인 성경과 성령님이 말씀해 주시는 레마의 말씀을 통해 실행될 수 있습니다. 그런데 자신의 신학적 견해와 교리에 너무 프레임이 맞춰져 있으면 아버지의 마음을 전달하는 메신저로 부름 받은 사역자는 사람들을 그 틀에 맞춰 넣으려는 실수를 하게 됩니다. 신학적인 것뿐 아니라 사역자의 신앙 경험에 따라 맞춰 넣으려고 하기도 합니다. 그러나 부름 받아 보냄을 받은 자는 부르신 분이 명령하신 그 일만 하면 됩니다. 그것이 충성된 종의 모습입니다. 주인의 마음을 정확하게 전달하고 주인으로부터 가져온 좋은 것들을 전해주는 것, 그것이 부름 받아 보냄을 받은 자의 역할이며 사명입니다. 엘리에셀은 부름을 받고 주인에게 있는 좋은 것들을 들고 미션을 수행하기 위해 떠났습니다.

> "종이 그 주인의 낙타 중 열 필을 끌고 떠났는데 곧 그의 주인의 모든 좋은 것을 가지고 떠나 메소보다미아로 가서 나홀의 성에 이르러"창24:10

하나님께 부름을 받고 떠난 사람들에게 하나님은 좋은 것들을 들려서 가게 하십니다. 그것은 바로 하나님의 사랑, 화평, 인내, 자비, 용서, 친절, 관용, 자유, 기쁨, 소망 등입니다. 세상은 조건 없는 사랑이 무엇인지 잘 알지 못합니다. 그래서 하나님은 하나님의 사랑과 인내, 용서와 자유, 소망을 가진 자들이 그것을 들고 사람들에게 가서 하나님의 마음을 전하길 원하십니다. 구원을 위해 하나님이 그들을 어떻게 기다리시고 사랑하시고 용서하시는지 알게 하길 원하십니다. 그런데 하나님의 마음이 아닌 일 자체가 목적이 되는 사람은 사람의 마음을 바꾸는 것이 아니라 또 다른 속박으로 사람을 묶어 조종하여 목적을 이루기 위한 수단으로 삼게 됩니다. 천하보다 귀한 하나의 영혼을 위해서가 아닌 자신의 목적을 이루어 결과물을 만들어 내기 위한 하나의 수단으로서 말입니다. 그런데 마음을 돌이키는 것은 아무리 실력 좋은 상담가, 심리학자라고 해도 할 수 없는 일입니다. 이것은 하나님께 속한 일입니다. 그래서 완전히 하나님을 의지해야 합니다.

엘리에셀은 하나님의 도움 없이는 자신에게 주어진 부르심을 이룰 수 없다는 것을 알았습니다. 그래서 그는 하나님께 도움을 요청합니다. 그는 하나님께 순적하게 만남을 허락해 주셔서 자신의 주인 아브라함에게 은혜를 베풀어 주시길 기도합니다(창24:12). 하나님은 이런 충성된 종 엘리에셀의 기도에 즉각적으로 응답하십니다. 말을 마치기도 전에 하나님이 예정하신 신부, 리브가가 그에게 다가옵니다(창24:15). 주인이 맡기신 바로 그 일, 오직 그 일을 할 때, 그리고 주인의 마음에 합한 기도를 올려 드릴 때 온 우주의 주인이신 하나님은 즉각적으로 응답하실 뿐 아니라 필요한 모든 것을 채워 주십니다. 하나님은 자신의 사자(메신저, 사도)를 보내시고 임무를 맡기실 때 여호와 이레의 하나님이 이미 예비하신 것들로 보냄 받은 자를 채워주십니다. 하나님이 도움이시라(엘리에셀)는 것을 믿는 자들은 하나님이 어디를 보내시든 여호와 이레의 하나님을 만나게 될 것입니다.

DAY 3 창24:10-26

준비된 신부 리브가

사라를 위한 장례를 마치고 약 3년이 지난 어느 날 아브라함은 그의 충성된 종 엘리에셀을 아람 나하라임(אֲרַם נַהֲרַיִם 두 강 사이의 아람지역 즉 북서쪽 메소포타미아 하란 근처)에 있는 나홀의 성으로 보내며 그 집에서 주인의 아들인 이삭을 위해 아내를 택하라고 보냅니다. 오랜 시간 동안 신실하게 아브라함의 발자취를 따르며 동행했던 엘리에셀은 아브라함이 여호와를 신뢰하는 삶을 가까이서 보아왔고 그도 아브라함의 삶을 통해 여호와에 대한 신앙의 삶을 배우게 되었습니다. 엘리에셀은 나홀 성 밖 우물 곁에 도착해서 한 소녀에게 물을 요청할 때 그 소녀가 엘리에셀 뿐만 아니라 함께 있는 낙타에게까지도 물을 모두 공급해 주게 되면 그가 이삭을 위해 정하신 아내로 알겠다고 기도합니다(창24:13-14). 엘리에셀의 기도가 마치기도 전에 리브가가 물 항아리를 어깨에 메고 나옵니다. 그녀가 우물에 내려가서 항아리에 물을 채우고 올라올 때 엘리에셀이 그녀에게 다가가서 항아리의 물을 달라고 요청합니다. 그녀는 친절하게 "나의 주여 마시소서"하며 항아리를 내려 물을 충분히 마시게 한 후 낙타도 마실 수 있도록 부지런하게 움직입니다. 리브가는 어둑해진 저녁에 성 밖 우물 밑에서 자신에게 달려와 항아리의 물을 요청하는 낯선 남자를 향하여 친절을 베풉니다. 그리고 엘리에셀과 그 따르는 자들과 열 마리의 낙타들까지 다 마시게 하기 위해서 항아리로 우물 물을 퍼 올려주는 부지런함과 넉넉함과 강인함을 보여줍니다. 뿐만 아니라 그녀는 아름다운 신부감이었습니다. 엘리에셀은 그런 리브가의 모습을 말없이 지켜보며 하나님이 어떻게 기도에 응답하시는지 놀라워합니다. 엘리에셀은 모든 동물에게까지 물을 마시게 해준 리브가의 넉넉함과 강인함, 게다가 아름답기까지 한 리브가의 모습을 보며 그의 여주인 사라의 모습을 발견했을지도 모르겠습니다. 가족들이 열흘간 더 있다 떠나라고 해도 당장 돌아가겠다는 엘리에셀을 따라 낯선 땅으로 한 번도 본 적이 없는 이삭에게 가기로 하는 과감한 결단력까지 갖춘 리브가는 믿음의 유업을 이삭과 함께 이어가기에 충분히 예비된 신부였습니다.

아브라함은 북서쪽 메소포타미아인 아람 나하라임에 살고 있는 나홀이 밀가에게서 여덟 아들을 낳았고 막내 아들인 브두엘은 라반과 리브가를 낳았다는 소식을 전해 듣습니다 (창22:20-23). 브두엘בתואל은 '하나님의 사람, 하나님 안에 거하는 자, 하나님께 속한 자'라는 뜻이며 '하나님이 파괴하신다'라는 뜻도 가지고 있습니다. 그의 아버지이며 아브라함의 동생이었던 나홀이 우상들로 가득하여 영적 흑암이 덮인 세속 도시 우르에서 신앙을 회복하여 경건하게 살려 했던 신앙의 고백을 그 아들의 이름 브두엘을 통해서 엿볼 수 있습니다. 아브라함이 아버지 데라가 갈대아 우르에서 운영하던 '우상 공장'의 우상들을 불태워 버린 사건으로 망명을 해야 하는 압박 받는 도시 분위기[33] 속에서 여호와의 부름을 받고 아버지와 함께 우르를 떠나 하란으로 이주했을때 나홀은 같이 떠나지는 않았지만 그 이후에 나홀도 '아람 나하라임' 지역으로 이주하여 나홀성을 쌓고 경건하게 살려고 한 것으로 보입니다.

아브라함의 종 엘리에셀을 통해서 아브라함의 아들 이삭과 혼사에 대한 이야기를 모두 전해 들은 브두엘과 밀가와 라반은 "이일이 여호와께로 말미암았으니 우리는 가부를 말할 수 없노라"고 고백하며 하나님의 주권을 받아들입니다. 이러한 고백을 통하여서 리브가가 자란 가족의 신앙의 분위기를 알 수 있습니다. 경건한 가족의 신앙 유산을 이어받은 리브가를 향해 나홀성의 가족들은 예언적 축복을 해줍니다.

---

33 【희년서 12:1-15】

"너는 천만인의 어머니가 될지어다 네 씨로 그 원수의
성 문을 얻게 할지어다" 창24:60

리브가הרבקה는 '꽉 묶어서 붙들어 매다, 달라붙다'라는 뜻을 가지고 있습니다. 어두움이 땅을 덮고 캄캄함이 만민을 가리운 세상에서 비록 약 1,000km에 달하는 먼 거리에 떨어져 있었지만 리브가의 믿음의 결단을 통해 신앙의 유산을 잃지 않고 붙들며 살고 있던 아브라함의 가문과 나홀, 브두엘의 가문이 서로 꽉 묶여서 하나가 되었습니다. 그 다음 세대인 야곱의 아내를 구하기 위해서도 리브가는 야곱을 자신의 오라비 라반에게로 보내어 두 가문의 혈통을 다시 잇게 하는 중요한 역할을 함으로써 결국 이스라엘의 열두 아들이 태어나게 하고 새 예루살렘의 열두 문을 이루는 이스라엘의 열두 지파의 기초가 놓이게 되도록 합니다.

아브라함과 사라는 장막에서 이삭을 가르쳤습니다. 그곳에서 그들은 이삭에게 나그네의 삶을 시작하게 된 이유, 하나님이 약속하신 땅을 취하기까지 믿음으로 바라보아야 할 하나님 나라, 그리고 그 나라가 이루어지기까지 믿음이 끊어지지 않고 그 유업을 자녀들에게 가르쳐야 할 것을 말하였을 것입니다. 그러하였기에 이삭도 양팔과 양다리가 뒤로 묶인 채 '제단 위에 올려지는 순종'을 하였고 엘리에셀이 리브가를 데리고 왔을 때에도 하나님이 하신 일을 신뢰함으로 그녀를 어머니의 장막으로 데리고 들어갑니다. 이렇게 사라의 장막은 리브가의 장막이 되었고 그녀는 아브라함의 가정을 통해 하나님이 펼치시는 놀라운 계획에 합류하게 됩니다. 이삭이 하나님을 신뢰함으로 기다림과 리브가의 결단력 있는 순종으로 또 하나의 믿음의 가정이 탄생하고 신앙의 유업이 이어지게 됩니다. 리브가는 그녀의 이름처럼 하나님의 유업을 꽉 붙들고 또 그것이 자녀들에게 흘러갈 수 있도록 이어주는 역할을 했습니다. 하나님의 킹덤의 유업은 그것을 꽉 붙든 자들을 통해 이어지고 확장됩니다. 꽉 붙들 수 있는 힘은 믿음입니다.

DAY 4 창24:27-52

보냄 받은 자가 수행해야 할 미션

하나님은 우리에게 가장 아름다운 비전과 꿈을 주셨습니다. 그것은 하나님의 킹덤에서 왕과 제사장이 되어 그리스도와 연합한 영원한 삶을 사는 것입니다. 이 아름다운 꿈과 비전을 위해 하나님은 우리 한 사람 한 사람에게 각자의 역할과 사명을 주셨습니다. 각 자가 받은 역할과 사명은 모습과 방법이 다르지만 하나님의 킹덤의 큰 그림 안에서는 조화롭게 어우러지는 것입니다. 각자가 들고 있는 퍼즐 조각이 있어야 할 위치와 모양에 딱 맞게 그 자리에 있을 때 큰 그림을 완성할 수 있듯이 하나님은 우리가 부르신 그 자리에서 하나님이 주신 그 역할 한 가지를 충성되게 하길 원하십니다. 엘리에셀에게 맡겨진 것은 신부를 데리고 오라고 하는 것이었고 그는 그 먼 여행길에서 장사를 해서 이윤을 남긴다든지 가나안 땅에는 없는 더 좋은 소산물들을 찾아서 들고 오는 것과 같은 것에 자신의 마음을 뺏기지 않았습니다. 주인의 마음을 더 기쁘게 하기 위해 뭔가를 더 많이 해야겠다고 생각할 수도 있는 일이었습니다. 그러나 그는 그렇게 하지 않았습니다. 오직 딱 한 가지 일, 신부를 데려오는 일, 그에게 맡겨진 한 가지 일에 자신의 마음을 쏟았습니다.

엘리에셀의 겸손하고 지혜롭고 충성된 태도와 기도에 하나님은 응답하셨고 그는 만남의 모든 과정 속에서 가장 먼저 하나님께 영광을 돌리고 또 자신이 해야 할 일에 충실하였습니다. 라반이 베풀어 준 음식을 먹지도 않고 자신이 온 이유를 먼저 설명합니다. 그는 자신의 신분이 아브라함의 종이라는 것과(창24:34) 자신의 주인인 아브라함이 믿는 여호와 하나님과 하나님이 주신 복들, 그리고 주인이 자신에게 명령한 일을 수행하기 위해 올려드렸던 기도들을 상세하게 나눕니다. 엘리에셀은 하나님이 만나게 하신 신부 리브가와 그녀의 가족들에게 기도와 믿음의 여정을 들려주면서 철저하게 자신의 주인의 이야기만 합니다. 엘리에셀은 주인인 아브라함의 마음을 너무 잘 알고 있었고 또 그 주인이 섬기는 하나님을 믿은 충성된 자였습니다. 아브라함이 자녀가 없을 때 엘리에셀을 상속자로 생각할 만큼 그는 아브라함의 신뢰와 사랑을 받는 친밀한 관계였습니다. 이것이 보냄을 받은 자, 메신저, 하나님의 종의 가장 합당한 모습입니다. 철저하게 주인이 전하라고 한 메시지만 전하는 것, 주인이 주신 좋은 것들을 나누는 것, 그리고 주인이 하라고 한 그 일만 하는 것, 이것이 부름 받고 보냄을 받은 우리들에게 하나님이 말씀하시는 것입니다.

우리는 선교를 미션이라고 말합니다. 미션은 부르심이며 이 부르심은 복음 즉, 좋은 소식, 우리의 주인 되신 하나님의 좋은 것을 전하는 일입니다. 선교사로서 살아갈 때 가장 괴로움과 고통이 되는 일 중의 하나는 하나님 아버지의 마음을 전하도록 만나게 하신 현지인들이 선교사의 결과물을 만들어 내기 위한 수단이 되고 이용되는 도구가 될 때입니다. 아무리 선교사라 한들 우리의 주인 되신 하나님 아버지와 관계를 맺지 않고 우리의 신실한 친구이자 신랑 되신 예슈아와 친밀함이 없으면 하나님에게 있는 좋은 것들이 무엇인지 잘 알지 못하기 때문에 자신의 목적을 이루기 위해 살아가게 될 뿐입니다. 하나님의 좋은 것들을 전하는 일(복음)은 우리의 믿음의 삶을 통해 우리를 보내신 하나님을 드러내는 일입니다. 우리가 믿음의 삶을 살고 있다면 이것은 자연스럽게 사람들에게 하나님의 사랑과 자비, 용서, 소망을 느끼게 할 것이고 그들의 마음이 변화를 받을 수 있게 할 것입니다. 그리고 이 믿음의 삶을 살기 위해 우리는 온전히 하나님의 도움을 구하며 의지해야 합니다. 믿음의 삶은 아버지와 아들 예슈아, 그리고 성령님과의 깊은 친밀한 관계가 있을 때 살아갈 수 있습니다. 우리의 도움은 하나님이십니다. 그분이 나의 전부이십니다. 그분을 나타내는 삶이 복음의 삶이며 미션을 이루는 삶입니다.

DAY 5 창24:53-67

신부를 데리고 돌아오라

엘리에셀은 주인 아브라함의 축복과 하나님께 올려드린 기도의 즉각적인 응답으로 순적하게 예비된 신부를 만납니다. 신부와 그의 가족들은 하나님이 행하시는 놀라운 일에 조금의 의심도 없이 '예스'라고 응답합니다. 그래서 엘리에셀은 지체없이 주인에게 돌아가고자 합니다. 그러나 신부 리브가의 가족들은 인간적인 아쉬움에 조금이라도 더 함께 있고자 요청합니다. 이 때 신부 리브가는 자신을 붙잡는 가족들을 따르지 않고 주인이 보내신 종 엘리에셀과 함께 즉각적인 순종을 하며 따라갑니다. 신부 리브가의 순종에 가족들은 오랜 시간 동안 자신의 가문에 내려왔던 메시아를 통한 구원과 하나님의 킹덤에 대한 유업을 담은 축복기도로 그녀를 보내줍니다.

> "우리 누이여 너는 천만인의 어머니가 될지어다
> 네 씨로 그 원수의 성 문을 얻게 할지어다" 창24:60

이 축복 기도는 하나님이 아담과 하와에게 여인의 후손을 통해 뱀의 머리를 상하게 하시겠다는 메시아와 인류를 향한 구원의 계획과 메시지와 같은 것입니다. 이들의 가문에는 아담으로부터 노아, 노아로부터 셈을 통해 흘러내려온 하나님의 메시지가 전해져 있었고 그들은 이 메시지를 가지고 리브가를 축복한 것이었습니다. 리브가는 신부로서 약속의 땅으로 여정을 떠나면서 자신의 역할과 사명을 그들로부터 확인받고 떠나게 됩니다.

이삭의 신부인 리브가를 찾아가는 여정은 하나님의 신부인 이스라엘의 구원을 암시합니다. 유대 랍비들은 리브가를 아람 땅에서 약속의 땅으로 데려오는 것은 이후 역사 가운데서 바벨론(아람)에 있었던 유대인들을 다시 약속의 땅으로 데리고 오는 여정과 같다고 말합니다. 그리고 이것은 마지막 때에 메시아가 이스라엘 바깥에 있던 자신의 신부들을 하나님의 킹덤으로 데리고 돌아오는 마지막 최종 구원의 모습으로 확장될 수 있습니다. 이삭이 예슈아를 예표하듯이(아브라함의 씨, 아기를 가질 수 없는 여인의 몸에서 태어난 독자, 희생으로 드려짐) 이삭의 신부인 리브가는 메시아의 신부를 예표한다고 말할 수 있습니다.

하나님은 마지막 때 자신의 신부를 킹덤으로 데리고 돌아오도록 메신저들을 보내십니다. 이들은 하나님으로부터 보냄 받은 자들로서 온전히 하나님의 도움을 구하며 하나님이 주신 좋은 것들과 좋은 소식을 들고 신부들을 찾아서 그들을 킹덤으로 갈 수 있도록 인도해야 할 사명을 가지고 있습니다. 지금이 그러한 때입니다. 하나님이 신부들을 계속 깨우고 계시고 그들을 단장하여 하나님의 킹덤으로 인도하도록 연결하고 계십니다. 이 일은 하나님이 직접 주관하고 계십니다. 우리는 하나님이 맡기신 자리에서 하라고 한 그 일에 충성하면 됩니다.

사랑과 결혼, 결혼과 사랑

사라의 부재는 아브라함의 가정 전체에 엄청나게 큰 빈자리를 가져왔습니다. 가정 전체를 주관하고 보살피는 자의 부재는 큰 충격과 슬픔이 됩니다. 사라의 죽음 이후 아브라함 못지 않게 이삭도 큰 슬픔이 있었습니다. 비어 있는 어머니의 장막을 보며 그리움과 외로움에 빠졌습니다. 그런 이삭을 위해, 그리고 사라의 유업을 이어 믿음의 가문을 이어갈 역할을 하도록 아브라함은 이삭의 신부를 찾게 합니다. 하나님은 리브가를 이삭에게 데려다 주셨고 이삭은 비어 있는 어머니의 장막에 리브가를 데리고 들어갑니다. 이제 사라의 역할 즉, 한 가문의 전체를 주관하고 보살피는 역할을 리브가가 하게 됨으로써 사라의 믿음의 유업의 바톤은 리브가가 이어받게 됩니다. 리브가는 하나님의 킹덤을 향해 나아가는 믿음의 가정의 어미가 되었습니다.

이삭은 리브가를 비어 있는 사라의 장막으로 데리고 들어갔습니다. 그는 그녀를 취했고 그리고 그녀는 이삭의 아내가 되었습니다. 이삭은 리브가를 사랑했습니다. 어머니의 죽음 이후에 이삭은 리브가를 통해 위로를 받게 됩니다(창24:67). 이것이 이삭이 아내 리브가를 맞이한 순서입니다. 순서를 보면 이삭과 리브가가 먼저 사랑에 빠진 것이 아니었습니다. 그는 그녀를 아내로 삼았고 그리고 사랑했습니다. 이것은 우리가 살아가고 있는 이 땅에서의 결혼에 대한 관념과 정반대가 되는 것입니다.

우리는 사랑에 빠져야 혹은 사랑해야 결혼하는 것이라고 생각합니다. 그러나 우리 믿음의 선조인 이삭은 그렇게 하지 않았습니다. 만약 이삭이 사랑에 빠져서 결혼했다면 그는 아마도 가나안 땅에 있는 수많은 여성 가운데 한 명과 충분히 사랑에 빠질 수 있었고 결혼할 수 있었을 것입니다. 그러나 그는 그렇게 하지 않았습니다. 아버지 아브라함은 이삭의 배우자를 그런 방법으로 찾게 하지 않았고 하나님이 정해주신 신부를 찾기 위해 엘리에셀을 보내어 아내를 자신들과 같은 믿음이 있는 가문에서 데려오도록 했습니다. 이삭은 자신의 아내를 기다렸고 이를 위해 보냄 받은 엘리에셀은 충성되게 자신의 역할을 하며 신부를 이삭에게로 데려왔습니다. 이삭은 아버지의 보냄을 받은 자인 충성된 종 엘리에셀이 데려온 신부 리브가와 결혼하여 아내를 삼고 그녀를 사랑했습니다. 이삭이 리브가를 사랑한 것은 그가 그의 아내가 되었기 때문입니다. 즉, 결혼했기 때문입니다. 부부는 서로가 배우자가 되었기 때문에 사랑해야 하는 것입니다. 사랑에 빠져서 결혼했는데 더 이상 사랑이 남아있지 않으면 결혼을 깨뜨리는 것이 아니라 하나님이 두 사람을 언약 관계 안에서 부부가 되게 하셨기 때문에 서로 사랑하는 것입니다. 아브라함은 사라를 사랑했고 이삭도 리브가를 사랑했습니다. 그들이 언약을 맺고 결혼했기 때문입니다.

사랑이 결혼에 있어서 중요한 요소이긴 하지만 사랑에 빠져야 결혼한다는 것은 사실 결혼에 있어서 반드시 성립되어야 하는 전제 조건은 아닙니다. 인간의 사랑이라는 감정은 잘 흔들리고 변하고 예측할 수 없기 때문입니다. 또 잘못된 사람과 사랑에 빠질 수도 있고,

잘못된 방법으로 사랑할 수도 있는 것입니다. 서로의 배우자를 찾는 것은 거룩한 일입니다. 그리고 이것은 하나님의 주권에 있습니다. 그래서 나의 평생의 배우자를 위해 하나님의 주권에 올려드리며 기도해야 합니다. 이삭은 들판에서 묵상하던 중에 리브가를 만났습니다. 하나님의 킹덤을 위한 가정과 자손을 낳아야 하는 이삭에게 있어서 평생의 반려자인 아내를 찾는 일은 하나님께 있다고 믿었기 때문에 그는 아버지 아브라함이 엘리에셀을 통해 신부를 찾아오도록 하는 일에 동의했고 그것을 기도하면서 기다렸습니다. 하나님의 주권에 맡기고 기다렸습니다. 우리가 결혼과 가정에 대해 하나님의 말씀에 따르며 준비할 때 하나님은 배우자가 될 사람을 반드시 알아보게 하십니다. 혼동되고 헷갈리는 것은 내 안에 사랑에 대한 정의와 결혼에 대한 많은 조건들이 사라지지 않았기 때문일 수 있습니다.

사랑뿐 아니라 결혼을 위해 많은 조건을 맞춰 나가야 한다고 생각하는 지금의 결혼관은 하나님의 킹덤에 합하지 않습니다. 이런 전제 조건을 가지고 결혼하면 사랑이 깨지고 조건이 사라졌을 때 얼마든지 깨어질 수 있는 것이 결혼이라고 생각할 수 있기 때문입니다. 우리들이 사는 세상은 인간의 사랑이라는 감정을 너무 아름답게 묘사한 나머지 그것이 전제되지 않으면 결혼은 의미가 없는 것처럼 묘사하고, 또 사랑이 식으면 결혼을 했더라도 깨뜨릴 수 있는 것으로 말하며 사랑이라는 감정 자체를 우상화 했습니다. 사랑하기 때문에 결혼하는 것이기보다는 결혼했기 때문에 사랑하는 것입니다. 나의 배우자가 되었기 때문에 더 사랑하는 것입니다. 결혼은 거룩하며 영원한 언약입니다. 배우자는 영원한 삶을 위해 이 땅에서 함께 돕고 사랑하며 지지해주는 관계입니다. 인생에 있어서 가장 거룩한 만남과 언약인 결혼에 대해 우리의 다음 세대들이 하나님의 말씀에 따른 가치관을 가질 수 있도록 가정에서 잘 가르쳐야 합니다. 자신을 거룩하게 지켜 하나님이 준비하시고 만나게 하시는 배우자를 알아볼 수 있는 영적인 눈을 가질 수 있도록 가르쳐야 합니다. 결혼과 사랑에 있어서 하나님 킹덤의 관점을 가정에서 보여주고 가르칠 때 하나님이 계획해 놓으신 아름다운 가정을 이 땅에 세우고 지키는 거룩한 젊은 세대가 일어나 믿음의 유업을 이어갈 것입니다.

여자의 씨를 통해 야라쉬ﬗﬗ하게 될 하나님 킹덤의 유업
– 원수의 성문을 얻게 되리라^{창24:60}

아브라함이 모리아산에서 이삭을 번제로 드리는 사건에서 여호와의 사자가 아브라함에게 두 번째로 말합니다.

> "내가 네게 큰 복을 주고 네 씨로 크게 번성하여 하늘의 별과 같고 바닷가의 모래와
> 같게 하리니 네 씨가 그 대적의 문을 얻으리라"^{창22:17}

여기서 '얻으리라' 또는 '차지하리라'라고 번역된 야라쉬ﬗﬗ는 '전에 차지하고 있던 자로부터 그 소유권을 빼앗아 와서 차지하고 소유하게 된다는 의미'를 가지고 있습니다. 이것은 여자의 씨를 통해 뱀의 머리를 상하게 하실 '메시아의 사역'이기도 하며 '모든 기름 부음 받은 자들의 사역'이기도 합니다. 야라쉬의 유드'ﬗ'는 '손', 레쉬'ﬗ'는 '머리', 쉰'ﬗ'은 '파쇄하다'라는 의미로 야라쉬는 손으로 머리를 으깨는 이미지를 가지고 있어 뱀의 머리를 상하게 할 여자의 씨인 기름부음 받은 자의 사역을 잘 표현해 주는 동사입니다.

창세기 22:17에서 여호와의 사자가 아브라함에게 전한 말은 아브라함을 통한 자손의 번성과 그 자손을 통해서 뱀의 머리를 상하게 할 메시아가 탄생할 것과 그 메시아가 대적 원수가 차지하고 있는 것을 빼앗아와서 다시 소유권을 취하여 차지하게 된다는 예언입니다. '여자의 씨'에 대한 약속은 아브라함의 선조들로부터 전해 내려오던 그 가문의 신앙 유업이었는데 메시아에 대한 이러한 기대가 "네 씨가 그 대적의 문을 차지(야라쉬) 하리라"는 문장과 야라쉬라는 동사를 통하여서 잘 표현되고 있습니다.

이 본문에 이어서 22장의 뒷부분은 리브가의 족보에 대한 정보를 제공하며 23장에서는 사라의 죽음과 장례 그리고 24장에서는 리브가와 이삭이 만나 결혼하는 장면으로 이어집니다. 여자의 씨에 대한 가문의 전통과 거룩한 혈통을 통한 메시아의 탄생에 대한 기대는 장차 이루어질 하나님의 구속사의 입장에서 이삭의 혼사를 가정의 가장 큰일로 다루게 하였습니다. 이러한 동일한 믿음의 전승을 아브라함의 동생인 나홀과 그의 집안도 귀하게 간직하고 있었습니다

동사 야라쉬는 신명기에서 약속의 땅을 차지할 것이라는 문장에서도 계속 사용되는 단어입니다. 야라쉬는 원래 하나님께서 나에게 허락하신 영역이지만 현재 대적 원수에게 빼

앗긴 상태가 된 영역을 기름부음 받은 권세를 사용하여서 다시 찾아온다는 의미입니다. 원수가 차지하고 있는 성문을 파쇄하고 그 성을 되찾아와서 차지한 뒤 그 전리품을 형제들과 나누는 그림을 그려보십시오. 이것이 모든 영역에서 기름부음 받은 자(그리스도=메시아)이신 예수님이 하시는 일이며 또한 같은 기름부음을 받은 자들인 그리스도인들이 해야 할 일입니다.

　　야라쉬는 에덴-동산에서 쫓겨나갔던 인간이 다시 그 에덴-동산으로 복귀하는 과정에서 원수의 성문을 파쇄하고 빼앗아 되찾고 소유하여 상속받게 되는 종말론적인 의미도 가지고 있습니다. 우리의 대장 되신 메시아 예슈아께서 유다의 사자이자 용맹한 전사로서 앞장서시며 흰 말을 타고 예루살렘으로 다시 입성하실 때 우리는 그분의 뒤를 따르며 그분의 야라쉬 사역에 동참하게 될 것입니다. 우리는 '그 날'에 승전가를 부르며 오래 저장하였던 6,000년 된 맑은 포도주를 모두 함께 마시는 어린 양의 혼인 잔치에 참여하게 될 것입니다. 그때 예슈아께서 모든 이의 얼굴에서 눈물을 씻기시고 그분의 백성의 수치를 온 천하에서 제하여 주실 것이며 우리는 그분의 보좌 앞에서 각자가 받을 상급의 몫을 받고 면류관을 얻을 것입니다. 주님은 우리에게 칭찬과 명성을 얻게 하실 것입니다.

【주제 #7】 오래 저장하였던 6,000년 된 맑은 포도주

"만군의 여호와께서 이 산에서 만민을 위하여 기름진 것과 오래 저장하였던 포도주로 연회를 베푸시리니 곧 골수가 가득한 기름진 것과 오래 저장하였던 맑은 포도주로 하실 것이며 또 이 산에서 모든 민족의 그 가리워진 면박과 열방의 그 덮인 휘장을 제하시며 사망을 영원히 멸하실 것이라 주 여호와께서 모든 얼굴에서 눈물을 씻기시며 그 백성의 수치를 온 천하에서 제하시리라 여호와께서 이같이 말씀하셨느니라"사25:6-8

　　예루살렘에 놓이게 될 땅의 보좌에 그리스도께서 좌정한 후 먼저 악한 지도자들과 염소와 눈먼 양떼에 대한 심판을 집행하시고 심판이 마무리되면 구원받은 주의 백성들을 위하여 '오래 저장하였던 맑은 포도주'로 연회를 베풀어 주실 것이다. 그때 모든 민족을 감싸고 있던 가리개와 열방 위에 얽히고 설켜있던 그물망을 벗겨서 없애주시니 물이 바다 덮음같이 주님을 아는 지식이 세상에 충만하게 되며 주님의 영광을 인식하는 것이 세상에 가득하게 된다. 주께서 주의 백성의 얼굴에서 눈물을 닦아주시고 주의 백성이 받은 비난과 수치를 온 땅에서 제거해 버려주

시며 영구한 승리를 위하여 사망을 삼켜버리실 것이다.

이 승리와 기쁨의 잔치에 부활한 주의 백성들이 모두 함께 모여 구원의 포도주 잔을 들고 "우리를 여기까지 오게 하신 주님의 은혜를 찬송하나이다. 구원하심이 보좌에 앉으신 우리 하나님과 어린양께 있도다!"라고 찬양하게 될 것이다.

인간을 만드시던 창조의 제6일에 하나님이 포도주를 담그셨는데 이 포도주를 야인 하메슈마르 הַמְשֻׁמָּר יַיִן라고 한다(바벨론 탈무드 베라콜34b:24, 산헤드린99a:16). '야인 하메슈마르'는 '오랫동안 담가 놓고 보관해 놓은 포도주'를 의미하며 이는 눈으로 본 적도 없고 귀로 들은 적도 없고 마음으로 생각해보지도 못한 포도주의 향연을 열어주시기 위해서 주님께서 미리 담가 놓으신 것이다. 이 놀라운 연회는 '하늘의 에덴이 시온 산에 내려와서 이루어질 새 에덴-동산'의 즐거움에 참여하게 될 사람들을 위해서 준비된 것이다.

예수님께서는 마지막 만찬에서 제자들과 포도주 잔을 나누면서 이렇게 말씀하셨다.

> "이것은 죄 사함을 얻게 하려고 많은 사람을 위하여 흘리는 나의 피 곧
> 언약의 피니라 그러나 너희에게 이르노니, 내가 포도나무 열매에서
> 난 것을 내 아버지의 왕국에서 너희와 함께 새롭게 마시는
> 그 날까지 마시지 아니하리라"마26:28-29

하나님은 아담을 창조하시던 여섯 번째 날에, 6000년 후를 내다보시며 아버지 앞에 부활의 자녀들이 모두 함께 모이게 될 '그 날'에 마실 포도주를 담가놓으셨다. 예수님도 마지막 만찬에서 '그 날'을 기약하셨다. '그 날'에 우리 모두 오래 저장하였던 6,000년 된 맑은 포도주를 마시는 어린양의 혼인잔치에 참여하게 될 것이다.

DAY 6 창25:1-11

하나님의 킹덤의 큰 그림

아브라함은 175세에 생을 마감합니다. 히브리어 원어 성경은 그가 충분히 나이 들어

서 꽉 찬 인생, 만족할만한 생을 살고 마지막 숨을 거두었고 조상들의 모임에 합류했다고 기록하고 있습니다(창25:7-8). 창세기는 아브라함의 일생을 하나님의 명령을 따라 떠나는 장면부터 이야기하고 있지만 그가 어떤 과정을 통해 하나님을 따르기로 결정했는지, 그리고 하나님이 그의 결심을 보시고 어떻게 인도하셨는지에 대한 이야기는 희년서에 기록되어 있습니다. 진리를 찾고 참 하나님을 찾았던 아브라함은 참 하나님이 여호와이심을 알았고 하나님과의 관계, 쩨데크가 바로 세워지는 순간 주저없이 그분의 말씀을 따라 떠났으며 그의 믿음의 여정은 하나님의 인류 구원을 향한 실제적인 시작의 첫 걸음이기도 했습니다. 그의 인생은 많은 위험과 위기와 도전의 순간들이 있었지만 그 모든 순간을 하나님을 믿는 믿음으로 채우며 믿음의 조상으로서 아름다운 삶을 살아내었고 오늘날까지 그의 믿음을 따르는 열방의 자녀들에게 믿음의 본을 보여주고 있습니다.

아브라함의 죽음 이후 이삭과 이스마엘은 그를 막벨라 굴 사라 옆에 장사합니다. 아버지의 죽음 이후 하나님은 이삭에게 복을 주셨습니다. 아브라함에게 주신 약속, 아브라함이 열방의 복이 되게 할 것이라는 하나님의 언약과 축복이 이삭에게로 이어집니다. 아브라함은 죽기 전에 자신의 후처 그두라로부터 낳은 아들들에게 재산을 나눠주고 이삭을 떠나 동쪽으로 가게 합니다. 하나님의 계획은 이삭을 통해 유업과 혈통이 이어져야 했기에 이들을 모두 이삭으로부터 흩으셨습니다. 예슈아의 혈통은 믿음의 삶을 산 아브라함과 사라를 통해 태어난 이삭이어야만 했고, 또 이삭과 함께 천만인의 어머니, 그 씨로 원수의 성문을 차지하게 할 사람의 부르심을 안고 한 번도 만나보지도 않은 이의 아내가 된 믿음의 여인 리브가여야만 하셨습니다. 모든 순간 하나님의 보호와 간섭이 있었습니다.

그러나 마지막 날에는 모두 예슈아를 통해 하나가 될 것입니다. 일정 기간 보호를 위해 서로를 떠나게 하셨지만 최종 완성에는 모두 함께 하게 됩니다. 하나님의 킹덤의 큰 그림을 알면 당장 눈에 보여지는 일에 일희일비하거나 오해하거나 억울한 피해의식을 갖지도 않습니다. 왜냐하면 하나님의 지혜와 섭리를 완전히 신뢰하기 때문입니다. 지금은 구원과 능력과 우리 하나님의 왕국과 또 그리스도의 권능이 완전히 나타남을 향해 가까웠으니 하나님이 계획하고 실행하시는 것을 완전히 신뢰해야 하는 때입니다. 그리고 맡겨진 경주를 믿음으로 이어가며 또 자녀들이 이어갈 수 있도록 함께 뛰어주어야 할 때입니다.

DAY 7 창25:12-18

느바욧의 숫양

아브라함의 죽음 이후 이삭은 약속의 땅의 남쪽 지역인 브엘라헤로이 근처에 거주하지만 이스마엘은 그 땅을 떠나 하윌라에서 앗수르로 통하는 이집트 앞 술의 지역에 거주하며 하나님이 말씀하신 대로 형제의 맞은편에 살아갑니다. 하나님은 아브라함이 열방의 아버지가 되게 하실 것이라 했고 그의 아들 이스마엘도 하나의 큰 민족을 이루게 하실 것이라 약속하셨습니다. 하나님의 약속대로 이스마엘은 12아들을 낳았고 이스마엘의 12아들은 오늘날 아랍인들의 조상이 되었습니다.

이스마엘의 장자는 느바욧인데 유대 전승은 느바욧이 아라비아 지역의 상인이었던 나바티안의 조상이라고 보고 있습니다.[34] 그러나 현대 역사학자들은 느바욧과 나바티안의 어원에 유사성이 없다고 주장하면서 유대 전승의 주장을 부인하지만 여전히 랍비들의 연구와 그들의 자료에서는 이스마엘의 아들인 느바욧이 나바티안이고 이들이 아랍인의 조상이라고 언급하고 있습니다. 한편, 이스마엘의 둘째 아들은 게달인데 게달 역시 또 하나의 아랍 민족의 조상입니다. 무슬림들의 전승에 따르면 게달은 선지자 무하마드의 조상이었다고 합니다. 그러나 또 다른 전승은 느바욧이 무하마드의 조상이라고 말하기도 합니다. 느바욧이나 게달 모두 오늘날 아랍 민족의 조상인 것은 분명합니다.

선지자 이사야는 천년왕국에서 느바욧과 게달의 사람들이 자신들의 제물을 가지고 와서 거룩한 성전에서 하나님을 예배할 것이라고 예언하였습니다.[35] 천년왕국에서 이방인들, 그 가운데 이스마엘의 자손들도 모두 한 하나님을 섬기며 그분께 경배할 것입니다. 모든 묶임과 담들이 예슈아로 인해 풀어지고 허물어지면서 그분 안에서 하나가 될 것입니다.

---

34 요세푸스에 의하면 느바욧이 나바티안의 조상이라고 한다.

35 【사60:7】 게달의 양무리는다 네게로 모일 것이요 느바욧의 숫양은 네게 공급되고 내 제단에 올라 기꺼이 받음이 되리니 내가 내 영광의 집을 영화롭게 하리라

하프타라 왕상 1:1-31

믿음의 유업을 위해 달려가는 믿음의 경주

다윗 왕은 자신의 유업을 이을 자가 솔로몬이라는 것을 하나님으로부터 들어서 알고 있었기에 자신의 왕위를 솔로몬에게 이어줍니다. 아도니야는 준수한 아들이었지만 그는 스스로를 높여서 왕이 되기 위해 모든 것을 준비했습니다. 그러나 아도니야는 가장 중요한 것을 알지 못했습니다. 아도니야는 하나님이 자신을 선택하지 않았다는 것을 알지 못했고 심지어는 하나님의 뜻이 어디에 있는지도 구하지 않았습니다. 하나님의 뜻이 솔로몬이 왕이 되는 것이라는 것을 알았다면 그렇게 어리석은 행동을 하지 않았을 것입니다. 혹 알고서 했다면 그는 스스로 선을 넘어서서 하나님을 대적한 죄를 지은 것입니다. 늙은 다윗 왕을 무시하고 스스로 왕이 되려는 아도니야의 교만과 행패를 막고 솔로몬이 왕이 될 수 있게 하기 위해 선지자 나단과 밧세바가 나섰습니다. 그녀는 다윗 왕을 찾아가 여호와 하나님께서 솔로몬이 왕이 되게 하실 것이라고 하셨던 말씀을 상기시켜 줍니다(왕상1:17). 그리고 다윗 왕이 이것을 실행할 수 있도록 요청합니다(왕상1:20). 밧세바와 선지자 나단의 용기와 지혜로 다윗 왕의 유업은 솔로몬에게 이어집니다.

다윗의 왕위가 솔로몬에게 전해지는 과정에서 하나님의 뜻을 알았던 선지자 나단에 의해 전략이 풀어지고 솔로몬의 어머니 밧세바는 순종과 용기로 이 과정을 풀어냅니다. 하나님 나라의 유업은 교만한 자가 아니고 사람들이 보기에 멋있고 준수한 자도 아니며 하나님께 믿음으로 반응하는 선택받은 자에게 흘러갑니다.

예수 그리스도의 탄생을 위해(마1:1) 하나님은 메시아의 혈통까지도 보호하셨습니다. 이 믿음의 혈통은 여인인 어머니들로부터 지켜지고 흘러가게 됩니다. 사라를 통해 이삭에게로, 리브가를 통해 야곱에게로, 다말을 통해 베레스에게로, 라합에게서 보아스에게로, 라합에게서 룻을 통해 오벳에게로, 하나님으로부터 약속을 받고 자신의 아들을 위해 결단하고 행동으로 나선 밧세바(바트-쉐바בַּת-שֶׁבַע, 맹세의 딸)를 통해 하나님의 유업은 하나님이 정하신 대로 다윗에게서 솔로몬에게로 이어져 그가 왕이 됩니다. 이 여인들은 모두 약속과 믿음을 가지고 있었고, 강인한 결단력을 가진 아름다운 여인들이었습니다. 믿음이 이어짐으로 약속이 성취되게 하기 위한 여인들의 헌신과 희생, 순종은 예수 그리스도를 이 땅에 태어나게 했습니다. 마찬가지로 오늘날도 이런 여인들을 통해 예수 그리스도의 다시 오심을 준비하는 거룩한 세대가 태어나고 준비되어질 것입니다. 사탄은 거룩한 마지막 세대가 태어나는 것을 막기 위해 '낙태법'을, 이런 세대가 일어나는 것을 막기 위해 '동성애'를 통한 가정의 파괴를 세상 정부를 통해 가열차게 진행하며 거룩한 성도들을 위협하고 있습니다. 하지만 하나님의 킹덤은 그 믿음을 견고하게 붙든 자들의 결단과 행동을 통해 무너지지 않고 흥왕興旺 할 것입니다.

브리트 하다샤 마1:1-17 / 요4:3-14

믿음의 유업을 이어간 여인들

아브라함과 사라로부터 시작된 믿음의 유업은 메시아의 초림을 위해서 릴레이 경주처럼 자녀에게로 계속 전수되어 내려가면서 예수님과 그분의 나라를 위하여 세대교체를 일으킵니다. 모든 세대는 믿음으로 메시아를 맞이할 준비를 합니다. 우리도 이 믿음의 릴레이 경주를 계속하고 있습니다. 우리의 경주는 다시 오실 예수님의 재림을 위한 경주입니다. 이 경주를 끝까지 마치기 위해 우리가 자녀에게 주어야 하는 것은 믿음의 신실함이라는 바톤입니다. 우리의 릴레이 경주는 예수님을 향해서 그분만을 바라보면서 달려가는 것입니다. 이 경주의 끝에는 예수님과 그분의 나라가 있습니다. 우리의 다음 세대는 이제 마지막 주자가 될 것입니다. 이들이 마지막 바톤을 넘겨받고 끝까지 경주를 할 수 있기 위해 진정 필요한 것은 무엇일까요? 믿음입니다. 우리가 마지막 세대들에게 보여줄 수 있는 것은 믿음의 삶이고 이러한 신앙의 유업은 이들을 결코 흔들지 못하게 하는 견고한 심지가 되어 줄 것입니다.

마태복음 1장에는 메시아의 가계도가 나오고 그 안에는 진취적이며 믿음으로 하나님의 킹덤의 유업을 야라쉬 했던 5명의 여인들의 이름이 등장합니다. 놀랍게도 이 여인들의 이름에 사라와 리브가는 없습니다. 오히려 며느리 다말, 기생 라합, 이방 여인 룻, 잘못된 관계를 가졌던 밧세바, 그리고 처녀 마리아가 등장합니다. 마태는 메시아의 가계도에 특별히 이 여인들의 이름을 넣음으로써 유대인과 이방인이 함께 하나님 나라를 유업으로 받게 되는 한 새 사람을 바라보게 합니다.

　사라로부터 시작된 믿음의 자손들의 행보는 리브가로 이어졌고 이것은 혈통적으로만 된 것이 아니라 그 유업을 얻기 위해 담대하게 붙잡은 여인들을 통해 이어졌습니다. 세상에 마음을 두지 않고 하나님의 킹덤의 유업을 바라보는 자는 행동하며 진취적으로 나아갑니다. 그리고 끝까지 그것을 확신하며 붙듭니다. 한국은 가장 비참하고 비극적인 상태에서 일어섰습니다. 한국이 일어설 수 있었던 것은 동네마다 산마다 기도처를 만들고 기도 굴을 만들고 바위위에 올라가 무릎 꿇고 눈물을 흘리며 기도했던 우리 어머니들의 믿음의 기도가 있었기 때문입니다. 저는 어렸을 때 비참한 상황 가운데서 산 기도원에 올라가 물이 얼어붙는 영하의 날씨에 김장 비닐을 뒤집어쓰고 눈물을 흘리면 그 눈물이 얼굴에서 얼어붙어도 기도하셨던 어머니를 기억합니다. 단칸방의 작은 부엌의 한 공간에 작은 상을 갖다 놓고 성경책을 올려놓고 천으로 가려서 그나마도 작은 그 공간을 기도실로 만들어 기도하셨던 어머니를 기억합니다. 가난한 상황에서도 너는 비행기를 타고 다니며 복음을 전하라고 하셨던 어머니의 믿음의 선포를 기억합니다. 그리고 저는 교회를 지키고 기도 자리를 지키며 성도들을 위해 다음 세대들을 위해 목회자들을 위해 매주마다 음식을 해서 먹이셨던 어머니들을 알고 있습니다. 한국은 이렇게 믿음의 유업이 이어져 온 나라입니다. 그런데 어머니들의 이런 믿음의 유업을 버리고 돈과 명예와 음란을 사랑하는 세상과 섞여 버린 지금의 모습을 보며 울게 됩니다. 하지만 하나님은 이 유업이 여전히 우리에게 있다고 말씀하시며 취하라고 하십니다. 야라쉬하라고 하십니다. 이 믿음을 취한 자, 그렇게 절실하게 기도하는 자들에게 킹덤을 주겠다고, 땅을 차지하게 하겠다고 하십니다.

　사라의 일생을 돌아보며 아내로서, 어머니로서, 우리에게 믿음을 유업으로 주신 어머니의 어머니들을 생각해 봅니다. 그 유업을 제대로 이어가고 있는지를 돌아봅니다. 우리에게 돈과 명성이 아니라 믿음을 안겨주신 어머니들이 있음에 감사합니다. 그리고 그 믿음의 시작을 열어준 사라에게 감사합니다. 우리의 믿음의 부모인 아브라함과 사라가 어떻게 살았는지 알게 하심에 감사합니다. 우리에게 소망을 주시는 하나님께 감사합니다. 그 은혜가 너무 큽니다. 그래서 오늘을 살아갈 새 힘을 얻습니다.

하예이 사라 주간의 말씀

1. 온유하고 침착한, 안정된 영을 가진 여인 사라는 결단력 있고 인내하고 기다릴 줄 알았으며 어려운 상황에 쉽게 들레지 않으면서 남편과 하나님을 온전히 신뢰하였고 그것을 통해 가정의 재산을 확장하고 지키는 한 가문의 훌륭한 리더이자 어머니였습니다.

2. 믿음은 현실과 아직 오지 않은 것 사이의 중간 지점을 어떤 입장으로 견지해 나가는가에 놓여 있습니다. 믿음은 현실 가운데 아직 오지는 않았지만 그것이 이미 주어졌다고 바라보는 것입니다. 그렇기에 아브라함은 자신의 현실 속에서는 아직 주어지지 않았지만 장차 올 것을 바라보았기에 나그네이자 거류하는 자로서의 정체성을 취하기로 결정하였고 이것이 그에게는 어려운 것이 아니었습니다. 오히려 그것이 믿음의 고백이었습니다.

3. 우리의 부르심은 하늘로부터 있고 우리는 이미 하나님 왕국에 속한 자들입니다. 이 땅에서의 나그네의 삶은 곧 그 나라의 영원한 삶으로 바뀌게 될 것입니다.

4. 복음을 전하는 일은 종교적인 신념이나 교리로 사람을 전환시키는 것이 아니라 새로운 세계관을 주는 것입니다. 다시 말하면, 우리는 복음을 전할 때 그들을 장로교인이 되게 만들고 감리교인이 되게 만드는 것이 아니고 하나님의 아들이신 예슈아를 구주로 믿고 아버지께로 마음을 돌이켜서 자녀의 정체성, 신부의 정체성을 찾게 하는 것입니다.

5. 하나님은 나의 도움이시라(엘리에셀)는 것을 믿는 자들은 하나님이 어디를 보내시든 여호와 이레의 하나님을 만나게 될 것입니다.

6. 복음과 하나님의 나라의 통치를 전하는 일은 우리의 믿음의 삶을 통해 우리를 보내신 하나님을 드러내는 일입니다.

7. 이삭이 예슈아를 예표하듯이(아브라함의 씨, 아기를 가질 수 없는 여인의 몸에서 태어난 독자, 모리아 산에서 희생으로 드려짐) 이삭의 신부인 리브가는 메시아의 신부를 예표한다고 말할 수 있습니다.

8. 야라쉬יָרַשׁ는 원래 하나님께서 나에게 허락하신 영역이지만 현재 대적 원수에게 빼앗긴 상태가 된 영역을 기름 부음 받은 권세를 사용하여서 다시 차지한다는 의미입니다.

9. 야라쉬는 에덴-동산에서 쫓겨나갔던 인간이 다시 그 에덴-동산으로 복귀하는 과정에서 그리스도의 원수의 성문을 파쇄하고 빼앗아 되찾아 소유하게 하며 상속받게 하는 종말론적인 그림도 가지고 있습니다.

하예이 사라 주간의 선포

1. 온유하고 침착한, 안정된 영을 가진 내면이 아름다운 여인 사라처럼 결단력 있고 인내하고 기다릴 줄 알며 어려운 상황에 쉽게 들레지 않으면서 남편과 하나님을 온전히 신뢰하고 그것을 통해 가정의 재산을 확장하고 지키는 한 가문의 훌륭한 리더이자 어머니들이 일어나게 하소서.

2. 비전을 쫓다가 하나님을 잃어버리는 자 되지 말게 하시고 내 의로 하나님의 뜻을 가리는 자 되지 않게 하소서. 나에게 맡기신 사명과 역할을 분명히 알고 그것에 충성하는 종 되게 하소서.

3. 하나님이 나의 도움이시니 하나님을 의지하고 신뢰할 때 내 삶 곳곳에서 여호와 이레의 하나님을 경험하게 하소서.

4. 하나님의 신부로서 나를 잘 단장하여 또 다른 하나님의 신부들을 신랑에게로 인도하는 자 되게 하소서.

5. 원수의 성문을 파쇄하고 빼앗아 되찾고 소유하는 야라쉬의 기름부음과 권세를 더하소서. 마지막 때 원수에게 눌리고 밀리는 자가 되지 않도록 우리의 영적 권위와 지경을 더 넓게 하소서.

6. 마지막 날 모두가 한 하나님을 섬기며 경배하게 될 것을 매일의 삶 가운데 믿음으로 선포하고 하나님이 사랑하는 이스라엘, 하나님이 들으시는 이스마엘을 품고 사랑하고 중보하는 자 되게 하소서.

6주간

תוֹלְדֹת

TOLDOT

톨레도트[36], 세대들

파라샤 **창25:19-28:9**

하프타라 **말1:1-2:7**

브리트 하다샤 **롬9:1-13 / 마10:21-38**

---

36 대부분의 토라포션에는 톨레도트가 발음하지 않고 톨도트라고 발음한다. 그런데 경우에 따라 히브리어 네쿠돋(모음이 되는 점들) " : "은 '묵음, 으 혹은 에'로 발음이 되기도 하기 때문에 톨레도트, 톨도트 모두 가능한 발음이다.

DAY 1 창25:19-26:5

세대 교체, 이삭의 간구

　　사라의 죽음 이후 아브라함은 후처 그두라를 통해 6명의 자녀를 더 낳습니다. 그리고 자신이 죽을 때가 가까웠을 때 그들에게 재산의 일부를 주어 먼 동쪽 땅으로 떠나게 함으로써 이삭이 가져야 하며, 또 이삭을 통해 흘러가야 할 약속의 땅의 유업이 잘못된 다툼이나 욕심으로 위협받지 않도록 미리 보호합니다. 그리고 175세의 나이에 죽어 사라와 함께 막벨라 굴에 묻힙니다. 사라의 죽음 이후 그 유업은 리브가에게, 아브라함의 죽음 이후 그 유업은 이삭에게 넘어가면서 완전히 세대교체가 이뤄집니다. 창세기 25장은 창세기의 50장 중에서 정확히 절반이 되는 위치에서 창조 이후 아담으로부터 노아까지, 노아부터 아브라함까지 흘러온 믿음의 유업과 여정에 대한 이야기를 마무리하고 새로운 세대에 대해 이야기해 주고 있습니다.

　　이삭에게는 아버지로부터 내려온 하나님의 언약이 있었습니다. 그것은 아브라함의 자손을 통해 많은 자손이 일어나고 또 그의 자손 가운데서 메시아가 태어난다고 하는 약속입니다. 이 위대한 믿음의 유업을 가진 자로서 이삭에게는 당연히 자녀가 있어야 했지만 시간이 흘러도 리브가는 자녀를 낳지 못했습니다. 분명히 약속이 있었지만 그 약속을 위해서 있어야 할 자녀가 없는 상황 속에서 이삭은 다른 방법을 생각하는 것이 아니라 하나님 앞으로 나아갑니다.

> "이삭이 그의 아내가 임신하지 못하므로 그를 위하여 여호와께 간구하매
> 여호와께서 그의 간구를 들으셨으므로 그의 아내 리브가가 임신하였더니"창25:21

유대 랍비는 "왜 우리의 믿음의 선조들은 아이를 낳지 못하는 여성이었을까?"라고 질문합니다. 그리고 탈무드는 이것에 대해 이렇게 답합니다.

"왜냐하면 거룩하고 송축받기 합당하신 하나님은 의인의 기도를
듣기를 열망하시기 때문이다."

이삭은 약속을 믿었기 때문에 반드시 자녀가 있을 것이라는 믿음이 있었고 그래서 하나님께 기도하기 시작합니다. 유대 문헌에는 이삭과 리브가가 자녀를 위해 기도하러 모리아 산으로 갔고 그곳에서 그 둘은 함께 하나님께 기도했다고 말합니다. 이삭은 모리아 산이 하나님이 거하실 산이고 그곳에서 메시아가 통치하실 것이라는 것을 아버지 아브라함으로부터 그리고 여전히 살아 있었던 선조들로부터 들어서 알고 있었습니다. 그리고 그의 자녀 가운데서 메시아가 태어날 것이라는 것을 알고 있었기에 그는 아내를 데리고 모리아 산으로 갑니다. 그리고 그 곳에서 하나님께 간구하기 시작합니다. 이삭은 간절히, 그리고 끊임없이 하나님께 자녀에 대한 기도를 올려드립니다. 20년 동안 그는 한결같이 기도했습니다. 그가 기도를 멈추지 않을 수 있었던 이유는 그에게 약속이 있었고 그는 그 약속을 믿었기 때문입니다. 그리고 마침내 20년 만에 리브가는 아이를 갖게 되었습니다.

예수아도 제자들에게 기도를 가르치실 때 간절히, 그리고 끊임없이 기도하라고 말씀하시며 불의한 재판관을 향해 포기하지 않고 요구했던 과부의 비유를 이야기하셨습니다(눅 18장). 이 이야기의 핵심은 끈질긴 기도와 신실한 믿음입니다. 우리 믿음의 선조인 이삭은 메시아와 하나님의 킹덤에 대한 계획과 이것을 위해 하나님이 약속하신 자녀를 주실 것이라는 것을 믿었기에 지속적인 기도를 하나님께 올려드렸습니다. 하나님은 우리가 하나님의 약속을 믿고 지속적으로 간절히 기도하기를 원하십니다. 의인의 간구는 역사하는 힘이 크기 때문입니다(약5:16). 또한 하나님은 기도를 통해 의인과 계속 친밀한 관계를 유지하고 더 깊이 만들어 가기를 원하십니다. 기도는 우리와 하나님의 관계를 지켜주고 또 믿음을 증가시켜 주는 통로입니다. 기도는 우리의 뜻을 성취하기 위한 도구가 아니라 하나님과 의의 관계를 유지하고 하나님의 뜻이 이 땅 가운데서 이뤄지게 하는 것입니다.

리브가가 받은 예언 – 두 나라, 두 민족, 두 개의 톨레도트 그리고 발꿈치

이삭의 간절한 기도로 리브가는 임신을 하게 됩니다. 유대 문헌에 리브가는 임신 중에 극심한 고통을 느꼈다고 합니다. 왜 이렇게 배가 아프고 통증이 있는지 알 길이 없었던 리브가는 혼자서 모리아 산으로 가서 기도하기로 결정합니다. 20년 만에 주신 자녀이기에 리브가는 이 자녀를 향한 하나님의 뜻을 묻기를 원합니다. 그리고 리브가는 모리아 산에 올라가서 기도할 때 하나님으로부터 뜻 밖의 이야기를 듣게 됩니다.

"두 국민이 네 태중에 있구나" 창25:23a

하나님은 리브가의 뱃 속에 있는 쌍둥이를 향해 '두 국민과 두 민족이 있다'라고 말씀하셨습니다. 두 국민이라 쓰인 히브리어는 슈네이 고임שְׁנֵי גּוֹיִם, 두 나라를 의미하기도 합니다. 국민이라 번역된 히브리어 고임גּוֹיִם은 '나라'라는 뜻을 가지고 있는데 나라 중에서도 이방 나라들을 말할 때 고임이라는 단어를 사용합니다. 리브가의 뱃 속에는 한 아이가 아니라 두 아이가 있었고 그들은 두 나라를 대표하는 것이었습니다. 이 두 나라는 이방 민족과 나라를 포함한 의미입니다. 그리고 나서 하나님은 그들의 미래를 예언하는 말씀을 리브가에게 주십니다.

"두 민족이 네 복중에서부터 나누이리라 이 족속이 저 족속보다
강하겠고 큰 자가 어린 자를 섬기리라" 창25:23b

민족이라는 히브리어 레옴לְאֹם은 고임과 같이 '민족, 나라'라는 의미인데 좀 더 같은 동질의 부류들이 모인 커뮤니티를 의미합니다. 리브가의 뱃 속에 있는 두 아이는 이방 나라들과 민족을 의미하는 것으로 이것은 세상을 따르는 나라들과 하나님을 따르는 백성, 민족을 의미합니다. 그런데 하나님은 리브가에게 분명히 큰 자가 어린 자를 섬길 것이라 말씀하심으로 세상의 다수와 힘을 가진 자들이 소수의 작은 자들을 섬기게 될 것을 예언하십니다. 하나님은 인류의 역사 가운데서 언제나 큰 자들이 작은 자들을 위협하고 고통스럽게 할 것을 아셨지만 그 결과는 큰 자들이 작은 자를 섬길 것이라는 것을 보여주셨습니다. 작고 소수인 것이 결코 우리를 위축되게 할 수 없는 이유는 하나님의 능력과 지혜가 작고 소수이나 거룩하고 순전한 자들을 통해 나타나기 때문입니다.

리브가의 뱃 속에서부터 격렬하게 다투던 두 나라, 두 민족을 대표하는 에서와 야곱은 에서가 강한 힘으로 먼저 태어나고, 야곱이 그의 발꿈치를 잡고 뒤쫓아 나옵니다. 야곱 이름의 어근 히브리어 아케브בקע는 명사로 '발꿈치, 발자국'이라는 뜻이고, 이 단어가 동사인 아카브בקע로 쓰일 때는 '발꿈치를 붙잡다, 뒤쫓아가서 꽉 붙들다, 대체하다, 대신 들어앉다'라는 뜻을 가지고 있습니다. 야곱의 이름 뜻인 '발꿈치'는 창세기 3:15절에서 뱀이 여인의 후손의 발꿈치를 떠올리게 합니다. 이 발꿈치는 메시아의 발꿈치로서 원수는 언제나 메시아, 기름부음 받은 자를 공격하고 그의 발꿈치를 상하게 하려고 합니다.

> "여호와여 이 비방은 주의 원수들이 주의 기름 부음 받은 자의
> 행동을 비방한 것이로소이다" 시89:51

이 말씀에서 행동이라 번역된 히브리어는 사실 아케브로 이것은 원수가 기름부음 받은 자, 즉 메시아의 발꿈치를 상하게 하고 또 메시아가 가는 발자국을 훼방한다는 것을 의미합니다. '발꿈치'라는 이름 뜻을 가진 야곱은 그의 삶이 메시아를 오게 하는 삶이 될 것을 예표하면서 또한 메시아의 발꿈치를 끊임없이 공격하는 원수와의 치열한 싸움이 있을 것을 어머니의 뱃 속에서부터 강하고 큰 힘을 가진 세상 나라를 예표하는 형 에서와의 싸움을 통해 우리에게 보여주고 있습니다.

랍비들은 메시아의 발꿈치(아케브)가 메시아가 오기 직전에 그분을 맞이할 마지막 세대를 예표한다고 말합니다. 이 마지막 세대들은 메시아의 발자국(아케브) 소리를 들으면서 메시아를 맞이하게 될 것인데 그때 그들은 역사상 가장 치열하고 격렬한 싸움과 어려움을 갖게 될 것이라고 말합니다. 그리고 이것은 예슈아가 마지막 때에 대해 우리가 겪을 환난에 대해서 말씀하신 것과 같습니다. 야곱은 어머니의 뱃 속에서부터 시작하여 그의 전 삶을 통해 치열한 싸움과 환난을 지났습니다. 그래서 야곱의 삶은 강한 힘을 가진 큰 자인 세상 나라와 싸우는 소수의 남은 자들의 삶을 예표합니다. 그리고 이 소수의 남은 자들, 작은 자들은 메시아의 발자국 소리를 듣는 마지막 세대가 될 것입니다. 분명한 것은 원수는 메시아와 기름 부음 받은 자들의 발꿈치를 건드리고 상하게 하겠지만 메시아는 뱀의 머리를 부서뜨리고 상하게 할 것이라는 것입니다.

> "평강의 하나님께서 속히 사탄을 너희 발 아래에서 상하게 하시리라" 롬16:20

세상을 따르는 자, 하나님을 따르는 자

"두 국민이 네 태중에 있구나…..큰 자가 어린 자를 섬기리라" 창25:23, 롬9:12

큰 자, 라브ךבּ는 많고, 힘이 세고, 풍성함을 의미합니다. 어린 자, 짜아르ךביר는 작고, 의미 없고, 숫자적으로도 적다는 의미를 가지고 있습니다. 인간은 무엇인가 많이 가지고 있으면 자신이 가지고 있는 것을 더 의지하게 됩니다. 그것이 돈일 수도 있고, 권력일 수도 있고, 힘일 수도 있습니다. 여하튼 인간은 여러 가지 모습으로 무언가 자신을 지탱해 줄 만한 것이 있으면 그것을 더 의지하는 경향이 있습니다. 하지만 작고, 힘이 없고, 존재감이 없고, 가진 것이 없는 사람들은 절대적으로 하나님을 의지합니다. 왜냐하면 스스로 연약하고 작다고 여기기 때문입니다.

하나님은 큰 자가 어린 자를 섬기도록 하셨습니다. 하나님이 아닌 다른 것을 의지하는 자에게 하나님 나라를 주지 않으셨고 철저히 하나님만 의지하는 자에게 하나님 나라를 주셨습니다. 그래서 결국 하나님만 의지하는 사람이 하나님을 영화롭게 하며 그 나라를 소유할 수 있도록 하셨습니다. 하나님은 세상을 따르는 사람을(에서) 미워하시고, 하나님께 속한 것을 귀한 것으로 여기며 붙들고 따라가려고 하는 사람을(야곱) 사랑하셨습니다(말1:2-3, 롬9:13).

들로 나아가 사냥을 통해 세상을 가지려 했던 에서와 달리 야곱은 할아버지와 아버지의 장막에 앉아서 하나님 나라에 대한 사모함과 사랑을 키워갔습니다. 에서는 '철저한 세상 사람'이었습니다. 그러나 야곱은 '장막에 거하며 말씀 듣기를 사모하는 사람'이었습니다. '익숙하다'라는 히브리어는 야다ךדע라는 단어로 쓰였는데 이는 '알다'라는 뜻입니다. 에서는 들(싸데ךדש)과 사냥(짜이드ךדיצ)을 잘 아는 사람이었습니다(창25:27-28). '들'은 '세상'을 뜻합니다. '사냥'은 '세상에서 살아가는 방법'을 의미합니다. 에서는 세상에서 살아가는 방법을 잘 아는 사람이었고 게다가 힘까지 좋은 사람이었습니다. 그는 능력 있는 사람이었습니다. 그래서 그는 자신의 능력을 믿었습니다. 그러나 야곱은 장막에 앉아 있는 사람이었습니다. '조용하다'라고 번역된 히브리어 탐ךמת은 '완전한, 흠이 없고 모자람이 없는, 몸과 마음이 건강한, 정상적인, 완성된'이란 뜻을 가집니다. 즉, 야곱은 그냥 조용한 사람만이 아니었고, 앞선 세대의 사람들과 함께 장막에 앉아서 말씀을 들으며 그들로부터 신앙의 유산을 이어받은 사람이었고 믿음의 유업을 이어갈 자로서 온전함을 추구하는 사람이었습니다.

리브가의 뱃속에 있던 두 국민은 하나님의 킹덤과 세상 나라를 의미합니다. 리브가의 뱃속에서부터 하나님의 킹덤의 계보와 세상의 계보가 시작되었습니다. 하나님의 선택은 큰 자가 어린 자를 섬기는 것이었고 들보다 장막을 선택한 자에게 하나님의 유업이 흘러가도록 한 것이었습니다. 이 땅의 역사는 늘 하나님 나라와 세상 나라가 대립하며 이어져 오고 있습니다. 하나님의 나라는 숫자에 있지 않습니다. 큰 자(라브 רַב)가 어린 자(짜아르צָעִיר)를 섬기리라고 하신 것처럼 다수가 오히려 적은 자를 섬기도록 하십니다. 왜냐하면 '적은 자 작은 자'는 철저히 하나님만 붙들고 의지하기 때문입니다. 세상은 힘 있는 자를 자랑하고, 그런 자를 높이 세우지만 하나님은 작은 자를 세우십니다. 작은 자를 통해 하나님의 이름과 영광이 더 드러나기 때문입니다. 가난한 자들이 복이 있는 이유는 그들이 하나님의 통치하심을 더 갈망함으로 하나님 나라를 소유할 것이기 때문입니다(마5:3).

장막들 안에 앉아서 – 요쉐브 오할림 יֹשֵׁב אֹהָלִים

에서는 익숙한 사냥꾼으로 들사람이 되었고 야곱은 조용한 사람으로 장막에 거하는 사람이었습니다. 두 사람의 상반된 모습을 상상해 보십시오. 에서는 근육질에 털도 많고 힘도 세고 진취적이며 도전적이고 사냥을 통해 얻은 동물을 가지고 와서 부모님도 드리고 다른 사람에게 베풀기도 했을 것입니다. 동물들은 고기를 주는 것뿐 아니라 그 가죽으로 멋진 옷이나 물품들을 만들 수도 있었을 테니 에서는 자신을 치장하는 것도 동물 가죽으로 멋지고 폼나게 했을 것입니다. 반면 야곱은 조용히 장막에 있었습니다. 깊은 사색을 했을 것이고 많은 운동을 하지 않으니 몸도 형처럼 근육질은 아니었을 테고 피부도 매끈매끈해서 보이기에 약해 보였을 수 있습니다. 강한 형 에서, 여리 여리한 동생 야곱, 누가 봐도 너무 다른 모습을 가진 형제였는데 그들을 더 다르게 만들었던 것은 하나님과 하나님의 나라를 바라보는 그들의 관점이었습니다.

들에서 익숙한 사냥꾼인 에서, 세상(들)에서 어떻게 살아나가야 할지(사냥)를 잘 알았던 에서는 세상을 좇다가 결국 하나님 나라의 유업을 놓치고 말았습니다. 단순히 놓쳤다면 다시 붙잡을 노력이라도 할 수 있었을 텐데 그는 놓친 것 이상을 넘어서 그 가문을 향한 하나님의 계획에서 배제되었습니다. 왜냐하면 그가 하나님을 멸시했기 때문입니다. 그는 당장 눈앞에 자기를 배부르게 해 줄 것을 위해 가문의 높은 부르심을 멸시했습니다. 창세기 25:34은 "그가 장자의 명분을 가볍게 여김이었다"라고 말합니다. '가볍게 여기다'라는 히브리어 바자בָּזָה의 원래 의미는 '멸시하다, 경멸하다, 가치 없이 여기다'는 뜻입니다. 그는 그

가문에게 맡겨진 믿음의 유업을 멸시했고 경멸했으며 가치 없다고 여겼습니다. 왜 그랬을까요? 당장 눈앞에 보이는 세상의 화려함과 능력을 더 좇았기 때문입니다.

반면 야곱은 장막에 거하였습니다. '장막에 거하다'는 히브리어로 요쉐브 오할림יֹשֵׁב אֹהָלִים입니다. 요쉐브는 '앉다'라는 뜻이고, 오할림은 '장막들'이라는 뜻입니다. 장막이라는 뜻의 히브리어는 '오헬אֹהֶל'로 이것은 단수이며, 오할림אֹהָלִים은 오헬의 복수 형태입니다. 그래서 야곱이 거한 곳은 단수인 한 개의 장막이 아니고 오할림 즉, 장막들이었습니다. 그가 머물렀던 오할림אֹהָלִים, 장막들은 누구의 장막들이었을까요? 그는 그곳에 앉아서 무엇을 한 것이었을까요?

그가 거한 장막들은 아브라함의 장막, 이삭의 장막, 리브가의 장막과 같은 그의 믿음의 부모님들의 장막들이었습니다. 그는 장막들에서 그저 어머니의 집안일을 도운 것이 아닙니다. '장막들에 앉았다'라는 히브리적 표현은 부모와 조부모 증조부모들과 함께 앉아서 그들의 믿음의 이야기와 선조들로부터 전해 받은 신앙의 유업을 듣고 배우고 나의 것으로 이어가게 했다는 것을 의미합니다. 이스라엘 성전 연구소에서 나온 인류 역사 7000년의 성경적 연대기표에 보면 셈은 야곱의 50세 때까지, 에벨은 야곱의 86세까지 생존한 것으로 계산됩니다. 셈과 에벨은 모리아 산, 예루살렘에 들어와 그곳에 살고 있었다고 말합니다. 그리고 야살의 책에서는 야곱이 자신의 조상인 셈과, 에벨의 장막을 찾아가서 아담으로부터 내려온 하나님의 인류 구원을 향한 계획과 에덴-동산과 노아의 홍수, 여인의 후손에 대한 이야기, 그 모든 유업이 할아버지 아브라함에게 언약으로 주어졌고 자신의 가문을 통해 하나님이 이루실 것이라는 이야기를 들었습니다. 할아버지 아브라함으로부터는 어떻게 하란을 떠나게 되었으며 그가 들은 하나님의 말씀, 하나님이 친히 맺어주신 단독적인 언약, 언약의 증거인 할례, 약속의 자녀로 태어난 아버지 이삭에 대한 이야기를 들었습니다. 이 모든 이야기가 야곱의 가슴을 요동쳤고 그의 영을 뒤흔들어 놨을 것입니다. 야곱이 거했던 장막들은 다름 아닌 하나님으로부터 인류 역사의 원대한 구원 계획을 유업으로 가지고 있고 믿고 있었던 믿음의 아버지들의 장막들이었습니다. 야곱은 다른 것이 아닌 믿음의 아버지들의 장막에 머물면서 하나님의 예언된 말씀과 그들의 믿음의 여정과 그 삶을 듣기를 기뻐하고 사모했던 것입니다.

야곱은 할아버지 아브라함과 아버지 이삭의 장막에서 선조들로부터 그 가문에 전해 내려오는 여자의 후손에 대한 전승과 대적 원수가 차지하고 있는 문을 빼앗아 차지하게 (야라쉬יָרַשׁ 창22:17, 창24:60) 될 메시아에 대한 신앙의 전승을 이어받습니다.

"믿음으로 아브라함은 부르심을 받았을 때에 순종하여 장래 기업으로 받을
땅에 나갈새 갈 바를 알지 못하고 나갔으며 믿음으로 저가 외방에 있는 것 같이
약속하신 땅에 우거하여 동일한 약속을 유업으로 함께 받은 이삭과 야곱으로
더불어 장막에 거하였으니 이는 하나님의 경영하시고 지으실 터가 있는
성을 바랐음이니라"히11:8-11

　야곱(이스라엘)은 할아버지 아브라함으로부터 세상이 어떻게 악하게 되어 하나님을 떠나게 되었는지(바벨탑 사건), 그가 어떻게 세속 문명 도시 갈대아 우르와 하란을 떠나 모리아 땅까지 오게 되었는지, 어떻게 하나님의 음성을 들었는지, 또한 아브라함이 믿음으로 바라보고 있는 하나님의 약속하신 것에 대한 그림이 어떠한 것인지, 이 모든 것을 우리 가문이 어떻게 이뤄가야 할지를 들었을 것입니다. 아버지 이삭과 어머니 리브가로부터는 신앙의 유업의 가치와 놀라움을, 그 유업을 잇기 위해 엘로힘 하나님이 무엇을 원하시는지 들었을 것입니다. 그는 매일 이런 것들을 들으며 믿음을 키워 갔을 것이고 그래서 간절하게 하늘에 있는 본향과 하늘 에덴과 땅 동산이 다시 하나 되어 에덴-동산이라 하는 하나님이 예비하신 장차 오게 될 한 성 곧 새 예루살렘을 사모하게 되었을 것입니다. 사모함은 점점 강렬해졌고 결국 형이 아무렇지도 않게 여기며 무시했던 장자권을 사와서 그 믿음의 유업을 차지해 버립니다.

"저희가 이제는 더 나은 본향을 사모하니 곧 하늘에 있는 것이라
그러므로 하나님이 저희 하나님이라 일컬음 받으심을 부끄러워
아니하시고 저희를 위하여 한 성을 예비하셨느니라"히11:16

　아브라함과 이삭과 야곱은 이것을 약속하신 그 땅에서 동일한 약속을 함께 이어받은 믿음의 3세대로서 하나님이 디자인하시고 설계하시고 세우시고 건설하시고 운영하시며 통치하시는 하나님의 도시를 함께 기대하였으며 함께 마음으로 품고 믿음으로 바라보았습니다. 하늘의 도시인 그 본향이 이후에 땅의 중앙인 예루살렘을 터로 삼고 세워지게 됨으로 에덴-동산이 다시 완성될 것을 믿음으로 바라보았습니다. 그리고 이 그림은 가깝게는 예수님의 재림으로 예루살렘에 이루어질 회복된 에덴-동산의 모습이며 멀게는 요한계시록 21장, 22장에서 묘사하고 있는 새 예루살렘과 같은 것입니다.
　이 믿음의 삼대는 홍수 이전에 98년을 살았던 할아버지 셈(노아의 아들)의 장막에서 하

나님 킹덤과 그 유업에 대한 이야기를 듣습니다. 셈은 이미 그들보다 앞서 홍수 이전에 에덴-동산의 중앙이었던 기혼샘이 있는 모리아 땅, 후에는 시온이라 불렸고, 예루살렘이라 불리게 된 하나님이 택하신 곳(신12:5-26)에 찾아와 장막을 치고 살고 있었습니다. 아브라함, 이삭, 야곱은 셈으로부터 아담과 하와의 에덴-동산 이야기, 홍수 심판 이전에 전 지구적인 부패와 도를 넘어선 음란, 우상숭배와 불의로 인해 악한 영으로 충만케 된 세상, 결국 그로 인해 심판과 종말이 이르렀던 이야기, 그러나 은혜 입은 자들을 방주를 통해 구원하신 이야기들을 생생하게 전해 들으며 믿음을 키워 나갔습니다. 셈의 장막에서 그들은 하늘 본향에 대한 약속과 약속의 땅에 대한 언약을 붙드는 남은 자로서 신앙의 유업을 이어가기 위한 마음의 준비를 했던 것입니다.[37] 그 작은 장막 안은 위대한 하나님 나라의 꿈을 이어가는 신앙의 계승 장소가 되었습니다. 이 신앙을 아브라함은 이삭에게 물려주었습니다. 그리고 야곱은 그 장막들에 거하며 그 말씀 앞에 앉아 있음으로 하나님의 약속을 사모하며 붙들게 되고 이어가게 되었습니다.

세상의 가치는 우리로 하여금 빨리 들로 나가서 사냥에 익숙한 자, 세상에서 살아가는 방법에 능숙한 자가 되어야 한다고 말하지만 하나님 나라의 가치는 우리로 하여금 먼저 진리의 말씀 앞에 앉아서 몸과 마음이 흠 없이 온전하게 준비된 자가 되라고 말합니다. 그리고 하나님의 킹덤의 유업을 믿음으로 취하라고 하십니다. 그리고 이 믿음의 유업은 '요쉐브 오할림' 장막들 안에 함께 앉음으로 이루어집니다. 혼란한 마지막 시대, 어두움이 땅을 덮고 캄캄함이 만민을 가리운 이 시대에 우리들도 자녀들을 들판으로 보내어 '사냥'에 맡기지 말고 장막 안에 함께 앉아서 직접 바른 역사 이야기를 들려주고 내가 만난 하나님을 간증하고 우릴 통해 하실 하나님의 비전을 함께 꿈꾸며 바라보도록 해주어야 할 것입니다. 우리의 장막은 대대로 이러한 믿음을 전달하는 장막이 될 것입니다.

그 붉은 것

야곱이라는 이름은 '아카브עקב'라는 단어에서부터 파생된 말입니다. 아카브는 '차지

---

[37] 야살의 책을 포함하여 히브리 전승에서는 홍수 이후에 502년을 더 살았던 셈이 홍수 이전 시대를 98년 동안 살아봤던 자로서 홍수 이후 어느 시점에 동산의 중앙이었던 기혼샘이 있는 모리아산을 찾아와 정착했었고, 아브람이 모리아산에 오기 전에 이미 (예루)살렘의 왕으로 멜기세덱(의의 왕)으로 장막을 치고 살고 있었다고 말한다. 헤브론에 있던 아브람은 318명을 거느리고 그돌라오멜의 연합군을 쳐부수고 롯을 구출하여 돌아올 때 사웨 골짜기 곧 왕의 골짜기(기드론 골짜기)에서 살렘 왕 멜기세덱을 만나고 전리품의 십일조를 드렸고 그 지극히 높은 하나님의 제사장은 떡과 포도주로 아브람을 영접하고 축복하였다. 600세까지 살았던 셈은 야곱이 50세가 될 때까지 살아있었고, 홍수 이후 노아는 그의 11대 후손인 아브람이 58세가 될 때까지 살았다.

하다'라는 뜻이 있는데 그냥 단순히 차지하는 것이 아니라 '남이 차지하고 있던 것을 대신하여 들어가는 것'과 '끝까지 쫓아가는 것'을 의미합니다. 야곱은 할아버지 아브라함의 장막과 아버지 이삭의 장막에서 하나님이 어떤 계획을 가지고 이 가정을 택하셨으며, 하나님의 나라가 어떻게 완성될 것인가를 듣고 그 유업을 가지고 싶어 했습니다. 단순히 가지고 싶은 것을 지나 끝까지 붙잡고 싶었습니다. 야곱은 아브라함부터 이삭에게로 이어져 온 하나님의 약속을 마음에 두었습니다. 이것은 야곱의 삶의 지표가 되어버렸습니다. 그래서 이 믿음의 유업을 너무 쫓아가다 보니 다른 것들에 문제가 있고 처리가 안되더라도 '유업을 어떻게 취할 것인가'에만 집중하게 되었습니다. 결국 야곱은 그렇게까지 바라던 장자의 권리와 장자의 축복을 취해내고야 맙니다. 이렇게 끝까지 끈질기게 쫓아가서 반드시 취하여 내는 것이 야곱의 DNA였던 것입니다.

야곱은 당시 고대 사회의 전통에 따라 그 유업은 장자인 형에게 주어질 것이라는 것을 알았습니다. 그러나 야곱이 태어날 때부터 어떤 사람입니까? 한 번 쥐면 놓지 않는 사람입니다. 그렇게 하나님의 나라의 유업에 대한 생각을 꼭 붙들고 그것을 마음에 품고 있던 야곱에게 예기치 않은 기회가 찾아옵니다. 사냥에서 돌아온 형 에서는 사냥을 위해 열심히 뛰어서 지쳤고 심한 허기를 느꼈습니다. 그런 그의 눈과 코를 자극한 것이 야곱의 죽이었습니다(창25:29). 육신의 감각과 안목에 충실한 에서 아닙니까? 지금 당장 그의 눈과 배를 만족시켜 줄 야곱의 죽을 보고, 또 그 냄새를 맡고 야곱에게 말합니다.

"그 붉은 죽을 좀 빨리 먹자. 배가 고파 죽겠다"창25:30, 새번역

거의 모든 성경이 야곱이 만든 것을 '붉은 죽'이라고 번역했습니다. 왜냐하면 창세기 25:29에서 야곱이 죽(나지드רָזִיד, 끓인 음식, 죽)을 만들고 있었다고 기록했기 때문입니다. 그래서 뒤 부분도 '붉은 죽'이라고 번역했지만 창세기 25:30절의 에서가 야곱에게 말한 히브리어 원어에는 '죽'이라는 단어가 없습니다. 그냥 하제הַזֶּה 라고 되어 있는데 이 말은 '이것'이라는 뜻으로 어떤 사물을 지칭할 때 쓰이는 단어입니다. 그리고 에서는 '붉은'이라는 히브리어 아돔אָדֹם을 두 번 반복해서 말합니다. 다시 말해, 에서가 야곱에게 말한 뉘앙스는 정중하게 야곱에게 '붉은 죽'을 달라고 요청한 것이 아니라 조급하게 보채면서 다음과 같이 말했다고 볼 수 있습니다.

"야, 그 붉은, 붉은 것(red, red stuff) 좀 줘 봐. 나 배고파 죽을 것 같아."

죽이든 다른 것이든 에서에게 있어서는 당장 자신의 배고픔을 달랠 무엇인가가 필요했고 그 붉게 생긴 것을 집어넣어야 만족이 되는 상태였습니다. 한글 성경은 '에서가 야곱에게 이르되'라고 정중하게 표현했지만 영어 성경에서는 '그가 야곱에게 기도를 했다(pray), 혹은 간청했다(beg)'라고 표현합니다. 그러나 히브리어 원어에는 라아트לעט 라는 단어가 들어있는데 이 단어는 '탐욕스럽게 집어 삼키다'라는 뜻을 가지고 있습니다. 그 '붉은 것'을 어떻게 해서든 자신에게 집어넣으려는 욕심, 탐욕이 이미 그 마음에 가득한 상태였다는 것을 나타냅니다.

자신의 상태를 죽기 직전이라고 말하면서 '빨간, 그 빨간 것'을 요구한 에서를 보며 그가 얼마나 그것을 간절히 원하는지 알아차린 야곱은 그 순간의 찰나에 그에게 '장자권'을 요구합니다. 고작 '그 붉은 것' 하나에 야곱은 하나님의 킹덤의 유업을 소유할 수 있는 '장자권'을 당당하게 요구합니다. 에서는 그 순간 '붉은 것'에 자기의 모든 것을 걸고 있었고 야곱은 그 순간에도 그 마음에 가득했던 킹덤의 유업을 소유할 '장자권'에 모든 것을 걸고 있었습니다. 야곱은 에서의 마음에 가득한 것이 무엇인지 알았고 그것을 얻기 위해서라면 그가 무슨 짓이라도 할 사람이라는 것을 알았기에 당당하게 형의 유업을 요구합니다. 그리고 에서는 아주 쉽게, 그리고 어이없게 자신의 장자권을 야곱에게 넘깁니다.

"배가 고파죽겠는데 그까짓 맏아들의 권리가 무슨 소용이냐?"창25:32, 쉬운 성경

에서에게 장자권은 '그까짓 것(제, 이것)'일분이었습니다. 야곱에게 있어서는 삶을 두고 원하는 것이 에서에게 있어서는 아무것도 아니었습니다. 야곱은 형의 말에 다시 한번 "오늘 내게 맹세하라"(창25:33)고 요구합니다. 그리고 에서는 맹세합니다. 당장 배를 채워줄 '붉은 것'에 자신의 모든 것을 거는 에서의 어리석은 행동은 무엇으로부터 기인한 것일까요?

"에서가 먹으며 마시고 일어나 갔으니 에서가 장자의
명분을 가볍게 여김이었더라"창25:34, 개역개정

'가볍게 여기다'로 번역된 히브리어 바자בזה는 '멸시하다, 가치없게 여기다'라는 뜻입

니다. 그는 하나님의 킹덤을 멸시하고 가치 없게 여겼습니다. 그래서 그의 행동은 한없이 가벼웠고 경솔했습니다. '붉은 것'이 자기에게 오기전까지는 그것 없이는 못살 것처럼 야곱에게 간청을 하더니 '붉은 것'이 자기 몸에 들어가자마자 그는 채워진 배에 만족하며 금방 일어나 가버렸습니다. 에서는 유업과 축복을 스스로 버린 것이었습니다.

　　여기서 우리가 한 가지 더 생각해 보아야 할 것이 있습니다. 야곱이 형 에서를 속였습니까? 그는 속이지 않았습니다. 그는 당당하게 에서에게 요구했습니다. 형이 안 팔고 싶은데 살살 꼬드겨서 그의 권리를 가져온 것이 아닙니다. 그래도 어떻게 그 많은 것 중에서 형의 장자권을 요구할 수 있냐고 말할 수 있을지 모릅니다. 그러나 야곱은 알고 있었습니다. 형에게는 하나님의 킹덤의 유업과 축복을 가지는 장자권보다 지금 그의 육신을 만족시켜 줄 정욕이 더 강렬하다는 것을. 그래서 그는 자신이 그렇게 소망하고 간절히 원하는 것을 형이 간절히 원하고 소망하는 것과 바꾸기를 요청한 것입니다. 우리는 육신의 욕구와 야망, 이것이 얼마나 사람을 허무하게 만들고 어리석게 만드는지 알아야 합니다. 육신의 욕구가 너무 강하면 우선순위를 잃어버리게 됩니다. 진짜가 무엇인지 알 수가 없게 됩니다.

　　우리에게 에서와 같은 모습이 얼마나 많습니까? 우리의 육신을 채우기 위해 간절히 구하는 것들이 얼마나 많습니까? 지금 이 세상은 보는 것과 먹는 것에 꼭 매여 있습니다. 우리가 소망하고 바라는 것들의 대부분은 우리의 육신을 위한 것이고 사실 우리가 하나님께 그분의 영광을 위해 구한다고 하면서도 우리의 뜻과 욕구를 이루기 위한 것들이 더 많습니다. 이런 육신적인 욕구는 우리로 하여금 경솔하고 어리석게 행동하게 합니다. 그래서 사도 바울은 육신의 생각은 하나님을 향해 품는 적대감이어서 사망이고 하나님의 법을 따를 수 없게 만들며 하나님을 기쁘시게 할 수 없다고 말합니다(롬8:5-8). 그래서 우리에게 영을 따라 사는 삶, 성령으로 충만한 삶을 살라고 권면합니다. 얼마나 많은 육적, 혼적인 것들이 우리 안에 섞여 있습니까? 하나님은 이런 것들을 분리시키고 걸러내게 하시기 위해 계속 흔들고 계십니다. 우리는 더 면밀히 우리를 살펴보아야 합니다. 더 깊이 훈련받아야 하고 우리의 이기적이고 육체적인 자아는 반드시 죽어야 합니다. 세상이 신실한 하나님의 백성을 괴롭히는 지금과 같은 상황은 우리를 연단하고 있다는 것을 반드시 인식해야 합니다. 하나님이 우리를 연단하기 위해 불과 물에 넣으시는 이유는 우리가 정금같이 되어 하나님과 함께 영원한 삶을 누리게 하기 위한 것, 이 한 가지를 위해서입니다. 육신의 고통이 힘들어서 세상을 따라가고 타협하겠습니까, 영원한 하늘의 소망을 위해 기꺼이 고통과 환란을 견디기로 결정하겠습니까?

아브라함의 토라

아버지 아브라함때 있었던 흉년이 또 그 땅에 임했습니다(창26:1). 이삭은 블레셋이 있는 그랄 땅으로 가지만 그의 마음에는 이집트로 내려가고자 하는 뜻이 있었던 듯합니다. 그래서 그랄 땅에 있는 이삭을 향해 하나님은 '이집트로 내려가지 말라'(창26:2)고 말씀하십니다. 그리고 아브라함에게 주셨던 약속의 말씀을 이삭에게도 말씀하십니다.

> "내가 네게 지시하는 땅에 거주하라 이 땅에 거류하면 내가 너와 함께 있어
> 네게 복을 주고 내가 이 모든 땅을 너와 네 자손에게 주리라 내가 네 아버지
> 아브라함에게 맹세한 것을 이루어 네 자손을 하늘의 별과 같이 번성하게 하며
> 이 모든 땅을 네 자손에게 주리니 네 자손으로 말미암아
> 천하 만민이 복을 받으리라"**창26:2-4, 개역개정**

아브라함에게 나타나셔서 언약을 맺으시고 주겠다고 약속하신 땅, 자손, 그리고 축복의 근원이 되는 것을 이삭에게도 직접 나타나셔서 약속하십니다. 그리고 그 이유를 다음과 같이 말씀하십니다.

> "이는 아브라함이 내 말을 순종하고 내 명령(미쉬메레트תרֶמֶשְׁמִ)과
> 내 계명(미쯔바הוָצְמִ)과 내 율례(후카הקֻח)와 내 법도(토라הרָוֹת)를 지켰음이라"**창26:5**

하나님이 말씀하신 명령, 계명, 율례, 법도는 400여 년이 지난 후에 하나님이 출이집트하여 데리고 나온 이스라엘 백성들에게 수없이 반복하여 그들이 지켜야 한다고 말씀하신 바로 그 명령, 계명, 율례, 법도(토라)입니다. 이 말은 아브라함에게는 이미 토라가 있었다는 것을 의미하고 그가 하나님의 토라를 지키고 있었다는 것을 의미합니다. 그렇다면 그는 토라를 어떻게 알고 있었던 것일까요? 여기서 말하는 토라는 후대에 모세 오경을 (모세의) 토라라고 고정해서 생각하게 되기 이전에 존재하던 '모세의 토라 이전의 토라'입니다.

유대 문헌과 랍비들은 아브라함이 노아의 라인으로부터 내려온 구전 전승들과 에녹서를 가지고 있었고 그것들을 통해 하나님의 명령, 계명, 율례, 법도(토라)를 알고 있었다고 말합니다. 이 말은 그가 아무 전승이나 자료, 혹은 가르침 없이 정말 믿음 하나만 가지고 산 것이 아니라 노아의 라인에서 믿음의 전승과 유업을 이어받은 선조로부터 하나님의 킹덤의

명령, 계명, 율례와 법도들을 들었고 배웠으며 그것을 지키기로 믿음으로 결단하고 순종했다는 뜻입니다. 아브라함은 하나님을 향한 믿음과 함께 그분의 명령과 율례, 법도(토라)에 순종하는 삶을 살았습니다. 예슈아는 바리새인을 향해 '너희들이 아브라함의 자손이면 그의 행동을 따라야 한다'(요8:39)고 말씀하셨습니다. 이 말은 아브라함이 가진 믿음뿐 아니라 그가 지킨 하나님의 말씀을 따라야 진정한 아브라함의 자손이라는 뜻입니다.

하나님은 아브라함이 하나님의 토라를 지켰기 때문에 아브라함에게 주신다고 약속했던 모든 것을 이삭에게도 주겠다고 말씀하셨습니다. 그리고 오늘 믿음의 아브라함의 자손이 된 우리에게도 아브라함의 믿음과 말씀(토라)에 대한 순종 때문에 같은 유업과 축복을 주겠다고 말씀하십니다. 그러나 동시에 하나님은 우리에게도 아브라함이 지키고 순종한 하나님의 말씀들인 명령, 계명, 율례, 법도(토라)를 지키고 순종하라고 말씀하십니다. 하나님이 온 우주의 창조자이시며 예슈아가 구원자라는 것을 믿는다면 우리는 당연히 그분의 말씀을 따르는 삶을 살아야 합니다. 아브라함은 믿음만 가진 사람이 아닌 말씀에 순종하는 삶을 살았다는 것을 기억해야 합니다.

DAY 2 창26:6-12

백 배의 축복, 백 개의 문 – 메아 쉐아림 מֵאָה שְׁעָרִים

흉년을 피해 그랄 땅을 지나 이집트로 내려가려던 이삭은 아버지 아브라함과의 언약뿐 아니라 자신과도 친히 언약을 맺으시며 약속하신 하나님의 말씀에 따라 그랄 땅에 거주합니다. 그런데 아이러니하게도 아버지 아브라함이 아내 사라를 누이라 속인 것과 같은 똑같은 실수를 이삭도 하게 됩니다. 이 사건을 통해 더 많은 축복을 누리게 되는 것도 아버지와 같습니다. 놀라운 것은 리브가 역시 사라를 한 번도 만나보지 못했지만 시어머니 사라처럼 남편에게 순종했다는 것입니다. 남편이 아닌 다른 남자에게로 가는 것이 아내에게 있어서 얼마나 부당한 일입니까? 그런데 가족과 모두의 안전을 위해서 리브가는 부당한 것과 같은 것일지라도 남편의 말에 순종합니다.

하나님은 리브가가 안전하게 이삭과 가정의 품으로 돌아올 수 있게 하십니다. 그리고 그 땅에서 농사하여 그 해에 백 배나 되는 축복을 부어 주십니다. 하나의 씨가 심겨졌을 때 '씨 하나에 백 개의 씨 가진 열매'를 얻은 것입니다. 백배라는 히브리어 메아 쉐아림מֵאָה שְׁעָרִים 은 '백 개의 문'이라는 뜻으로도 해석할 수 있습니다. 하나님이 이삭에게 백 개나 되는 축복의 문을 열어 주셨습니다. 그래서 그는 창대하고 왕성하여 마침내 거부가 되었습니다 (창26:13). 이 문장에서 '창대, 왕성, 거부'라는 히브리어는 모두 똑같이 가달גָּדַל이라고 되어 있습니다. 가달은 '점점 커지고, 위대하게 되고, 힘 있게 되며, 확장되는 것'을 의미합니다. 그래서 이 문장을 다시 보면 이삭은 커지고, 또 커지고, 더 커졌다는 뜻이 됩니다. 그의 축복은 계속되는 진행형입니다. 한 번 축복을 받고 끝난 것이 아니라 계속 진행되어 커지고 또 커지고 더 커졌습니다.

하나님이 문을 열어 두시면 그 문을 닫을 자가 없습니다. 하나를 심으면 백배를 거두는 축복이 되며 하나의 축복은 또 다른 축복을 열고 열어 마침내 백개의 문 메아 쉐아림이 열려 축복과 번성이 멈추지 않고 계속됩니다. 이삭에게 열려진 축복의 문들은 아브라함으로부터 이어진 것입니다. 그러므로 축복은 유업으로 자녀들에게 흘러갑니다. 하나님은 우리에게 메아 쉐아림, 백 개의 축복의 문을 열어 주길 원하십니다. 아브라함의 유업을 믿음으로 취한 자들은 이삭과 같은 동일한 축복을 받을 것입니다. 우리의 믿음만큼 자녀들은 더 큰 축복을 유업으로 누리게 될 것입니다. 아브라함의 자녀인 이삭이 메아 쉐아림의 복을 받았듯이 믿음으로 그리스도에게 속한 우리도 아브라함이 받는 복을 함께 받아 누리는 것이 하나님의 계획입니다(갈3:9,14).

DAY 3 창26:13-22

아브라함의 우물들

메아 쉐아림의 축복 뒤에 이삭은 거센 저항에 부딪히게 됩니다. 아버지 아브라함 때와 달리 이삭은 축복 뒤에 많은 시기와 질투로 인해 노력하여 얻은 물의 근원이 막히고 우물을 빼앗기게 되는 사건을 반복해서 겪게 됩니다. 어떤 이는 이삭이 참 평범하고 안정적인 삶이었다고 말하지만 끊임없는 시기와 질투 속에서 얻은 것들을 잃어버리는 경험은 결코 쉬운 일이 아닙니다. 이삭이 그 땅에 해를 끼친 것이 아무것도 없음에도 이방인이라는 이유, 그 땅의 원주민들보다 더 많은 것을 가진다는 이유로 그 땅에 거하지 못하도록 쫓기게 됩니다(창26:16). 그랄 왕 아비멜렉은 이삭에게 떠날 것을 요구하고 이삭은 그 땅을 떠나 골짜기에 장막을 치고 머뭅니다. 그리고 아브라함이 팠던 우물들, 블레셋 사람들이 막은 우물들을 다시 파기 시작합니다. 이삭은 자신의 창대함과 축복을 시기하는 사람들의 떠나라는 요구를 들어줍니다. 왜냐하면 그 땅은 이삭의 땅이 아니었고 그에게는 물에 대한 권리도 없었으며 그는 자신의 아버지처럼 나그네의 삶을 사는 사람이었기 때문입니다. 자신의 재력으로 타협이나 협상을 시도했을 수 있을지 모르겠습니다. 그러나 그는 그렇게 하지 않았습니다. 그리고 아버지 아브라함의 우물, 유업을 찾아 그것을 다시 열고 회복합니다. 그는 새로운 우물을 팔 수도 있고 혹은 우물을 파고 새롭게 이름을 붙일 수 있었겠지만 그렇게 하지 않고 아버지의 우물을 파서 그것을 마시고 그 우물의 유업을 이어 가기를 선택합니다. 그리고 그 우물들의 이름을 아버지가 부르던 이름으로 부릅니다(창26:18).

아버지때부터 파온 우물들은 다 메워지고(창26:18) 거기에 스스로 노력하여 얻은 우물들까지도 두 번이나 더 빼앗기게 됩니다(창26:20,21). 에섹(עֵשֶׂק)이라는 우물의 이름 뜻은 '다툼, 불화, 충돌, 논쟁'입니다. 에섹의 어근 아삭(עָשַׂק)은 '짓누르고 압제하고 속여 강제로 빼앗는다'는 뜻입니다. 그다음 우물 싯나(שִׂטְנָה)는 시트나로 발음되며 사탄(שָׂטָן)이라는 어근에 헤이(ה)를 붙인 형태입니다. 사탄은 적대자로서 '대적하고 반대하고 공격하는 행위자'라는 의미이며 시트나는 '고소, 고발, 비난, 증오, 미움, 적대'를 의미합니다. 이 두 우물의 이름을 통해서 이삭이 얼마나 시기 질투를 당하며 불화와 논쟁과 다툼과 충돌을 경험했는지, 그리고 그 이상으로 비난과 미움과 증오를 가지고 달려드는 대적자들을 마주하게 되었는지를 보게 됩니다. 그러나 이삭이 이런 빼앗김의 경험 속에서 끝까지 관대함과 온유함으로 반응할 수 있었던 이유는 그가 빼앗긴 것에 연연하지 않고 아버지로부터 이어져 온 축복과 유업, 그리고 자신이 말씀에 순종하여 이집트에 내려가지 않음으로 하나님이 주신 축복을 더 믿었기 때문이었습니다.

마침내 더 이상 그 땅의 원주민들이 괴롭히지 않자 이삭은 다시 새로 판 우물의 이름을 르호봇(רְחֹבוֹת)이라 명명하고 지경이 넓어져서 큰 대로가 열렸음을, 그리고 이 땅에서 번성하게 될 것임을 선포합니다(창26:22). 이것은 승리의 선포입니다. 계속되는 공격이 있었지만 그것 때문에 낙심하지 않았습니다. 빼앗겼지만 빼앗긴 것 때문에 절망하지 않았고 사탄의 궤계에 말려들어가지 않았습니다. 그는 다시 노력하면 하나님이 또 주실 것과 오히려 더 크게 주실 것을 확실히 믿었습니다. 결국 아비멜렉이 찾아와 "여호와께서 너와 함께 계심을 우리가 분명히 보았다"(창26:28)고 말하며 맹세의 계약을 맺게 됩니다. 그리고 이삭의 종들이 판 곳에 또 우물이 나오게 됩니다(창26:32).

원수의 공격은 멈추지 않습니다. 하나님이 축복을 줄수록 시기와 질투에 가득 찬 원수는 더 빼앗으려 합니다. 그러나 하나님의 약속을 붙드는 자, 그 약속을 굳건히 믿는 자는 빼앗긴 것에 연연하지 않고 낙심하지 않습니다. 잃어버린 것에 집중하지 않고 하나님이 이미 주신 것, 그리고 앞으로 주실 것을 더욱 바라봅니다. 이삭은 아버지 아브라함 때문에 축복을 거저 받은 것만은 아닙니다. 그는 자신의 믿음으로 아버지의 유업을 이어갔고 아버지의 하나님과 직접 언약을 맺었으며 더욱 확장시켜 나갔습니다. 유업은 이어질 뿐 아니라 더욱 확장되는 것입니다.

사탄은 믿음의 유업이 세대에서 세대로 흐르지 못하게 막으려 하고 실제로 그것은 막히기도 합니다. 혹은 새로운 세대 스스로가 더 좋은 것을 찾으려고 오래된 것을 버리기도 하고 바꿔 버림으로써 아버지 세대의 것을 막거나 끊어지게 할 수도 있습니다. 그러나 유업은 아버지로부터 자녀에게로 전해지고 흐르는 것입니다. 아버지의 것을 알 때 자신의 정체성도 확실히 할 수 있고 또 그것이 그 자녀의 자녀에게로 흐를 수 있습니다. 유대인들은 이 유업을 잘 붙들고 지키고 흐르게 한 민족입니다. 이들이 믿음의 아버지들의 유업을 잊지 않고 붙들었기에 약속의 땅으로 돌아올 수 있었고, 또 약속의 땅으로 돌아왔기에 수많은 혼란과 공격, 그리고 하나님으로부터 돌아서는 악한 일들에도 불구하고 그들의 믿음의 아버지들로 인해 하나님의 긍휼과 은혜를 받고 있습니다.

이삭은 아버지의 우물들을 팠고 에섹(다툼), 싯나(대적)를 거쳐 결국은 르호봇(넓게 함)으로 그 지경이 넓어졌을 뿐 아니라 그의 온유함과 아버지의 유업을 잇고자 하는 믿음을 보시고 하나님은 다시 한번 이삭에게 나타나셔서 아브라함에게 주신 축복을 약속하십니다(창26:24). 이제 아버지의 하나님만이 아니라 자신이 직접 만나고 경험하는 하나님, 자신과 언약을 맺으시는 하나님임을 고백하며 이삭은 제단을 쌓고 여호와의 이름을 부릅니다(창26:25). 그리고 그곳에서도 우물을 파고 하나님은 이삭에게 또 우물을 허락하십니다.

우리의 자녀들에게 믿음의 유업이 끊어지지 않게 해야 합니다. 아브라함의 믿음의 여정을 통해 하나님이 우리에게 말씀하시는 것은 믿음의 조상들의 유업이 자녀들에게 이어지도록 가정을 하나님의 장막이 되게 하고 아비들은 말씀을 자녀에게 가르치고 삶으로 사는 것을 보여주어야 한다는 것입니다. 대한민국을 일으킨 영적인 아비, 어미들의 기도의 유업이 있습니다. 이것이 사탄의 훼방과 공격, 세속과 섞이며 하나님보다 높아진 사상들과 생각들로인해 어리석은 교만에 빠져 끊어지거나 막혀 있습니다. 다시 살려야 합니다. 영적인 옛 우물, 생명의 근원이었던 옛 우물, 그 유업을 다시 회복해야 합니다. 그리고 우리의 자녀들이 그것을 받을 수 있게 해야 합니다.

DAY 4 창26:23-29

절반뿐인 사과, 포용하는 넓은 마음

그랄 왕 아비멜렉이 친구 아훗삿과 군대장관 비골과 함께 이삭을 찾아옵니다(창26:26). 그리고 그에게 맹세와 계약을 요청합니다. 이삭은 나를 미워하여 쫓아낸 너희들이 어찌 찾아와 그것을 요구하냐 물을 때 아비멜렉은 "여호와께서 너와 함께 계심을 우리가 분명히 보았다"(창26:28)고 말합니다. 하나님의 말씀에 순종하며 믿음으로 사는 사람의 삶은 그렇지 않은 사람들에게 하나님의 존재를 알게 합니다. 세상과 같은 방법, 혹은 섞여 있는 것으로 사는 사람은 보기에는 화목하게 잘 지내는 것처럼 보이지만 하나님이 아닌 자신의 그럴싸한 모습만 보여줄 뿐입니다. 하나님을 나타내는 삶은 때론 손해를 보고 바보같이 보일지라도 하나님의 선하심을 바라보고 의지하는 삶입니다. 이삭은 훼방 받고 빼앗기고 쫓겨난 삶이었지만 그는 하나님의 선하심, 약속을 의지하며 믿음으로 아버지가 선택한 그 길을 따라갔습니다. 결과는 하나님을 알지 못하는 사람들이 그를 통해 하나님을 보고 알게 하였습니다.

그런데 아비멜렉은 이삭에게 잘못한 것을 말하는 것이 아니라 자신들이 잘해 준 것만 말하며 계약을 맺자고 요청합니다.

> "너는 우리를 해하지 말라 이는 우리가 너를 범하지 아니하고 선한 일만 네게 행하여
> 네가 평안히 가게 하였음이니라 이제 너는 여호와께 복을 받은 자니라"창26:29

아비멜렉은 리브가의 사건으로 인해 이삭과 리브가가 해를 받지 않도록 보호해 주었고 그들이 그 땅에서 평안히 떠날 수 있게 해 주는 선의를 베풀었습니다. 그러나 그의 백성

들이 이삭을 시기하여 훼방하고 공격했던 것에 대해서는 언급하지 않습니다. 그가 왕으로서 백성들이 이삭에게 한 악한 일들을 모르지 않았을 것이고 또 알았더라도 그는 이삭을 보호해 주지 않았습니다. 사실 따지고 보면 아비멜렉이 제대로 선의를 베푼 것이라고 볼 수는 없습니다. 그는 이삭이 여호와가 함께 하시는 복을 받은 자라는 것을 인정한다는 것과 자신이 선의를 베풀었던 것만 이야기하며 자신의 백성들의 악한 일들은 모르는 척합니다. 한 두 번이 아니라 여러 번 우물이 막히고 빼앗긴 경험을 한 이삭으로서는 달갑지만은 않은 제안이었을지 모르겠습니다.

그러나 이삭은 그들을 위해 잔치를 베풀어 주고 그들이 원하는 대로 맹세를 하고 그들을 평안히 보내줍니다. 이삭은 끊임없이 괴롭힘을 당하지만 악하게 대하지 않고 선하게 대해주며 모든 것을 용서해 주는 드라마 속의 선한 주인공 같습니다. 자존심을 지키려고 쉽게 용서해주지 않으려는 완악하고 강퍅한, 그리고 교만한 마음을 가진 사람들은 결코 가질 수 없는 관용입니다. 너그럽고 착하고 깊고 따뜻하며 겸손하고 온유한 이삭의 성품은 우리에게 악하게 대하는 세상을 향해 우리가 어떤 모습을 가져야 할지 보여줍니다. 그리고 우물 이야기의 마지막을 통해 우리는 하나님이 우리에게 어떤 승리를 주실지를 보게 됩니다.

"그날에(아비멜렉과 함께 온 자들이 평안히 돌아간 날) 이삭의 종들이 자기들이 판
우물에 대하여 이삭에게 와서 알리어 이르되 우리가 물을 얻었나이다"창26:32

이삭이 빼앗은 자들을 용서하고 그들을 위해 오히려 베풀고 평안히 가게 한 그날에 하나님은 그에게 다시 우물을 허락하십니다. 마치 이삭의 선한 행동에 대해 하나님이 보상해 주시는 것처럼 이 이야기의 마지막은 완전한 승리로 막을 내립니다. 이삭은 새 우물 소식을 듣고 그 우물의 이름을 셰바שבע (맹세, 언약)라고 부릅니다. 그 땅의 사람들과의 맹세, 그리고 자신에게 복을 주시겠다고 약속하신 하나님의 언약, 이삭은 그것을 기억했을 것입니다. 하나님은 반드시 약속을 지키시는 하나님이십니다. 그리고 하나님은 우리가 하나님처럼 그렇게 신실하기를 원하십니다. 신실한 하나님의 사람들은 겸손하고 온유하며 넓은 마음으로 사람들을 사랑함으로 하나님의 말씀에 순종하는 사람들입니다.

DAY 5 창26:30-27:27

리브가의 속임

이삭이 나이가 들어 눈이 어두워지기 시작하자 자신이 언제 죽을지 알 수 없어 미리 맏아들을 축복함으로 유업을 이어주기로 결정합니다(창27:4). 모리아 산에서 하나님으로부터 예언의 기도를 들었던 리브가와 달리 두 아들을 향해 어떤 하나님의 계획이 있는지 잘 알지 못했던 것인지, 아니면 눈이 흐려진 것처럼 판단력이 흐려진 것인지 이삭은 자기가 좋아할 뿐 아니라 장자권을 가진 맏아들 에서에게 유업을 주기로 결심하고 그를 불러 고기를 사냥해 오도록 요청합니다.

그러나 리브가에게는 분명한 하나님의 말씀이 있었습니다. 게다가 에서는 헷 족속으로부터 아내를 맞이하였고 이것은 이삭과 리브가에게 근심이 되고 있는 상황이었습니다 (창26:35). 근심이라고 번역된 히브리어 모라חָרָה의 어근인 마라르מָרַר는 '쓰다'는 뜻으로 깊은 고뇌를 의미하기도 합니다. 그리고 성경은 이삭과 리브가가 단순히 마음에 근심이 있는 정도가 아니라 '그들의 영이 쓰게 되었다(모라트 루아흐, מֹרַת רוּחַ)'고 기록합니다. 하나님과 그의 킹덤을 알지 못하는 이방여인이 맏아들의 아내가 된 것은 이삭과 리브가에게 영적인 쓰라림을 안겨주었습니다. 그리고 리브가는 에서의 성정을 잘 알고 있었습니다. 세상에 온 마음을 두고 있는 에서가 그 땅의 여인에게 마음이 꽂혀 결혼하고자 했을 때 이삭과 리브가는 반대를 하지 않았을까요? 성경에는 기록되어 있지 않지만 반대를 했더라도 에서가 듣지 않았을 가능성이 많습니다. 자기가 원하는 것은 반드시 욕심껏 취해야 하는 에서였기 때문입니다.

리브가는 자신이 품고 있던 하나님의 예언의 말씀을 기억하며 눈이 어두워 보지 못하는 이삭이 야곱을 축복할 수 있는 계획을 세웁니다. 야곱은 이것이 아버지를 속이는 일이기에 주저했지만 리브가에게는 확신이 있었습니다. 큰 자가 어린 자를 섬기리라는 하나님의 말씀대로, 또 세상을 사랑하는 에서보다 하나님의 킹덤의 유업을 사모하는 야곱의 마음을 잘 알고 있었기에 리브가는 이 가문의 유업은 당연히 야곱에게 흘러가야 한다고 믿었습니다. 후에 이삭은 하나님이 아브라함에게 축복하신 '너를 축복하는 자는 복을 받고 너를 저주하는 자는 저주를 받을 것이다'(창27:29) 라는 축복으로 아브라함으로부터 시작된 가문의 유업과 축복을 야곱에게 전해줍니다.

리브가는 분명 남편 이삭을 속였습니다. 그러나 다른 한 편으로는 눈이 어두워 잘 분별하지 못하는 이삭대신 리브가가 나서서 남편의 뜻을 거스르지 않으면서도 가문의 중요한 영적 유업이 하나님의 말씀대로 흘러갈 수 있도록 하기 위한 믿음의 결단이기도 했습니다. 단순히 야곱을 사랑한다는 편애 하나로 이뤄진 일만은 아닙니다. 모든 것에는 양면성이 있습니다. 그리고 그 양면성은 때로는 극과 극의 모순을 가지기도 합니다. 하나님의 킹덤에는 이런 모순적이면서 양면적인 일들이 많습니다. 죽어야 살고, 잃어버려야 찾고, 빼앗겨야 다시 얻는 이런 상황들을 하나님이 우리에게 허락하시는 이유는 우리가 끝까지 믿음과 말씀을 선택할 수 있게 하기 위한 훈련이기도 합니다.

에서는 빼앗긴 유업과 축복에 분노하여 극심한 미움을 야곱을 향해 갖게 되고 심지어 죽이겠다는 결심을 하게 됩니다. 에서는 그가 야곱으로부터 두 번 속았다고 말합니다. 그 첫 번째가 붉은 죽에 자신의 장자권을 판 사건입니다. 그러나 우리는 이미 이 사건에 대해 야곱이 정당하게 요구했고 에서가 장자권을 멸시하여 팔아버린 것이라는 것을 명확하게 알고 있습니다. 이것은 야곱이 속인 것이 아니고 자신의 육적인 욕심에 눈이 멀어 에서 스스로 버린 것이었습니다. 그래서 그의 분노는 정당화될 수 없습니다. 그가 분노한 것은 하나님의 킹덤의 유업을 잃어버린 것 때문이 아니라 이 땅에서 누릴 수 있는 부의 축복을 놓쳐버린 것 때문이었습니다. 그는 끝까지 어리석은 사람이었습니다.

리브가는 가문의 유업과 축복을 야곱이 받아야 한다고 믿었을 뿐 에서를 미워한 것이 아니었습니다. 동생을 죽이겠다는 에서의 의중을 알고 둘을 모두 잃을 수 없어 야곱을 자신의 가족에게 보내기로 결심합니다. 그리고 이삭에게 헷 족속의 딸들로 인해 마음이 어려우니 자신의 가족으로부터 야곱의 아내를 찾게 할 것을 제안합니다. 아버지 아브라함이 이삭을 위해 아브라함의 혈통으로부터 아내인 리브가를 맞이할 수 있도록 했던 것을 기억하며 이삭은 그것에 동의합니다. 그리고 야곱에게 두 번째 축복을 하며 보냅니다. 이때 이삭은 아주 정확하게 아브라함의 축복을 언급합니다.

"아브라함에게 허락하신 복을 네게 주시되 너와 너와 함께
네 자손에게도 주사 하나님이 아브라함에게 주신 땅 곧 네가 거류하는
땅을 네가 차지하게 하시기를 원하노라" 창28:4

이삭도 아버지 아브라함의 유업이 야곱에게 이어진 상황을 인정하고 그에게 그들 조상의 모든 유업과 축복을 완전하게 넘겨줍니다. 이로써 하나님의 킹덤의 족보는 에서가 아닌 야곱으로 이어지게 되고 그 유업을 붙들었던 야곱은 결국 그것을 소유하게 됩니다. 하나님의 킹덤은 끝까지 붙드는 자들에게 주어질 것입니다. 그러나 하나님의 킹덤은 종교 생활을 잘 하는 자들, 그래서 적당히 세상과 타협을 잘 하는 자들에게는 주어지지 않을 것입니다. 누가 뭐라고 해도 진리를 끝까지 붙들고 놓치 않겠다는 끈질긴 믿음을 가진 자들에게 주어질 것입니다.

리브가의 믿음과 결단 – 약속의 자녀에게로 이어지는 하나님의 유업

리브가는 왜 야곱이 축복을 받도록 했을까요? 장막에 거하며 어머니와 친밀했던 야곱이 더 예뻤기 때문이었을까요? 이것은 단순한 편애였을까요? 리브가는 하나님으로부터 정확한 예언의 음성을 들었습니다. 리브가가 얼굴도 모르는 남편과 결혼하기로 결심할 수 있었던 이유는 아브라함의 가정 안에 있는 신앙의 유업을 믿음으로 취했기 때문이었습니다. 그 신앙은 이미 그들의 가문 안에 전승되어 내려오는 신앙과 동일한 것이었습니다. 리브가는 남편 이삭과 자신의 시아버지 아브라함에게 주신 하나님의 언약의 말씀을 알고, 자신의 가족에게 주어진 사명과 축복도 잘 알고 있었습니다. 리브가는 자신의 가계 안에서 태어나야 할 자손 중에 왕이 있음을 알았고, 이것은 하나님의 완전한 주권 아래 있는 선택이라는 것도 알았습니다. 리브가는 시아버지 아브라함으로부터 먼저 태어난 장자 이스마엘이 아니라 왜 남편 이삭이 선택받았는지도 들었습니다. 하나님의 약속과 축복은 믿음의 계보를 통해 흘러내려갑니다. 리브가는 하나님의 뜻과 계획이 무엇인지 명확히 알았습니다. 자녀들을 향한 예언의 말씀을 정확하게 들은 사람은 이삭이 아니라 리브가였습니다. 리브가의 마음에 뿌려진 예언의 씨앗을 그녀는 마음에 담고 물을 주고 자라게 하였습니다.

리브가는 에서를 사랑했습니다. 하지만 세상을 사랑하는 에서의 행동들은 리브가의 마음을 근심하게 할 뿐이었습니다(창26:35). 리브가는 이 중차대한 가계의 사명과 축복의 흐름이 어디로 가야 하는지 점점 더 이해하게 됩니다. 그리고 장막에서 선조들로부터 역사를 배우고 신앙의 유업을 전해 받고 하나님의 말씀 듣기를 즐거워하는 야곱의 마음에 자라고 있는 믿음과 하나님의 유업을 받기에 합당한 모습을 보게 됩니다. 예언의 말씀뿐만 아니라 어떤 사람에게 하나님의 유업이 마땅히 흘러가야 하는 것인지 알게 됩니다. 그래서 남편 이삭이 노년에 눈이 어두워져 분별을 잃고 관습에 따라 장자인 에서를 축복하려던 것을 야곱에게 흘러가도록 결단하고 행동합니다.

사라는 이스마엘이 이삭과 같은 축복을 받을 수 없음을 알았고 그로부터 이삭을 보호하기 위해 과감하게 떠나보내는 결단을 하였습니다. 리브가는 하나님의 축복의 흐름이 장막에 거하며 말씀을 사랑하고 몸과 마음이 온전하여 흠이 없던(תָּם) 아들인 야곱에게로 흘러가야 함을 깨닫고 하나님의 예언의 말씀의 성취를 위해 과감히 야곱이 축복을 받을 수 있도록 결단하고 행동을 취합니다.

결정적인 순간에 하나님의 뜻과 계획을 먼저 생각하는 자와 그럼에도 사람의 뜻과 관습을 따르는 자 가운데 누가 하나님의 말씀을 따르는 사람입니까? 인간의 선호도와 달리 하나님은 하고자 하시는 일을 반드시 행하십니다. '큰 자가 어린 자를 섬기리라'는 말씀은 단순히 '큰 아들이 작은 아들을 섬길 것이다'라는 뜻이 아님을 리브가는 알고 있었습니다. 하나님을 더 사랑하는 아들에게 유업이 흘러가도록 선택한 리브가의 행동은 결국 하나님의 계획이 이뤄지도록 하는 통로가 되었습니다. 결정적인 순간에 우리는 하나님의 뜻과 계획을 먼저 선택하는 사람이 되겠습니까? 그럼에도 사람들이 일반적으로 해오던 것을 선택하는 사람이 되겠습니까?

DAY 6 창27:28-28:4

이삭의 축복

이삭은 야곱인지 알지 못한 채 자신의 가문에 하나님이 주신 언약의 축복을 야곱에게 쏟아부어줍니다. 그 첫 번째는 곡식과 포도주의 축복입니다.

> "하나님은 하늘의 이슬과 땅의 기름짐이며 풍성한 곡식과
> 포도주를 네게 주시기를 원하노라" 창27:28

성경에서 풍성한 곡식과 포도주는 하나님의 킹덤의 부요함을 나타낼 때 표현되는 말

입니다. 특별히 수많은 선지자들은 메시아닉 킹덤에 대해 예언할 때 킹덤의 풍성한 곡식과 포도주, 기름을 보았습니다.[38] 선지자들은 곡식, 포도주, 기름의 풍성함이 이스라엘 땅에, 시온에 넘쳐날 것이라고 예언하였습니다. 이 모든 것은 메시아가 왕이 되실 때 열방을 향해 공급해주시는 축복이 될 것입니다.

곡식과 포도주는 예슈아가 자신의 살과 피라고 말씀하시면서 떼어 주셨던 빵과 포도주를 연상시키기도 하고, 또 마지막 날 왕의 잔치에 차려질 테이블 위에 올려질 음식들과 포도주를 연상시키기도 합니다. 예슈아의 찢겨진 몸은 사람과 땅을 회복시키는 풍성한 곡식이 되었고 예슈아가 흘린 보혈은 넘쳐 흐르는 포도주와 기름이 되어 결코 마르지 않는 생명의 물로 열방을 덮고 흐르고 채우셔서 생명을 회복하고 충만케 하실 것입니다. 이삭이 야곱에게 한 곡식과 포도주의 축복은 그를 통해 메시아닉 킹덤이 이뤄지게 될 것을 예언한 것이었습니다.

두 번째로 이삭은 야곱에게 통치권에 대한 축복을 합니다.

> "만민이 너를 섬기고 열국이 네게 굴복하리니 네가
> 형제들의 주가 되고 네 어머니의 아들들이 네게 굴복하며"창27:29a

하나님은 아브라함에게 열국의 아비가 되게 하겠다고 말씀하셨고 많은 민족들이 아브라함으로부터 나오게 될 것이라 말씀하셨습니다. 이삭은 이 약속을 자신의 아들 야곱에게 물려주면서 야곱이 민족들을 다스리는 왕이 되며 심지어 형제들의 주가 될 것이라고 예언합니다. 야곱으로부터 태어난 12지파는 이스라엘이라는 나라를 이루었고 이스라엘은 모든 열방의 장자로서 열방을 다스리고 축복하는 왕적 제사장의 역할을 부여받았습니다. 그러나 이스라엘은 하나님의 말씀에서 벗어나 타락하면서 굴곡 많은 역사를 지나게 되었고 오랜 시간 땅 없이 열방에 흩어져 있어야 했지만 이제 그 부르심과 소명이 다시 회복되고 있습니다. 이스라엘은 메시아닉 킹덤에서 자신들의 왕적 제사장 직임을 남겨진 의로운 자들로서 메시아이신 예슈아와 함께 하늘에서 내려오는 첫째 부활에 참여한 자들과 함께 감당하게 될 것입니다.

세 번째로 이삭은 하나님이 아브라함에게 하신 축복과 저주에 대한 약속을 야곱에게 전해줍니다.

---

38 【렘31:11-12】【호2:21-22】【욜2:19, 23-24】【시72:16】

"너를 저주하는 자는 저주를 받고 너를 축복하는
자는 복을 받기를 원하노라" 창27:29b

　하나님이 아브라함을 약속의 땅을 보내실 때 처음으로 해주셨던 그 축복을 야곱이 받으면서 아브라함 가문의 유업을 확실히 야곱이 이어받게 됩니다. 이삭은 자신의 축복이 장자인 에서가 아니라 야곱에게 갔다는 것을 알았을 때 놀라서 몸을 떨었지만 그는 이것이 하나님의 계획안에서 이뤄진 것이라는 것을 받아들이고 에서의 분노를 피해 야곱을 밧단아람으로 보내면서 다시 한번 그들 가문의 유업이 야곱에게로 이어졌음을 확증하는 축복기도를 야곱에게 해주고 그를 떠나보냅니다.

"아브라함에게 허락하신 복을 네게 주시되 너와 너와 함께
네 자손에게도 주사 하나님이 아브라함에게 주신 땅
곧 네가 거류하는 땅을 네가 차지하게 하시기를 원하노라" 창28:4

　이삭의 최종 축복은 하나님이 약속하신 땅, 에덴의 중앙, 예루살렘을 야곱이, 그리고 장차 그의 아들들인 이스라엘이 차지하게 될 것이라는 것으로 땅의 소유권까지 야곱에게 넘어갑니다. 이로써 야곱은 그토록 열망하고 갖기를 원했던 여인의 후손을 통해 태어날 메시아의 왕권과 메시아닉 킹덤의 통치권을 갖게 됩니다. 이로 인해 그는 형 에서의 분노와 살기를 피해 장막을 떠날 수 밖에 없는 상황에 직면하지만 그가 거했던 아람 땅, 후에 앗수르가 되고 바벨론이 될 그 땅에서 그가 겪는 고통과 또 그곳에서 다시 약속의 땅으로 돌아오게 되는 과정을 통해 하나님의 자녀들이 어떤 고통을 시간을 지나 다시 에덴으로 돌아오게 될 것인지를 예표하는 삶을 살게 됩니다. 야곱이 받은 축복은 믿음으로 그 안에 들어간 우리의 축복이 되었습니다. 우리는 곡식과 포도주가 풍성하고 생명이 넘쳐 흐르는 하나님의 킹덤에서 왕권과 제사장권을 가진 자들이 되어 하나님의 백성들에게 축복이 되고 영원한 에덴, 예루살렘에 거하게 될 것입니다.

DAY 7 창28:5-9

육신의 생각

　　육신의 생각에 매여 있는 에서는 야곱이 자신의 장자권을 가져가는 것을 보면서도 무엇이 잘못된 것인지를 깨닫지 못했습니다. 야곱이 어머니 리브가의 고향으로 신부를 찾으러 간 줄로 생각한 에서는 부모님을 기쁘시게 하고 싶어 이스마엘에게 가서 이스마엘의 딸이자 큰 아들 느바욧의 누이 마할랏을 아내로 맞이합니다(창28:9). 이스마엘은 아브라함이 육체의 자유를 따라 낳은 아들이었습니다(갈4:23). 에서는 하나님의 킹덤을 볼 수 있는 눈과 마음이 없었습니다. 바울은 육체를 따라 난 자는 성령을 따라 난 자를 박해한다고 했습니다. 또 육신의 생각은 사망이고 영의 생각은 생명과 평안이라고 했습니다(롬8:6). 육신의 생각은 결국 하나님과 원수가 되고 하나님을 기쁘시게 할 수 없습니다(롬8:7-8). 에서의 선택은 결코 이삭과 리브가의 마음을, 그리고 하나님의 마음을 기쁘시게 할 수 없었습니다. 마음의 변화를 받고 생각을 거룩하게 하지 못했기 때문입니다. 세상의 영은 우리가 변화를 받고 하나님께로 돌이키지 못하게 합니다. 세상의 영은 우리의 마음을 어둡게 하여 끝까지 보지 못하게 합니다. 에서는 결코 자신을 돌이키지 못했습니다. 그의 후손들도 집요하게 이스라엘을 시기하고 미워했으며 이스라엘이 잘못되면 기뻐하기까지 했습니다. 결국 형제가 잘못되는 것을 기뻐하는 악한 마음 때문에 에서의 후손들은 하나님으로부터 심판을 받게 됩니다.

　　에서는 할아버지 아브라함의 아들 이스마엘의 딸과 결혼합니다. 그의 육신적인 생각으로 할아버지 아브라함의 유업이 이스마엘에게도 있을 것이라 여겼는지 무엇인가 좀 더 가문과 연결된 것을 찾고 싶었던 듯 보입니다. 이것이 그의 생각의 한계였습니다. 본질을 볼 수 있는 영적 통찰력이 없었기에 그는 무엇이 진짜 부모님이 원하시고 하나님이 기뻐하시는 것인지 알지 못했습니다. 장막에서 하나님의 말씀을 듣지 못했기에 결코 알 수가 없는 것들이었습니다. 하나님을 기쁘시게 하는 것은 믿음입니다. 믿음이 있는 자들은 하나님이 계신 것을 믿고 하나님이 상급이 되어 주신다는 것을 믿습니다(히11:6). 육신의 생각은 믿음으로 뛰어넘을 수 있습니다. 아벨, 에녹, 노아는 믿음으로 예배하고 믿음으로 하나님을 기쁘시게 했으며 믿음으로 장차 올 새로운 세상을 맞이했습니다. 이 믿음이 아브라함에게 이어졌고 야곱이 이것을 움켜쥐었습니다. 믿음을 움켜쥔 자가 킹덤으로 들어가게 될 것입니다.

하프타라 말1:1-2:7

에서의 영

말라기에서 에서의 자손인 에돔 자손들은 "무너뜨림을 당하여도 황폐된 곳을 다시 쌓을 것이라"(말1:4)고 말하며 교만한 마음으로 하나님을 대적합니다. 그런 그들에게 하나님은 "내가 다시 무너뜨릴 것이고, 영원한 진노를 내릴 것"이라고 하십니다. 그런데 야곱의 자손인 이스라엘마저 하나님 앞에서 교만해집니다. 하나님은 그들이 하나님을 멸시했다고 말하지만 그들은 끝내 그러지 않았다고 우깁니다(말1:6-7). 그래서 하나님은 교만해진 그들 대신에 이방 민족을 통해 영광을 받겠다고 결정하십니다(말1:11,14). 하나님은 하나님의 말씀을 듣지 않고 마음에 두지 않으며 하나님의 이름을 영화롭게 하지 않는 자들을 저주할 것이고 (말2:2) 하나님 앞에 교만한 자들은 수치를 당하게 될 것이라 말씀하십니다(말2:3). 에서는 하나님을 멸시했기에 장자권을 팔아버렸습니다. 에서의 자손인 에돔은 계속 그렇게 하나님을 멸시하는 민족이었습니다. 하나님은 교만한 자들을 내치십니다. 하나님은 겸손히 하나님을 사랑하는 자들, 스스로 작다고 여기는 자들에게 하나님의 영광을 부어주십니다.

그러나 비록 하나님의 킹덤을 선택한 야곱이었을지라도 세상과 섞여서 하나님을 멸시했을 때 하나님은 언약의 유업을 이방 민족, 믿음을 따라 약속안으로 들어온 자들에게 주기로 결정하십니다(말1:11). 제단은 하나님의 불이 꺼지지 않는 곳이며 제단에 닿는 모든 것이 거룩해질 정도로 제단 자체는 거룩하게 하나님이 구별하신 곳입니다. 거룩하게 구별된 제단 위에 드려진 제물이 우리의 죄를 사하기 때문입니다. 그런데 제사장들은 하나님의 이름을 경멸히 여기고(말1:6), 거룩한 제단에 더러운 떡을 올리며 하나님의 식탁을 경멸히 여겼습니다. 하나님의 식탁은 어떤 곳입니까? 원수의 목전에서 우리에게 식탁을 펼치시고 기름을 부으시며 우리를 넘치도록 채우는 곳입니다(시23:5). 그런데 제사장들은 에서가 장자의 명분을 가볍게 여긴 것처럼(바자בָּזָה, 무시하다, 멸시하다, 가볍게 여기다) 하나님의 이름과 그 식탁을 경멸히 여겼습니다. 무엇이 에서나 제사장들로 하여금 하나님을 멸시하게 하였습니까? 듣지 않고 마음에 두지 않고 하나님을 영화롭게 하지 않았기 때문입니다(말2:2). 에서는 세상에 마음이 있었기 때문에 야곱처럼 장막에서 하나님의 킹덤의 유업에 대해 듣지 못했고 마음에 두지 않았기 때문에 자신의 장자권을 멸시했으며 제사장들도 종교적 습관에 빠져 하나님을 향한 사랑을 잃어버리고 그 말씀을 마음에 두지 않았기 때문에 하나님께 드리는 예물을 귀찮고 번거롭다 하면서(말1:13) 코웃음치고 하나님을 멸시하였습니다.

하나님은 두 번이나 "내 이름이 이방 민족 중에서 크게 될 것이라"라고 강조하십니다(말1:11). 먼저는 더러운 떡을 드리고 눈먼 희생 제물과 저는 것과 병든 것을 골라서 하나님께 드림으로 하나님을 멸시하며 공경하지 않는 제사장들의 제사를 하나님은 받지 않기로 결단하십니다. 대신 이방 민족들 중에서 하나님을 공경하며 경외하는 자들이 각처에서 여호와의 이름으로 분향하며 깨끗한 제물을 드리게 될 것을 받으시겠다고 하십니다. 또한 성전에서 제사를 드리는 자들이 여전히 흠 있는 것으로 속여 하나님께 드리는 것을 언급하시며 그러한 자는 저주를 받으리니 이는 "나는 위대한 임금이요 너희들은 나의 이름을 경외하지 않지만 내 이름이 열방 중에서는 경외함을 받게 되리라"고 하시면서 이방인을 향하여 눈을 돌리시려는 하나님의 마음을 비추십니다.

그들은 하나님이 가르쳐 주신 말씀을 그들 마음에 두지 않았고 옳은 길에서 떠나 결국 하나님의 언약을 배반하게 됩니다. 그래서 하나님은 이방인들을 향하여 마음을 돌리셨습니다. 이방 나라 가운데 하나님의 말씀을 마음에 두고 옳은 길을 선택하며 하나님을 경외하는 자들에게 새 언약을 주셨습니다. 그리고 아브라함의 믿음을 따라가는 자에게 그 유업이 흘러갈 수 있도록 축복의 문(메아 쉐아림מֵאָה שְׁעָרִים)들을 열어 주셨습니다. 하나님 나라의 유업을 가질 수 있는 자의 자격은 아브라함과 같이 하나님을 경외하는 믿음과, 이삭과 같은 순종과, 야곱과 같이 끝까지 믿음으로 붙잡는 것(아카브עָקַב, 야곱)입니다. 우리의 하나님은 아브라함과 이삭과 야곱의 하나님이십니다.

하나님은 제사장을 만군의 여호와의 사자, 말라카이(מַלְאָכִי나의 메신저)로 부르셨지만(말2:7) 그들은 옳은 길에서 떠나 많은 사람을 율법에서 거스르게 하였고 레위의 언약을 깨뜨렸습니다(말2:8). 하나님은 지금 말라카이מַלְאָכִי, 하나님의 메신저들을 찾고 계십니다. 하나님의 메신저들은 하나님의 마음을 전하는 자들이 될 것입니다. 하나님의 마음을 전하는 자들은 여호와의 이름을 경외하고 여호와의 제단을 거룩하게 하며, 여호와의 식탁의 아름다움을 귀하게 여기는 사람들일 것이고 이런 사람들이 하나님의 말라카이가 될 것입니다.

브리트 하다샤 롬9:1-13 / 마10:21-38

양자 됨, 영광, 언약들, 율법을 세우신 것, 예배와 약속들

하나님이 레위지파와 세운 언약은 "생명과 평강의 언약"이고, 이 언약을 레위지파에게 주신 이유는 "그로 경외하게 하려 함"입니다(말2:5). '레위'의 이름의 뜻은 '연합하다'라는 뜻입니다. 하나님께 연합된 자, 하나님께 붙어 있는 자는 하나님을 경외함을 알게 됩니다. 하나님의 언약과 유업은 하나님을 경외하는 사람에게 이어집니다. 하나님을 경외하는 사람은 하나님을 아는 지식과 분별과 지혜를 얻게 됩니다. 왜냐하면 하나님을 경외하는 것이 모든 것의 근본이기 때문입니다(잠9:10, 전12:13).

바울은 마음에 그치지 않는 고통이 있었습니다(롬9:1-2). 그것은 자기 민족 이스라엘 사람들이었습니다(롬9:4). 이스라엘 사람들에게는 "양자 됨, 영광과 언약들, 율법을 세우신 것과 예배와 약속들"이 있습니다. 무엇보다 이스라엘 사람의 혈통을 통해 만물 위에 계셔서 세세토록 찬양을 받으실 하나님이신 그리스도가 나셨습니다(롬9:5). 이런 엄청난 축복과 유업은 육신의 자녀(이스마엘이나 에서)에게로가 아닌 약속의 자녀(이삭과 야곱)에게로 이어지도록 하셨습니다.

일정기간 예슈아의 태어남을 위해 혈통을 보호하셨지만 예슈아로 인해 십자가의 구속이 완전히 이뤄진 순간 하나님의 킹덤의 유업과 약속의 계보는 믿음을 따라 예슈아 안으로 들어온 자들에게로(롬9:8) 흘러갔습니다. 지금은 하나님의 킹덤의 계보와 세상의 계보 사이의 치열한 전쟁가운데 있습니다. 약속의 자녀들의 계보 안으로 들어오는 자들이 세상의 계보 안에 있는 자들보다 적은 것 같습니다. 그러나 기억해야 합니다. 하나님은 큰 자, 많은 자가 어린 자, 적은 자를 섬기도록 계획하셨습니다. 하나님의 축복은 들을 사랑하는 자보다 장막에 앉아 하나님의 킹덤을 믿음으로 바라보는 자에게 주어집니다.

톨레도트 주간의 말씀

1. 유대 랍비는 "왜 우리의 믿음의 선조들은 아이를 낳지 못하는 여성이었을까?"라고 질문합니다. 그리고 탈무드는 이것에 대해 이렇게 답합니다. "왜냐하면 거룩하고 송축받기 합당하신 하나님은 의인의 기도를 듣기를 열망하시기 때문이다."

2. 원수의 공격은 멈추지 않습니다. 하나님이 축복을 줄수록 시기와 질투에 가득 찬 원수는 더 빼앗으려 합니다. 그러나 하나님의 약속을 붙드는 자, 그 약속을 굳건히 믿는 자는 빼앗긴 것에 연연하지 않고 낙심하지 않습니다. 잃어버린 것에 집중하지 않고 하나님이 이미 주신 것, 그리고 앞으로 주실 것을 더욱 바라봅니다.

3. 야곱의 삶은 강한 힘을 가진 큰 자인 세상 나라와 싸우는 소수의 남은 자들의 삶을 예표합니다. 그리고 이 소수의 남은 자들, 작은 자들은 메시아의 발자국 소리를 듣는 마지막 세대가 될 것입니다.

4. 하나님은 큰 자가 어린 자를 섬기도록 하셨습니다. 하나님이 아닌 다른 것을 의지하는 자에게 하나님 나라를 주지 않으셨고, 철저히 하나님만 의지하는 자에게 하나님 나라를 주셨습니다.

5. 결정적인 순간에 하나님의 뜻과 계획을 먼저 생각하는 자와 그럼에도 사람의 뜻과 관습을 따르는 자 가운데 누가 하나님의 말씀을 따르는 사람입니까? 인간의 선호도와 달리 하나님은 하고자 하시는 일을 반드시 행하십니다.

톨레도트 주간의 선포

1. 우리 가정이 하나님의 킹덤의 유업을 이어가는 믿음의 장막 되게 하소서. 우리의 부모가 그냥 육적으로 자녀를 키우는 부모가 아닌 영적인 부모가 되게 하시고 하나님의 계시가 열려서 자녀들에게 그것을 가르쳐 줄 수 있게 하소서.

2. 우리의 자녀들이 세상을 쫓아가는 에서의 영을 가진 자들이 아닌 야곱의 DNA를 가진 자들로 끝까지 하나님의 킹덤을 쫓아가는 믿음의 삶을 살게 하소서. 학교에서 배우는 가치관과 세계관이 아닌 가정에서 듣고 배우는 킹덤의 세계관으로 채워지게 하소서.

3. 육신의 정욕과 안목의 정욕 때문에 하나님의 킹덤의 유업을 버리는 어리석은 행동을 하지 않도록 늘 깨어 있게 하소서. 보이는 것을 쫓아가지 않고 하늘의 것을 더욱 볼 수 있도록 열어 주소서.

4. 이미 아담으로부터 에녹을 거쳐 노아까지, 노아로부터 아브라함까지 하나님이 가르쳐 주신 명령, 계명, 규례, 율법(토라)의 말씀이 더 명확하게 깨달아지고 알아질 수 있도록 계시의 영을 더하여 주소서. 그래서 이 말씀을 따라 순종하는 삶을 살 수 있게 하소서.

5. 하나님이 주신 예언의 말씀을 붙들고 지혜롭고 용감하게 결단할 수 있는 믿음을 더하여 주소서.

6. 비록 분별을 잃은 영적 지도자일지라도 리브가와 같은 믿음의 사람이 옆에 있을 때 하나님의 말씀을 이루도록 할 수 있듯이 한국 교회에 리브가와 같은 믿음의 사람들이 영적 지도자들 옆에 세워지게 하소서.

7. 하나님의 킹덤이 이뤄지지 못하게 하기 위해 필사적으로 다음 세대를 죽이려는 사탄의 계략 앞에 사라와 리브가처럼 거룩한 씨, 자녀들을 보호하고 믿음을 유업으로 물려주는 여인들, 영적 어미들을 지켜주소서.

8. 에서의 영을 받아들이고 세상과 섞여서 하나님을 경외하는 마음을 버리고 예배를 더럽히는 목사들, 지도자들, 성도들, 교회들이 회개의 기회가 있을 때 회개하고 돌아올 수 있도록 자비와 긍휼을 베풀어 주소서. 그 가운데서 몸부림 치며 진리를 찾고 있는 자들에게 진리가 더 흘러갈 수 있는 문들이 열려지게 하소서. 그리고 신부의 정체성을 찾아 새롭게 단장되게 하소서.

9. 세상의 악함과 불의함에 분노하는 마음 때문에 미움을 품고 사람들을 정죄하고 판단하는 자 되지 말게 하시고 이삭처럼 온유하고 겸손함으로 그리고 너그럽고 넓은 마음으로 세상이 나를 통해 하나님을 볼 수 있게 하소서. 우리가 하나님의 영광을 담는 그릇이 되게 하소서.

7주간

וַיֵּצֵא

VAYETZE

봐예쩨, 그리고 그가 나갔다

파라샤 **창28:10-32:2**
하프타라 **호11:7-14:9**
브리트 하다샤 **요1:19-51 / 요1:41-51**

DAY 1 창28:10-22

하늘과 땅을 이어준 사닥다리

하늘들의 하늘인 일곱 번째 하늘은 가장 높은 영적인 세계로 지극히 높은 거룩한 하나님이 거하시는 곳입니다. 그 낮은 단계에는 사탄과 어둠의 영들이 활동하고 있습니다. 인간은 이 땅이 하늘들의 다스림을 받고 있다는 것을 알고 있었고 그래서 어떻게든지 그 하늘들에 닿아 하늘의 힘을 가지고 땅을 다스려 보고자 했습니다. 어리석게도 인간들은 하늘들의 가장 높은 곳에 계신 하나님을 찾지 않고 그 낮은 단계에 있는 사탄과 어둠의 영들로부터 힘을 빌어보고자 그들을 위한 제단을 높이 쌓고 온갖 추악한 방법으로 그들을 숭배했습니다. 그런데 더 악해진 인간은 자기 스스로를 높여서 신이 되겠다고 말하며 스스로의 힘으로 하늘의 영역까지 닿아보겠다고 더 높이 무언가를 쌓기 시작했습니다. 그 시작이 바벨탑입니다. 그러나 하늘들의 지극히 높은 곳에 계신 하나님은 그런 인간의 어이없는 노력을 허망하게 무너뜨리셨고 그들을 흩어버리셨습니다. 인간은 스스로의 힘으로는 결코 하늘들, 영적인 세계에 닿을 수 없습니다. 하늘과 땅 사이에는 엄청난 간극이 존재합니다. 이 간극은 하나님과 우리 사이의 간극입니다.

야곱은 이삭과 리브가의 도움으로 형으로부터 도망쳐 나옵니다. 리브가는 가나안의 여인을 취한 에서와 달리 야곱은 자신의 고향으로 돌아가서 지극히 높으신 하나님을 아는 믿음을 가진 가족으로부터 신부를 찾아야 한다고 이삭에게 말했고 이미 아브라함의 유업이 야곱에게로 간 것을 안 이삭은 이에 동의하고 야곱을 축복하며 보내줍니다. 야곱은 형을 피해서 가는 것이기도 했지만 또한 신부를 찾기 위해 가는 것이었기에 이삭과 리브가는 그에게 많은 패물을 들려 보냅니다. 그러나 뒤에서 이 소식을 들은 에서는 큰 아들 엘리바스와 장정들에게 야곱을 뒤쫓아가 죽이라고 명령합니다. 생명의 위협을 느끼던 야곱은 힘을 다해 집을 떠나 도망가다 조카 엘리바스에게 붙잡힙니다. 그 순간 그는 모든 패물을 엘리바스에게 보여주며 제발 목숨을 살려달라고 애원합니다. 제물에 약한 엘리바스는 패물을 모두 받고 삼촌 야곱을 놓아줍니다.[39]

그야말로 완전히 빈털터리가 된 야곱은 터덜터덜 걸어갑니다. 그러다 한 곳에 이르러 지쳐 잠이 듭니다. 한 돌을 베개 삼아 베고 누운 야곱의 꿈에 하나님이 나타나십니다. 이젠 자신을 보호해 주고 의지할 수 있는 사람이 하나도 없는 이 땅에 하늘에서 사닥다리가 내려옵니다. 그 사닥다리는 꼭대기가 하늘까지 닿아 있었고 천사들이 그 사닥다리를 오르락내리락 하며 하늘과 땅 사이를 오가고 있었습니다. 그리고 그 하늘 꼭대기에 여호와께서 서 계셨고 야곱에게 말씀하십니다.

"나는 여호와니 너의 조부 아브라함의 하나님이요 이삭의 하나님이라"창28:13

자신이 그렇게도 취하길 원했던 할아버지 아브라함의 유업, 아버지 이삭의 유업, 그 유업을 허락하신 여호와 하나님이 자신에게 친히 나타나셨습니다. 그리고 할아버지와 아버지에게 약속하셨던 동일한 땅과 자손에 대한 약속을 야곱에게도 말씀하십니다. 이 땅에서 모든 것을 잃고 누구 하나 의지할 수 없는 상황이 된 야곱에게 하늘이 열리고 여호와 하나님이 그의 전부가 되심을 경험하게 됩니다. 아무것도 없는 이 땅에 하나님은 사닥다리를 내리셔서 하늘과 이어주심으로 야곱의 보호와 공급이 하늘로부터 온다는 것을, 그리고 야곱이 어디를 가든지 여호와께서 함께 계셔주시며 지켜주시며 이끌어주셔서 이 땅으로 돌아오게 하실 것을 알게 하셨습니다.

사닥다리는 인간이 결코 닿을 수 없는 하늘과 땅을 이어주는 다리이며 바로 이 다리가 예슈아입니다. 예슈아는 나다나엘에게 "하늘이 열리고 하나님의 사자들이 인자 위에 오르락 내리락 하는 것을 보리라"(요1:51)고 말씀하셨습니다. 예슈아는 자신이 하늘과 땅을 잇는 사닥다리인 것을 나다나엘에게 말씀하신 것이었습니다. 예슈아는 자신의 위로 열린 하늘 문을 통해 하나님의 사자들이 예슈아에게 오셔서 하늘의 것을 전달하고 예슈아는 그것을 이 땅에 풀어내셨습니다. 그래서 나다나엘에게 예슈아를 통해 그분이 하시는 일과 말씀

---

39 야살의 책

을 보게 될 것이라고 가르쳐 주신 것입니다.

예슈아는 하늘과 땅, 하나님과 사람 사이에 벌어져 버린 엄청난 간극을 이어주신 사다리입니다. 이 간극은 인간의 노력, 의, 힘으로 해결할 수 있는 것이 결코 아닙니다. 오직 예슈아만이 이 간극을 이어주실 수 있습니다. 예슈아는 '나를 통하지 않고는 아무도 아버지께 갈 수 없다'(요14:6)고 말씀하셨습니다. 이 땅에는 의지할 것이 아무것도 없습니다. 우리의 모든 도움과 공급, 보호가 되시는 지극히 높으신 하늘에 계신 하나님, 그 하나님께서 하늘에서 아들을 친히 내려 보내셔서 땅과 이어지게 하셨습니다. 예슈아의 사다리를 통해 하늘과 땅을 오가는 천사들의 도움과 보호를 받고 하늘과 하나되는 축복이 더 많은 하나님의 백성들에게 열리게 될 것입니다.

기름 부음 받은 돌

형으로부터 죽음의 위협을 피해 도망가다가 잠이 든 야곱의 상태는 죽음과도 같은 상황이었습니다. 그 상황에서 하나님이 하늘을 열어 주시며 사다리를 땅으로 내려 보내주셨습니다. 야곱의 돌베개는 그가 잠들었을 때 만해도 죽음과 같은 그의 현실을 나타내 주는 차가운 돌에 불과했지만 그가 꿈을 꾸고 잠에서 깬 순간 그 돌은 더 이상 그의 차가운 죽음의 현실의 반영해주는 돌이 아닌 그곳이 하늘과 땅을 이어주는 곳이라는 증표가 되었습니다. 그는 그 돌에 기름을 붓습니다. 그리고 그곳을 하나님의 집, 하늘의 문 '벧엘'이라고 부릅니다(창28:19).

야곱이 돌에 기름을 부은 이 사건은 성경에서 가장 처음 기록된 기름부음의 예식입니다. 기름부음은 하늘에 속해 있는 존재로서 거룩하게 구별되었음과 하늘의 권위를 가졌다는 것을 의미합니다. 이후 기름부음은 모세의 성막의 모든 기구들과 하나님의 제사장에게 행해집니다. 이것은 성막의 모든 기구들이 하늘에 속해 있는 구별된 것이라는 것, 하나님의 제사장 또한 구별된 자로서 하늘의 권위를 가졌다는 것을 나타내 줍니다. 야곱은 그 돌에 기름을 부음으로 그 장소를 구별하였고 이후 다시 약속의 땅으로 돌아왔을 때 하나님의 집이며 하늘의 문인 거룩한 장소에서 예배하였습니다. 이것은 야곱의 자손들이 하나님의 집을 세우고 그곳에서 예배할 뿐 아니라 그의 자손들 가운데 기름부음을 받고 거룩하게 구별된 자들이 있게 될 것을 예표하기도 합니다. 그러나 무엇보다도 야곱이 돌에 기름을 부은 것은 기름부음 받은 자로 온 세상을 구원하실 메시아를 예표하는 것입니다.

예수아는 자신을 성전의 모퉁이 돌이라고 말씀하셨고 또 차가운 돌 무덤을 깨고 부활하심으로 돌 무덤이 죽음의 상징이 아닌 부활의 상징이 되게 하셨습니다. 사도 베드로는 예수아를 하나님께 택하심을 받은 보배로운 산 돌이라고 하였고 우리도 산 돌 같이 신령한 집으로 세워지고 신령한 제사를 드릴 거룩한 제사장이라고 말하였습니다(벧전2:4-5). 기름부음 받은 메시야이신 예수아는 거룩한 산 돌이며 우리도 그의 기름부음을 받은 거룩한 산 돌입니다. 예수아를 통해 하나님이 영광을 받으셨듯이 우리를 통해 하나님이 영광을 받으실 것입니다.

하늘과 땅이 하나 된 에덴-동산의 상태, 그 장소!
하마콤ה המקום – 사닥다리의 꿈

인생의 어느 시즌에 하나님은 '떠남'을 허락하십니다. 떠남을 통해 믿음을 증가시키고 하나님의 킹덤을 더 소망하게 하십니다. 어떤 이는 자발적으로 떠나게 하시지만 어떤 이는 원치 않게 떠남을 허락하실 때가 있습니다. 할아버지 아브라함에게 허락하신 그 유업을 취하려고 악착같이 달려들었던 야곱은 그 대가로 비자발적으로 고향을 떠나게 됩니다. 할아버지 아브라함은 '자발적인 떠남'이었지만, 야곱은 '비자발적인 떠남'이었습니다. 야곱이 떠날 때 아버지 이삭은 야곱에게 자손과 땅에 대한 아브라함의 축복을 선포해 주었습니다(창28:4). 하지만 야곱 스스로에게는 아직 아무것도 보여지지 않은 상황입니다. 하나님 나라의 유업이라는 큰 소망을 가지고 형으로부터 그 유업을 가져왔지만 당장에 그가 직면해야 하는 상황은 혼자 떠나야 하는 외로움과 두려움, 그리고 앞으로의 삶에 대한 막막함 이었습니다.

돌베개를 베고 자던 야곱에게 하나님이 꿈으로 나타나십니다. 야곱은 하늘과 땅이 연결되어 있는 사닥다리의 하늘 꼭대기에 여호와께서 서 계신 것을 봅니다. 하나님의 사자들이 그 사다리를 타고 하늘과 땅을 오고 가고 있었습니다. 하늘과 땅이 분리된 것이 아니라 연결되어 있는 것을 본 것입니다(창28:12). 성경에서 처음 등장한 하늘과 땅이 연결된 상태의 장소는 어디였을까요? 에덴-동산이었습니다. 야곱은 자신이 누워 자던 그 땅이 하늘과 연결된 땅임을 본 것입니다.

"야곱이 잠이 깨어 가로되 여호와께서 과연 여기 계시거늘 내가
알지 못하였도다 이에 두려워하여 가로되 두렵도다 이 곳이여 다른 것이 아니라
이는 하나님의 집이요 이는 하늘의 문이로다"창28:16-17

하나님은 '하늘 에덴'을 '땅의 그 동산'에 심으셨습니다. 에덴-동산에 쉐키나שְׁכִינָה께
서 내주하셨고 하나님은 아담을 그 동산에 두시며 에덴-동산의 상태를 가꾸고 관리하고 지
키게 하셨습니다. 그리고 그 에덴-동산의 상태가 넓어지고 많아지고 땅에 충만하게 하도록
명령하셨습니다. 에덴-동산은 하나님과 사람이 기쁨 안에서 함께 거하는 '하나님의 집'이며
'성전'이고 하늘과 땅이 만나는 '지성소'입니다. 하와와 아담의 잘못된 선택으로 하나님은
그들을 에덴-동산에서 내보내셨습니다. 하지만 에덴과 동산은 여전히 한동안 분리되지 않
은 채 유지되어 왔었습니다. 그러나 오랫동안 참고 기다리셨던 쉐키나께서는 온 땅 구석구
석을 덮어버린 음란과 우상숭배와 일월성신 숭배로 인해 결국 그 동산을 떠나 올라가셨습
니다. 에덴이 하늘로 거두어 올라감으로 에덴과 그 동산은 완전히 분리되었습니다. 하나님
의 영광이 떠난 땅에 결국은 홍수 심판이 내려지게 됩니다.

【주제 #8】 미쉬칸מִשְׁכָּן에 쇼켄שׁוֹכֵן하시는 쉐키나שְׁכִינָה

쉐키나שְׁכִינָה는 '어느 장소에 영구적으로 들어와서 정착하여 산다'라는 의미의 동사 샤칸שָׁכַן
에서 파생된 단어로 쉐키나는 하늘의 영광의 하나님께서 땅의 성소에 들어와 정착하셔서 영구
적으로 거하시고자 하시는 성령 하나님의 다른 이름이다. 쉐키나께서 쇼켄שׁוֹכֵן하시는 장소를
미쉬칸מִשְׁכָּן이라고 한다.

구약성경에서 나타나는 이러한 미쉬칸 중에 이동식 임시 미쉬칸은 모세의 성막이었고(실로
성전은 과도기적 미쉬칸), 지정된 그 장소הַמָּקוֹם(하마콤)의 미쉬칸은 에덴-동산, 다윗의 장막, 솔
로몬 성전, 스룹바벨 성전, 에스겔 성전과 예루살렘이었다.

또한 사람 성전이셨던 예수님 자체가 미쉬칸이셨고 예수님이 '십자가와 부활'로 열어 놓으
신 새로운 길, 영생의 길을 통하여 이제는 우리 한 사람 한 사람이 성령이 거하시는 성전으로서
미쉬칸이 되었다.

그러므로 땅의 어떤 장소가 미쉬칸이 될 수도 있고 땅에 살아가는 어떤 사람이 미쉬칸이 될
수 있다. 하지만 중앙 성소의 미쉬칸은 '여호와께서 그 이름을 두시려고 택하신 그 장소הַמָּקוֹם
(하마콤)'인 예루살렘이다. 영광의 하나님께서 거룩한 영으로 땅 성소와 사람 성소에 들어오셔
서 내주(內住)하시는 이러한 미쉬칸들이 많이 모인 것을 미쉬케놑מִשְׁכָּנוֹת이라고 한다. 역사의

마지막에 그 정한 장소(하마콤)를 중심으로 모든 미쉬케놑מִשְׁכְּנוֹת이 다 모인 최종 모습이 요한 계시록 21장의 새 예루살렘이다. 또한 그 장소(하마콤)는 하나님이 처음으로 시작하신 에덴-동산 중에서도 그 동산의 한가운데이다.

מַה-יְּדִידוֹת מִשְׁכְּנוֹתֶיךָ יְהוָה צְבָאוֹת

마 예디돝 미쉬케노테이카 아도나이 쩨바옽(시84:1)

여호와여! 당신의 미쉬칸들이 얼마나 아름답고 사랑스러운지요!

그러나 야곱은 꿈에서 하늘의 에덴과 그 땅이 연결되어 있는 상태를 보았고 그 장소(하마콤הַמָּקוֹם)가 곧 하늘과 땅이 연결된 문(gate as a portal site)이고 하나님의 집(성전) 임을 인식하게 되어 두려움과 경외로움으로 고백하게 됩니다. "이 장소는(하마콤) 얼마나 경외롭고 두려운 곳인가! 이곳은 다름 아닌 '하나님의 집(베이트 엘로힘בֵּית אֱלֹהִים)'이요 이곳은 '하늘의 문(샤아르 하샤마임שַׁעַר הַשָּׁמַיִם)'이로다"(창28:17). 그리고 그 장소에 세워 기름 부은 돌기둥이 하나님의 집(성전)이 될 것이라고 말합니다(창28:22). 하나님은 그 장소(하마콤)에 하늘의 문이 열려 있는 것과 하나님의 사자들이 하늘과 그 장소(하마콤)를 오가며 연결하고 있는 모습을 야곱에게 보여주심으로

1) 반드시 이 땅을 너와 네 자손에게 줄 것이다 하지만
2) 네 자손이 땅의 티끌처럼 되어 바다로 동으로 북으로 네게브로 퍼질 것이며
3) 땅의 모든 가족들이 흩어진 야곱의 후손으로 말미암아 복을 받을 것이고
4) 야곱과 또한 흩어진 야곱의 후손들이 어디로 가든지 지키며 이끌어 이 땅으로 반드시 돌아오게 할 것이고
5) 너에게 허락한 것을 다 이루기까지 너를 떠나지 아니할 것이라고 확증하십니다.

이 약속은 야곱 한 개인의 인생이 그 땅을 떠났다가 후에 다시 돌아오게 하시겠다는 약속입니다. 그러나 더 큰 그림으로 본다면 아브라함으로부터 시작된 열방을 복주시겠다는 하나님의 큰 계획을 이루시기 위해서 야곱의 후손이 이 땅에서 쫓겨 흩어질 것이지만 오랜 시간 후에 반드시 흩어졌던 이스라엘이 그 장소(하마콤)로 돌아오게 하시겠다고 약속하신 것입니다. 약속을 이루시는 하나님께 다음과 같이 기도를 올려드립니다.

> 온 우주의 왕이신 전능하신 우리 하나님, 당신은 이방인을 불러 복을 주시려고 먼저 아브라함과 이삭과 야곱을 택하셨고 이스라엘 백성의 흩어짐과 고난을 통해서 땅의 모든 가족들이 복을 얻게 하신 이스라엘의 하나님이십니다. 약 2천 년 동안 흩어졌던 이스라엘을 약속하신 대로 다시 모아 이 땅에서 나라를 이루게 하셨고 택하신 장소로 모이게 하시니 이제 유대인과 이방인이 그리스도안에서 하나되어 한 새 사람으로 창조되게 하시고 한 성령으로 아버지께 나아감을 얻게 하셔서 함께 하나님이 거하실 미쉬칸(처소)이 되어 그 장소(하마콤)에 당신의 영광이 영원히 거할(쇼켄) 성전으로 함께 세워지게 하소서. 그리스도의 신부가 신랑이신 메시아와 함께 에덴-동산으로 재입장을 하게 하소서.

DAY 2 창29:1-17

레아

시력이 부족하다고 번역된 히브리어 라크דָּרַ는 '부드러운(tender, soft), 연약한'이라는 뜻을 가지고 있습니다. 그리고 영어 성경은 'Leah had lovely soft eyes(AFV)' 혹은 'Leah was tender eyed(KJV)'라고 말하고 있습니다. 한글의 어감에 시력이 부족하다는 표현은 웬지 레아가 뭔가 부족한 외모나 능력을 가지고 있었다는 느낌을 갖기 쉬운데 사실 레아는 사랑스럽고 부드러운 눈을 가진 여인이었고 또 이것은 그녀의 부드러운 성격을 말해주기도 합니다. 하지만 이런 그녀의 부드러움은 약한 모습으로 보이기도 했을 것입니다. 만약 레아가 조금 더 진취적인 여성이었거나 자기 주장이 강한 편이었다면 아버지 라반이 야곱을 속이고 동생 대신 자기로 하여금 신방에 들어가게 했을 때 그녀는 이의를 제기했을지도 모릅니다. 야곱이 동생을 위해 일한 것도 알고 있었고 또 이것이 속이는 일이었기에 탐탁지 않을 수 있었을텐데 레아는 아버지 라반의 말에 따라 야곱에게로 들어갑니다. 그냥 자기에게 주어진 상황을 받아들입니다.

그러나 결혼 후 그녀는 야곱의 사랑을 받지 못합니다. 가뜩이나 부드럽고 연약한 레아인데 남편의 사랑을 받지 못하지 얼마나 외롭고 마음이 힘들었을까요? 그것을 표현하지도 못하고 속앓이만 했을지도 모르겠습니다. 그래서 하나님은 레아가 사랑받지 못함을 보시고 그녀의 태를 여셨다고 합니다(창29:31). 하나님도 레아의 마음을 아셨을 것입니다. 그녀는 첫 아들 르우벤을 출산함으로 사랑받지 못하는 것으로부터 큰 보상을 받습니다. 그리고 그녀가 남편의 사랑을 받게 될 것이라고 기대하지만 여전히 사랑받지 못했습니다. 둘째 아들 시므온을 출생하고 그녀는 이렇게 고백합니다.

"여호와께서 내가 사랑받지 못함을 들으셨으므로 내게 이 아들도 주셨도다"창29:33

레아는 자신의 사랑받지 못하는 속상함을 하나님께 호소했던 것 같습니다. 그래서 하나님이 자신의 소리를 들으셨다고 고백하는 마음을 둘째 아들의 이름에 붙여줍니다. 그리고 한결 같이 남편의 사랑을 구하며 남편과 하나되기를 갈망합니다. 그래서 셋째 아들의 이름을 레위라 붙이며 남편이 나와 연합할 것이라고 소망을 드러냅니다. 끊임없이 남편을 갈구하던 레아에게 하나님은 3명의 아들을 낳게 하십니다. 그 과정에서 레아는 비록 남편의 사랑은 받지 못하지만 하나님이 자신의 소리를 듣고 계시고 함께 하고 계시다는 것을 체험하게 됩니다. 그래서 넷째 아들 유다를 출산하고 "내가 이제는 여호와를 찬송하리로다"(창29:35)라고 찬양합니다. 그녀의 마음과 입술의 고백이 바뀌고 승화된 것입니다. 이후 동생 라헬에게 합환채를 주고 또 다른 아들 잇사갈을 낳았을 때 레아는 "하나님이 내게 그 값을 주셨다"(창30:18)고 고백하였고 그녀의 마지막 아들 스불론을 낳았을 때는 "이제는 그가 나와 함께 살리라"(창30:20)고 고백합니다. 레아의 한결 같은 소망은 남편과 하나되는 것이었습니다.

적극적으로 자신을 어필하지도 못하고 혼자 속앓이 해야 하는 레아의 상황은 도리어 그 과정에서 하나님이 함께 하심을 경험하게 되고 하나님의 축복을 받고 승리의 찬양을 부르게 되는 과정을 보여줍니다. 비록 남편의 사랑을 충분히 받지 못했지만 이스라엘 12지파의 조상이 되는 아들들 가운데 절반은 레아가 낳았고 또 막벨라 굴에 야곱과 함께 조상들과 묻힘으로 믿음의 가문의 어미가 됩니다. 이로써 레아의 출산 과정은 연약한 여인의 마음을 아시고 돌보시는 하나님 아버지의 선하심을 볼 수 있게 할 뿐 아니라 하나님이 연약한 자들에게 반드시 보상하시는 하나님이시라는 것을 알게 해 줍니다. 또한 레아의 신랑, 남편을 향한 한결 같은 사랑으로 연합하고자 하는 그 갈망이 하나님으로 하여금 응답하게 하신 것을 볼 수 있습니다. 신랑과 연합하고자 하는 레아의 갈망이 하나님의 신부들의 갈망입니다. 연약한 신부의 갈망과 부르짖음, 신랑을 사모하는 신부의 고백과 찬양이 신랑으로 하여금 응답하게 할 것입니다.

DAY 3 창29:18-30:13

두 여인의 경쟁으로 탄생한 이스라엘 12지파

벧엘의 하나님을 경험한 야곱은 어머니 리브가의 고향 하란חָרָן에 도착합니다. 하란חָרָן은 하라르חָרַר라는 동사 원형에서 나온 단어로 이것은 '타는 듯한', '뜨거운'이라는 뜻입니다. 장막에만 거주하던 야곱에게 거친 들의 생활이 시작됩니다. 장막의 삶에서 거친 들의 삶을 살게 된 야곱에게 유일한 즐거움은 라헬을 사랑하는 것이었습니다. 라헬을 사랑하는 기쁨 때문에 삼촌 라반을 위해 7년이나 봉사하는 것이 힘들지 않았습니다(창29:20). 야곱은 거친 들에서 양을 돌볼 때 한낮의 뜨거움도, 밤중의 추위도 거뜬히 이겨내고 라헬을 신부로 얻기 위한 시간을 인내하며 기다리게 됩니다. 주님은 우리를 사랑하시는 기쁨 때문에 수 천 년을 인내하심으로 신부인 우리를 취하게 될 날을 기다리십니다. 사랑은 오래 참습니다. 사랑은 인내하고 기다려서 하나가 되는 결실을 얻게 합니다. 우리가 주님을 사랑하는 기쁨이 있을 때 우리는 한낮의 뜨거움, 밤중의 추위도 견디며 그분과 하나(에하드אֶחָד)될 시간을 기대하며 기다릴 수 있을 것입니다.

그러나 삼촌 라반은 하는 일마다 잘하고 잘 되는 야곱에게 주어진 하나님의 축복을 보고 그를 이용합니다(창30:27). 그를 자신의 곁에 더 붙들어 두기 위해 레아를 먼저 보냅니다. 들에서 혼자서도 양 떼를 돌보는 건강하고 아름다운 라헬과 달리 레아는 부드럽고 약했습니다(창29:17). 라헬보다 사랑받지 못하는 레아를 보시고 하나님은 레아의 태를 먼저 열어주십니다(창29:31). 레아는 6명의 자녀를 낳았고, 시녀 실바를 통해서 2명의 자녀를 더 낳습니다. 레아는 남편을 잘 섬기고 집안일을 돌보며 많은 자녀들을 양육하는 현모양처였습니다. 무엇보다 그녀는 라헬이 원하는 합환채보다 남편을 더 사모하는, 남편만을 바라보는 아내였습니다. 반면 남편에게 사랑을 받아도 자녀가 없는 것으로 인해 언니를 시기한 라헬은 언니와 경쟁하기 위해 시녀 빌하를 통해 두 아들을 얻습니다. 하나님은 그런 라헬의 인간적인 성품을 다루시기 위해, 또한 요셉과 베냐민을 늦게 막내로 주시기 위해 오랜 시간 동안 태의 문을 닫으십니다. 하지만 레아와 두 시녀인 실바와 빌하를 통해서 많은 자녀들이 태어나는 것을 지켜보며 고통의 시간을 보낸 라헬에게도 하나님은 드디어 요셉을 귀한 아들로 주시고 이후에 베냐민까지도 허락하십니다.

이로써 레아와 라헬 그리고 두 시녀 실바와 빌하를 통하여 20년 동안 12명의 아들들과 한 딸이 야곱에게 태어남으로 벧엘에서 하나님이 약속하신 자손의 번성이 시작됩니다. 두 여인을 통해 태어난 12아들은 이스라엘의 12지파를 이루는 조상이 됩니다. 또한 12지파는 후에 열방으로 흩어지며 열방과 함께 섞임으로써 하나님의 유업과 축복이 열방으로 흘러가는 통로가 됩니다. 두 여인의 전혀 다른 성품으로 인한 다툼, 경쟁, 시기는 가정불화가 되기도 했지만 하나님은 그 가운데서도 여전히 하나님의 하실 일을 행하시며, 먼 미래에 완성될 새 예루살렘의 열두 문 위에 새겨질 열두 지파의 이름들을 염두에 두시며 새로운 세대를 일으키십니다. 우리의 어떠함과 관계없이 하나님의 계획은 오늘도 성취되고 있습니다.

뜻하지 않은 상황 속에서도 성취하시는 하나님

야곱이 자신에게 아내가 4명이나 생길 것이라고 상상이나 했을까요? 그가 원하던 아내는 한 명이었지만 그는 4명의 여자를 갖게 됩니다. 그가 아들을 12명이나 갖게 될 거라고 상상이나 했을까요? 그러나 그는 아내들의 경쟁으로 짧은 몇 년 동안 순식간에 11명의 아들을 낳습니다. 빈털터리였던 그가 많은 부를 얻게 될 것이라고 상상이나 했을까요? 그러나 그는 삼촌 라반의 일을 도와주면서 많은 부를 갖게 됩니다. 어느 것 하나 야곱이 계획한 것이 아니었습니다.

라반은 도대체 왜 두 딸을 야곱에게 준 것일까요? 정말 단순히 그가 무료로 일을 해주어서 인건비가 절약되기 때문이었을까요? 여동생 리브가가 떠날 때 천만인의 어미가 되고 원수의 성문을 차지하게 될 것이라고 기도해 주었던 라반입니다. 그는 그의 가문에 내려오고 있는 전통과 유업이 무엇인지를 알고 있었고 또 그 유업이 야곱에게로 가게 되었다는 것을 야곱을 통해 직접 들었기 때문에 알고 있었습니다. 그가 야곱에게서 본 것은 이후 여호와 하나님이 야곱을 어마어마하게 축복하게 될 것이라는 것과 야곱의 자손들을 통해 많은 일들이 이뤄질 것이라는 것이었습니다. 라반은 야곱과 함께 하시는 하나님, 그리고 하늘 일마다 잘되게 하시는 하나님의 복을 보았기 때문에 두 딸을 모두 야곱에게 주었을 뿐 아니라 또 그것을 이용하여 자신의 재산을 더 많이 늘린 것입니다. 라반은 야곱이 옆에 붙어 있어서 계속 자기에게 축복이 되어주고 재산을 늘려주길 바랐기 때문에 야곱을 여러 번 속여서 야곱을 계속 이용하게 됩니다. 그러나 이것이 계속될 수 있었겠습니까? 야곱은 삼촌을 속여서 묘한 방법으로 라반의 좋은 것들을 가로채 갔습니다. 라반의 뜻대로만 되지는 않았습니다.

삼촌은 조카를 속이고 조카는 삼촌을 속이고, 아내들은 경쟁하고 다투고 시녀들까지 합세해서 자녀 출산 경쟁까지 생기고 그야말로 정신없는 집안입니다. 이것이 하나님을 나타내는 가정이라고 할 수 있을까요? 오늘날로 말하면 역기능 가정처럼 보이기까지 합니다. 그런데 하나님은 이 모든 상황을 하나님의 주권대로 움직이십니다. 하나님이 택하시고 정하신 사람의 인생에 하나님은 선하게 개입하십니다. 인간이 저질러 놓은 실수조차도 하나님은 선이 되게 하십니다. 아무리 사탄이 흔들고 부수고 깨뜨리려고 해도 하나님의 주권과 계획을 어그러뜨릴 순 없습니다.

우리는 하나님이 원하시는 이상적인 가정을 꿈꾸지만 이것은 정말 쉽지 않아 보입니다. 사탄은 여러가지를 통해 가정을 깨뜨리기 위해 맹공격을 하고 있고 그리스도인의 가정들은 몸살을 하며 가정을 지켜내려고 힘을 다해 어둠에 저항하며 애쓰고 있습니다. 그럼에도 불구하고 많은 가정들이 깨어지는 것을 봅니다. 그러면 하나님은 더 이상 이런 가정들을 지키지 않으시고 기뻐하지 않으실까요? 그렇지 않습니다. 하나님은 깨어진 죄악의 상태에만 집중하지 않으십니다. 하나님은 하나님의 원래 선한 계획대로 움직이십니다. 그리고 회복하게 하십니다. 하나님은 죄인들을 버리지 않으셨고 마찬가지로 죄로 인해 깨어진 가정을 그냥 내버려 두지 않으십니다. 인간적으로 보면 완전 정신없는 집안인 야곱의 가정을 통해 이스라엘의 12지파가 이뤄졌고 레아와 라헬은 믿음의 조상들을 낳은 어머니들이 되었습니다. 하나님은 선하신 하나님의 계획이 완성될 때까지 계속 다루시고 돌보십니다.

우리 가정의 깨어진 모습, 혹은 다른 가정들 안에 있는 아픔을 보면서 우리는 하나님의 다루심과 돌보심을 기억해야 합니다. 그리고 반드시 선하게 그분의 계획을 완성하실 것을 믿음으로 바라보아야 합니다. 레아와 라헬은 질투와 경쟁이 심했지만 그 과정에서 하나님께 구했고 하나님께 나아갔습니다. 그리고 응답하시는 하나님을 경험했고 자신들의 아들들을 통해 그 믿음을 고백했습니다. 우리 가정을 향한 하나님의 계획을 물어야 합니다. 우리의 뜻과 계획이 아닌 하나님의 계획이 우리 가정을 통해 성취되기를 기도하고 과정 가운데 생기는 불화와 실수를 돌보시는 하나님께서 반드시 선하게 이루실 것을 믿음으로 바라보아야 합니다.

DAY 4 창30:14-27

라헬

라헬은 말 그대로 아름다운 외모를 가졌습니다. 누가 보기에도 호감을 가질 수 있는 외모를 가진 라헬은 들에서 양을 몰며 돌보는 적극적이고 외향적인 성격의 소유자였습니다. 그래서 양을 돌보다가 야곱도 먼저 만나게 되었고 야곱을 아버지 라반에게 데려가 주기도 했습니다. 야곱은 아름다운 외모에 적극적이고 진취적인 성격을 가진 라헬에게 반하게 됩니다. 강한 형과 달리 부드러운 성격의 소유자였던 야곱은 충돌과 갈등을 어려워하는 사람이었기에 자신과 같이 부드러운 레아보다는 강하고 당당한 라헬에게 더 끌렸을 것입니다. 게다가 라헬이 아름답기까지 했으니 야곱은 그녀에게 마음을 빼앗기게 됩니다. 그러나 야곱은 신부를 얻기 위해 집에서 받아왔던 패물을 빼앗긴 상태였고 빈털터리였기 때문에 아름다운 신부를 얻기 위해서라면 무엇이라도 다 해야 하는 상황이었습니다. 그래서 그녀를 위해 7년 봉사를 마다하지 않고 하기로 결정합니다.

그러나 라헬은 아버지의 속임으로 언니에게 신랑을 빼앗기게 됩니다. 그 상실감이 얼마나 컸겠습니까? 하지만 야곱이 또 다시 7년을 봉사하기로 결정하면서 그녀는 야곱의 신부가 되고 아내가 됩니다. 언니에게 먼저 신랑을 빼앗기긴 했지만 그녀는 보상이라도 받듯이 야곱으로부터 모든 사랑을 받습니다. 하지만 남편의 사랑과 맞바꾸기라도 한 것처럼 그녀는 아이를 낳지 못했습니다. 남편도 아이도 다 가지기를 원했던 라헬은 계속 아들을 낳는 언니를 질투하게 됩니다. 그래서 야곱에게 아이를 낳게 하라고 아니면 죽겠다고 말도 안 되는 떼를 쓰고 오히려 야곱으로부터 혼나게 됩니다. 남편이 화를 내도 가지고 싶은 것은 꼭 가져야 하는 라헬은 결국 시녀 빌하를 통해 아들을 낳습니다. 단을 낳고 '억울함이 풀어졌다'(창30:6)고 말하고 납달리를 낳고 '경쟁에서 이겼다'(창30:8)고 말합니다. 질투가 많은 그녀는 어떤 수단을 통해서라도 가지고 싶은 것을 가지려고 합니다. 그녀의 이런 성정은 언니의 합환채를 요구하기도 하고 아버지 라반의 집에서 나올 때 라반의 드라빔을 훔치는 것으로도 나타납니다.

고대 근동의 일반 가정에서 드라빔은 가문대대로 내려오는 가보로 여겨지는 것이었으며 라반의 집안에서도 소중하게 여겨지던 것인데 라헬은 그것을 가지고 나옵니다. 라헬이 드라빔을 가지고 나온 이유에 대해서 랍비 성경 주석가들은 크게 두 가지 견해를 이야기합니다. 첫째, 드라빔은 당시 고대 근동에서 가족을 수호하는 수호신이었으므로 종종 그것을 가지고 점을 치기도 했는데 라헬은 아버지 라반이 그 드라빔으로 점을 쳐서 야곱이 이동한 것을 알아내지 못하도록 하기 위해서 드라빔을 훔쳤다고 보는 견해입니다. 둘째, 드라빔은 가문에서 내려오는 가보로 그 가문을 대표하는 자에게만 전수가 되기 때문에 드라빔을 가지고 있는 자는 권위와 힘을 가지게 됩니다. 라헬은 아버지 라반이 가지고 있는 가문의 권위와 힘의 상징인 드라빔을 훔침으로써 야곱에게로 그 권위와 힘이 이동하기 원했기 때문이라고 보는 견해입니다. 어느 쪽이 되었든지 라헬은 드라빔을 훔쳐서 아버지가 야곱을 향해 어떤 영향력도 갖지 못하도록 보호하려고 했었던 것으로 보입니다. 라헬은 야곱을 정말 사랑했고 이 가문을 통해 이루어질 큰 계획도 알고 있었기에 그녀의 진취적인 성격은 아버지의 것을 훔쳐서라도 자신의 것을 지켜내려는 모습으로 나타나기도 했습니다. 그러나 라헬이 드라빔을 훔친 사실을 몰랐던 야곱은 그것을 훔쳐간 자는 반드시 죽게 될 것이라 저주하게 되고 실제로 그녀는 벧엘에서 헤브론을 향해가던 베들레헴 길에서 아들을 낳다가 죽게 됩니다. 남편으로부터 가장 사랑을 받은 여인이었지만 질투와 욕심은 가정에 불화가 되기도 했고 그녀에게 시련을 가져오기도 했습니다.

그러나 하나님의 유업을 사모했던 라헬도 이런 과정 속에서 다룸을 받으면서 더 하나님께 나아가 간절히 기도했고 결국 하나님은 라헬의 소원을 들으시고 그녀를 생각하셔서 라헬에게 요셉을 허락하십니다(창30:22). 하나님은 라헬을 통해 태어나게 하신 요셉을 통해 위대한 인류 구원의 역사를 어떻게 이루실지 예표 하셨고 그 어느 형제들보다도 지극한 사랑을 받은 베냐민이 이스라엘 땅 중에서도 가장 중요한 땅을 차지하며 축복을 받습니다. 신랑으로부터 사랑받는 신부, 남편으로 사랑받는 아내가 가장 큰 축복을 받는 사람입니다. 라헬이 남편으로부터 지극한 사랑을 받았고 또 하나님의 축복으로 자신의 가정에 많은 부가 이뤄졌음에도 더 가지려고 하다가 시련을 갖게 된 것은 마치 하나님의 사랑과 축복을 인식하지 못하고 질투하고 욕심내는 우리들의 모습을 보여주는 것 같습니다. 그러나 또한 그 과정에서 하나님을 찾고 간구함으로 하나님을 의지하게 하심으로 주권이 하나님께 있음을 알게 하시는 하나님의 선한 돌보심을 우리는 경험하게 됩니다. 결국 하나님은 레아에게도 라헬에게도 가장 선한 하나님이셨습니다. 그들의 연약함을 다루시고 돌보셔서 하나님을 의지하게 하셨듯 하나님은 끝까지 신부인 우리들을 다루시고 돌보시는 하나님이십니다.

DAY 5 창30:28-31:16

다시 본향으로

많은 자녀와 재산을 얻은 야곱에 대해 삼촌 라반과 그의 아들들의 심기가 불편해지기 시작합니다. 이때 하나님이 야곱에게 말씀하십니다. 처음에 야곱을 열렬하게 환영해 주었던 라반입니다. 야곱으로 인해 자신의 부도 늘어가고 있다는 사실에 만족했던 라반입니다. 하지만 그 부가 야곱에게로 이동되기 시작하자 라반과 그의 아들들의 마음이 편하지 않게 됩니다.

몇몇 유대인 성경해석가들은 라반의 이런 상태를 두고 이스라엘 민족이 역사 가운데서 겪었던 처음 안티 세미티즘이었다고 해석하기도 합니다. 열방으로 흩어지게 된 유대인은 낯선 땅에 정착하는 과정에서 그 땅의 호의를 받고 시작합니다. 유대인들도 자신들이 머무는 땅을 위해 열심히 일합니다. 유대인이 가지고 있는 축복의 유업 때문에 그들이 머무는 땅이 번성하고 부가 쌓이기 시작합니다. 이방 땅의 주인이 되는 민족들은 유대인으로 인해 번성할 때는 좋아하지만 점차 그 부와 힘, 영향력이 자신들에게서 유대인에게로 옮겨가면 심기가 불편해지면서 나중에는 유대인을 없애려고 하는 살기를 가지게 됩니다. 유대인은 수천 년간 이방 땅을 떠돌아다니면서 이와 같은 과정을 수없이 반복했습니다.

라반과 그의 자녀들의 안색이 좋지 않은 것을 느낀 야곱이 불안해할 때 하나님이 야곱에게 말씀하십니다.

"네 조상의 땅 네 족속에게로 돌아가라"창31:3

약속의 땅을 떠나왔던 야곱에게 하나님은 다시 돌아가라고 명령하십니다. 아람 땅에서 야곱을 훈련시키고 다루신 하나님은 야곱을 통해 이스라엘 민족을 이룰 기초를 이루게 하시고 약속의 땅으로 다시 향하게 하십니다. 오늘날 하나님은 하나님의 구원 계획으로 인해, 그리고 이스라엘의 죄로 인해 열방으로 흩으셨던 유대인들에게 다시 너의 조상의 땅, 너의 족속에게로 돌아가라고 명령하고 계십니다. 흩어져 있던 유대인들이 다시 약속의 땅을 향해 돌아오고 있습니다. 하나님이 이들을 약속의 땅으로 돌아오게 하시는 이유는 이제 메시아닉 킹덤을 완성하기 위해서입니다. 메시아닉 킹덤의 완성을 위해 이방인들의 충만한 수가 찰 때를 기다리셨던 하나님은 이제 유대인의 충만한 수를 채우기 위해 이들을 돌려보내고 계십니다.

그러나 마치 야곱이 아버지 이삭의 집을 떠날 때는 형 에서의 위협을 받았고 돌아올 때는 삼촌 라반 아래서 도망쳐 나온 것처럼 열방으로 흩어졌을 때도 다시 돌아올 때도 유대인들의 여정은 평탄치 않습니다. 그런데 위기의 순간마다 친히 나타나 주시고 야곱의 삶에 개입하여 주신 하나님으로 인해 야곱은 자신에게 주어진 길을 다시 갈 수 있게 됩니다. 삶의 순간 순간마다 위기와 어려움은 우리를 위협하지만 결국은 우리가 가야 할 길을 방해하는 요소가 되는 것이 아니라 하나님의 임재와 보호하심이 우리를 둘러싸고 있음을 알게 해 주는 통로가 됩니다. 하나님은 우리가 가야 할 길을 계속 갈 수 있게 하시고 그 길의 끝에 우리가 살게 될 시온, 우리의 본향에 다다르게 하십니다. 떠남과 돌아감의 여정은 우리의 삶입니다. 우리는 모두 영원의 시간을 떠나 유한한 시간으로 들어왔고 하늘을 떠나 땅으로 왔습니다. 그러나 우리는 다시 영원의 시간으로 돌아갈 것이고 하늘로 돌아갈 것입니다. 그 과정은 어려움과 고통의 순간들의 반복이지만 또한 하나님의 돌보심과 다루심으로 우리는 마침내 가야할 곳에, 그리고 있어야 할 곳에 있게 될 것입니다. 우리를 돌아가게 하기 위해 떠나게 하시고 막막함과 두려움 가운데 떠나는 모든 여정가운데 우리를 혼자 두지 않으시고 돌보시는 하나님은 선하신 분입니다.

DAY 6 창31:17-42

인간적 술수, 하나님의 주권

야곱은 '타는 듯이 뜨거운 곳'이란 뜻의 하란에서 혹독한 인생 훈련을 시작하게 됩니다. 하나님이 야곱을 뜨겁고 거친 들로 내보내신 이유는 아집과 자아 중심성을 다듬고 하나님 중심의 삶을 살아낼 수 있도록 하기 위해서입니다. 하나님은 뭔가를 움켜쥐면 절대 놓지 않는 야곱의 자아와 기질이 하나님을 향해 쓰이면 끝까지 하나님을 붙들며 언약을 이루는 자가 될 것임을 아셨습니다. 그러나 한 번 움켜쥐면 놓지 않으려는 기질이 자신과 세상을 향해 쓰이면 욕심과 자기 중심적 성취로 인한 교만과 아집이 될 수 있기에 하나님은 야곱을 다루십니다.

한 사람이 가지고 있는 최고의 장점은 최고의 단점이 되기도 합니다. 하나님께 시선이 고정돼 있으면 최고의 장점이 될 수 있는 것도 자아와 세상을 향해 있으면 최고의 단점이 되기도 합니다. 야곱의 움켜쥐는 기질은 하나님의 언약을 끝까지 붙듦으로 그 축복을 취하게 되었지만, 자신을 위해서 사용될 때 사람을 속여서라도 더 많은 것을 움켜쥐기 위한 욕심이 되었습니다. 이런 야곱의 DNA를 가진 유대인들은 바벨론 포로로부터 시작하여 약 2천5백 년의 멀고 긴 시간 동안 여기저기 쫓기며 디아스포라의 삶을 살아왔지만 끝까지 하나님의 언약과 말씀을 붙듦으로 그 정체성을 잃지 않고 이스라엘, 약속의 땅으로 돌아오는 언약의 성취의 일부를 이뤘습니다. 하지만 한편으로는 약삭빠르게 사람과 세상을 활용하여 더 많은 것을 취하고 움켜쥐려는 것 때문에 세상으로부터 미움을 받기도 하였습니다. 그럼에도 불구하고 하나님은 유대인들의 남은 자들을 지켜 보호해 주셨습니다. 왜냐하면 아브라함과 이삭과 야곱에게 "너와 너의 자손이 가는 곳마다 항상 함께 하겠다"고 약속하셨기 때문입니다.

형으로부터 장자의 축복을 취함으로 형의 미움을 사게 되어 떠나게 된 야곱의 이야기를 들은 라반은 "너는 참으로 내 혈육이다"라고 말합니다(창29:14). 혈육이란 나의 뼈, 나의 육체라는 뜻인데 이것은 본질을 이야기합니다. 야곱이 가진 기질이 자신의 것과 같다는 것을 라반도 느낍니다. 또 그는 야곱에게 부어지는 하나님의 축복도 보았습니다. 야곱이 있음으로 자기에게 축복이 들어올 것을 알았고, 그래서 야곱의 성실함과 라헬을 사랑하는 것을 이용해 인간적인 술수로 자신의 부를 늘려가려 합니다. 야곱을 통해 부를 이루려는 라반의 인간적 술수로 인해 야곱은 외삼촌의 두 딸과 결혼함으로써 꼼짝없이 외삼촌에게 묶이게 되었고 많은 시간을 외삼촌을 위해 봉사하고 또 10번이나 그 삯을 제대로 받지 못했으며 친자매 두 명이 동시에 아내가 된 것으로 인해 끊임없는 가정불화를 겪게 됩니다.

외삼촌에게 속아온 야곱은 이제 라반을 다시 역이용합니다. 그래서 교묘한 방법으로 외삼촌으로부터 자신의 재산을 챙깁니다. 외삼촌 라반과 야곱은 서로를 속이면서 자기의 이익을 가지려 했지만 결국은 야곱이 외삼촌보다 더 많고 건강한 가축들을 거느리면서 세력이 커지고 삼촌보다 더 큰 부를 이루게 됩니다. 라반의 술수는 야곱의 술수에 먹히고 맙니다. 자신이 먼저 조카를 속여 많은 것을 이룬 것은 생각하지 않고 라반은 야곱의 번영에 위협을 느끼고 싫어하게 됩니다(창31:2). 또다시 불편한 관계 속에서 위협을 느낀 야곱을 향해 하나님은 이제 돌아가라고 말씀하십니다(창31:13). 야곱은 밤에 도주하듯이 외삼촌 곁을 떠나 고향을 향합니다. 도망치듯 떠난 야곱을 라반이 추격하지만 하나님은 라반을 향해 야곱과 선악 간에 아무 말도 하지 말라고 하십니다(창31:24). 누가 선했는지, 악했는지를 따져 보았자 결론이 날 수 있는 상황이 아닙니다. 모두 인간적인 술수로 물고 물리는 관계였기 때문입니다. 그래서 하나님은 야곱을 그냥 두라고 하십니다. 인간적 술수가 난무한 삼촌과 조카의 관계였지만 결국은 모두 하나님의 주권 아래서 이뤄진 일이었습니다. 전능하신 하나님 앞에 라반도 수긍합니다. 끝까지 야곱으로부터 약점을 잡아보려 했지만(자기의 드라빔을 훔쳤다는 죄) 그마저도 라헬의 술수로 찾지 못합니다. 라반은 야곱을 이용해서 많은 부를 취하려 했지만 결국 야곱에게 덜미를 잡혔고 그것으로 야곱은 삼촌 라반과 완전히 헤어지게 됩니다.

　야곱은 삼촌에게 삯을 속임 당할 때마다 자신의 인간적인 잘못을 보았을 것입니다. 그렇게 하나님은 거친 들에서 야곱을 다루셨습니다. 야곱을 다루기 위해 야곱과 비슷한 사람 라반을 붙이셔서 자신의 모습을 돌아보게 하셨습니다. 생각지도 못한 두 명의 아내를 얻음으로 자신의 계획대로 이루려는 자기 의가 꺾였습니다. 더 사랑받고, 원하는 것을 얻으려는 두 아내들의 다툼과 경쟁, 시기를 통해 자신과 형 에서의 모습도 보았을 것입니다. 야곱은 그렇게 하나님 앞에 훈련받고 다루어져 갔습니다. 그 가운데서도 그가 결코 놓지 않은 것은 하나님의 유업과 축복, 하나님을 향한 믿음이었습니다. 그래서 라반과 야곱이 같은 모습을 가지고 인간적인 싸움을 하였어도 하나님은 야곱의 손을 들어주십니다.

　하나님의 주권은 라반의 술수가 야곱에게 축복이 되게 하여 두 아내로 인해, 또 두 아내의 경쟁으로 인해 짧은 시간에 많은 자녀를 낳게 하십니다. 이것을 통해 하나님은 약속하신 자손의 번성을 이루십니다. 또한 라반이 야곱을 속여 갈취한 그 이상의 것을 야곱이 취할 수 있도록 하십니다. 인간적인 술수가 아무리 뛰어나도 모든 것은 하나님의 주권 아래 있습니다. 속게 되는 억울한 아픔, 거친 들에서의 고난과 고생, 수고와 땀을 흘리게 되는 모든 과정은 치열하겠지만 선하신 하나님의 주권 아래 그 뜻이 이뤄질 것입니다.

DAY 7 창31:43-32:3

야곱과 라반의 언약

천만인의 어미가 되라고 축복했던 여동생 리브가의 아들 야곱을 사랑했던 라반입니다. 야곱에게로 흘러온 그 가문의 축복의 유업과 부, 그리고 이후 그 가문을 통해 하나님이 이루실 일이 크다는 것도 다 이해하고 있었던 라반입니다. 그러나 그는 여전히 야곱이 가지고 있는 모든 것이 사신의 것이라고 주장합니다.

> "딸들은 내 딸이요 자식들은 내 자식이요 양 떼는 내 양떼요
> 네가 보는 것은 다 내것이라"창31:43

라반의 말은 틀리지 않습니다. 야곱은 삼촌 라반으로 인해 가족을 이루었고 자기의 삶을 확장해 나갈 수 있었습니다. 그러나 또 한 편으로 라반의 말은 틀리기도 합니다. 야곱의 양 떼는 라반이 마땅히 야곱에게 주어야 할 몫을 주지 않은 것에 대해 야곱이 정당하게 일해서 얻은 것이므로 야곱의 것입니다. 야곱은 비록 묘한 방법으로 양 떼들을 얻게 되었지만 그 과정에서 야곱의 편을 들어주시고 축복해주신 분은 하나님이었습니다. 라반은 꿈에서 하나님이 나타나 야곱에 대해 아무 말 하지 말라는 명령을 듣지 않았다면 야곱의 것을 다시 빼앗아 왔을지도 모릅니다. 그러나 그는 하나님의 주권을 인정하게 됩니다.

여전히 자신의 것을 주장하고 있는 라반이었지만 야곱과 함께 하시는 하나님의 주권을 인정하며 그에게 언약을 맺을 것을 요청합니다. 라반과 그의 자녀들, 함께 간 다른 형제들은 돌을 함께 모아서 무더기를 쌓고 쌓은 돌무더기 옆에서 함께 식사를 합니다. 가족됨, 형제됨을 확인하고 그 돌무더기를 증거의 무더기라 부름으로써 하나님이 라반과 야곱의 관계를 돌보시고 함께 하시길 기도합니다. 라반에게서 그냥 도망간 채로 약속의 땅으로 갔다면 해결되지 않은 관계로 인해 계속 야곱의 삶에 어려움이 되고 장애가 되었을지도 모를 상황을 하나님은 라반의 마음을 바꾸시고 야곱의 삶에 개입하심으로 가족과 형제관계를 보호해 주십니다. 야곱과 라반은 아브라함의 하나님, 나홀의 하나님, 그들의 조상의 하나님이 그들 사이의 미쉬파트(재판, 판단)가 되어주시길 요청하며 함께 예배를 드립니다(창31:53-54).

언약과 하나님께 함께 올려드린 에배 이후 라반은 자신의 딸들과 손자들에게 입맞추며 축복을 합니다. 라반과 야곱의 언약은 가족과 형제됨의 언약이고 하나님이 이들 언약의 증인이자 주인인 것을 확증해 주는 언약입니다.

처음에는 야곱에게 호의적이었으나 야곱의 번성으로 인해 그에게 적대감을 품었던 라반은 다시 야곱과 하나가 됩니다. 유대인을 향해 시기와 미움을 가졌던 열방은 결국은 이스라엘과 하나될 것이고, 이스라엘을 향해 오해와 적대감을 가지고 있었던 교회는 결국 이스라엘과 하나될 것입니다. 유대인과 열방은 모두 아브라함의 자손들이고 이스라엘과 교회는 모두 예슈아를 메시아로 섬길 것이기 때문입니다. 라반과 야곱의 언약을 통해 우리는 하나님이 유대인과 열방, 이스라엘과 교회 사이의 증인이시며 주인이시며 우리가 모두 가족이고 형제임을 확증하게 되었습니다. 마지막에 가서 이루실 하나님의 완전한 계획을 이들의 삶 가운데 비밀스럽게 심어 두시고 우리에게 열어서 보여주신 하나님의 섭리가 놀랍습니다.

하프타라 호11:7-14:9

떠남과 돌아옴으로 성취되는 언약

처음에 고향을 떠날 때는 비록 비자발적인 떠남이었지만 떠남을 통해 야곱은 자신에게 주어진 유업과 언약을 성취해 가는 과정을 시작합니다. 야곱의 떠남은 '다시 돌아오기 위한 떠남'이었습니다. 하나님은 벧엘의 꿈에서 야곱에게 자손의 축복과 함께 그가 어디로 가든지 반드시 이 땅으로 돌아오게 하실 것이라 약속하십니다(창28:14-15). 하나님은 야곱에게 사닥다리 꿈으로 시작하여 아롱진 양의 꿈, 또 라반에게 나타나셔서 야곱을 해하지 말라는 꿈을 통해 야곱을 지키시고 번성케 하시고 보호하십니다. 한 번 정하시고 택하신 것에는 돌이킴이 없으신 하나님이십니다(롬11:29).

그래서 야곱의 자손인 에브라임[40]이 소돔과 고모라의 이웃 도시였던 아드마 같고 스보

---

[40] 에브라임 지파는 북이스라엘 10지파를 대표하는 지파로서 시간이 흐르면서 북이스라엘을 에브라임이라고 부르기도 하였다.

임 같은 패역함을 보였을지라도 긍휼이 불붙듯 하시는 하나님은 그들을 향해 계속 돌아오라고 호소하십니다(호14:1). 하나님은 그들이 교만하고 패역하여 망가졌어도 고치고 기쁘게 사랑하겠다고 결단하십니다(호14:4). 패역(메슈바המשובה)이란 방향을 돌려 등지고 악한 습관과 나쁜 상태로 고집스럽게 되돌아가려는 상태를 표현하는 말입니다. 패역은 반항하게 하는 원인이며 들으려 하지 않는 교만입니다. 그 패역을 고쳐야 하나님이 기쁘고 즐겁게 마음껏 사랑하실 수 있습니다. 야곱을 사랑하셔서 그를 고치고 다루시기 위해 거친 들로 나가게 하셨습니다(봐예쩨מצא). 이스라엘 백성을 사랑하셔서 그들을 광야로 나가게 하셨습니다. 나가게 하시는 이유, 떠나게 하시는 이유는 잘 다룸 받고 다듬어져서 다시 돌아오게 하기 위해서입니다.

  야곱의 떠남과 돌아옴의 패턴은 하나님을 따르는 백성들, 하나님의 나라를 사모하는 자들을 다루시는 하나님의 인생 프로그램입니다. 하나님은 야곱을 거친 들과 광야로 내보내실 때 홀로 가게 하지 않으시고 "내가 네게 허락한 것을 다 이루기까지 너를 떠나지 않겠다"고 약속하시며 함께 하십니다. 그리고 야곱을 향해 너를 반드시 이 땅으로 돌아오게 하겠다고 하신 약속은 단순히 야곱 한 사람을 향한 약속이 아니었습니다. 그 자손들도 흩어졌다가 반드시 이 땅으로 돌아오게 하겠다는 하나님의 사랑의 의지이며 이것은 오늘까지도 변함이 없습니다. 하나님이 이 땅으로 지금도 야곱의 자손들을 돌아오게 하고 계시기 때문입니다. 무엇을 위해서일까요? 이방인과 유대인이 그리스도 안에서 한 새 사람으로 하나 되고, 한 새 사람으로서 온전한 그리스도의 신부가 그리스도와 하나 되고, 하늘에 있는 것이나 땅에 있는 것이 다 그리스도 안에서 통일되게 하려 하시겠다는 하나님의 계획이 있기 때문입니다(엡1:10).

  '떠남과 돌아옴'은 하나님의 계획입니다. 그리고 하나님의 주권에 의해 결정됩니다. 야곱은 원치 않게 떠나게 되었고 떠남을 통해 고된 훈련을 겪었지만 하나님의 축복을 받고 돌아옵니다. 마찬가지로 야곱의 자손인 이스라엘 백성은 심판에 의해 떠나게 되었지만 역시 고된 훈련을 통과해 하나님을 알게 되고 패역한 마음을 고치고 돌아오게 됩니다. 하나님은 우리를 죄와 악으로부터 떠나서 하나님의 인애와 긍휼을 더 깊이 알고 하나님이 원하시는 곳으로 돌아오게 하기 위해 떠나게 하십니다. 야곱은 약속의 땅의 그 장소(하마콤המקום)에서 떠났다가 다시 그 장소로 돌아옵니다. 이스라엘 백성은 약속의 땅의 그 장소에서 쫓겨나가 흩어졌다가 다시 그 장소로 돌아옵니다. 인류의 역사는 에덴-동산에서 쫓겨나갔다가 결국 에덴-동산으로 돌아오는 역사입니다.

떠남과 돌아옴의 모든 시기는 하나님의 주권에 의해 이루어집니다. 하나님은 신실하게 약속하신 모든 것을 이루십니다. 무언가를 혹은 어느 곳을 떠나라고 말씀하신다면 순종해야 합니다. 만약 나의 의지와 관계없이 떠나야 하는 상황이 된다면 하나님을 신뢰해야 합니다. 그분은 반드시 더 아름다운 것을 우리에게 허락하실 것이고 가장 안전한 곳에 우리를 두실 것입니다. 하나님이 있으라고 하는 그곳이 가장 안전한 곳입니다. 봐예쩨 וַיֵּצֵא 그가 떠났습니다. 돌아오기 위해서.

브리트 하다샤 요1:19-51 / 요1:41-51

하늘과 땅을 잇는 사다리

야곱이 열린 하늘 문을 통해 꿈에서 본 하나님의 사자들이 하늘과 땅을 오가며 연결하고 있는 사닥다리는 아브라함으로부터 시작된 하나님 나라가 야곱과 그의 자손을 통해 마지막 날에 하늘과 땅이 온전히 하나 되어 하나님의 나라가 완성될 것을 보여주신 것이었습니다.

나다나엘은 무화과 나무 아래서 하나님을 사모하며 기다렸습니다. 그리고 그가 무화과 나무 아래서 하나님께 어떤 마음의 고백을 했는지 예수님이 보셨습니다. 예수님은 나다나엘을 향해 간사한 것, 속임이 없는 마음을 가진 참 이스라엘 사람이라 칭찬하셨습니다. 나다나엘은 자신이 무화과 나무 아래에서 기도하고 있던 것을 미리 보시고 알고 계셨던 예수님을 향하여 "당신은 하나님의 아들이시며, 이스라엘의 왕이십니다"라고 고백했습니다 (요1:49). 나다나엘은 자기 안에 거짓으로 덮여있는 것이 없었기에 예수님이 하나님의 아들이시며 이스라엘의 임금이심을 바로 인식합니다. 그런 나다나엘을 향해 주님은 "내가 너를 보았다라는 것으로 믿는 나다나엘아, 너는 더 큰일을 보게 되리라"라고 말씀하십니다. 그것은 하늘이 열리고 하나님의 천사들이 인자 위에서 하늘과 땅을 오르락내리락 하는 것을 보게 되는 것입니다.

"또 가라사대 진실로 진실로 너희에게 이르노니 하늘이 열리고 하나님의 사자들이 인자 위에 오르락 내리락하는 것을 보리라 하시니라" 요1:51

히브리어로 사다리는 쑬람מֻלָּם이며 쑬람의 동사형은 '들어올리다' 라는 뜻인 쌸랄סָלַל입니다. 쑬람은 '들어 올려진' 이라는 수동의 의미를 가지며 명사로서 '사다리'를 의미합니다. 예수님 위에 천사들이 하늘과 땅을 오르락 내리락하는 모습을 나다나엘이 보게 될 것인데 이는 예수님이 바로 그 사람 성전이시고 하늘과 땅이 연결된 지성소이시며 에덴-동산의 상태를 가지신 분으로서 하늘과 땅을 연결시키실 분이심을 보여주는 그림입니다. 그런 예수님을 시작으로 사람이 성전이 되는 '사람 성전 시대'를 예수님께서 열어주셨습니다. 예수님의 육체가 찢어질 때 지성소를 가로막는 휘장이 찢어짐으로 우리가 지성소로, 에덴-동산으로 들어갈 수 있는 새로운 길과 영생의 길이 열렸습니다. 땅에 있는 우리는 담대하게 예수님의 피를 힘입어 하늘 보좌로 나아갈 수 있게 되었습니다. 살아서는 주님이 이미 열어 놓으신 이 길을 통하여 날마다 지성소로 나아갈 수 있게 되었으며, 죽어서는 부활의 몸으로 새 예루살렘으로 들어갈 수 있게 되었습니다.

예수님은 하늘과 땅을 잇는 사다리 역할을 해주십니다. 끊어진 하늘과 땅이 예수님으로 인해 이어졌고, 그래서 예수님의 이름으로 드려지는 예배와 기도는 향기되어 천사들에 의해 하늘로 들려 올려지게 됩니다. 그리고 천사들은 예배하는 자들에게 하늘의 영광을 가지고 내려옵니다. 예수님의 이름으로 나아가고 예수님께 경배하는 곳 어디에나 하늘의 문이 열리게 됩니다. 하늘의 문이 열리고 하늘이 내려오는 그곳이 하나님의 집이며 에덴-동산의 상태가 이루어진 에덴-동산입니다.

하나님이 꿈을 주실 때 처음에는 그 뜻을 다 이해하지 못합니다. 야곱에게 주신 꿈은 단순히 길을 외롭게 떠나는 야곱을 위로하기 위해 보여주신 꿈이 아닙니다. 그 꿈에는 야곱이 어디를 가든지 야곱이 있는 곳에 또한 그의 자손들이 있는 곳에 하늘과 땅을 하나 되게 하리라는 하나님의 원대한 계획이 있는 것입니다. 예수님이 간사한 것이 없으며 참 이스라엘 사람이었던 나다나엘에게 말씀하신 축복은 예수님을 통해 하늘과 땅이 하나로 연결되는 것을 보게 되리라는 것이었습니다. 하나님이 믿음의 족장들(아브라함, 이삭, 야곱…)을 통해서 우리에게 말씀하시는 것도 결국 하늘과 땅이 다 메시아 안에서 하나 되리라는 것입니다(엡 1:10). 이것은 하나님이 예수 그리스도를 통하여 이루시는 것이며 우리는 그리스도의 몸으로서 온 우주와 인류의 모든 역사를 통해서 가장 위대한 일에 동참하고 있습니다.

만물을 창조하신 하나님께서 태초부터 지금까지 변함없이 바라보고 계시는 비전은 하늘과 땅이 그리스도 안에서 하나 되게 하는 것입니다. 이 일을 위해 하나님은 아브라함을 통해 이삭에게로, 이삭을 통해 야곱에게로, 야곱을 통해 그 후손인 참 이스라엘에게 보게 하셨고, 믿음으로 그 유업으로 이어받게 된 우리에게도 보여주고 계십니다.

봐예쩨 주간의 말씀

1. 하늘과 땅 사이에는 엄청난 간극이 존재합니다. 이 간극은 하나님과 우리 사이의 간극입니다.

2. 예슈아는 하늘과 땅, 하나님과 사람 사이에 벌어져 버린 엄청난 간극을 이어주신 사닥다리입니다. 이 간극은 인간의 노력, 의, 힘으로 해결할 수 있는 것이 결코 아닙니다. 오직 예슈아만이 이 간극을 이어주실 수 있습니다.

3. 야곱이 돌에 기름을 부은 것은 기름부음 받은 자로 온 세상을 구원하실 메시아를 예표하는 것입니다.

4. 신랑과 연합하고자 하는 레아의 갈망이 하나님의 신부들의 갈망입니다. 연약한 신부의 갈망과 부르짖음, 신랑을 사모하는 신부의 고백과 찬양이 신랑으로 하여금 응답하게 할 것입니다.

5. 주님은 우리를 사랑하시는 기쁨 때문에 수천 년을 인내하심으로 신부인 우리를 취하게 될 날을 기다리십니다. 사랑은 오래 참습니다. 사랑은 인내하고 기다려서 하나가 되는 결실을 얻게 합니다. 우리가 주님을 사랑하는 기쁨이 있을 때 우리는 한낮의 뜨거움, 밤중의 추위도 견디며 그분과 하나(에하드ㄱㄲㅆ)될 시간을 기대하며 기다릴 수 있을 것입니다.

6. 하나님이 택하시고 정하신 사람의 인생에 하나님은 선하게 개입하십니다. 인간이 저질러 놓은 실수조차도 하나님은 선이 되게 하십니다. 아무리 사탄이 흔들고 부수고 깨뜨리려고 해도 하나님의 주권과 계획을 어그러뜨릴 순 없습니다.

7. 하나님은 깨어진 상태를 보지 않으시고, 죄악의 상태를 보지 않으십니다. 하나님은 하나님의 원래 선한 계획대로 움직이십니다. 그리고 회복하게 하십니다.

8. 삶의 순간 순간마다 위기와 어려움은 우리를 위협하지만 결국은 우리가 가야 할 길을 방해하는 요소가 되는 것이 아니라 하나님의 임재와 보호하심이 우리를 둘러싸고 있음을 알게 해 주는 통로가 됩니다.

9. 떠남과 돌아감의 여정은 우리의 삶입니다. 우리는 모두 영원의 시간을 떠나 유한한 시간으로 들어왔고 하늘을 떠나 땅으로 왔습니다. 그러나 우리는 다시 영원의 시간을 돌아갈 것이고 하늘로 돌아갈 것입니다.

10. 인간적인 술수가 아무리 뛰어나도 모든 것은 하나님의 주권 아래 있습니다. 속게 되는 억울한 아픔, 거친 들에서의 고난과 고생, 수고와 땀을 흘리게 되는 모든 과정은 치열하겠지만 선하신 하나님의 주권 아래 그 뜻이 이뤄질 것입니다.

봐예쩨 주간의 선포

1. 벧엘의 하나님, 우리에게 꿈으로 말씀해 주시고, 또 유대인과 아랍인들에게 꿈으로 나타나 그들의 마음을 돌이켜 주소서. 하나님이 꿈으로 말씀해 주실 때 깨달아 알 수 있는 지혜와 순종의 마음이 부어주소서.

2. 벧엘의 하나님께 간절하게 울며 간구하고 하나님의 천사와 울며 겨루기까지 한 야곱처럼 땅의 습관에 매여 있는 우리의 고집으로부터 나와서 하나님의 마음으로 돌아가게 하소서. 나도 모르게 나의 혼을 덮고 있는 교묘한 거짓말들과 스스로 속이는 것들에 직면하여 정직함으로 하나님의 말씀 안에서 걷게 하소서. 그리고 하늘과 땅이 하나되는 하나님의 영광을 보여주소서.

3. '그 날'에 얼굴과 얼굴을 맞대고 새 예루살렘에서 신랑과 영원한 하나됨을 누릴 것을 더욱 사모합니다. 신랑을 사모하는 신부들이 말씀으로 더욱 단장되게 하소서.

4. 모든 만남과 헤어짐은 하나님의 주권아래 있습니다. 이기심과 욕심을 배제한 채 하나님이 가장 선하게 그분의 때에 이루실 것을 신뢰함으로 한 해가 가고 또 다른 한 해가 오는 이 시즌에 모든 관계와 사역과 일을 주님께 올려드립니다. 내가 만들려고 하지 않고 주님을 신뢰함으로 기다립니다. 내가 있어야 할 곳에 있게 하시고 가야 할 곳에 가게 하소서.

5. 하늘과 땅의 간극을 이어주신 예슈아를 통해 아버지의 보좌를 향해 더 깊이 나아갈 수 있게 인도 하소서. 나의 가정과 나의 기도의 자리를 하늘에서 내려오는 사다리로 이어주시고 하늘의 문이 언제나 열려 있는 벧엘이 되게 하소서.

6. 기름부음 받은 산 돌로서 그리스도의 몸을 이루고 그 몸에 기름을 전달하는 자 되게 하소서. 우리 안에 기름이 모자라지 않도록 날마다 새롭게 채워 주소서.

7. 신랑이신 예슈아와의 연합을 갈망하는 신부 되게 하소서. 연약한 신부의 기도와 부르짖음에 응답하시는 신랑만을 의지하게 하소서. 세상의 방법을 따라가지 않고 신랑만을 따라가게 하소서.

8. 떠남과 돌아옴의 과정을 통해 우리를 연단하시는 하나님께 숨기지 않고 나를 내어드립니다. 잘라 주시고 태워 주시고 씻어 주셔서 나의 혼이 영을 방해하지 않도록, 그리하여 완전히 하나님의 킹덤의 영역에 속한 자 되게 하소서.

8주간

וַיִּשְׁלַח
VAYISHLACH
봐이쉴라흐, 그리고 그가 보냈다

파라샤 **창32:3-36:43**
하프타라 **옵1:1-21**
브리트 하다샤 **히11:11-20 / 마2:13-23**

DAY 1 창32:3-12

마하나임

하란을 떠나 남쪽으로 조상의 땅, 아버지의 땅, 약속의 땅으로 오던 야곱은 산등성이를 넘어 어느 지점에 올라서게 됩니다. 그는 그곳에서 이스라엘 중앙 산지(에덴동산의 중앙 산지)가 한 눈에 펼쳐지는 광경을 보게 됩니다. 지팡이 하나만 들고 혈혈단신으로 나왔던 약속의 땅에 이제 수많은 재산과 자녀들과 함께 돌아오는 야곱의 여정은 이후 야곱의 가족 70명을 이집트로 보내셨다가 한 큰 민족이 되어 다시 약속의 땅으로 돌아오게 하는 여정을 예표합니다. 또한 야곱의 가정이 약속의 땅으로 돌아오는 것은 이후 수많은 하나님의 백성들이 마지막 날에 에덴-동산의 중심으로 돌아와 예루살렘을 중심으로 회복된 에덴-동산에서 하나님의 킹덤을 이루는 것을 예표하기도 합니다. 그래서 하나님은 야곱의 가정이 약속의 땅으로 돌아오는 과정에 많은 천군천사들을 보내십니다. 야곱은 시리아 땅에서 남으로 내려와 요르단 지역에서 길르앗 산지를 지나 넘어오는 산등성이에서, 그리고 그 아래로 흐르는 얍복강에서 모리아 땅의 산지를 바라보며 땅에 내려온 하나님의 천사들의 군대들의 진영이 진치고 있는 것을 보게 되고 그곳을 마하나임이라고 부릅니다.

마하나임은 두 군대의 진영이라는 뜻으로 하늘의 군대와 땅의 군대를 의미합니다. 하나님은 자신의 백성들을 하나님의 군대라고 부르시며 이 땅에서 그들이 하나님의 뜻에 따라 순종하며 살아 가는 과정 가운데 수많은 전쟁을 치르게 될 때 하늘의 천사들의 군대를 보내셔서 땅의 군대들을 돕게 하십니다. 믿음의 삶의 여정에 하나님은 자신의 백성들을 친히 인도하시고 돌보시며 전쟁에서 승리할 수 있게 도우십니다. 그래서 전쟁은 우리에게 속한 것이 아니라 하나님께 속한 것입니다.

우리는 우리가 땅의 군대라는 사실을 인식해야 하고 우리가 이 땅에서 믿음으로 싸울 때 하늘의 천사들의 군대들이 우리를 호위하며 보호할 뿐 아니라 돕는다는 것을 인식해야 합니다. 믿음은 하늘의 영역에 대한 우리의 인식이 확장될 때 우리가 하나님을 더 깊이 알수록 증가합니다. 야곱을 약속의 땅, 에덴동산의 중심, 하나님의 킹덤의 중앙으로 돌려보내실 때 마하나임, 하늘의 천사들의 군대를 보내신 하나님은 우리가 새 예루살렘을 향해 나아가는 마지막 믿음의 싸움을 싸울 때 동일하게 천군 천사들을 보내실 것입니다. 천사들과 함께 동역하는 마지막 때의 삶과 사역을 더욱 기대합니다.

인생의 바퀴, 다시 문제 앞으로

하나님이 라반의 꿈에 나타나 개입하심으로 삼촌 라반과 화목의 언약을 맺고 축복을 받고 약속의 땅으로 돌아선 야곱에게 또 다른 산이 나타났습니다. 그것은 형 에서와 직면해야 하는 것이었습니다. 20년 전에 형을 피해 도망쳤지만 결국 다시 돌아 형 앞에 서야 했습니다. 야곱은 문제 해결 방법에 있어서 도망을 선택했습니다. 그러나 하나님은 반드시 문제에 직면해서 그것을 돌파하고 넘어가길 원하십니다. 그래서 삼촌 라반으로부터 도망쳤을 때도 결국은 삼촌과 직면해서 그 문제를 해결할 수 있도록 하나님은 야곱을 도우셨습니다. 이번에는 형 에서를 직면해야 하는 상황이 되었습니다.

야곱은 형 에서가 자신을 죽일 것이라고 직감하고 있었습니다. 어머니 리브가는 야곱을 떠나보낼 때 에서의 분노가 풀어지면 사람을 보내 야곱을 다시 불러오겠다고 말했습니다(창27:45). 그러나 어머니 리브가가 보내는 메신저는 오지 않았고 그 사이 20년이라는 시간이 지났습니다. 하나님의 개입하심으로 가까스로 삼촌 라반과의 문제를 마무리 짓고 약속의 땅으로 들어가야 하는 야곱에게 형 에서를 만나야 하는 것은 여간 부담되는 일이 아니었습니다. 어머니 리브가로부터 어떤 메시지도 듣지 못한 야곱은 자신이 스스로 상황을 알아보기 위해 메신저들을 보냅니다. 그리고 안타깝게도 그 메신저들은 최악의 소식을 듣고 옵니다.

"그가 사백 명을 거느리고 주인을 만나려고 오더이다"창32:6b

20년 전 형을 피해 도망갈 때는 형 한 명을 피하는 것이었지만 그 사이 문제는 눈덩이처럼 불어나 형뿐 아니라 자신의 생명을 위협하는 400명의 용병들이 야곱에게 다가오고 있었습니다. 우리는 문제나 상처를 덮어버리고 그것이 시간이 지나면 스스로 낫기를 바라는 때가 있습니다. 그러나 오히려 그 문제나 상처는 제대로 치료를 받지 않고 덮인 상태로 오래 지나면 오히려 더 깊이 파고 들어가 더 큰 문제가 되거나 곪아서 썩어 생명의 위협을 가져오기까지 합니다. 특별히 이것이 관계의 문제일 때는 더욱 그렇습니다. 누군가와 관계가 어그러지면 그냥 안 보면 그만, 혹은 관계를 끊으면 그만이라고 생각하지만 시간이 지나면 또 다른 관계 안에서 더 악화된 상태로 관계가 깨어지는 것을 경험하게 됩니다. 그래서 예수님도 형제로부터 원망들을 만한 일이 생각나면 얼른 그것부터 풀라고 말씀하셨습니다(마5:25).

인류의 역사에 끊임없이 반복되는 사건들이 있었던 것처럼, 한 사람의 인생에도 반복되는 패턴들이 있습니다. 주로 반복되는 패턴들은 우리가 극복하지 못하는 죄나 저주와 관련되어 있고 하나님은 이것들을 확실하게 끊어낼 수 있도록 우리가 피하고 덮으려고 했던 죄와 저주의 문제 앞에 다시 서도록 하십니다. 그리고 그 문제를 드러내고 다루도록 하십니다. 하나님은 우리의 문제가 해결되고 상처가 치유될 때까지 싸우고 돌파해서 이기기를 원하십니다. 그렇게 하지 않으면 원수가 계속 그 문제를 통해서 공격하기 때문입니다.

우리의 원수는 참소자입니다. 끊임없이 우리의 연약한 죄와 틈을 노리고 공격합니다. 우리가 잘못한 것을 일일이 적고 기억하여 우리가 정죄를 받고 죄책감에 빠져서 하나님 앞에 서지 못하기를 원합니다. 하나님 앞에 나아가지 못하게 하여 결국 우리가 어둠 가운데서 허우적 거리다가 영벌에 빠지길 원합니다. 우리의 원수의 목표는 우리가 하나님을 보지 못하고 알지 못하게 하는 것입니다. 죄를 이기는 하나님의 은혜와 사랑이 원수의 참소보다 더 크다는 것을 알지 못하게 하기 위해 우리가 끊임없이 우리의 죄를 기억하고 그것에 고착되어 있기를 원합니다. 우리가 피하고 덮으려고 하는 문제와 상처는 바로 원수의 먹잇감이 됩니다. 그래서 하나님은 그것을 드러내어 다루라고 말씀하시고 또 그것을 다룰 수 있도록 우리를 훈육하십니다. 그러므로 하나님의 훈육은 우리를 향한 사랑입니다. 하나님은 죄를 미워하시지만 그 죄를 교정 받기 원하여 하나님 앞에 서는 자를 기뻐하십니다. 죄를 인정하고 하나님께 도움을 요청할 때 하나님은 반드시 응답해 주십니다.

끝나지 않는 투쟁과 싸움의 연속

야곱도 피하고만 싶은 그 문제 앞에 다시 서야만 했고 그에게는 해결 방법이 없었습니다. 그래서 자기 조상들의 하나님의 약속을 소환합니다.

> "내 조부 아브라함의 하나님, 내 아버지 이삭의 하나님 여호와여
> 주께서 전에 내게 명하시기를 네 고향, 네 족속에게로 돌아가라
> 내가 네게 은혜를 베풀리라 하셨나이다"창32:9
> "주께서 말씀하시기를 내가 반드시 네게 은혜를 베풀어
> 네 씨로 바다의 셀 수 없는 모래와 같이 많게 하리라 하셨나이다"창32:12

야곱은 하나님이 베푸실 은혜가 야곱의 씨를 통해 많은 자손이 있을 것을 약속하셨다는 것을 하나님께 올려드리면서 자신과 자신의 가족을 구원하시기를 간절히 간구합니다. 자신과 가족이 죽으면 바다의 모래와 같은 많은 자손의 약속이 이뤄질 수 없다는 것을 야곱 스스로도 기억하면서 하나님께서 그 약속을 지키시기 위해 자신과 가족을 이 죽음의 위협으로부터 살려주실 것을 요청한 것입니다.

그리고 그는 이 기도의 요청이 응답될 때까지 씨름합니다. 자신을 찾아온 어떤 사람과 날이 새도록 씨름하는데 야곱은 그에게 축복을 요구합니다. 축복을 해 주지 않으면 절대로 그를 보낼 수 없다고 말합니다. 그는 끝까지 그를 놓지 않습니다. 야곱은 자신의 요청이 이뤄질 때까지 그 어둠속에서 그를 붙잡고 가지 못하게 합니다. 심지어 야곱은 자신의 허벅지 관절이 어긋날 정도로 맞았지만 개의치 않고 그 사람을 붙들었습니다. 야곱이 싸운 사람은 하나님의 사자였고 그는 결국 야곱을 축복합니다. 그리고 야곱은 '하나님과 겨루어 이기었다'라는 뜻의 '이스라엘'이라는 새로운 이름을 받게 됩니다.

야곱의 삶은 끊임없는 투쟁과 싸움의 연속이었습니다. 무엇을 위한 것이었습니까? 하나님이 주시는 축복과 킹덤을 붙잡기 위한 투쟁과 싸움이었습니다. 야곱은 축복 때문에 형에서와 싸웠고, 아버지를 속였고, 삼촌 라반과 싸웠습니다. 에서는 '그 붉은 것(붉은 죽)' 하나에 자신의 축복의 권리를 팔아버리고 하나님의 킹덤을 버렸지만 야곱은 그 축복의 권리를 얻고 하나님의 킹덤을 차지하기 위해 투쟁과 싸움의 삶을 선택했습니다. 야곱은 그것이 가치 있는 일이라는 것을 알았습니다. 그래서 그는 하나님과도 씨름합니다. 절대로 하나님으로 하여금 가지 못하게 합니다. 하나님이 들어주실 때까지 붙잡습니다.

우리의 인생에는 반드시 어둠의 시간이 있습니다. 그럴 때 우리는 하나님께 우리를 구원해 주시기를, 도움을 주시기를 요청하며 기도합니다. 그러나 위험하고 두려운 상황이 느껴지거나 불이익이 올 것 같으면, 혹은 그런 것들이 닥쳤을 때 우리는 하나님이 우리의 기도를 듣지 않으신다고 느끼며 실망하고 하나님을 놓아버립니다. 그러나 하나님은 그때가 바로 하나님을 더욱 붙잡고 씨름해야 할 때라고 말씀하십니다. 하나님은 우리가 하나님을 놓아 버리길 원하지 않으십니다. 어둠이 짙은 그때 외로워도 홀로 씨름하고 싸우라고 하십니다. 그리고 하나님을 끝까지 붙잡으라고 말씀하십니다. 그 씨름과 투쟁과 싸움 끝에 우리가 하나님을 볼 것이라고 말씀하십니다. 야곱은 이스라엘이라는 이름을 얻었고 그가 하나님을 보았으나 생명이 보전되었다 하여 자신이 싸우던 그 곳의 이름을 브니엘(하나님의 얼굴)이라고 불렀습니다(창32:30). 자신의 인생의 절체절명의 위기와 위험한 순간, 가장 어두운 때, 치열한 투쟁과 싸움의 시간이 그로 하여금 하나님을 대면하여 보게 하였고 결국 승리하게 하였습니다.

지금 남은 자들은 이 어둠의 시간 속에서 씨름하고 투쟁하는 시간을 지나고 있습니다. 이 시간은 불이익에 대한 두려움과 생명에 대한 위협과 위험 때문에 싸움을 포기해야 하는 시간이 아니라 하나님을 붙잡고 그분으로 하여금 축복하시기 전까지는 가시지 못하게 더 붙들어야 하는 시간입니다. 하나님은 남은 자들에게 그것을 원하십니다. 우리는 믿음의 자녀들입니다. 우리의 믿음의 조상 야곱의 '붙드는 DNA'가 우리에게도 있습니다. 인류의 역사와 인생의 끝없는 싸움과 투쟁 가운데서 하나님이 우리 곁을 떠나시지 않도록 붙잡고 그분으로 하여금 우리를 축복하게 하십시오. 우리 모두 이스라엘이 되고 브니엘의 축복을 받게 될 것입니다.

DAY 2 창32:13-32

문제에 함몰되어 있는 나를 극복하게 하는 얍복(קברנ비워진)[41]

야곱은 자기보다 앞서 세일 땅 에돔 들에 있는 형 에서에게 종들을 보냅니다(창32:3). 야곱이 먼저 앞서 보낸 종들은 야곱에게 돌아와 이렇게 전합니다. "우리가 주인의 형 에서에게 이른즉 그가 사백 명을 거느리고 주인을 만나려고 오더이다"(창32:6). 이 구절을 통해 우리는 무엇을 알 수 있습니까? 종들은 "주인의 형 에서가 당신을 죽이려고 400명을 데리고 오더이다"라고 말하지 않았습니다. 그저 "에서가 400명을 거느리고 오더이다"라고 말했을 뿐입니다. 여기서 '만나다'라는 히브리어는 카라קרא라는 단어로 쓰였는데 이 단어는 '호의적으로 만나다' 혹은 '적대적으로 만나다'라는 두 가지 뜻을 동시에 포함하고 있습니다. 즉, 이 단어만을 통해서는 에서가 야곱을 맞이하려고 오는 것인지, 죽이려고 오는 것인지 정확히는 알 수 없습니다. 하지만 야곱은 종들의 보고를 듣자마자 심히 두렵고 답답해합니다(창32:7).

이 장면을 통해 우리는 두 가지를 생각해 볼 수 있습니다. 지금까지 일반적으로 생각해 오던 대로 에서가 20년 동안 야곱을 향해 이를 갈고 있다가 돌아온다고 하니까 분노가 일어나서 없애려고 장정을 400명이나 이끌고 온 것일 수도 있고, 혹은 반대로 20년 사이 에서는 그의 힘과 능력을 통해 땅을 소유하고 많은 사람을 이끄는 한 족속의 두령으로서 마음이 어느 정도는 누그러져 동생인 야곱을 그저 보러 오는 것일 수도 있습니다. 중요한 것은 종들의 보고만을 가지고는 에서의 마음이 어떠한지는 정확하게 알 수 없다는 것입니다. 하지만 이 보고를 듣자마자 야곱의 마음이 심히 두렵고 답답한 이유가 더 중요합니다. 왜 야곱은 심히 두렵고 답답해했을까요? 야곱이 아직까지 이 문제를 극복하지 못했기 때문입니다. 그래서 그의 생각이 복잡해졌기에 이것을 해결하기 위해 미리 자기의 수를 써서 재산을 나누어 보기도 하고 자녀들을 순서대로 배열해 수비벽을 만들어 보기도 하며 형을 위한 예물도 준비해 보기도 하는 등 여러 가지 경우의 수를 따라 행동합니다.

---

41 얍보크קברנ : 다 쏟아버리고 텅 빈 상태

우리는 많은 경우 문제를 직면하게 될 때 머리가 복잡하고 생각이 많아집니다. 생각보다 문제는 단순할 수도 있고 상황도 이미 단순해졌을 수도 있는데 내가 스스로 그 문제에 함몰되어 복잡한 수를 자꾸 생각해 보기 때문에 문제를 객관적으로 살펴볼 수 없는 것입니다. 그래서 자기 문제에 빠져 있는 사람은 자기의 수를 생각하고 자기 방법을 생각하느라 머리가 복잡합니다. 정확하게 보지를 못합니다. 그러므로 문제 자체를 보지 말고 그 문제에 함몰되어 있는 나를 돌아보고 철저하게 나를 내려놓아야 합니다. 나를 내려놓는다는 것은 나의 방법론, 생각, 감정을 내려놓는 것입니다. 모든 것을 비워야 합니다. 그래서 결국 야곱은 모든 것을 내려놓고 얍복(비워진)에 홀로 남게 됩니다.

하나님은 그분의 완전한 통로로 사용하시기 위해 우리를 철저히 다루십니다. 그래서 내 안의 죄와 교만, 인간적인 방법론들을 조명하기 위해 나와 비슷한 혹은 더한 사람을 붙이셔서 그 사람을 통해 나를 돌아보게 하십니다. 혹, 내가 그 영역을 해결하지 못하면 잠시 보류하실 수는 있지만 시간이 흐르면 같은 상황 혹은 비슷한 사람에게 다시 직면하게 하십니다. 그것을 넘어야 완전함으로 나아갈 수 있기 때문입니다. 그래서 야곱은 자기와 비슷한 라반을 통해 자신을 돌아봄으로 혹독한 다룸을 받았고, 이제는 속여서 하나님의 축복권을 가져온 형 앞에 직면해야 했습니다. 그것을 넘어가야 했습니다. 그래야 하나님의 약속으로 더 다가갈 수 있기 때문입니다. 하나님은 약속을 따라 믿음으로 걸으려는 우리의 몸부림을 보시지 내가 어떤 실수를 했는가 자체에 관심이 있지 않으십니다. 하나님은 내가 어떤 믿음으로 반응하는가에 집중하시고 친히 역사해 주십니다. 하나님은 붙잡는 자를 뿌리치지 않으십니다.

각 사람은 모두 넘지 못하고 계속 걸려 넘어지거나 혹은 보류 중인 어떤 것이 있습니다. 그런데 그냥 피하고 덮어두면 될 것이라는 생각과 마음을 버려야 합니다. 그리고 인간적인 방법과 경험들을 비워야 합니다. 아프고 고통스럽지만 도망가지 않고 그 상황으로 직면해 들어가야 합니다. 내가 직접 하지 못하면 하나님은 어느 순간에 직면하도록 우리를 몰아가십니다. 왜냐하면 그래야 묶여있던 사망과 어둠의 권세가 끊어지고 참 자유가 오기 때문입니다.

자아의 죽음을 통해 얻게 되는 새 사람(새로운 정체성)

야곱은 원치 않게 다시 직면해야만 하는 상황에서 처음에는 여전히 인간적인 방법을 동원하여 재산을 보호하기 위해 소유를 두 떼로도 나눠보고, 형의 마음을 풀 수 있을까 하여 예물을 구별하여 먼저 보내기도 하고, 또 아내들과 자녀들을 지키기 위해 자기가 사랑하는 순서대로 보내기도 했습니다. 그러나 어찌할 바를 알지 못하는 그는 결국 얍복(יַבֹּק비워진)에 남아 하나님과 씨름합니다. 삼촌 라반으로부터 아내들도 얻고, 자녀들도 얻고, 많은 소유를 얻었지만 죽음과 생명 앞에서 그는 아무것도 없는 자 같습니다. 모든 것을 가졌지만 아무것도 없는 자인 그는 그의 이름대로 다시 한번 하나님을 생명을 다해 붙잡습니다. 죽기를 각오하고 붙잡습니다. 인간적인 방법과 자신의 것을 꽉 움켜쥐었던 야곱은 결국 그것을 비울 수(얍복) 밖에 없게 됩니다. 자신의 모든 것을 비우고(얍복) 문제에 직면하기 시작할 때, 그는 하나님의 얼굴을 대면하여 보게 됩니다(프니엘פְּנִיאֵל). 그가 직면한 것이 문제인 줄 알았는데 오히려 그 문제는 야곱이 하나님의 얼굴을 간절히 구하는 통로가 되었습니다. 문제에 직면함을 통해 야곱은 하나님의 존재, 그분의 얼굴을 대면하여 보게 되었고 이스라엘이라는 새 이름을 얻게 됩니다.

하나님은 그에게 '하나님과 겨루어 이기었다'라는 뜻의 이름 이스라엘을 주십니다. 이스라엘יִשְׂרָאֵל은 싸라הרָשָׂ라는 단어와 엘אֵל이라는 단어의 합성어입니다. 싸라הרָשָׂ는 '힘을 가지다'라는 뜻이고 엘אֵל은 '하나님'이라는 뜻입니다. 하나님은 모든 힘을 가지신 전능하신 분입니다. 그분은 언제나 승리하십니다. 하나님은 네가 나를 이겼다라고 말씀하시지만 사실 야곱의 생명을 건 기도에 하나님은 승리를 주십니다. 야곱이 기도로 승리한 것입니다. 또한 이스라엘은 야샤르יָשַׁר와 엘אֵל의 합성어로도 볼 수 있습니다. 야샤르יָשַׁר는 '정직하다, 곧다'라는 뜻으로 하나님을 향하여 정직하게, 곧게 나아가는 사람입니다. 야곱에게 주어진 다른 이름이 '이스라엘'이었다면 이스라엘에게 주어진 다른 애칭은 '여수룬יְשֻׁרוּן'이었습니다. 여수룬도 이스라엘과 같은 어근 야샤르에서 '정직한 자, 올곧은 자'라는 뜻을 가지며 하나님이 바라보시는 이스라엘의 이상적인 모습을 표현하는 상징적인 이름입니다.

야곱은 '뒤꿈치를 붙들고 좇아가다'라는 뜻으로 뭔가를 늘 움켜쥐던 사람이었지만 얍복 나루에서 모든 것을 비우고 하나님만 붙잡기 시작할 때 그의 정체성은 하나님의 승리를 가지고 하나님을 향하여 정직하게, 곧게 나아가는 자로 바뀌게 되었습니다. 또한 야곱은 하나님과 씨름했던 장소를 브니엘(프니엘פְּנִיאֵל)이라 불렀습니다. 프니엘은 방향을 '돌리다, 직면하다(turn, face)'라는 뜻의 파나חָנָה에서 나온 단어로 하나님께 얼굴을 향하여 돌리고 하나님의 얼굴을 구하는 즉, 하나님과 직면하는 장소라는 의미입니다. 야곱(움켜쥐다)은 얍복(얍보크)에서 모든 것을 비우고 하나님의 얼굴을 직면하였을 때(프니엘) 승리하였고, 정체성이 바뀌게 되었습니다(이스라엘)[42]. 우리의 자아가 비워지고 파쇄될 때, 비로소 우리는 하나님의 얼굴을 바라보고 그로 인하여 새로운 '나'를 시작하게 됩니다.

두 이름, 두 정체성

하나님은 아브람의 이름을 아브라함이라고 바꾸시고 그가 하나님과 언약을 맺은 자로서 완전히 하나님께 속해 있는 자라는 증표로 할례를 행하게 하셨습니다. 그리고 그가 다시는 아브람이라 불리지 않고 아브라함이라 불려야 할 것임을 명령하셨습니다. 이름은 그 사람의 정체성을 나타내는 것으로 세상과 타협하고 우상을 만들어 팔던 아버지 데라로부터 지어진 아브람이라는 이름이 아닌 하나님께 속한 자로서 열국의 아버지라는 아브라함이라는 이름을 통해 그의 삶을 향한 하나님의 계획과 새로운 정체성을 받게 됩니다. 그리고 성경은 아브라함의 이름을 그 이후로는 단 한 번도 아브람이라는 이름으로 기록하지 않습니다.

야곱도 자기 인생의 싸움과 투쟁의 절정인 얍복강에서의 씨름 이후에 하나님으로부터 새로운 이름을 받게 됩니다. '발꿈치'라는 이름의 뜻을 가진 야곱은 어머니 리브가의 뱃속에서부터 시작된 형과의 다툼에서부터 떠남과 돌아옴의 그 과정에서 삼촌 라반과도 다투게 되면서 그때까지 그의 삶은 싸움과 투쟁의 연속이었습니다. 그리고 그 과정은 그의 인간적인 본성, 혼적인 것들이 다루어지는 시간이기도 했습니다. 그러나 얍복강에서 그의 인생의 가장 큰 위기를 마주하면서 그는 하나님의 사자와 씨름을 하고 그의 허벅지 관절이 꺾이면서 육적이고 혼적인 본성이 꺾여짐을 통해 '하나님과 겨루어 이기었다'는 뜻의 이스라엘이라는 새 이름을 받게 되고 그의 정체성은 육적인 야곱의 본성에서 영적인 이스라엘로 바뀌게 됩니다. 그러나 성경은 야곱의 이름이 분명히 이스라엘로 바뀌었음에도 불구하고 그가 죽는 순간까지 야곱과 이스라엘이라는 두 이름을 반복해서 같이 기록하고 있습니다.

---

42 이스라엘יִשְׂרָאֵל의 또 다른 의미는 '내가 하나님과 대면하여 보았으나 내 생명이 보전되었다'라는 고백에서 아래와 같이 유추되기도 한다. 이쉬אִישׁ+라아רָאָה+엘אֵל 하나님을 본 사람

분명 그에게는 새로운 영적 정체성이 주어졌지만 여전히 육적인 본성이 있었고 그가 죽는 날까지 그의 삶에는 육적인 것과 영적인 것 사이에서의 싸움이 계속되었습니다. 유대 문헌은 야곱이라는 그의 이름은 '하나님의 종'으로서의 정체성을 나타내는 것인 반면, 이스라엘이라는 이름은 '하나님의 자녀'로서의 정체성을 나타내는 것이라고도 말합니다. 즉, 야곱과 이스라엘이라는 두 이름이 성경에서 계속 사용된 것은 그의 육적이고 영적인 본성, 또한 세상의 종이기도 하면서 하나님의 자녀이기도 한 우리들의 모습을 나타내 주고 있는 것이라고 말할 수 있습니다. 분명 우리는 삶의 여정 가운데 싸움과 투쟁을 통해 우리의 자아가 깎이고 승리하는 순간들을 경험하며 그것을 통해 우리의 믿음이 계속 성장하고 세상이 아닌 하늘의 영역으로 더 들어가게 되면서 영에 속한 사람으로 변하게 됨을 알고 있습니다. 그러나 여전히 땅에 속한 자들로서 육적이고 세상적인 것들이 계속 우리에게 영향력을 행사하면서 우리는 그것들과의 싸움과 투쟁을 계속하게 됩니다. 그래서 우리는 야곱과 이스라엘이라는 두 가지 정체성을 가지고 살아가게 됩니다.

우리의 삶에는 야곱적인 것도 있고 이스라엘적인 것도 있습니다. 그리고 하나님은 이 두 가지가 모두 우리 자신이라고 말씀하십니다. 분명한 것은 하나님은 야곱을 사랑하셨고 그의 이름을 이스라엘이라 바꿔주시면서 이스라엘로서 그에게 하늘에 속한 권위를 더하셨다는 것입니다. 우리의 육신은 하나님이 창조하신 것입니다. 그래서 육신도 하나님의 것입니다. 다만 육신이 타락하여 영과 혼에 죄의 영향력을 행사하기 때문에 하나님은 타락한 육신을 다루라고 말씀하십니다. 야곱이 이스라엘이 되었지만 그는 죽는 날까지 두 가지 정체성을 가지고 그 사이에서 조화를 이루기 위해 싸움과 투쟁의 삶을 반복했습니다. 그리고 그는 이스라엘이라는 그의 이름처럼 승리하여 그의 믿음의 유업을 12자녀들에게 성공적으로 물려주었고 그의 씨를 통해 많은 자손들이 있을 것이라는 하나님의 약속의 성취를 보았으며 그의 자손들이 오늘날까지 하나님의 킹덤의 유업을 소유하면서 이 땅에 살아가고 있고 결국 야곱의 자손들이 지키고 있는 약속의 땅, 예루살렘으로 메시아가 오실 것입니다.

DAY 3 창33:1-5

두 세계의 만남

밤새 싸우고 씨름하여 만신창이가 된 야곱은 부러진 허벅지 관절로 절뚝거리며 걸어 갑니다. 그리고 눈을 들어 보니 야곱이 400명의 장정과 함께 오고 있음을 보게 됩니다. 그는 그의 몸을 일곱 번 땅에 굽히며(샤하ㄲㄲ밫, 엎드리다) 형 에서에게 가까이 나아갑니다. 몸을 일곱 번 땅에 굽혔다는 것은 그가 땅에 엎드려 절했던 것이 완전하고 철저했음을 보여줍니다. 그는 지난 밤의 씨름을 통해 하나님의 축복을 받았고 하나님을 의지해 형 앞으로 다가 갑니다.

그 순간 에서가 달려와서 야곱을 자기 품으로 끌어당겨 목을 끌어안고 입을 맞추었고 둘은 함께 울었습니다(창33:4). 오랜 시간 동생을 향한 미움과 살기를 품었던 에서, 형을 향한 두려움에 사로 잡혀 있었던 야곱은 도저히 넘을 수 없을 것 같던 큰 장벽을 넘어 서로를 끌어안게 됩니다. 깨어진 관계를 덮어놓고 그 문제를 피하고 있었던 야곱은 이 문제에 직면할 수 밖에 없는 상황속에서 결단하고 하나님께 모든 것을 의지하고 내어드렸을 때 하나님의 초자연적인 역사가 높은 산과 같았던 문제를 한 번에 넘어가게 하셨습니다. 우리는 사람의 마음을 바꾸시는 것도 하나님의 주권에 있음을 알게 됩니다. 그리고 이것은 큰 산을 넘어가기 위해 애쓰는 수고와 치열함과 씨름의 과정 가운데서 하나님을 철저하게 의지했을 때 일어나게 됩니다.

에서는 야곱과 함께 동행할 것을 제안합니다(창33:12). 그러나 야곱은 정중히 이것을 거절합니다. 두 형제의 만남은 세상에 속한 자와 하늘에 속한 자로서 거대한 두 세계의 만남을 예표합니다. 세상은 잠시 잠깐의 화목의 분위기 속에서 손을 내밀어 타협하여 함께 갈 것을 요청하지만 하늘에 속한 자들은 그것을 받아들일 수 없습니다. 세상은 이 땅에 자신의 왕국을 건설하려고 하지만 하나님께 속한 자들은 하나님의 왕국이 이 땅에 세워지도록 해야 하기 때문입니다. 두 왕국 중 하나는 결국 무너져야 합니다. 함께 끝까지는 갈 수 없습니다. 하나님의 킹덤의 유업을 가진 야곱은 형 에서와 함께 갈 수 없다는 것을 알고 있었습니다. 야곱은 이제 막 형제됨을 다시 확인하고 장벽을 넘어 서로를 끌어안았지만 인간적인 정과는 별개로 하나님께 속한 영역과 부르심은 보호하고 지켜야 했습니다.

우리는 인간적인 것과 하나님께 속한 것을 혼동할 때가 많습니다. 그래서 우리의 생각과 감정에 합하다고 느끼면 그것이 하나님이 허락하신 것인 줄 착각하고 쉽게 세상과 타협하고 나 자신을 내어줍니다. 그렇게 하다가 세상이 공격할 수 있는 빌미를 주게 되고 세상의 힘에 압박당하고 묶이게 되고 다 빼앗기게 됩니다. 하나님의 평화와 세상의 평화는 다릅니다. 하나님의 사랑과 세상이 말하는 사랑은 다릅니다. 하나님의 정의와 세상의 정의는 너무나 다릅니다. 결과적으로 하나님의 킹덤과 세상의 나라는 완전히 다르다는 것을 알아야 합니다. 하나님이 자신의 킹덤을 경영하시는 방법과 계획이 있는데 우리는 너무 쉽게 세상적인 경영과 방법으로 하나님의 킹덤을 이루려는 실수를 하게 됩니다. 비슷한 것이 같은 것인 줄 알고 착각하고 혼동하는 경우가 많습니다. 그러나 큐빅과 다이아몬드는 엄연히 다른 것입니다. 하나님의 킹덤은 진짜 보석으로 채워져 있고 그래서 하나님은 당신의 킹덤을 세우고 채울 신부들을 진짜 보석이 되도록 다듬고 계십니다.

> "너희는 믿지 않는 자와 멍에를 함께 메지 말라 의와 불법이 어찌 함께 하며 빛과
> 어둠이 어찌 사귀며 그리스도와 벨리알이 어찌 조화되며 믿는 자와 믿지 않는 자가
> 어찌 상관하며 하나님의 성전과 우상이 어찌 일치가 되리요
> 우리는 살아 계신 하나님의 성전이라" 고후 6:14-16

우리는 세상과 함께 갈 수 없습니다. 그래서 더욱 하나님의 마음과 생각을 알아야 합니다. 하나님의 마음과 생각으로부터 마지막 때를 살아가는 지혜와 전략이 부어질 것입니다.

DAY 4 창33:6-20

용서와 화해, 그럼에도 불구하고 섞일 수 없는 것들

일반적으로 깊은 원망과 미움으로 다투었던 관계의 사람들이 서로를 향해 용서하기로 결정하고 화해하면 하나가 될 것이라고 믿습니다. 혹은 화해했으니까 하나가 되어야 한다고 생각합니다. 자기와의 씨름에서 하나님을 죽을 힘을 다해 붙잡았던 야곱은 믿음으로 형

앞으로, 죽음 앞으로 나아갑니다. 그리고 용서와 화해라는 기적을 은혜로 받습니다. 에서는 야곱에게 "우리가 떠나자 내가 너와 동행하리라"(창33:12)라고 말하며 그에게 하나됨을 제안합니다. 그러나 야곱은 거절합니다. 에서는 "내 종 몇 사람을 네게 머물게 하리라"(창33:15)라고 하며 동생과 연결점을 갖길 원하지만 야곱은 또 거절합니다.

용서와 화해의 결과는 하나됨이지만 그 모습은 우리가 기대하는 모습은 아닐 수 있습니다. 관계는 풀어졌어도 각자의 분량과 역할이 있습니다. 서로를 축복하며 각자에게 주어진 분량과 역할을 충실히 감당하는 것은 또 다른 모습의 큰 그림에서의 하나됨입니다. 하나됨은 모든 것을 똑같이 맞추는 것이 아닙니다. 무엇보다 하나님의 킹덤과 세상은 하나될 수 없습니다. 야곱은 형이 얼마나 세상을 사랑하는지 잘 알고 있었습니다. 왜 형이 하나님의 킹덤의 유업을 받을 수 없었는지도 잘 알고 있었습니다. 야곱은 자기의 유업과 형의 유업이 다르다는 것도 알고 있었습니다. 그래서 그는 지혜롭게 형의 제안을 거절함으로 형과 함께하지 않습니다. 분명히 하나님의 관점을 알지만 사람의 방법으로 풀어나가는 경우가 많습니다. 지금은 하나님의 관점을 안다면 하나님의 방법으로 일해야 할 때입니다. 하나님의 킹덤과 세상은 결코 하나 될 수 없습니다.

야곱의 수카(장막)

이스라엘의 역사에 있어서 하나님은 여러 차례 이 백성을 약속의 땅 밖으로 내보내셨다가 돌아오게 하셨습니다. 이집트에 있었던 야곱의 자손들이 한 민족이 되어 돌아오게 하셨고 바벨론 포로에 있었던 유다 민족이 돌아오게 하셨으며 그리고 약 이천년 만에 온 세계에 흩어져 있던 유대인들을 돌아오게 하셨습니다. 그리고 이 떠남과 돌아옴의 여정의 첫 번째 시작은 야곱이었습니다. 혈혈단신 아람 땅, 지금의 시리아 땅으로 갔던 야곱은 많은 자녀들과 큰 재산을 이끌고 약속의 땅으로 돌아왔고 그 과정에서 하나님은 야곱의 자아를 다루시고 꺾으시며 또 하늘 천사들의 군대로 호위하심으로 그를 보호하셨습니다. 무엇보다 야곱이 약속의 땅으로 돌아오는 여정 가운데 삼촌 라반과 형 에서로부터의 위협에서 건지심으로 하나님은 야곱의 생명을 보장하셨습니다.

형 에서와 극적인 만남을 뒤로하고 야곱은 숙곳(수콭סֻכּוֹת)에 이르러 장막을 칩니다. 숙곳(수콭סֻכּוֹת)은 장막이라는 뜻의 히브리어 수카 סֻכָּה의 복수형으로 '장막들'이라는 뜻을 가지고 있습니다. 야곱은 얍복 강과 요단 강이 만나는 평원 지역에 집과 가축들을 위한 수콭

סֻכּוֹת, 장막들을 짓습니다. 수카는 임시적인 피난처라는 뜻을 가지고 있습니다. 비록 이 수카가 야곱 자신을 위한 수카가 아니었고 하나님이 이 수카를 통해 무엇을 말씀하시는지 알지 못했지만 야곱은 약속의 땅을 앞에 두고 수카를 지음으로써 먼 훗날 자신의 자손들이 광야에서 임시적인 피난처인 수카를 지으며 살아가게 될 것을 예표하게 됩니다. 하나님은 이스라엘 백성을 이집트에서 약속의 땅으로 돌아가게 하실 때 광야에서 그들에게 임시적인 피난처인 수카를 짓고 살게 하셨고 그것을 통해 그들을 보호하셨음을 기억하고 기념하라 말씀하시며 그들에게 장막절을 명령하셨습니다. 하나님의 수카는 자신의 백성들에게 피난처가 되시고 안전한 그늘이 되어주시는 하나님의 품을 상징합니다. 그리고 또한 이것은 마지막 날 영원한 하나님의 킹덤에서 하나님의 백성들이 피난처이며 우리의 보호가 되시는 하나님의 품에서 영원히 살아가게 될 것을 상징합니다.

하나님은 역사의 과정에서 먼 훗날 야곱의 자손들과 하나님의 백성들이 겪게 될 것, 또한 그 과정을 통해서 그들이 얻게 될 것이 무엇인지 계획하시고 야곱의 삶에 심어 놓으셨습니다. 마찬가지로 우리의 삶의 여정에도 하나님은 세심하게 많은 것을 디자인해 놓으셨고 심어 놓으셨습니다. 우리가 다 알지 못하지만 하나님은 때가 되었을 때 보이시고 이루심으로 하나님의 하나님 되심을 나타내십니다.

야곱의 수카는 이스라엘 백성이 이집트로부터, 바벨론으로부터, 그리고 온 세계에서 흩어져있다가 다시 돌아오는 과정 가운데 하나님이 그들의 피난처 되시며 보호가 되신다는 것을 예표합니다. 또한 마지막 날 큰 구원을 예표하면서 시온에서 하나님의 백성들이 그분의 완전한 보호아래 영원을 살아가게 될 것을 나타냅니다. 그리고 '그 날'에 온 세계의 사람들이 "오라 우리가 여호와의 산, 야곱의 하나님의 집에 오르자"(사2:3)라고 말하면서 예루살렘에 둘러 있는 하나님의 장막들로 모여들 것입니다.

> "여호와께서 거하시는 온 시온 산과 모든 집회 위에 낮이면 구름과 연기, 밤이면
> 화염의 빛을 만드시고 그 모든 영광 위에 덮개를 두시며 또 초막(수카)이 있어서
> 낮에는 더위를 피하는 그늘을 지으며 또 풍우를 피하여 숨는 곳이 되리라" 사4:5-6

DAY 5 창34:1-35:8

하나님의 백성을 욕보이는 세상

야곱은 평안히 세겜 성읍에 이르게 됩니다(창33:18). 그리고 그곳에서 자기의 가족들을 위한 캠프를 치고 그 땅을 하몰의 아들들로부터 사서 하나님을 위한 제단을 쌓고 엘엘로헤 이스라엘, 이스라엘의 하나님이라고 부릅니다(창33:19-20). 얍복에서 자신에게 새 이름을 주신 하나님, 죽음의 위협에서 건져 주신 하나님, 약속의 땅에 무사히 첫 발을 디디게 하신 하나님을 기억하며 야곱은 첫 제단을 그 곳에 쌓고 이스라엘의 하나님이라고 부릅니다. 얼마나 감동적인 순간이었을까요?

그러나 사탄은 야곱의 딸 디나가 호기심에 그 땅의 딸들을 보러 나갔다가 폭력과 수치를 당하게 함으로써 하나님의 백성을 모욕합니다. 디나를 욕보인 세겜은 그 땅의 지도자로 영향력이 있는 사람이었지만 이 일은 이스라엘에게 부끄러운 일이 됩니다(창34:7). 우상을 섬기는 그들과 연합할 수 없고 또 그들이 여호와 하나님을 섬기는 야곱의 가족을 욕보인 것은 하나님을 욕보인 것과 같은 것이었기에 야곱과 그의 아들들은 디나로 인해 자신들뿐 아니라 하나님까지 욕보이게 된 이 상황에 큰 수치를 느낍니다. 세겜이 디나를 크게 사랑하여 정당한 대가를 치룰 뿐 아니라 야곱의 가족과 세겜의 사람들이 화목하게 지내자며 화친을 요청하지만 야곱의 아들들은 여호와 하나님을 섬기는 상징인 할례가 없는 자들과는 하나가 될 수 없다고 거절합니다(창34:14). 그리고 그들이 모두 할례를 받으면 그들의 제안을 받아들이겠다는 거짓말로 그들이 할례를 받고 가장 고통스러워할 제3일에 시므온과 레위는 그 땅의 남자들을 몰살시켜 버립니다(창34:25-26). 거기서 끝나지 않고 야곱의 여러 아들들이 시체들이 있는 성읍에 들어가 그들의 자녀들과 아내들을 사로잡고 재물들을 노략합니다(창34:27-29).

야곱은 이 일로 자신의 수가 적음 때문에 또 다른 공격이 들어올 것을 염려하여 시므온과 레위에게 화를 내지만 그들은 우리 누이를 창녀같이 대우한 것은 참을 수 없다고 대응합니다(창34:30-31). 그리고 이 일로 보복을 두려워했던 야곱의 걱정과 달리 하나님은 사면 고을들로 그들을 두려워하게 하심으로 아무도 야곱의 가족을 추격하지 못하게 하십니다(창35:5).

세상이 궁금해서 나갔던 디나는 그로 인해 자신뿐 아니라 온 가족이 수치를 당하게되는 공격의 빌미를 제공했습니다. 이로 인해 시므온과 레위는 불 같은 성정을 이기지 못해 살육과 노략이라는 엄청난 일을 저지르지만 하나님은 오히려 하나님의 백성을 함부로 건드 려서는 안된다는 경고를 주변 고을들이 느끼게 하심으로 자신의 백성인 야곱의 가족을 보 호하십니다. 세상은 언제나 하나님의 백성을 집어 삼키려고 합니다. 그래서 작은 틈과 기회 를 언제나 노리고 있습니다. 디나가 그 땅이 궁금해 나간 것은 충분히 그럴 수 있는 일이었 다고 이해할 수 있는 부분이지만 하늘 세계에서 야곱의 가족의 위치와 중요성은 이미 알려 져 있었기 때문에 어둠의 영들은 그들을 주시하며 지켜보고 있었을 것입니다. 그래서 그 찰 나를 이용해 그들에게 모욕과 불안을 안겨주었습니다. 이것이 악한 영들이 하는 일입니다.

약속의 땅으로 들어가는 야곱의 가족을 공격하고 수치를 준 사탄은 마지막 날 에덴동 산의 중심, 시온을 향해 마음의 대로를 열고 새 예루살렘을 사모하는 하나님의 백성들을 집 중적으로 노리고 있다가 공격하고 수치와 모욕을 주려고 할 것입니다. 그러나 하나님은 자 신의 백성들을 끝까지 지키실 것입니다. 그리고 그들이 마침내 하나님의 성산에 서게 하실 것입니다. 믿음의 여정 가운데 우리가 받는 공격에 불안해하는 것이 아닌 하나님이 어떻게 보호하고 지키실 것인지에 우리의 마음을 둘 수 있는 믿음의 눈이 필요합니다.

끝나지 않는 문제들, 그 가운데서 변하지 않는 하나님의 언약

빈손으로 떠났던 야곱이 한 가문이자 부족의 족장이 되어 돌아올 때, 하나님은 그에 게 '벧엘의 하나님'이라 말씀하시며 출생지로 돌아가라 하셨습니다(창31:13). 야곱은 에서와 의 극적인 화해 이후 요단강 곁 숙곳에 자기를 위하여 집과 가축을 위한 우릿간을 짓고 머 물다 얼마 후 세겜에 정착합니다. 그러나 그곳에서 히위 족속으로부터 딸 디나가 부끄러운 일을 당하게 되고 야곱의 아들들은 보복심으로 그들을 속여 한 부족의 씨를 다 몰살시켜 버 립니다. 야곱의 자아는 그의 부러진 허벅지 관절의 둔부의 힘줄처럼 부러졌지만, 가족 안에 는 여전히 남아 있는 문제들이 있었습니다. 세상을 향한 호기심을 가진 딸, 분노를 참지 못 해 속이고 보복한 아들들, 끝나지 않은 문제들이 계속 일어납니다. 하나님이 올라오라고 하 신 곳은 분명히 벧엘이었는데 그는 숙곳을 지나 세겜 땅에 머물려고 땅을 사고 정착합니다.

그때 야곱에게 디나를 통한 경고가 오게 되고 문제들이 계속 일어나는 상황에서 하나 님은 다시 한번 야곱에게 "벧엘בֵּית־אֵל로 올라가 거기에 거주하며 제단을 쌓으라"(창35:1)고 명령하십니다. 그리고 야곱은 온 집안의 대대적인 영적 개혁을 감행합니다.

"너희 중에 있는 이방 신상들을 버리고 자신을 정결하게 하고
너희들의 의복을 바꾸어 입으라"창35:2

이때 하나님은 친히 야곱에게로 내려오셔서 그의 정체성인 이스라엘을 확인시켜 주시면서 축복을 주시고 올라가십니다. 하나님은 세 번이나 야곱에게 친히 나타나십니다(28장 벧엘, 32장 브니엘, 35장 벧엘). 야곱은 정체성도 바뀌었고 하나님의 약속의 성취와 큰 축복을 경험합니다. 이 대대적인 가문의 영적인 개혁을 통해 하나님은 야곱에게 주신 비전을 확장하시고 더 구체화하십니다.

"네 이름을 다시는 야곱이라 부르지 않겠고 이스라엘이라 부르리라… 한 백성과
백성들의 총회가 네게서 나오고 왕들이 네 허리에서 나오리라. 내가 아브라함과
이삭에게 준 땅을 네게 주고 내가 네 후손에게도 그 땅을 주리라"창35:10-12

하지만 벧엘에서 온 가족의 영적 개혁과 하나님의 확장된 언약의 축복 이후 그는 가장 사랑하는 아내 라헬을 잃습니다(창35:19). 게다가 큰 아들 르우벤에 의해 자신의 침상이 더럽힘을 당합니다(창35:22). 아버지 이삭도 죽습니다(창35:29). 야곱을 향한 하나님의 축복과 언약의 성취, 유업은 사탄에 의해 끊임없이 오염되고 공격을 당합니다. 끊임없이 일어나는 문제들과 사탄의 공격은 계속되지만 이스라엘이라는 이름의 확정을 통한 완전한 정체성의 변화, 그리고 왕들이 야곱을 통해 나오고 자손에게까지 영원히 이 땅을 주겠다고 약속하신 하나님의 언약은 변함없이 지금도 성취되고 있습니다. 그러므로 변함없으신 하나님의 언약 앞에 우리는 순종해야 합니다. 이스라엘을 통해 왕들이 나오고 이 땅을 이스라엘에게 주겠다고 약속하신 하나님의 말씀을 믿고 하나님의 나라와 통치가 완전히 임하는 그날까지 이스라엘 편에 서서 축복해야 합니다. 인간의 힘과 능력을 의지하여 하나님의 말씀을 무시하고 교만한 세상 나라의 편에 서서 이스라엘을 대적하는 나라, 하나님 나라를 대적하는 나라가 되지 않고 우리의 생각과 다른 하나님의 생각을 신뢰함으로 하나님 편에 서는 나라가 되어야 합니다.

DAY 6 창35:9-36:19

라헬의 죽음 – 천년왕국이 오기 직전 해산의 진통

벧엘에서 길을 떠나 에브랏, 지금의 베들레헴을 향하여 험한 길을 가고 있을 때 라헬은 심한 출산의 고통을 겪게 됩니다. 그리고 산파가 그녀에게 또 아들을 얻을 것이라는 말을 들었을 때 그녀는 자신의 죽음을 예측하게 됩니다. 그래서 아들이 태어났을 때 그녀는 그 아들을 베노니, 슬픔의 아들이라 부릅니다.

야곱은 라반 가문의 가보인 드라빔을 누가 가져갔는지 몰랐고 그래서 자신의 입에서 튀어나오는 대로 드라빔을 가져간 자가 죽을 것이라 저주하였습니다. 야곱의 저주는 예상치 못하게 자신이 가장 아끼고 사랑하는 아내 라헬에게 이뤄지고 말았습니다. 그리고 라헬이 죽게 되는 이 순간은 새 생명인 마지막 아들이 태어나는 순간이자 12지파의 조상이 완성되는 순간이기도 했습니다. 아들의 태어남과 동시에 가장 사랑하는 아내를 잃어버리게 된 큰 고통은 야곱에게 있어서 재앙과도 같은 것이었습니다. 모든 고난의 순간을 지나왔다고 생각했고, 또 벧엘에서 감격스럽게 많은 가족들과 함께 하나님을 예배한지 얼마 지나지 않아 야곱을 찾아온 죽음은 너무 큰 충격이었습니다. 그래서 이것은 그에게 큰 환난이었습니다.

예레미야 선지자는 해산의 진통을 지나 죽음과 함께 생명의 태어남을 겪은 야곱의 상황을 야곱의 환난의 때(렘30:5-7)라고 말하면서 이 환난의 때를 지나 하나님이 구원하실 것을 예언하였습니다. 라헬의 죽음은 훗날 이스라엘 백성이 겪을 환난을 예표하기도 했지만 동시에 그의 산고가 아들을 태어나게 했듯이 마지막 날에 메시아가 오실 때 온 세계가 큰 진통을 통해 메시아의 오심을 맞이하게 될 첫째 부활의 사건을 예표하기도 합니다.

예슈아는 제자들에게 다시 오시기 직전에 이 땅에 어떤 환난과 고통이 있게 될 것인지를 말씀하셨습니다. 마지막 날의 환난과 고통은 해산하는 여인의 진통과 같을 것이지만 그러나 그 이후에 메시아가 오셨을 때는 해산한 여인이 생명의 태어남을 보고 고통을 잊듯이 모든 고통을 잊게 될 것이라고 말씀하셨습니다(요16:21).

모든 것을 버리는 순간이 얻는 순간이고, 가장 낮은 곳에서 가장 높은 곳으로 들어올리시며, 죽음을 통해 부활과 생명으로 나아가게 하시는 하나님의 역사는 좁은 길이지만 생명의 길을 선택하고 선악과가 아닌 생명나무를 선택하는 하나님의 백성들의 삶에 일어날 것입니다. 잠자는 자들이 일어나 부활함으로 태어나게 될 새 생명의 출산, 그 해산을 위한 출산의 진통의 조짐이 보이는 듯합니다. 메시아의 오심과 그의 킹덤이 이뤄질 날이 머지않았음을 바라볼 때 우리의 슬픔은 기쁨이, 근심이 찬송의 옷으로 변화될 것입니다.

DAY 7 창36:20-43

에돔의 자손들, 그의 영이 뿌린 씨앗의 열매

에서는 자기의 육신의 욕망을 다스리지 못해 한 순간에 실수를 하게 되었고 그 실수와 틈을 통해 자기 것이 되어야 할 축복을 야곱에게 빼앗기게 되고 맙니다. 자기 것이라고 생각한 것을 빼앗겨 버렸으니 에서의 마음은 얼마나 쓴 마음과 미움으로 가득찼겠습니까? 미움은 살기가 되었고 그런 마음을 품은 채 야곱을 향해 이를 갈면서 지냈으니 그의 그런 쓴 마음은 그의 자손들에게까지 흘러가게 되었을 것입니다. 그래서 에서의 자손인 에돔 족속들은 언제나 한결같이 야곱의 족속인 이스라엘을 미워했고 시기했고 이스라엘을 괴롭혔습니다.

마지막 때 이스라엘을 대적하는 큰 두 가지 축이 있을 것입니다. 하나는 이스라엘 동쪽의 에돔과 이스라엘의 서쪽 해변에 있는 깃딤입니다. 깃딤은 포악을 행하는 민족이라는 뜻으로 해양민족들 특히 그리스와 로마를 상징합니다. 쿰란 사본에서 발견된 '빛들의 자녀들과 어둠의 자녀들의 전쟁'이라는 책에는 메시아가 오시기까지 총 7라운드의 전쟁이 있을 것인데 이스라엘이 전멸하기 직전에 메시아가 오심으로 에돔과 깃딤이 심판 받을 것에 대해 말하고 있습니다.

하나님은 마지막 날 만국을 벌할 날이 가까울 때 주님을 대적하고 메시아의 오심을 대적하며 이스라엘을 대적했던 자들이 모두 스스로 넘어지고 걸려지게 하실 것을 말씀하십니다(옵1:15). 이것은 하나님이 정하신 종말의 시나리오입니다. 만국을 벌하실 날에 큰 성 바벨론도 무너질 것이며 시온산에 오셔서 의로운 백성들을 대신하여 신원(복수)하시고 만국이 여호와께 속하게 될 것입니다.

우리 안에도 에돔의 영이 있습니다. 형제, 자매가 잘되는 것을 은근히 싫어하는 것, 잘 못되면 은근히 기뻐하는 것, 이런 것들이 남아있으면 우리는 스스로 걸려 넘어지게 될 것입니다. 철저히 에돔의 영과 가인의 영을 제거하고 하나님의 마음으로만 채워지길 간구하며 기도해야 합니다.

하나님의 백성들을 미워하고 괴롭힐 뿐 아니라 하나님의 백성들, 특별히 남은 자들이 환난 중에 있을 때 그것을 방관하면서 기뻐할 뿐 아니라 남은 자들을 세상에 넘겨주면서 죽게 하는 악한 자들의 행실들은 반드시 심판 받을 것입니다. 그리고 에서의 산으로 대표되는 세상의 세력들과 힘들은 구원받은 남은 자들 즉, 예슈아와 함께 선 성도들에 의해 심판 받을 것입니다.

하프타라 옵1:1-21

유업을 가진 자를 향한 사탄의 공격

에서의 마음은 평생 야곱을 미워했던 것 같습니다. 에서는 야곱과 화해했지만 그 마음에 남겨진 미움의 씨앗, 세상을 사랑하고, 자신의 능력을 의지하고, 하나님의 것을 무시한 에서의 흐름은 자손들에게까지 그대로 이어집니다. 잠시 변한 에서였지만 결국 그는 자신의 근본을 다루지 못했습니다. 한순간의 돌이킴이 영원지지는 않습니다. 완전히 뿌리 뽑는 것이 필요합니다. 그러려면 하나님의 철저한 다루심 앞에 나를 완전히 내어드려야 합니다. 우리 안에 끊임없이 에돔처럼 될 가능성이(교만하여 이스라엘을 대적하고 미워할 가능성) 많다는 것을 인정하고 경계해야 합니다. 회개는 한순간이 아니고 과정입니다. 성소의 등잔대 (메노라מְנוֹרָה)의 재를 매일 청소해야 그을음이 없이 성소를 비출 수 있듯이 내 안에 쌓이는 재, 더러움들을 매일 살펴보아야 합니다.

하나님은 에돔 족속이 이스라엘을 향해서 행한 포학으로 인해 영원히 멸절될 것을 선언하십니다(옵1:10). 에돔 족속은 유다 자손이 패망하던 날에 기뻐하며 이방인들이 예루살렘을 얻기 위해 제비뽑을 때 그 이방인들과 한 패가 되어 함께 있었습니다(옵1:11). 그들은 이스라엘의 고난의 날에 그들의 입을 크게 벌리고 좋아하면서 이스라엘 백성의 환란을 방관했을 뿐 아니라 그들의 재물에 손을 대고 유다 자손들이 원수를 피해 도망할 때 그들을 막고 그 남은 자들을 원수의 손에 넘기기까지 했습니다(옵1:12-14). 에돔 족속들은 철저히 이스라엘을 미워했고 더 나아가 그들의 멸망을 기뻐했습니다. 하나님은 형제임에도 이렇게 악한 행동을 한 그들을 향해 하나님이 정하신 만국을 벌하신 날, 심판의 날에 그들의 죄가 그들이 행한대로 갚아질 것이라고 말씀하십니다(옵1:15-16). 그리고 구원받은 남은 자들이 시온 산에 올라서 에서의 산을 심판할 것이며 나라가 여호와께 속하게 될 것이라고 말씀하십니다(옵1:21).

　　에돔의 교만함과 형제가 잘 되는 것을 배 아파하고 질투하며 형제가 잘못되면 기뻐하는 심술부리는 악한 마음은 늘 야곱의 자손들을 괴롭게 했고 이것이 그들이 영원히 심판을 받고 멸망 받는 이유가 됩니다(옵1:3,10,12). 에서가 야곱을 보고 마음을 바꿨던 그 순간이 계속 유지되었더라면, 그가 미움과 살기에서 완전히 돌아섰더라면, 에서의 자손들이 그렇게 끊임없이 이스라엘 자손을 미워하고 괴롭히지 않았을 것입니다. 하지만 그들은 형제의 잘됨을 배 아파했고, 잘못됨을 기뻐하며 심술을 부렸다고 하나님은 말씀하십니다. 하나님은 오바댜 선지자를 통해, 에서의 자손인 에돔 족속이 얼마나 야곱을 향하여 포악을 저지르며 미워했는지를 지적하십니다. 에돔 족속의 후손인 아말렉은 늘 이스라엘을 뒤쫓아 다니며 괴롭히다가 아말렉의 후손인 하만은 이스라엘 전체를 몰살시켜 버리려 했고(에3:1,6), 에돔 족속의 후손인 헤롯은(마2:16) 예수님을 죽이려고 2살 이하의 남자아이들을 학살시켜 버립니다.

　　유업을 가진 자, 선택받은 자, 하나님의 약속이 있는 자의 주변에는 이것을 시기하는 사탄의 움직임과 공격이 항상 함께 합니다. 오늘까지 이스라엘을 향한 열방 나라들의 시기와 미움, 이스라엘 주변에 늘 도사리고 있는 죽음의 위협은 이스라엘이 유업을 가지고 선택받았기 때문입니다. 하나님이 아브라함을 통해 이 민족을 선택하셨고, 모세를 통해 말씀을 맡기셨고, 독생자 예수님을 이 민족을 통해 보내셔서 세상을 구원하셨습니다. 이제 예슈아가 재림하셔서 예루살렘의 보좌에 좌정하시고 통치하심으로 하나님 킹덤을 완성할 일만 남았습니다. 이것을 위해 이스라엘의 역할과 사명이 아직 남아 있습니다. 교회와 함께 이스라엘도 하나님께 속해있고 그리스도의 몸이며 하나님의 백성입니다.

　　우리의 삶에 고난이 있고 순탄치 않은 일들이 있는 이유는 우리가 하나님께 속해 있고 우리를 향한 하나님의 유업과 사명이 있기 때문입니다. 고난을 통해 하나님은 우리를 바꾸시고 온전하게 하셔서 그분의 약속과 계획을 이루십니다. 그 과정에는 씨름이 있지만 계속해서 증가하고 확장되는 하나님의 축복이 있습니다. 아브라함과 사라는 믿음으로 하나님 나라(본향)를 바라보며 하나님 나라에 대한 소망을 그들의 장막에서 이삭과 야곱에게 끊임없이 들려주었습니다(히11:8-16). 하나님 나라의 유업이 있었기 때문에 그들은 세상과 현실에 매이지 않았습니다. 죽음을 넘는 부활에 대한 소망이 있었기에 시험을 이겼고, 시련을 견뎠습니다. 우리는 믿음으로 아브라함의 유업을 받은 자들입니다. 아브라함이 멀리서 바라보고 환영했던 하나님 나라를 같은 믿음으로 바라보며 시험과 시련을 이기면 언약의 성취, 하나님 나라의 완성에 동참하게 될 것입니다.

브리트 하다샤 히11:11-20 / 마2:13-23

생명을 일으키는 믿음의 유업

히브리서 11장은 믿음의 첫 모델로서 아벨과 그가 올려드린 예배를 시작으로 믿음에 대한 이야기를 시작합니다. 아벨의 믿음은 에녹, 노아를 지나 아브라함에게 이어지고 아브라함의 아내인 사라가 이 믿음을 함께 함으로써 믿음의 아버지와 어머니로부터 흘러가는 생명과 유업에 대해 이야기합니다. 히브리서 기자는 사라가 죽은 자와 같았다고 말합니다. 아이를 잉태할 수 없는 사라의 자궁이 마치 더 이상 생명이 자라고 번성할 수 없는 상태와 같았기 때문에 그것을 죽음으로 비유했습니다. 그러나 사라의 자궁을 통해서 약속의 자녀를 태어나게 하겠다는 하나님의 명확한 약속을 사라가 믿었기 때문에 하늘의 허다한 별과 또 해변의 무수한 모래와 같이 많은 후손이 생육하게 되었다고 말합니다.

사라가 받은 약속은 하늘의 허다한 별과 또 해변의 무수한 모래와 같은 자손이었지만 사실 그녀의 태로부터 태어난 자녀는 단 한 사람, 이삭이었습니다. 그녀는 단 한 명의 아들을 낳았을 뿐입니다. 하지만 죽은 자신의 자궁에서 생명이 태어난 것을 경험한 사라가 그 한 아들을 통해 하나님이 약속하신 것을 이루리라는 것을 믿는 것은 너무 당연한 것이었습니다. 하나님의 큰 비전과 약속을 받고 반드시 내 때에 내 눈으로 보아야 그것이 성취된 것이라 여기는 우리들의 조급함과 자기 중심적 해석으로 인한 잘못된 자기 의는 오히려 하나님을 향한 신뢰와 믿음을 방해합니다. 창조와 부활은 오직 하나님의 영역입니다. 그 어떤 세상의 신도 가지고 있지도 않고 흉내도 낼 수 없는 영역입니다. 세상의 신들과 사탄은 죽음의 권세를 가지고 인간을 위협하고 통제하려고 하지만 하나님은 생명으로 인간을 풍성하게 하고 자유하게 합니다.

사탄은 여인의 후손을 주목하여 보고 있었고 그 여인의 후손 가운데 인간을 죄로부터 구속하는 일이 일어나지 못하게 하기 위해 많은 생명을 죽였습니다. 모세가 태어날 때 수많은 남자 아이들이 목숨을 잃었고 예수님이 태어날 때 또 많은 남자 아이들이 죽임을 당했습니다. 메시아가 오기 직전인 지금 사탄은 다시 한번 생명들을 죽이고 있습니다. 낙태로, 어린아이 유기와 학대로, 더러운 미혹들로 다음 세대들을 몰렉에게 내어주어 그 불에 태워 죽이고 있습니다. 죽임을 당하고 있고 죽어가고 있으며 빼앗기고 있는 다음 세대의 생명을 위해 사라와 같은 믿음을 가진 어머니의 세대가 일어나야 할 때입니다. 죽음 가운데서 생명을 일으키는 부활의 믿음으로 태를 출산하고 보호하고 양육하는 어머니의 세대들을 통해 메시아닉 킹덤을 준비하는 거룩한 세대가 길러지고 준비될 것입니다.

봐이쉴라흐 주간의 말씀

1. 우리는 우리가 땅의 군대라는 사실을 인식해야 하고 우리가 이 땅에서 믿음으로 싸울 때 하늘의 천사들의 군대들이 우리를 호위하며 보호할 뿐 아니라 돕는다는 것을 인식해야 합니다. 믿음은 하늘의 영역에 대한 우리의 인식이 확장되고 우리가 하나님을 더 깊이 알수록 증가합니다.

2. 하나님은 우리의 문제가 해결되고 상처가 치유될 때까지 싸우고 돌파해서 이기기를 원하십니다. 그렇게 하지 않으면 원수가 계속 그 문제를 통해서 공격하기 때문입니다.

3. 하나님은 약속을 따라 믿음으로 걸으려는 우리의 몸부림을 보시지 내가 어떤 실수를 했는가 자체에 관심을 계속 두고 계시지 않으십니다.

4. 우리의 삶에는 야곱적인 것도 있고 이스라엘적인 것도 있습니다. 그리고 하나님은 이 두 가지 모두 우리 자신이라고 말씀하십니다.

5. 큐빅과 다이아몬드는 엄연히 다른 것입니다. 하나님의 킹덤은 진짜 보석으로 채워져 있고 그래서 하나님은 당신의 킹덤을 세우고 채울 신부들을 진짜 보석이 되도록 다듬고 계십니다.

6. 약속의 땅으로 들어가는 야곱의 가족을 공격하고 수치를 준 사탄은 마지막 날 에덴-동산의 중심, 시온을 향해 마음의 대로를 열고 새 예루살렘을 사모하는 하나님의 백성들을 집중적으로 노리고 있다가 공격하고 수치와 모욕을 주려고 할 것입니다. 그러나 하나님은 자신의 백성들을 끝까지 지키실 것입니다.

7. 모든 것을 버리는 순간이 얻는 순간이고 가장 낮은 곳에서 가장 높은 곳으로 들어올리시며 죽음을 통해 부활과 생명으로 나아가게 하시는 하나님의 역사는 좁은 길이지만 생명의 길을 선택하고 선악을 알게 하는 나무가 아닌 생명나무를 선택하는 하나님의 백성들의 삶에 일어날 것입니다.

봐이쉴라흐 주간의 선포

1. 땅의 군대인 우리들을 하나님의 군사로서 세우고 보호하기 위한 하늘의 군대인 천사들을 더욱 많이 파송하여 주소서. 우리를 둘러 싸고 있는 것이 세상의 억압과 환경이 아닌 하나님의 천군임을 우리의 눈을 떠서 보게 하옵소서. 야곱이 만났던 마하나임의 군대와 함께 약속의 땅 에덴동산을 향해 끝까지 전진할 수 있도록 믿음과 용기로 충만하게 채워주소서.

2. 자기를 비우는 것은 새롭게 태어나는 시작입니다. 하나님의 사람들이 새로운 정체성을 얻고 하나님의 킹덤을 향해 나아가는 과정에서의 모든 씨름과 싸움을 끝까지 싸울 수 있는 믿음과 용기를 더하여 주소서.

3. 하나님의 킹덤과 세상은 하나될 수 없습니다. 온전한 분별력을 주셔서 지혜롭게 하나님의 마음을 전달하고 각자에게 주어진 역할과 분량에 충실할 수 있게 하옵소서. 내가 하나됨을 만드는 것이 아니라 하나님이 이루시는 것임을 기억하고 모든 관계와 시간을 주관하시는 하나님을 더 철저히 신뢰합니다.

4. 믿음의 여정에는 씨름도 있지만(얍복) 안식도 있고(숙곳) 수치도 있지만(세겜) 하나님의 언약의 축복이 있으며(벧엘) 죽음도 있지만(에브랏) 마침내는 약속하신 아버지의 집에 거하게 될 것입니다. 과정이 힘들다하여 포기하지 않고 끝까지 가라고 하신 곳을 향해 가는 부르심의 방향과 목적이 흔들리지 않게 하소서. 과정을 보지 않고 그 끝에 하나님이 반드시 이루실 약속을 믿음으로 나아가게 하소서.

5. 형제들이 잘 되는 것을 시기, 질투하고 잘못되는 것을 기뻐하는 에돔의 영과 가인의 영을 완전히 잘라버립니다. 하나님의 마음으로만 채워지길 간구합니다. 마지막 날에 모든 것을 뒤엎으시고 신원하심으로 하나님의 백성들을 지키실 것을 믿음으로 바라봅니다.

6. 내가 피하고 싶은 문제, 덮어두고 있었던 것을 드러내실 때 용기있게 나를 내어드리고 그것을 처리하고 새롭게 하시는 하나님을 더욱 신뢰하게 하소서. 불필요한 자아는 죽고 하나님의 자녀로서의 정체성을 새롭게 하여주소서. 내 죄가 드러나는 것이 수치가 아니라 그 죄가 은밀하게 덮여져서 나를 썩게 하는 것이 더 수치가 됨을 깨닫게 하소서. 나를 가리고 있는 가면을 벗고 긍휼과 은혜를 입고 아버지의 보좌 앞으로 더 깊이 나아가게 하소서.

7. 비슷한 것은 같은 것이 아님을 선포합니다. 비슷하게 보이는 방식, 비슷하게 보이는 외적인 모양에 내 마음을 주고 섞여서 진짜를 놓쳐버리는 실수를 하지 않도록 매순간 분별하는 지혜를 더하여 주소서. 진짜 보석으로 나를 다듬어 주소서.

8. 세상의 좋은 제안과 타협에 내 마음을 빼앗기지 않길 원합니다. 하나님의 나라와 세상을 함께 섬길 수 없다는 것과 또 함께 갈 수 없다는 것을 말씀하셨으니 끝까지 하나님의 나라를 선택하는 남겨진 자 되게 하소서. 남겨진 자로 살아가는 기쁨과 소망을 날마다 더하여 주소서.

9. 영원한 아버지의 장막을 사모합니다. 메시아의 오심을 기다립니다. 그 과정에 있는 진통과 환난을 견디고 이겨낼 수 있는 새 힘을 날마다 더하여 주시길 기도합니다. 또한 환난의 과정 중에도 아버지의 백성들과 자녀들을 옳은 길로 인도하는 자가 되도록 기름부음을 더하여 주소서.

9주간

וַיֵּשֶׁב

VAYESHEV

봐예쉐브, 그리고 그가 정착했다

파라샤 **창37:1-40:23**

하프타라 **암2:6-3:8**

브리트 하다샤 **마1:1-6, 16-25 / 마1:18-25**

DAY 1 창37:1-11

더 사랑받는 자, 더 질투 받는 자

야곱이 약속의 땅으로 돌아오는 여정은 결코 평탄치 않았습니다. 여러 차례 생명을 위협하는 죽음을 뚫고 오는 과정에서 자신의 자아를 완전히 부서뜨리고 기적을 경험했지만 딸로 인한 수치와 모욕, 베들레헴으로 가는 길에 가장 사랑하는 아내 라헬의 죽음, 큰 아들 르우벤이 자신의 첩 빌하와 동침한 사건, 그리고 헤브론에 계신 어머니 리브가를 만나기도 전에 세상을 떠난 어머니의 비보까지 그에게는 시련이 멈추지가 않았습니다. 그럼에도 그 모든 과정을 거쳐서 야곱은 마침내 아버지가 거류하던 땅, 약속의 땅에 거주하게 됩니다(예쉐브).

토라는 "야곱의 족보는 이러하니라"(창37:2)라고 말하면서 요셉의 이야기를 시작합니다. 야곱의 족보를 이야기하고자 하면서 왜 요셉의 이야기를 먼저 시작했을까요? 야곱의 씨를 통해 태어날 세상의 구원자 메시아에 대한 비밀스러운 계시가 요셉의 삶을 통해 그려지기 때문입니다.

요셉은 아버지의 사랑을 가장 크게 받은 아들이었습니다. 그도 그럴 것이 야곱이 14년이나 무료 봉사하면서까지 얻고자 했던 아내 라헬의 큰 아들이었기 때문입니다. 토라는 요셉이 야곱이 노년에 얻은 아들이었기 때문에 더 사랑했다고 말합니다(창37:3). 시간적 순서를 살펴봤을 때 르우벤과 요셉의 나이 차는 약 14세 전후였을 것으로 추정됩니다. 이것을 통해 볼 수 있는 것은 형들과 요셉은 나이 차이가 그다지 많이 나지 않는 고만고만한 사이였다는 것입니다. 모두가 동일하게 아버지의 사랑이 필요한 나이였습니다. 그러나 야곱은 가장 사랑하는 아내 라헬을 통해 태어났고 노년에 얻게 된 아들 요셉이 사랑스럽고 너무 소중했습니다. 게다가 막내 동생 베냐민이 태어나자마자 라헬이 죽고 요셉은 친어머니 없이 자랐습니다. 더욱 애틋한 마음으로 야곱은 요셉을 사랑했지만 형들은 아버지의 사랑을 받지 못함으로 더 요셉을 시기하였습니다. 야곱의 요셉을 향한 사랑은 채색옷을 통해 더욱 극대화되었습니다. 옷은 그 사람의 정체성을 상징합니다. 채색옷은 요셉의 고귀함과 높은 상태를 보여주었을 뿐 아니라 그가 아버지의 특별한 아들이라는 것을 나타내 주었습니다.

거기에 요셉은 빌하와 실바의 아들들의 잘못을 아버지에게 말해주었습니다. 이것은 야곱이 형들로부터 더욱 미움을 받게 되는 동기가 되었습니다. 형들은 그들이 요셉을 미워하는 것이 질투 때문이 아니라 요셉의 오만함 때문이라고 생각했을지도 모릅니다. 그리고 그런 명분을 요셉이 만들어 주었습니다. 야곱의 편애, 요셉의 눈치 없음, 형들의 비교의식과 열등감은 이 가정안에서 복잡하게 뒤엉켜져서 서로를 향해 편안하게 생각할 수 없게 만들었습니다. 거기에 요셉이 꾼 꿈은 이 모든 복잡한 관계에 불을 지르는 결과를 가져왔습니다. 요셉이 큰 자, 리더가 될 것이라는 두 번의 꿈은 형들의 열등감을 더욱 부추겼고 견딜수 없게 만들었습니다. 요셉은 이 역시도 너무 스스럼없이 가족들에게 나누었고 그로 인해 결국 큰 화를 당하게 됩니다.

야곱의 편애는 형제들 사이를 이간하는 결과를 낳았지만, 결국 요셉을 통해 성취하셔야 할 하나님의 뜻이 이뤄질 수 있는 통로가 되기도 하였습니다. 하나님의 계획은 언제나 선하십니다. 인간의 연약함과 죄를 하나님의 선함으로 바꾸는 능력을 지니신 하나님을 매 순간 신뢰하는 것이 우리가 할 수 있는 전부입니다. 그러므로 '내가 어떤 실수를 하였는가?'에 집중하게 하여 정죄하는 사탄에게 참소를 당하지 말고, 나의 실수에도 불구하고 모든 것을 선하게 바꾸시는 '하나님의 선하심에 집중'해야 합니다.

더 사랑을 받는 자는 더 질투를 받게 되어 있습니다. 하나님 아버지의 사랑을 받는 자들을 사탄은 미워하고 질투합니다. 하나님 아버지와 친밀한 관계에 있는 자들은 하나님과 친밀한 관계에 있지 않은 종교의 영을 가진 사람들로부터 시기를 받습니다. 사탄은 하나님과의 관계안에 있지 않은 자들을 종교의 영으로 덮어서 그들을 통해 아버지와 친밀한 관계에 있는 자들을 핍박하고 괴롭혀서 마음을 상하게 하고 아버지로부터 떨어뜨려 놓으려 합니다. 그래서 하나님 아버지를 사랑하는 자들 주변에는 언제나 공격자들이 있습니다. 공격자들이 노리는 것은 아버지와의 관계를 끊어버려서 그가 아버지로부터 오는 사랑과 특권을 누리지 못하게 하는 것입니다.

더 주어진 자, 더 사랑받는 자로서 책임과 소명을 다하기 위해 요셉은 다루어져야 했습니다. 그래서 하나님은 그가 형들에 의해 팔리는 상황을 허락하시고 요셉이 다가올 큰 환난에서 세상을 구원할 자로서 하나님 앞에 그 자신의 믿음으로 설 수 있도록 다루어 가십니다. 하나님은 형들의 질투가 오히려 요셉이 총리가 되게 하셨고, 사울의 질투는 다윗이 왕이 되게 하였으며, 종교인들의 질투는 예슈아를 죽게 하였지만 부활의 능력으로 사망 권세를 깨뜨리셔서 예슈아를 통해 세상이 구원받게 하셨습니다. 사탄의 질투는 오히려 하나님의 백성을 더욱 정금같이 하여 마지막 날에 찬란한 영광으로 옷 입게 할 것입니다.

DAY 2 창37:12-24

형제의 배신

누가 아벨을 죽였습니까? 가인입니다. 누가 야곱을 죽이려 했습니까? 에서입니다. 누가 요셉을 죽이려 했습니까? 형들입니다. 누가 다윗을 죽이려 했습니까? 장인 어른이었던 사울과 아들이었던 압살롬이었습니다. 가장 큰 적은 어디에 있습니까? 가장 친밀한 관계 안에, 가족 안에 있습니다. 나와 가깝지 않고 나를 모르는 사람이 나에 대해 오해하거나 함부로 말하는 것은 어느 정도 넘어갈 수 있습니다. 왜냐하면 그들이 나를 모르기 때문입니다. 하지만 나를 알고 사랑을 나눴던 혹은 사랑해야 할 관계의 사람이 나를 공격하면 그것은 큰 상처가 됩니다.

세상이 믿는 자들을 욕하고 하나님을 모욕할 때 우리는 고통과 슬픔을 느낍니다. 그러나 한편으로는 그들이 주님을 모르기 때문이라고 생각하면서 긍휼의 마음을 가질 수 있습니다. 그러나 같은 주님을 믿는 이들이 그리스도안에서 한 형제라고 말하면서 공격할 때, 함께 주님을 섬기는 동역자가 배신할 때 그것은 말할 수 없는 상처를 남깁니다. 마지막 때는 세상의 우겨쌈도 우겨쌈이지만 교회와 믿는 이들 안에서 분쟁이 일어나서 서로를 공격하는 일들이 더 거세어질 것입니다. 이것은 진짜로 남겨진 자들을 더욱 위축되게 하고 고통스럽게 할 것입니다. 그런데 이때 우리는 그들이 우리에게 남기는 상처에 집중하지 말아야 합니다. 그 상처를 통해 들어온 쓴 마음을 붙잡지도 말아야 합니다. 우리는 예슈아가 계신 것과 그가 다시 오실 것을 믿어야 하고 그분이 자기를 믿는 자들에게 상 주실 것임을 믿어야 합니다. 이 믿음이 그분을 기쁘시게 할 것이라는 것을 알아야 합니다.

요셉은 형들에 의해 팔렸지만 말씀 어디에도 요셉이 형들을 미워했다거나 상처로 괴로워했다는 증언은 없습니다. 물론 요셉도 사람이기에 분명 괴로운 시간을 거쳤을 것이지만 그가 아버지의 장막에서 들었던 하나님의 킹덤과 그 유업에 대한 소망, 그리고 자신의 꿈에 대해 하나님이 신실하게 성취하실 것을 믿었기에 그의 신분이 비록 노예이고 죄수였을지라도 그는 하나님이 함께 하는 형통한 사람이었습니다. '형통하다'라고 번역된 히브리어 마쯜리아흐מַצְלִיחַ는 '성공하다'라는 뜻입니다. 요셉은 하는 일마다 잘되는 성공의 사람이었습니다. 어떤 일을 성공적으로 이끄는 사람들의 특징은 진취적이고 긍정적이라는 특징이 있습니다. 만약 그가 자기의 과거를 붙잡고 쓴 마음에 빠져 원망과 불평, 자기 연민에 빠져 있는 사람이었거나 형들은 도대체 왜 자기한테 그랬을까만 생각했다면 그는 자기에게 주어진 일을 온전하게 수행할 수 없었을 것입니다. 아버지한테 사랑받았던 시절, 채색옷을 입고 누렸던 시절, 과거의 영화만 생각하면서 우울해 있었을 것입니다. 그러나 요셉은 그러지 않았습니다. 자기의 신분에 연연해하지 않고 열심히 배웠고 자기에게 주어진 일을 잘 이끌었습니다. 무엇보다 요셉은 하나님이 자기와 함께 하고 계심을 알았습니다(창39:2). 그 모든 와중에도 하나님은 요셉과 함께 계셨습니다. 그것이 하나님이 요셉과 함께 계셨던 방식이었습니다. 하나님의 임재는 요셉으로 하여금 어떤 상황에서도 당당하게 했습니다. 이것이 형제의 배신으로부터 우리가 자유롭게 되는 방법입니다.

하나님은 남겨진 자신의 백성들, 특별히 하나님의 킹덤에서 왕 같은 제사장이 되어 영원히 주님과 함께 온 땅을 다스릴 사람들을 고통 가운데서 다루십니다. 그리고 그 과정에서 하나님은 자신의 남겨진 사람들과 함께 하십니다. 그러므로 우리는 우리를 에워싸고 공격하는 현실과 우리를 미워하고 질투하는 형제들의 배신에 쓴 마음을 우리 가운데 남겨두지 말아야 합니다. 그것으로 인한 자기 연민과 원망을 허락하지 말고 오히려 하나님의 임재를 붙들고 그 임재 안에서 담대함과 당당함으로 주어진 일들을 충성되게 감당해야 합니다. 그럴 때 누가 보더라도 우리는 형통한 자, 성공적인 사람이 될 것입니다. 진정한 형통과 성공은 위치와 신분, 재물에 있는 것이 아니라 하나님의 동행하심, 함께하심에 있습니다. 하나님이 함께하심을 아는 자가 형통한 자입니다.

에돔의 영이 흐를지라도

야곱을 죽이기까지 미워한 에서, 에서 안에 있었던 형제를 시기, 질투하고 미워했던 영의 흐름은 그의 자손들인 에돔에게로 흘러가게 됩니다. 결국 형제가 잘되면 시기하고 잘 못되면 기뻐할 뿐 아니라 은근히 잘못되기를 바라는 에돔의 영은 하나님의 심판을 받게 되는 원인이 됩니다(옵1:12). 그런데 야곱의 아들들 안에도 에돔의 영이 흐르는 것을 봅니다.

"아버지가 형들보다 그를 더 사랑함을 보고 그를 미워하여"창37:4
"요셉이 꿈을 꾸고 …. 그들이 그를 더욱 미워하였더라"창37:5
"그의 꿈과 그의 말로 말미암아 그를 더욱 미워하더니"창37:8
"그의 형들은 시기하되"창37:10
"요셉을 멀리서 보고 죽이기를 꾀하여"창37:18

형들의 요셉을 향한 시기와 미움은 죽음을 불러일으켰습니다. 게다가 형들이 요셉을 죽이려고 했던 이유 중 하나는 요셉의 꿈이었습니다.

"그의 꿈이 어떻게 되는지를 우리가 볼 것이니라"창37:20

형들은 요셉의 꿈을 비웃었고 그것이 이뤄지지 않기를 바랐습니다. 야곱의 아들들은 요셉의 꿈이 자기들 위의 리더가 되는 꿈이라는 것을 정확하게 해석하고 알고 있었기 때문에 더욱 요셉을 미워하였으며 그 꿈이 이뤄지지 못하게 방해했습니다.

에돔의 영은 형제들 사이에서 흐릅니다. 야곱은 자기 스스로가 형으로부터 시기와 미움을 받고 죽을 위협 앞에서 두 번이나 하나님의 은혜로 살았던 경험을 했음에도 아내들을 편애하고 아들을 편애함으로써 형제들 사이에 에돔의 영이 흐르는 문을 열어줍니다. 결국 이것은 자신의 가장 사랑하는 아들을 잃는 비극을 불러옵니다. 그러나 에돔의 영이 흐를지라도 하나님이 야곱에게 약속하신 언약과 이 가문을 통해 이루실 하나님의 킹덤을 위한 계획을 멈추지 않으시고 진행하십니다. 에돔의 영이 흐르는 것보다 더 중요하고 강한 것은 하나님의 계획입니다.

세상은 하나님의 백성들이 꿈꾸는 하나님의 킹덤을 이루지 못하게 하기 위해 방해합니다. 세상이 하나님의 백성을 미워하는 것은 이해할 수 있지만 교회가 교회를, 사역자가 사역자를 미워하는 것은 에돔의 영이며 가인의 영입니다. 지금 교회가 교회를 공격하고, 목사가 목사를 공격하고, 선교사가 선교사를 시기하고 미워하는 에돔의 영이 충만하게 흐르고 있습니다. 그런데 에돔과 가인의 영이 흐를지라도 하나님의 계획은 멈춰지지 않았듯이 하나님의 킹덤은 계속 전진하고 있습니다. 내가 같은 형제로부터 미움을 받는 것에 집중하지 않고 하나님이 우리에게 꿈꾸게 하신 킹덤에 초점을 맞출 때 환난과 연단을 인내로써 통과하고 꿈과 소망을 이루게 될 것입니다.

DAY 3 창37:25-36

야곱의 슬픔

형들이 피 묻은 요셉의 채색옷을 가져왔을 때 야곱은 자기 옷을 찢고 굵은 베로 허리를 묶고 오래도록 요셉을 위해 애통했습니다(창37:34). 그는 모든 자녀들의 위로를 거절했습니다. 야곱은 가장 사랑하는 아내, 그리고 그녀가 낳은 아들을 잃었습니다. 그 상실감을 어떻게 표현할 수 있을까요? 그는 살 소망을 모두 잃어버렸습니다. 그래서 스올로 내려가기를 자처했습니다(창37:35).

야곱이 이렇게까지 슬퍼한데는 요셉의 영혼과 자신이 연결되어 있었을 뿐 아니라 아들의 죽음이 자기 때문이라는 자책 때문이었습니다. 야곱은 요셉의 형들이 양을 치기 위해 세겜으로 갔다는 소식을 듣게 됩니다. 세겜이 어떤 곳입니까? 디나가 모욕을 당한 곳이었고 시므온과 레위가 세겜과 그 근방 남자들을 살육했을 뿐 아니라 야곱의 아들들이 그 지역을 노략한 곳입니다. 하나님이 사방 고을들로 야곱의 가족을 두려워하게 하였기에 그들이 무사히 이삭이 살았던 헤브론으로 내려와 정착할 수 있었던 것이지 만약 그렇지 않았다면 야곱의 가족에게 어떤 어려움이 있었을지 모를 일입니다. 그런데 하필이면 그런 곳으로 양을 치러 갔다고 하니 야곱의 마음은 편치 않았습니다. 또 종종 요셉을 통해서 듣게 되는 그들의 잘못된 행동들과 불 같은 성정들로 어떤 사고를 칠지 염려가 되었던 야곱은 웬만하면 애지중지하는 아들 요셉을 보내지 않았을텐데 여러가지 불안과 걱정으로 인해 요셉을 세겜으로 보내게 됩니다. 그런데 요셉의 피 묻은 채색옷을 받게 되었으니 아버지의 마음은 아들을 죽음으로 내보냈다는 죄책감으로 가득 차게 되었을 것입니다.

무엇보다도 요셉이 꾸었던 꿈을 마음에 두고 있었던 야곱으로서는 그를 통해 하나님이 하실 일을 기대하고 있었는데 오히려 아들의 죽음을 접하게 되었으니 그가 스올로 내려가고 싶다고 말하는 것은 이해가 될 만한 일입니다. 야곱이 요셉을 잃은 슬픔은 하나님 아버지가 예슈아를 죽음 가운데로 보내었던 슬픔을 생각해 보게 합니다. 그런데 하나님에게 있어서 죽음의 결과는 부활입니다. 야곱은 요셉의 죽음을 경험했지만 이후 이집트에서 다시 만나게 됨으로써 죽은 자의 부활을 경험게 됩니다 결국 야곱도 할아버지 아브라함과 아버지 이삭이 경험했던 모리아 산에서의 부활을 요셉을 통해 경험함으로써 마지막 날 부활과 함께 완성될 하나님의 킹덤을 보게 됩니다. 야곱과 요셉을 통해 메시아의 죽음과 부활의 비밀을 숨겨놓으신 하나님의 경륜이 참으로 놀랍습니다.

DAY 4 창38:1-30

유다의 실패, 다말의 성공

요셉을 팔자고 제안했던 유다는 아버지 야곱이 누구의 위로도 받지 않고 날마다 슬퍼하며 우는 것을 보고 괴로웠을 것입니다. 그렇다고 누구도 아버지에게 사실을 말할 수도 없는 일이었습니다. 거기에 가족 안의 불화와 형제들 사이의 불편함이 싫어서 그는 아버지 집을 뛰쳐나갑니다. 유다는 아둘람 사람 히라와 가까이 지내다가 이방 사람인 가나안 사람 수아라는 사람의 딸과 동침하여 아들을 낳습니다.

하나님을 모르는 이방 여인으로부터 낳은 아들들 엘과 오난은 하나님 보시기에 악한 자들이었습니다. 하나님은 장자 엘을 죽이십니다. 여호와의 목전에서 악했던 장자 엘이 죽자 유다는 계대 결혼의 풍습을 따라서 둘째 아들 오난에게 형의 아내 다말에게 들어가 대(代)를 이를 의무를 다하도록 했습니다. 하지만 오난이 다말에게 들어갈 때마다 고의로 땅에 설정하여서 그녀의 몸에 씨를 주지 않았고 그가 이렇게 한 것이 여호와의 보시기에 악함으로 여호와께서 그도(감-오토אֹתוֹ-גַּם) 죽이십니다. 엘에게도 오난에게도 "그가 여호와의 보시기에 악하므로 여호와께서 그를 죽이셨다"고 하였습니다. 오난에게는 여호와의 보시기에 악했던 이유가 분명히 언급되었지만 엘에게는 여호와의 보시기에 악했던 이유가 분명하

는 않습니다. 그러나 둘째 오난이 죽었을 때 '그도(감-오토ガםゐ-ᄆֹᚎ) 죽이셨다'라는 표현을 통해서 큰 형 엘도 동생 오난처럼 자신의 아내인 이방여인 다말과 결혼했음에도 불구하고 아버지 유다가 데리고 온 자신의 아내 이방 여자에게 고의로 씨를 주지 않고자 해서 땅에 설정하는 일을 의도적으로 반복했을 것이라고 보여집니다. 그들의 그러한 행위와 의도가 하나님 보시기에 악했던 것입니다. 그들은 다말을 통해서 씨가 이어지게 하려 하시는 하나님의 뜻을 거부했던 것으로 보여집니다. 그들이 여호와의 목전에 그렇게 행한 것은 악한 것이었음으로 여호와께서 그들을 죽이기까지 한 것입니다(창38:7,10).

하나님은 그들을 죽이셨습니다. 유다의 혈통을 통해 태어나야 할 거룩한 씨인 '여자의 후손'을 악한 자들을 통해 이을 수 없었기 때문입니다. 그런데 거기에 아내까지 죽습니다. 하나님은 이 모든 상황이 유다에게 일어나게 허락하십니다. 유다로부터 태어나야 할 메시아의 혈통 때문에 하나님은 그의 씨가 더럽혀지는 것을 허락할 수 없었습니다. 그래서 유다의 삶을 혹독하게 다루십니다.

아내와 아들 둘이 죽는 과정에서 유다에게 남겨진 사람은 셋째 아들 셀라와 큰 아들의 며느리 다말 뿐이었습니다. 유다는 셋째 아들마저 죽을까 염려하여 다말을 친정으로 돌려보내고 수절하게 하였습니다. 다말은 시아버지 유다가 자신에게 셋째 아들을 주지 않을 것을 알았습니다. 그러나 그녀의 마음에는 이미 유다의 가정에 이어져 내려오는 하나님의 킹덤과 유업에 대한 소망과 믿음이 가득 차 있는 상태였습니다. 이방 여인인 다말은 이 가정에 며느리로 들어와서 이 가문이 가지고 있는 신앙의 유산을 들으면서 그것을 자신의 믿음으로 취하게 됩니다(야라쉬ש쫫ש). 그녀는 그 유업을 결코 포기할 수 없었습니다. 현재 우리의 사고방식에서는 수용이 되지 않지만 고대에 자녀 출산으로 대를 잇는 것은 결혼한 여자가 가진 인생의 가장 큰 본분이었습니다.

다말은 맏며느리로서 유다 가정의 유업을 이해했고 그것을 사모하고 그것의 가치를 붙들었습니다. 그래서 상황적으로는 도저히 이 가문의 유업을 이을 수 없게 되었지만 유업을 이으려는 믿음을 끝까지 놓지 않았습니다. 다말은 시아버지를 통해서라도 이 가문을 잇는 씨를 얻으려 합니다. 유다가 자신의 마을에 왔다는 소식을 들었을 때 그녀는 자신을 베일로 가리고 시아버지 유다 앞에 섭니다. 그 가문의 유업을 얻기 위해 그녀는 과감히 시아버지를 통해 대를 이을 것을 결단하고 그것을 붙잡습니다. 그리고 그런 그녀의 거침없이 침노하는 태도에 하나님은 다말에게 메시아의 계보를 이을 자손을 허락하십니다(마1:3). 이 가계에 주어진 여자의 씨에 대한 신앙의 유업에 동참하고 싶었던 다말의 침노함이 결국 예수님의 계보를 이어가고 완성하게 했습니다. 하나님이 보신 것은 다말의 믿음이었습니다. 자격이 어떠하든지 해결해야 할 다른 많은 문제들과 다룸 받아야 할 많은 연약함에도 불구하고 하나님이 보시는 것은 믿음입니다.

예수 그리스도의 계보에 들어가기 합당한 자, 왕의 혈통에 들어가기 합당한 자는 신분, 능력, 재물이 아니고 하나님 나라를 믿음으로 바라보고 그것을 믿음으로 취하는 자입니다. 세상의 관점이 아닌 하나님의 관점으로 바라보는 눈을 가질 때 우리는 하나님의 킹덤을 온전하게 이해하고 바라볼 수 있습니다. 세상의 관점으로는 유다와 다말은 지극히 불륜입니다. 그런데 하나님은 시아버지를 속여서라도 취하고 싶어 했던 다말의 믿음의 유업을 향한 열망을 보셨습니다. 유다는 그러한 다말을 향하여 결국은 "그는 나보다 옳다"고 많은 사람들 앞에서 인정해 주고 자신의 잘못을 시인함으로 돌에 맞아 죽임당할 뻔한 다말을 보호해 줍니다. 그리고 다시는 다말을 가까이하지 않습니다.

이러한 사건은 세상적인 관점으로 보면 부끄럽고 수치스러운 일이지만 뱀의 머리를 상하게 할 여자의 씨를 기다리는 자들의 믿음의 계보의 입장에선 더 이상 수치와 부끄러움이 아닌 자랑과 축복으로 받아들여지게 됩니다. 이러한 사건은 후대에 본이 되어 베들레헴의 장로들이 십 대(代) 뿐 아니라 영원히 여호와의 총회에 들어오지 못할 모압 사람인 이방 여인 룻이 가까운 친족 보아스를 통하여서 계대 결혼을 함으로 대를 잇게 될 때, 자랑스럽고 축복된 사건의 전례로서 언급하게 됩니다.

> "여호와께서 이 젊은 여자로 말미암아 네게 상속자를 주사 네 집이 다말이
> 유다에게 낳아준 베레스의 집과 같게 하시기를 원하노라 하니라" 룻4:12

하나님의 킹덤을 향한 다말의 야라쉬하는 태도는 시아버지와 며느리라는 관계를 뛰어넘어 그녀가 메시아의 가문을 이어가게 한 믿음의 여인으로서 귀감이 되게 하였습니다. 믿음은 한계를 뛰어넘게 합니다. 다말이 자신이 며느리라는 한계에 갇혀 있었다면 그런 과감한 결단을 하지 못했을 뿐 아니라 평생 과부로 살다가 죽었을지도 모를 일입니다. 그러나 그녀는 자신의 한계와 상황을 보지 않고 자신이 쫓고 붙잡는 하나님의 킹덤의 유업만을 바라보았습니다. 메시아닉 킹덤이 가까이 있는 지금 우리가 무엇을 쫓고 붙잡아야 하는지 다말을 통해 배우게 됩니다.

하나님의 킹덤은 적극적으로 구하고, 찾고, 두드리는 자에게 열립니다. 세상의 기준

과 사람들의 시선을 더 중요하게 생각하는 사람은 하나님의 킹덤의 유업을 놓칠 수 있습니다. 세상의 기준은 모든 것을 균형있게 바라보아야 한다고 하면서 여러 가지를 살피고 이것 저것 재어보게 하지만 가장 중요한 것을 놓쳐서 취하지 못하게 할 수 있습니다. 그러나 하나의 킹덤에서 믿음의 경주는 그것을 향해 적극적으로 침노하고 들어오는 자가 빼앗아 차지하고 이어가게 됩니다.

도장, 끈, 지팡이

유다는 다말에게 들어가는 대신 나중에 염소새끼를 주겠다고 말합니다. 그러나 그녀는 유다에게 염소새끼를 받기 전에 보증, 증거품을 달라고 말합니다. 그리고 다말이 요구한 증거품은 유다의 도장과 끈, 그리고 지팡이였습니다. 도장은 신분증과 같은 것입니다. 그 사람이 어떤 사람인지를 증거하는 것입니다.

고대 사회에 끈은 그 사람의 위치를 나타내었습니다. 위치와 직분에 따라 끈은 수가 놓이기도 했고 특별한 색깔로 만들어지기도 했습니다. 그래서 의복과 의복에 다는 끈은 그들이 어느 부족에 속해 있고 어떤 신을 섬기는지 알 수 있는 양식이 되기도 했습니다. 아브라함은 하나님으로부터 토라를 받았고 하나님을 믿는 아브라함의 가문과 자손들은 그들만의 의복 양식이 있었습니다. 후에 하나님은 오랜 시간 이집트에서 살던 이스라엘 백성들이 잊어버린 그들이 하나님의 백성으로서 입어야 할 의복의 양식을 다시 설명해 주시면서 그들이 옷가에 술을 붙여 달도록 하셨고 제사장들은 파란색의 의복을 입도록 하셨습니다. 파란색은 하늘을 상징하는 것으로 제사장 직분을 나타내는 것이고 옷가에 술은 그들이 하나님의 말씀을 섬기는 자들로서 말씀을 기억해야 한다는 것을 상징합니다. 옷 가의 술은 정통 유대인들이 하얀실과 파란색 실로 꼬아서 만든 찌찌트의 형태로 오늘날까지 이어져 오고 있습니다. 유다는 하나님을 믿는 가문으로서 그만이 달고 다니는 끈이 있었고 다말은 그 끈을 요청했습니다.

다말은 마지막으로 지팡이를 요구했는데 지팡이는 지도력과 왕권을 상징하는 것입니다. 모세는 누가 정말 하나님이 정하신 지도자인지 알아볼 수 있도록 하기 위해 각 지파의 두령들에게 지팡이를 가지고 나오도록 하였습니다. 결과적으로 다말이 증거품으로 요구한 도장, 끈, 지팡이는 유다의 신분과 위치, 정체성, 그리고 앞으로 그의 후손들을 통해 나타날 왕권을 상징하는 것이었습니다. 그녀는 비록 베일로 자신의 정체성을 가렸지만 그녀의 손은 메시아를 상징하는 증거품을 소유하였습니다. 그리고 때가 되었을 때 그녀는 자신이 소유한 증거품을 당당히 내놓음으로써 유다에게 자신의 정당성을 입증했습니다. 예슈아는 베일로 가려져 있듯이 유대인들에게 가려져 있습니다. 그러나 하나님의 때가 되었을 때 그 베일은 벗겨질 것이고 예슈아는 자신이 메시아 되심을 유대인들에게 드러내실 것이고 유대인들은 깊은 회개 가운데 '바룩 하바 베쉠 아도나이 יְהוָה בְּשֵׁם הַבָּא בָּרוּךְ 라 외치며 예슈아를 메시아로 인정하게 될 것입니다.

베레스와 세라

다말은 쌍둥이를 낳게 되었습니다. 산파는 첫 번째 아이의 손이 나오자 붉은 실을 매어주며 그 아이가 첫째라는 것을 표시하지만 그 손은 곧 들어가고 둘째가 먼저 태어나게 됩니다. 그래서 '터트리고 나왔다' 하여 형보다 먼저 태어난 아우를 베레스, 페레츠 פֶּרֶץ 라고 부릅니다. 페레츠의 동사 원형인 파라츠 פָּרַץ 는 '터트리다, 돌파하다'는 뜻을 가지고 있습니다. 그리고 나중에 태어난 형의 이름은 세라, 자라흐 זֶרַח 라고 부릅니다. 자라흐는 '떠오르다, 빛나다'라는 뜻입니다. 먼저 태어날 뻔했던 형 대신 터트리고 나오면서 첫째가 된 베레스는 유다의 장자권을 가지게 되어 메시아의 계보를 이어가게 됩니다.

베레스와 세라의 태어남은 예슈아의 첫 번째 오심과 두 번째 오심을 의미하기도 합니다. 터트리고 나온 베레스의 이름은 '부수는 자'라는 뜻도 가지고 있습니다. 예슈아는 첫 번째로 이 땅에 오셨을 때 땅에 불을 던지시면서 빛과 어둠, 양과 염소를 가르셨습니다. 그리고 죽음의 권세를 깨뜨리셨습니다. 예슈아는 두 번째로 다시 오실 때 떠오르는 해처럼 온 땅의 영광의 빛을 비추시면서 오실 것입니다. 이사야 60:1에서 "이는 네 빛이 이르렀고 여호와의 영광이 네 위에 임하였다"라는 말씀은 메시아가 오심을 설명하는 것으로 '영광이 네 위에 임하였다'고 번역된 히브리어가 바로 세라, 자라흐입니다. 세라는 메시아가 다시 오실 때 떠오르는 해처럼 영광을 비추며 오실 것을 나타냅니다.

메시아가 하늘의 영광을 가지고 온 땅을 다스릴 왕권을 가진 자로 오시는 것만 기대하고 있었던 유대인들에게 예슈아의 첫 번째 오심은 전혀 예상하지 못했던 것이었습니다. 그러나 하나님은 베레스와 세라를 통해 메시아가 어떤 모습으로 오실지 이미 유대인들에게, 그리고 우리들에게 알려주셨습니다. 태초부터 예정된 메시아는 마지막 날에 영광으로 온 땅에 임하실 것입니다.

DAY 5 창39:1-6

형통한 노예, 형통한 죄수

요셉은 꿈을 꾸고 그것을 형들에게 알린 이유로 격하게 미움을 받고 겨우 죽음을 면합니다. 꿈꾸며 비전을 가진 자에게 찾아온 것은 미움과 고난이었습니다. 야곱에게는 '이미 죽은 아들'이 되어 요셉은 이집트의 노예로 팔려가게 됩니다. 아버지로부터 받아온 모든 사랑이 단절되면서 아버지의 사랑받는 아들이라는 신분도 박탈됩니다. 그런데 그는 노예의 신분 중에도 형통합니다(창39:2). 그의 주인은 여호와께서 요셉과 함께 하심을 보았고 그가 하는 모든 일에 형통함을 보았습니다(창39:3). 하지만 또 모함을 당하여 억울하게 더 낮은 자리로 떨어집니다. 감옥에 갇힌 그는 이제 완벽한 죄인으로 살아갑니다.

그런데 죄인의 신분 중에도 그는 형통합니다(창39:23). 상황과 환경은 그에게 분명 엄청난 고난인데 그에게는 형통함이 있었습니다. 그의 형통은 주변 사람들로 하여금 여호와 하나님을 인식하게 합니다. 여호와께서 요셉과 함께하심이 주변 사람들이 인식할 만큼 분명히 보였지만 요셉은 여전히 노예이며 죄인의 신분으로 감옥 안에 갇힌 환경에서 벗어나지 못했습니다. 여호와께서 그와 함께 하시는 시간들임에도 요셉은 하나님의 주권적인 안배하심에 따라 허락되어진 갇힌 환경 안에서 보내고 있었습니다. 여전히 노예와 죄인이라는 신분은 바뀌지 않았지만 그는 분명 형통한 자였습니다. 이유를 알 수 없는 고난 중에도, 다 설명해 낼 수 없는 상황 속에서도 하나님의 함께 하심이 그의 삶을 통해 분명히 나타났습니다. 오히려 그런 고난의 환경이 그를 더욱 정금같이 단련시켰고 여호와께서 함께 하심은 고난 중에 있는 그의 삶 속에서 더 빛이 났습니다. 그는 더욱 지혜로워졌고 혼은 정결하고 건강해졌으며 영성이 더 깊어지면서 영적 권위가 높아졌습니다. 그리고 땅의 일 즉, 이집트의 언어와 문화를 배움으로써 일하는 능력과 사람 다루는 법, 국가 경제를 경영하는 법 등을 다양하게 익히게 되었습니다. 상황은 그를 노예이고 죄인이라고 정했지만 그는 숨겨진 채 더욱 빛나는 보석이 되어 가고 있었습니다. 모든 고난은 그에게 더욱 유익이 될 뿐이었습니다. 요셉의 그릇은 더욱 깨끗해졌고 더욱 넓어졌습니다. 감옥 중의 요셉은 마치 나실인의 삶 같았습니다.

형통한 노예, 형통한 죄수 요셉, 외모도 뛰어나고 능력도 출중한 요셉, 그렇기 때문에 하나님은 더 혹독히 그의 인생을 낮추십니다. 자신을 의지하지 않고 교만하게 되지 않게 하기 위해 그런 과정을 허락하십니다. 과정 마다 요셉은 하나님을 경외함으로 통과합니다. 돈과 음란을 확실히 잘라내었고(창39:10) 억울함과 피해의식으로 묶이지도 않았습니다(창40:15). 죄수의 신분을 벗겨내기 위해 구구절절 자신의 억울함을 호소하지도 않았습니다. 요셉은 하나님의 때와 하나님의 계획이 이루어질 것을 기다렸습니다. 과정이 혹독하고 힘들지만 누가 봐도 알 수 있을만한 요셉의 형통함을 요셉 스스로가 몰랐을리 없습니다. 또한 요셉이 두 죄수의 꿈을 해석해 줄 정도로 영적인 통찰력이 있었다면 열일곱 살에 헤브론에서 자신이 꾼 꿈의 의미를 모르지 않았을 것입니다. 그렇기 때문에 그런 상황에서도 요셉은 하나님을 더 깊이 신뢰하며 하나님과 깊은 친밀함을 누리며 살아갈 수 있었던 것입니다.

상황에 매이지 않고 상처에 매이지 않을 수 있었던 성숙함은 그가 하나님을 정확하게 인식할 수 있었기 때문입니다. 하나님이 어떤 분인지 정확하게 알았기에 그의 믿음이 그를 견고하고 정직하게 만들었습니다. 하나님을 향한 신뢰와 믿음은 우리를 견고하고 정직하게 만듭니다. 또한 우리가 낮아질 수 있음이 큰 은혜입니다. 고통과 고난은 하나님이 나를 통해 이루실 일을 반드시 하시겠다는 그분의 의지가 나를 다루고 있는 증거이기 때문입니다.

하나님이 나를 사랑하시고 내게 꿈을 주셨기 때문에 내게 고난이 있을 수 있다는 것을 인식해야 합니다. 무조건 고난을 피하게 해달라고 기도하기보다 이 고난을 잘 이겨나갈 수 있게 해달라고 기도해야 합니다. 지금 이 순간 하나님 앞에서 내가 다룸 받아야 할 부분이 무엇인지 집중하고 그것을 통해 배워야 합니다. 그분의 완전한 선하심이 모든 것을 아름답게 이루실 것입니다.

DAY 6 창39:7-23

요셉이 유혹을 대하는 방법

요셉은 용모가 빼어나고 아름다운 청년이었습니다(창39:6). 사랑을 많이 받은 사람은 다른 사람들로부터 사랑과 관심을 받는 에너지를 가지고 있습니다. 비록 현재의 상태는 노예였지만 아버지로부터 많은 사랑을 받았고 또 어머니 라헬로부터 아름다운 용모를 물려받은 요셉이 얼마나 멋진 청년이 되었을지 상상해 보십시오. 게다가 보디발이 집안의 모든 재산을 맡겼을 때 그것을 잘 관리할 만큼 총명한 요셉이었습니다. 노예라는 신분 빼고는 부족함이 없는 청년이었습니다. 그런데 보디발의 음란한 아내가 요셉을 유혹합니다. 한 번이 아니라 재차 유혹했는데 성경은 그녀가 날마다 요셉에게 동침할 것을 요청했다고 합니다. 요셉은 그것을 과감하게 자를 뿐 아니라 아예 근처에도 가지 않습니다(창39:7,10). 이것이 요셉이 유혹을 대하는 방법이었습니다.

지금 세대는 악하고 음란한 세대입니다. 사탄은 그 어떤 것보다도 음란으로 이 세대를 덮치고 있습니다. 눈에 띄는 모든 영상매체와 예술의 영역에(그림, 춤, 음악) 음란이 쓰나미처럼 덮여 있습니다. 그런데 하나님은 자신의 백성들에게 거룩을 말씀하시며 음란하지 말 것을 명령하십니다. 예슈아는 여자를 보고 음욕을 품기만해도 이미 간음한 것이라 말씀하심으로 음란을 경고하셨습니다. 음란은 하나님이 아닌 세상과 섞이는 것이며 영혼만이 아니라 몸까지 더럽힘으로 하나님과 우리의 관계를 끊어버리는 것이기 때문입니다. 이 세상이 너무 음란하다보니 알지 못하는 사이에 우리는 많은 것을 타협하고 있는 것을 봅니다. 과거에는 순결을 지키지 못한 혼전 임신이 부끄러운 일이었던 것과 달리 요즘은 그것이 혼수라고 여겨질 만큼 당당한 것으로 여겨지고 있고 부부사이의 불륜이 더 이상 죄가 되지 않는 시대가 되었습니다. 이런 시대에 음란의 유혹으로부터 우리가 이길 수 있는 방법은 무엇일까요? 요셉처럼 하는 것입니다.

요셉은 성적 유혹을 거절했을 뿐 아니라 근처에도 가지 않았습니다. 아예 자신의 영역에 접근조차 할 수 없도록 철저히 차단했습니다. 자신의 삶을 향한 하나님의 계획이 너무 명확했고 또한 자신의 가문의 유업을 잊지 않고 있었기에 그는 자신을 거룩하게 지키기를 힘썼습니다. 우리가 하나님의 킹덤에서 어떤 위치에 있으며 어떤 정체성을 가지고 있는지를 확실히 안다면 우리는 우리의 거룩을 위협하는 것과 절대 타협하지 않을 것입니다.

음란에 대한 유혹은 한 번으로 끝나지 않습니다. 보디발의 아내처럼 끊임없이, 끈질기게 우리 주변을 맴돌면서 넘어뜨리려고 합니다. 몇 번 음란에 대해 이겼다고 하여 안심할 수 없습니다. 사도 바울은 교회를 위협하는 음행에 대해 경고하면서 넘어질 것을 언제나 조심하라고 권면하였습니다(고전10:12). 그럼에도 우리가 음란의 유혹에 의해 넘어진다면 우리는 즉시 우리의 죄를 빛가운데 드러내고 하나님 앞에 자백하여 우리가 하나님의 새로운 피조물임을 선포해야 합니다. 그리고 다시 시작해야 합니다. 넘어지는 것이 문제가 아니라 그 상태에서 일어나지 않고 묶여 있는 것이 더 큰 문제입니다. 사탄은 우리를 넘어뜨리고 그 상태에서 일어서지 못하도록 온갖 참소로 우리를 정죄합니다. 그럴 때 우리는 말씀으로 그 정죄를 파쇄하고 다시 일어서야 합니다. 그리고 포기하지 말고 끝까지 싸워야 합니다.

우리의 자녀들이 요셉처럼 자신을 지켜 거룩한 삶을 살기를 힘쓸 수 있도록 그들의 정체성을 가정에서 확실하게 가르쳐 주어야 합니다. 하나님의 백성으로서의 정체성이 확실한 자들은 타협하지 않습니다.

하나님의 때를 위하여

요셉은 거룩의 삶을 지키다가 결국 또 다른 어려움을 맞게 됩니다. 보디발 아내의 음모로 강간 미수라는 죄를 뒤집어쓰고 감옥에 갇히게 됩니다. 노예에서 죄수로 신분이 더 하락 하지만 하나님은 요셉과 함께 하시고 그에게 인자를 더하셔서 간수장이로부터 은혜를 받게 하십니다. 이것이 하나님이 세상가운데서 고난 받는 자신의 사람들과 함께 하시는 방법입니다. 반드시 이 땅의 사람들을 통해 하나님의 자신의 백성을 지키십니다. 비록 하나님을 모르는 자들이라 할지라도 하나님의 주권아래 하나님의 백성을 보호하고 지키도록 그들을 사용하십니다. 그들을 통해 호의(favor)를 받게 하십니다. 세상의 법이 우리를 억울하게 한다고 마음 졸일 필요 없습니다. 그 가운데서 우리를 지키시는 하나님의 특별한 은혜가 있을 것이기 때문입니다.

하나님이 함께 하심으로 요셉은 죄수의 신분이지만 형통한 자가 됩니다. 하나님이 그가 하는 모든 일이 성공적으로 되게 하십니다. 앞서 나누었지만 세상에서 형통한 자, 성공하는 자와 하나님의 킹덤에서 형통한 자, 성공한 자의 개념이 다릅니다. 세상은 위치, 신부, 재물이 많은 자를 형통한 자라고 말하지만 하나님의 킹덤에서는 하나님의 임재가 함께 하는 사람을 형통한 자라고 합니다. 그래서 어느 위치에 있고 얼만큼의 재력와 스펙이 있는지는 하나님의 백성에게 크게 중요한 일이 아닙니다. 하나님의 임재가 나와 함께 하고 계시는지가 가장 중요합니다. 요셉의 삶은 무엇이 형통한 자의 삶인지 우리에게 확실하게 보여줍니다.

그러나 하나님은 또한 자신의 백성을 낮은 자리에만 두지 않으십니다. 그들을 가장 낮은 자리에 가게 하시지만 또한 가장 높이 들어올리십니다. 요셉을 향한 하나님의 계획도 그러했습니다. 그리고 그때가 가까이 다가오자 하나님은 요셉에게 기회를 허락하십니다. 파라오의 두 신하가 요셉이 있었던 감옥에 오게 하시고, 그들에게 꿈을 주시고, 그 꿈을 요셉에게 해몽하게 하심으로 요셉을 향해 정해 놓으신 하나님의 때에 성큼 다가가게 하십니다. 우리의 삶이 어떻게 흘러가는지 우리는 아무것도 예측할 수 없습니다. 큰 그림과 방향은 알지만 구체적으로 하나하나 다 알 수는 없습니다. 특별히 하나님의 시간은 더더욱 우리가 예측할 수 없습니다. 우리가 아는 것은 하나님의 때는 정확하며 그분의 계획은 완전하고 하나님은 약속하신 것을 이루신다는 것입니다. 요셉에게 꿈을 주셨고 그것을 성취하시기 위해 하나님은 요셉이 무엇을 다룸 받아야 할지 아셨고 또 요셉이 자신의 부르심과 책임을 다하기 위해 어떤 대가를 치러야 할지도 아셨으며 그 모든 과정을 잘 지나갈 수 있도록 항상 함께 하셨습니다. 우리에게는 많은 시험이 있지만 하나님은 감당할 시험만 허락하시고 또 시험을 피할 수 있는 길을 열어 주시는 분입니다(고전10:13).

하나님의 킹덤을 사모하고 꿈꾸는 자들에게는 시련이 있습니다. 그러나 시련 가운데 하나님의 임재는 언제나 꿈꾸는 자들과 함께 하실 것이고 어떤 위치와 상황에 있든 이들은 형통한 자가 될 것입니다. 그리고 하나님은 그들을 높이 들어 올리실 것입니다.

> "시험을 참는 자는 복이 있나니 이는 시련을 견디어 낸 자가 주께서 자기를
> 사랑하는 자들에게 약속하신 생명의 면류관을 얻을 것이기 때문이라"약1:12

DAY 7 창40:1-23

두 관원의 꿈

어린 시절 요셉은 꿈을 꾸기만 하는 자였지만 죽음 직전의 상태까지 갔다가 노예로, 죄수로 환난의 시간을 보내는 과정 가운데 하나님은 그에게 꿈을 해석할 수 있는 영적인 계시의 눈을 열어주셨습니다. 그는 꿈뿐만이 아니라 하늘의 일들을 미리 읽어내는 뛰어난 영적 통찰력까지 지니고 있었습니다. 후에 베냐민의 곡식 자루에 은잔을 숨기고서 청지기를 통해 은잔을 가지고 하늘의 일이나 땅의 일을 미리 읽어내는 자라고 자신을 소개하는 것을 통해 볼 때 그는 고대 사회에서 하늘의 별들과 천체의 흐름을 통해 영적인 일들을 볼 수 있는 지식과 지혜를 가진 자였음을 알 수 있습니다. 죽음과 환난의 시간은 요셉을 예리하고

뛰어난 자가 되게 하였습니다.

자신의 꿈으로 인해 형들에 의해 죽기 직전까지 갔다가 감옥까지 들어온 과정 속에서 요셉은 자신의 꿈을 곱씹어 보면서 그 꿈의 의미가 무엇인지 점점 더 깊이 알게 되었을 것입니다. 그래서 그는 하나님의 때를 기다릴 수 있었고 고난의 시간을 견뎌낼 수 있었을 것입니다. 꿈을 해석하고 시대를 보는 통찰력을 가진 요셉이 파라오의 두 관원의 꿈을 들었을 때 그는 먼 미래에 일어나게 될 메시아에 대한 그림을 보았을 것입니다. 술 관원장의 포도주 꿈, 빵 굽는 자의 빵 광주리 꿈은 각각 생명을 얻고 풀려나는 것과 죽음을 의미했습니다. 요셉은 그것이 단순히 그들의 생명과 죽음만을 의미한 것이 아니라 먼 미래 메시아의 부활과 죽음을 예표한다는 것을 알았을 것입니다. 자신의 몸이 찢겨지고 돌아가신 예슈아의 몸은 빵을, 그 3일은 무덤 가운데 계셨던 시간을 의미하며 다시 왕의 상에 올려진 포도주는 부활과 생명의 잔치를, 그 3일은 부활하게 되는 시간을 의미합니다.

이후 요셉은 바로의 꿈을 통해 7년 풍년과 7년 흉년을 보게 되는데 이 꿈은 당장은 그 시대에 이뤄질 풍년과 흉년이기도 했지만 메시아닉 킹덤 직전에 일어나게 될 시간을 의미하기도 합니다. 그래서 우리는 요셉의 꿈과 그의 꿈 해석을 통해 우리가 마지막 때에 어떻게 준비되어야 하는지, 또 환난을 어떠한 자세로 통과해야 하는지, 결국 하나님이 이루실 것이 무엇인지를 알 수 있습니다. 죽음이 끝이 아니라 다시 생명을 얻고 왕의 잔치에서 포도주를 마시게 되는 '그 날'을 기대합니다.

하프타라 암2:6-3:8

하나님을 경외하는 자들에게 보이시는 꿈(할람חלם)과 비밀(쏘드סוד)

꿈은 내가 선택할 수 있는 영역이 아닙니다. 꿈을 주시는 분은 하나님이십니다. 그러므로 그것을 이루시는 분도 하나님이십니다. 아모스 2장에서 하나님은 이스라엘이 받을 벌에 대해 말씀하시지만 하나님의 비밀(쏘드סוד)을 선지자들에게 보이시지(갈라גלה)[43] 않고는 결

---

43 갈라גלה : 덮여있던 것을 벗기어 드러내다.

코 행하지 않는다고 말씀하십니다(암3:7). 하나님은 자신의 계획을 반드시 자신의 친구에게, 자기 종에게 보여주십니다(친구인 아브라함에게 소돔과 고모라의 심판을 미리 알려주셨듯이). 비밀로 덮여 있는 듯하지만 하나님은 선택한 자에게 분명히 먼저 가르쳐 주시고 말씀해 주십니다. 하나님은 인류를 향한 구원 계획을 17세의 청소년 요셉에게 꿈을 통해 보여주셨습니다. 처음에 요셉은 자신의 꿈을 정확히 다 이해할 수 없었지만 고난의 순간이 지나고 나서 돌이켜보면서 깨닫게 됩니다.

"그 어느 것 하나 주님의 손길이 안 미친 것 하나 없구나!"

하나님은 요셉에게 주신 하나님의 꿈을 이루어 가고 계셨습니다. 작게는 요셉을 통해 야곱의 가족들을 구원할 계획을, 크게는 요셉으로 인해 이집트와 이웃 모든 나라들이 구원받을 계획을 보여주셨습니다. 이 구원 계획의 순서는 먼저는 이집트와 이웃 백성들에게 이루어졌고, 그리고 나서 야곱의 가족들이 요셉에게 옴으로써 이루어졌습니다. 이것은 먼저 이방인들의 충만한 수가 찬 뒤에(이집트와 이웃 백성들) 유대인들이(야곱의 가족들) 구원받게 하실 계획을 요셉을 통해 미리 보여주심으로 종말에 있을 하나님의 구원 계획을 비추신 것이기도 합니다.

하나님은 요셉의 꿈(할람 חֲלוֹם)을 통해 메시아이신 예슈아가 온 인류를 구원할 것이라는 비밀(쏘드סוֹד)을 보여주신 것입니다. 이 꿈은 가족 모두에게 알려졌지만 그들은 그 비밀을 완전히 깨닫지는 못했습니다. 아버지와 형들은 "우리가 너에게 절한다는 말이냐?"라고 하면서 꿈의 일부는 정확하게 해석했지만 그것의 진짜 의미는 알지 못했습니다. 다만 아버지 야곱만이 야단은 치면서도 자기 마음에 담아두었을 뿐입니다. 하나님의 꿈을 꿀 수도 있고, 혹은 전해 듣고 그 내용을 알 수는 있지만 여러 겹으로 쌓인 그 비밀의 깊이를 깨닫는 자는 많지 않고 그 꿈이 이뤄지기까지 인내하며 견디는 자들도 많지 않습니다. 그래서 꿈을 본 것, 비전을 본 것에 멈추지 말고 하나님이 이루신다는 신뢰를 가지고 하나님의 시간이 될 때까지 인내하며 견뎌야 합니다. 그렇게 하는 것이 하나님과 동역하는 것입니다. 꿈을 꾼 자가 치러야 할 대가는 끝까지 믿고 인내하고 견디는 것입니다.

브리트 하다샤 마1:1-6, 16-25 / 마1:18-25

하나님의 비밀 코드

하나님의 킹덤을 붙잡은 야곱이 형 에서를 대신해 메시아의 계보를 이어갔고, 자신을 가려서라도 가문의 유업을 얻으려는 다말은 베레스를 낳음으로 메시아의 계보에 자신의 이름을 올렸습니다. 아버지의 하나뿐인 아들이었던 아들 이삭은 모리아 산에서 제물로 드려짐으로 죽음 가운데서 부활했고, 아버지로부터 극진한 사랑을 받았던 아들 요셉은 은 20에 팔려갔고 야곱에게는 죽은 것과 같이 되었지만 하나님의 때에 세상을 구원하는 통치자가 되었고 야곱에게는 죽었다가 살아난 아들이 됨으로 예슈아의 삶을 예표하였습니다. 믿음의 선조들의 삶은 그 자체가 예슈아의 고난, 죽음, 그리고 부활이었습니다.

요셉의 삶은 예슈아의 삶을 숨겨놓은 비밀 코드입니다. 요셉의 삶을 이해할 때 하나님이 예슈아를 통해 온 인류를 구원하시기 위해 어떤 것을 미리 계획해 놓으셨는지 알 수 있습니다. 요셉은 꿈을 통해 자기 삶의 여정이 시작되었고 꿈을 통해 기회를 가졌으며 꿈을 통해 하나님의 계획을 이루었습니다. 그리고 그가 꾼 꿈, 그가 해석한 꿈들은 모두 인류의 종말을 예표합니다.

하나님은 자신의 계획을 이미 태초부터 땅과 사람에게 심어 놓으셨습니다. 하나님이 비밀을 심어 놓으신 땅은 이스라엘이며 비밀을 심어 놓으신 사람은 아브라함으로부터 시작된 믿음의 조상들입니다. 그 가운데 특별히 아버지의 사랑받은 아들로서 온 가족과 형제뿐 아니라 민족과 나라들을 살리기 위한 한 사람의 통치자가 되는 과정을 보여준 요셉의 삶에서 우리는 예슈아를 볼 수 있습니다.

인류 역사의 마지막 자락에 서 있는 우리는 태초부터 숨겨놓으신 비밀을 발견할 때 그의 왕국을 맞이할 준비를 할 수 있습니다. 하나님은 자신의 비밀을 알 수 있도록 그의 선지자들에게 나타내 보이십니다. 선지자는 하나님의 음성을 듣는 자들입니다. 하나님의 음성을 듣는 사람은 반드시 이 비밀 코드를 발견하고 보물을 취하여 킹덤으로 들어가게 될 것입니다. 마지막을 준비해야 할 때입니다. 동시에 새로운 시작을 준비해야 할 때입니다. 하나님의 비밀에 더 깊이 나아가는 자가 되길 소망합니다.

요셉과 예수님-그리스도의 몸인 교회와 메시아의 몸인 이스라엘

요셉은 아버지께 사랑받는 아들이자 아버지의 양 떼를 돌보는 목자였습니다. 그는 아버지로부터 다른 형제들에게 보냄을 받았습니다. 그러나 그 형제들은 요셉을 죽이려고 땅 아래로 던졌습니다. 그는 죽음을 면해 이방 땅에 팔려 갔고 이방 땅에서 노예의 삶을 살다가 죄수로 감옥에 갇히게 됩니다. 그러나 결국 그는 이방 땅에서 높임 받고 그 땅을 구원합니다. 그리고 그 큰 구원 안으로 야곱의 가족들이 들어옵니다.

요셉은 '구원'의 이름인 예슈아의 삶을 그대로 보여줍니다. 예수님은 하나님 아버지의 사랑을 받는 아들이자 아버지의 양 떼를 돌보는 목자이십니다. 아버지로부터 보냄을 받고 형제들에게 갔지만 형제들이 예수님을 팔고 죽였습니다. 그러나 예수님은 사망과 음부를 통과하시고 일어나 높이 들림 받으셔서 그를 의지하는 자들에게 구원을 베푸시고 그 이름이 이방 민족 중에서 위대하게 되었습니다. 그리고 형제들을 그 큰 구원 안으로 불러 들어오게 하셨고, 계속 구원을 이루시고 완성하실 것입니다.

하나님은 이 모든 비밀(쏘드)을 요셉의 삶에 심어 놓으셨습니다. 그리고 오늘날 우리들에게도 하나님의 구원 계획이 얼마나 놀랍고 세심한지를, 그것이 얼마나 오래전부터 계획되어져 왔었던 것이었는지를 보여주십니다. 하나님은 요셉의 꿈을 통해 인류 구원에 대한 계획을 셋팅하십니다. 요셉을 통해 이방인들이 기근 중에도 먹을 것을 얻고 구원을 받게 되고, 그 다음에는 야곱의 가족들이 구원을 받게 됩니다.

이것은 이방인과 유대인의 구원에 대한 그림입니다. 또한 곡식단이 절하는 꿈을 통해 땅의 추수에 대한 계획을(계14:14-20), 하늘의 광명체들이 절하는 꿈을 통해 부활의 자녀로서 하나님의 자녀들이(눅20:36) 얻게 될 영광에 대해서 보여주십니다(고전15:40-41). 그런데 이 비밀은 때가 되었을 때에 하나님의 종들에게, 선택받은 자들에게, 또한 하나님을 경외하고 사랑하는 자들에게 보여집니다. 시편 25:14에 "여호와의 친밀하심이 그를 경외하는 자들에게 있음이여 그의 언약을 그들에게 보이시리로다"라고 말씀하셨습니다. 하나님의 꿈, 비전, 계획은 그와 친밀한 자들에게 보여집니다. 그것은 결코 가리어져 있기만 한 것이 아닙니다.

비밀(祕密)의 한자 비(祕)는 보일 시(示)와 반드시 필(必)이 합쳐져 숨길 비가 되었습니다. 즉, 숨겨져 있는 것 같지만 반드시 보여지게 된다는 것입니다. 하나님은 정한 때가 되었을 때에 하나님이 원하시는 자들에게 반드시 비밀을 보이십니다. 덮여 있던 비밀이 벗겨지고 드러나 보이게 되면 비밀은 더 이상 비밀이 아니며 그 비밀은 쉽게 받아들여집니다. 하지만 보지 못하는 자, 깨닫지 못하는 자에게는 그 비밀은 너무 어렵고 이해되지 않고 눈으로 보아도 보지 못하고 귀로 들어도 듣지 못하며 마음으로도 깨달아지지 않는 어려운 비밀로 남게 됩니다. 하나님과의 친밀함을 사모하는 자에게 하나님의 비밀이, 하나님의 계획이, 하나님의 꿈이 보여질 것입니다.

말씀의 많은 내용들이 초림의 예수님을 이야기하고 있음에도 유대인들은 보지 못하고 있습니다. 수천 년간 토라를 연구하고 묵상하고 지켜온 유대인들이지만 자신들의 믿음의 선조들의 삶에 숨겨져 있는 비밀을 깨닫지 못하고 있습니다. 또 하나님은 자신의 선지자로서 믿음의 선조들에게 이미 메시아를 가르쳐 주셨고 그들도 자신의 자손들에게 메시아의 비밀을 가르쳐 주었지만 그 비밀을 전수받고도 유대인들은 아직도 깨닫지 못하고 있습니다. 그들에게 여전히 봉해져 있는 이 비밀이 다시 열리는 하나님의 때를 소망하며 기다립니다.

유대인들이 초림의 예수님을 보지 못하는 것처럼 말씀의 많은 내용들이 재림의 예수님을 이야기하고 있음에도 그리스도인들은 종말의 그림을 이해하지 못하기 때문에 기대하지도 못하고 있습니다. 그래서 잠자는 자들이 되어 있습니다. 깨어 있으라고 말씀하시는 주님의 음성을 듣고 일어나야 할 때입니다. 하나님의 마음이 불타고 있는 시온을 향해 대로를 열고 왕의 오실 길을 준비해야 합니다. 우리가 지금 꿈꾸는 것은 온 우주의 왕으로 다시 오실 예수님을 기다리는 것입니다. 그리고 우리가 부활의 몸으로 그리스도와 함께 왕과 제사장으로 이 땅을 섬기며 영생 안으로 들어가는 것입니다. 이것은 하나님이 우리에게 보여주신, 그리고 반드시 이루실 하나님의 꿈이며 우리의 꿈입니다.

"그들이 새 노래를 불러 이르되 "두루마리를 가지시고 그 인봉을 떼기에
합당하시도다 일찍이 죽임을 당하사 각 족속과 방언과 백성과 나라 가운데에서
사람들을 피로 사서 하나님께 드리시고 그들로 우리 하나님 앞에서 나라와
제사장들을 삼으셨으니 그들이 땅에서 왕 노릇 하리로다 하더라"계5:9-10

봐예쉐브 주간의 말씀

1. 더 주어진 자, 더 사랑받는 자로서 책임과 소명을 다하기 위해 요셉은 다루어져야 했습니다. 그래서 하나님은 그가 형들에 의해 팔리는 상황을 허락하시고 요셉이 다가올 큰 환난에서 세상을 구원할 자로서 하나님 앞에 그 자신의 믿음으로 설 수 있도록 다루어 가십니다.

2. 진정한 형통과 성공은 위치와 신분, 재물에 있는 것이 아니라 하나님의 동행하심, 함께하심에 있습니다. 하나님이 함께하심을 아는 자가 형통한 자입니다.

3. 에돔의 영이 흐르는 것보다 더 중요한 것, 더 강한 것은 하나님의 계획입니다.

4. 내가 같은 형제로부터 미움을 받는 것에 집중하지 않고 하나님이 우리에게 꿈꾸게 하신 킹덤에 초점을 맞출 때 환난과 연단을 인내로써 통과하고 꿈과 소망을 이루게 될 것입니다.

5. 야곱이 요셉을 잃은 슬픔은 하나님 아버지가 예슈아를 죽음 가운데로 보내었던 슬픔을 생각해 보게 합니다. 그런데 하나님에게 있어서 죽음의 결과는 부활입니다.

6. 자격이 어떠하든지 해결해야 할 다른 많은 문제들과 다룸 받아야 할 많은 연약함에도 불구하고 하나님이 보시는 것은 믿음입니다.

7. 다말이 증거품으로 요구한 도장, 끈, 지팡이는 유다의 신분과 위치, 정체성, 그리고 앞으로 그의 후손들을 통해 나타날 왕권을 상징하는 것이었습니다. 그녀는 비록 베일로 자신의 정체성을 가렸지만 그녀의 손은 메시아를 상징하는 증거품을 소유하였습니다.

8. 상황과 환경은 분명 엄청난 고난인데 요셉에게는 형통함이 있었습니다. 그의 형통은 주변 사람들로 하여금 여호와 하나님을 인식하게 했습니다.

9. 세상은 위치, 신부, 재물이 많은 자를 형통한 자라고 말하지만 하나님의 킹덤에서는 하나님의 임재가 함께 하는 사람을 형통한 자라고 합니다.

10. 꿈을 본 것, 비전을 본 것에 멈추지 말고 하나님이 이루신다는 신뢰를 가지고 하나님의 시간이 될 때까지 인내하며 견뎌야 합니다. 그렇게 하는 것이 하나님과 동역하는 것입니다. 꿈을 꾼 자가 치러야 할 대가는 끝까지 믿고 인내하고 견디는 것입니다.

11. 말씀의 많은 내용들이 초림의 예수님을 이야기하고 있음에도 유대인들은 보지 못하고 있습니다. 말씀의 많은 내용들이 재림의 예수님을 이야기하고 있음에도 그리스도인들은 그 그림을 이해하지 못하기 때문에 기대하지도 못하고 있습니다.

봐예쉐브 주간의 선포

1. 형제를 시기, 질투하며 미워하는 에돔의 영이 충만하게 흐르는 중에도 하나님의 꿈이 그 종들에게 보여지면서 킹덤을 향해 멈추지 않고 나아가게 하실 것임을 선포합니다. 꿈으로 인도하실 것이고, 꿈으로 보호하실 것이고, 꿈을 통해 기회를 주실 것이고, 꿈을 통해 성취하실 것임을 선포합니다. 에돔의 영을 뛰어넘는 하나님의 선하신 계획이 부름받은 사람들이 인내로써 자기 앞에 당한 일들을 견디고 끝까지 하나님의 꿈을 붙잡음으로써 승리하게 하소서

2. 끝까지 붙드는 자, 믿음 위에 서는 자가 하나님의 킹덤을 취할 것입니다. 조건과 상황을 바라보지 않고 하나님을 바라보는 자에게 꿈과 비전을 주시고 그것을 신실하게 이루시는 하나님을 믿는 믿음이 더욱 증가되고 확장되게 하소서

3. 우리와 함께 하시는 하나님 임마누엘, 그 이름이 우리를 모든 상황에서 견디게 하고 기다리게 할 것입니다. 우리가 마쯸리아흐מצליח, 형통한 자가 되어 하나님의 살아계심을 나타내는자 되게 하소서

4. 숨겨져 있지만 구하고 찾는 자에게 그 비밀을 나타내시는 하나님, 자기의 종들에게 비밀을 반드시 보이시는 하나님(암3:7), 말씀 가운데서 하나님의 킹덤의 비밀을 더욱 발견하게 되는 은혜를 주님을 찾고 갈급해하는 자들에게 부어주소서. 예슈아, 그 이름의 비밀을 더욱 알게 하소서.

5. 야곱이 약속의 땅으로 들어가기까지의 여정이 순탄치 않았듯이 우리가 메시아닉 킹덤으로 들어가는 여정 또한 순탄치 않겠지만 모든 과정을 굽이굽이 돌보시는 하나님의 보호하심을 의지합니다. 세상이 우리를 함부로 하지 않도록 그들의 마음을 사로 잡으소서.

6. 꿈을 꾸고 부르심을 가진 자가 거쳐야 할 훈련과 시험을 끝까지 견디고 이기는 자 되어 생명의 면류관을 취하게 하소서. 끝까지 붙잡고 놓지 않을 수 있는 힘을 주시고 정체성을 견고하게 하소서.

7. 우리의 장막에서 자녀들의 정체성을 확실하게 세워줄 수 있게 하소서. 우리의 자녀들이 음란과 타협하지 않고 자신을 지켜 거룩하게 살아갈 수 있게 하소서.

8. 하나님의 임재가 우리를 형통하게 한다는 것을 기억하고 나의 위치와 재물로 나 자신을 판단하지 않을 것을 결단합니다. 나를 공격하는 원수의 참소와 정죄에 묶이지 않을 것을 결단합니다. 넘어지더라도 빛 가운데 나의 죄를 자백하고 새로운 피조물로 다시 일어서서 시작할 것을 결단합니다.

9. 나는 아버지와 친밀한 관계를 갖지 못하는 종교인이 아니라 아버지와 친밀한 관계를 누리는 아들, 딸입니다. 내가 가진 프레임과 아젠다로 하나님을 제한하고, 형제들을 판단하지 않게 하소서. 나와 함께 하는 형제를 시기, 질투하는 자가 되지 말게 하시고 사랑하고 용서하는 자가 되게 하소서.

10. 내 뒤에 있었던 것에 집착하는 자가 아닌 내가 지금 처해 있는 상황에 충성하고 앞으로 하나님이 이루실 일을 믿음으로 바라보며 기대하는 자가 되게 하소서. 과거의 쓴뿌리를 붙잡는 어리석은 자가 되지 말게 하시고 내 삶에 약속하신 하나님의 부르심을 위해 달려가는 자 되게 하소서.

10주간

מִקֵּץ

MIKETZ

미케츠, 그 끝에

파라샤 **창41:1-44:17**
하프타라 **왕상3:15-4:1**
브리트 하다샤 **마27:15-46 / 요10:22-28**

DAY 1 창41:1-13

하나님이 정한 시간 – 미케츠קֵּ֖ץ, 그 끝에

요셉이 술 관원장의 꿈을 해석한 뒤, 2년이 꽉 차고 그 끝에(미케츠קֵּ֖ץ) 요셉은 파라오 왕 앞에 서게 됩니다. 창세기 41장1절의 "만 이 년이 지나고, at the end of two full years"의 히브리어 원어는 '미케츠 슈나타임 야밈מִקֵּ֖ץ שְׁנָתַ֣יִם יָמִ֑ים' 이라고 되어 있습니다. 여기에서 케츠קֵּ֖ץ는 '끝'이라는 뜻입니다. 그리고 케츠קֵּ֖ץ의 단어 중간에 유드י를 넣으면 카이츠קַ֖יִץ가 되는데 이것은 '여름'이라는 뜻입니다. 예수님은 무화과나무의 비유에서 "무화가 나무가 연하여지면 여름이 가까운 줄을 안다"고 말씀하시면서 그 여름(카이츠)의 때가 곧 마지막(케츠) 때임을 언어 유희를 통해 말씀하셨습니다(마24:32).

여름의 끝은 가을의 시작으로 이어지고 가을은 추수의 계절입니다. 가을의 시작인 티쉬레이 월 초하루는 민간력으로 한 해의 시작인 로쉬 하샤나רֹאשׁ הַשָּׁנָה 즉, 나팔절(욤 테루아יוֹם תְּרוּעָה)입니다. 요셉에게 주신 꿈 중 곡식단이 절하는 꿈은 '추수'를 상징합니다. 또한 추수는 인류 구원 농사의 '마지막 대추수'를 의미합니다. 술 관원장의 꿈을 해석해 줌으로 요셉은 억울함이 풀어지고 꿈을 향해 성큼 다가가는 듯했지만 술 관원장이 복직되면서 요셉에 대한 일을 왕에게 말해주기로 한 약속을 잊어버리고 맙니다. 그러나 술 관원장이 요셉을 잊어버린 것 역시 하나님의 섭리였습니다. 그 2년이 꽉 차고 나서야(미케츠 슈나타임 야밈מִקֵּ֖ץ שְׁנָתַ֣יִם יָמִ֑ים) 요셉에게 정하신 하나님의 시간이 왔습니다. 비록 요셉은 꿈 해석 이후 2년이나 기다림의 시간을 더 가져야 했지만 요셉이 믿음으로 기다림으로써 정확한 하나님의 시간이 되었을 때 하나님의 뜻이 이뤄지게 됩니다. 하나님의 뜻은 요셉의 억울함이 풀어지는 것 이상을 넘어서 그가 열방을 구원하는 사람이 되는 것이었습니다. 하나님의 시간은 우리가 생각하는 시간과 다릅니다. 그분의 시간은 그분의 뜻이 완벽하게, 그리고 온전하게 이루어지는 때입니다.

마지막 때는 곧 하나님의 뜻이 온전하게 성취되는 때로서 사탄에 의해 다스려졌던 세상이 심판을 통해 끝이 나고 온 인류의 왕으로 예슈아께서 오셔서 다스리기 시작하는 때입니다. 마지막 때는 새로운 시대의 시작입니다. 요셉에게 있어서 미케츠, 마지막 때는 그의 이집트에서의 노예의 상태, 죄수의 상태가 끝나고 더러운 의복은 벗겨지고 왕과 같은 권위의 새 옷을 입게 되는 때였습니다. 주님이 왕으로 오시면 사탄이 왕 노릇 하던 이 세상에서 죄의 노예였던 우리는 완전한 자유를 얻음과 동시에 왕의 권위를 가지고 세상을 다스리게 될 것입니다. 요셉에게 있어서 미케츠는 주님의 다시 오심을 기다리는 우리의 미케츠를 예표하는 그림이기도 합니다.

언제일지 우리는 정확히 알지 못합니다. 하지만 무화과나무의 가지가 연하여지고 잎사귀를 내면 '여름(끝)'이 가까운 줄을 알 듯이 주님이 말씀하신 많은 징조들을 보면 우리는 마지막 때가 오고 있고 주님이 가까이 곧 문 앞에 이른 줄을 알 수 있습니다(마24:33). 그리고 우리는 그 마지막 때가 사탄의 왕국, 세상의 왕국에 있어서는 마지막 때이지만 하나님의 왕국에 속한 우리에게는 새로운 시작임을 알아야 합니다.

안 되는 것이 되는 것이다 – This Too is for the good

요셉은 하나님을 향한 굳건한 믿음을 가지고 성실함과 총명함으로 자기에게 주어진 일에 최선을 다한 삶을 살았습니다. 그리고 하나님은 요셉에게 영향력이 있는 한 사람을 통해 호의(favor)를 받게 하셨고 요셉이 하는 일마다 잘 되게 하심으로 그를 형통하게 하셨습니다. 그에게 주어진 상황과 그가 서 있는 위치(직위)와 관계없이 하나님의 임재는 요셉을 성공적인 사람이 되게 하였습니다. 그러나 눈에 보이는 상황은 계속 더 절망적으로 흘러갑니다. 형들에 의해 노예로 팔린 것도 모자라서 강간미수 혐의를 뒤집어쓰고 감옥에 갇히는 죄수가 된 요셉의 삶은 꼭 머피의 법칙이 적용되는 삶처럼 보였습니다.

우리는 우리의 인생에서 꼭 한 번쯤 이런 질문을 해 보게 됩니다. "하나님을 잘 믿고 따르고 있다고 생각하는데 왜 내 삶에 안 좋은 일들이 일어 나는 거지?" "열심히 기도하는데 왜 상황이 더 나빠지는 거지?" "분명히 최선을 다했는데 결과가 왜 내가 생각한대로 나오지 않은 거지?" 나의 삶의 태도나 하나님을 따르는 데 있어서 문제가 있다고 여겨지지 않음에도 일어나는 상황이 나쁠 때, 관계를 통한 오해와 모함이 있을 때 우리는 하나님이 하시는 일에 대해 의구심을 갖거나 낙심하게 됩니다. 혹은 우리 자신의 죄나 믿음 없음으로 인한 것이 아닌가하는 생각으로 자책을 하기도 합니다.

그런데 이런 상황이 되었을 때 우리는 '왜 이런 일이 일어나는가'라는 질문을 하기 보다는 '하나님은 어떤 분이신가'에 우리 마음의 초점을 두어야 합니다. 하나님은 선하신 분입니다. 그래서 우리가 아는 것은 '지금 내 눈에 안 되는 것처럼 보이는 이 상황이 안되는 것이 아니라 잘 되는 것이다. 하나님께서 더 선하게 되게 하실 것이다'라는 것입니다. 하나님은 심지어 우리의 실수와 죄까지도 우리가 정직하게 고백하고 엎드리면 용서하시고 그것을 통해 선으로 바꾸시는 하나님이십니다. 그래서 우리는 상황에 따라 우리의 마음이 들쑥날쑥 흔들릴 필요가 없습니다. 우리의 마음이 흔들리는 것은 우리가 하나님의 선하심에 대한 믿음과 인식이 약하다는 증거입니다. 그럴 때는 내가 의지하고 있는 것이 무엇이며 내가 더 믿고 있던 것이 무엇인지를 다시 한번 점검해 봐야 합니다.

유대인의 랍비 중에 나함이라는 랍비가 있었습니다. 사람들은 그의 별명을 '나함, 이것도(Nacham, This Too)'라고 불렀다고 합니다. 왜냐하면 그는 어떤 일이 일어나던지 "이것도 선한 것이다(This too is for the good)"라고 말했기 때문입니다. 그는 하나님은 선하시기 때문에 어떤 상황에서도 모든 것이 선하게 된다고 믿었다고 합니다. 마찬가지로 초대교회 성도들의 가르침을 위한 책 중에 하나였던 디다케라는 문헌에서는 "어떤 일이 일어나든지 선하게 받아들여라. 왜냐하면 모든 일은 하나님이 주관하시기 때문이다"고 말했습니다. 사도 바울도 하나님은 모든 것을 합력하여 선을 이루신다고 말했습니다(롬8:28). 요셉의 삶은 '안 되는 것이 되는 것이다', '이것도 선한 것이다'를 보여준 삶이었습니다. 그는 고집스럽게 하나님의 선하심을 꽉 붙들었습니다. 그래서 그는 철저히 하나님의 꽉 찬 때, 미케츠יִקֵּץ, 그 끝의 시간까지 견뎠습니다. 지금 이 시대에 하나님이 우리에게 말씀하시는 것이 이것입니다. '그 끝의 시간까지(미케츠) 견뎌라', '안되는 것이 되는 것이다', '이것도 선한 것이다'를 말씀하시는 하나님을 신뢰합니다.

DAY 2 창41:14-36

이스라엘과 열방이 함께 구원받는 마지막 때, 미케츠

꿈은 하나님의 영에 감동된 자(창41:38), 지혜로운 자를 통해 풀어집니다. 지혜는 하나님이 세상을 창조하신 힘입니다. 하나님의 영은 지혜의 영이며 이것에 감동된 자는 하나님의 꿈, 비전을 이해할 뿐 아니라 성취합니다. 하나님의 꿈과 비전을 이해한 자는 생명을 살립니다. 요셉은 7년 풍년과 7년 흉년의 꿈의 비밀을 풀어내었을 뿐 아니라 그것을 통해 열방을 구원하시려는 하나님의 계획을 이해하고 실행하기까지 합니다. 하나님의 영에 감동된 자, 지혜로운 자는 하나님의 구원 계획을 이해하고 있기 때문에 하나님의 시간까지 기다릴 수 있습니다. 하나님이 하실 때까지 서둘러 조급하게 나서지 않습니다. 내가 하나님의 뜻을 이루어 드리려 하지 않습니다. 하나님이 이루실 그때, 그 시간에 나섭니다. 이런 사람은 주어진 시간을 견디며, 기다리며, 준비합니다. 7년 풍년의 시간에 요셉은 7년 흉년을 대비하는 전략을 세웁니다. 만물을 풍성케 하신 하나님의 능력이 7년 풍년을 통해서 나타났고 7년 흉년의 기간에는 흉년 중에도 열방을 먹여 살리시는 전능하신 하나님의 능력이 나타났습니다. 하나님은 하나님의 꿈을 간직한 채 오랜 시간 기다리며 견디며 준비된 자 요셉을 통해서 하나님의 구원 계획을 이루십니다.

하나님의 구원 계획은 이스라엘과 온 열방이 함께 하나님 나라에 들어오는 것입니다. 하나님은 요셉을 통해 흉년 기간 중 주변 나라들까지 먹이심으로 구원하셨고 이스라엘(야곱)의 아들들이 요셉을 찾아오도록 하셨습니다(창42,43장). 오히려 흉년이 계기가 되어 이집트와 주변 나라, 이스라엘의 자손들이 한자리에 모여 함께 구원의 자리에 서게 됩니다. 그 한 가운데는 요셉이 있었습니다. 가장 어려운 시간에 요셉은 열방을 먹였고 자신의 가족들(이스라엘)을 먹였습니다. 앞으로 닥칠 어려운 시간(흉년)은 교회를 더욱 깨어나게 할 것이며, 이스라엘을 깨어나게 할 것입니다. 그렇게 유대인과 이방인이 하나 될 것이며 교회와 이스라엘이 하나 될 것입니다. 그리고 그 한 가운데는 끝까지 견디며, 기다리며, 준비한 요셉들이 서 있을 것입니다. 지금 이 순간 그러한 요셉들이 드러나지 않은 채 인내로서 준비되어지고 있습니다. 마지막 때에 하나님의 타이밍에 쓰임 받게 될 요셉들이 일어날 것입니다.

요셉이 총리가 되고 주어진 새로운 이름인 사브낫 바네아는(창41:45) 이집트어로는 '

비밀이 맡겨진 자, 세상의 구원자'라는 뜻을 가지고 있습니다. 이 이름의 히브리어 짜프낱 파네아흐צַפְנַת פַּעְנֵחַ는 영광스럽게 남겨진 자의 보물(treasury of the glorious rest) 이라는 뜻입니다. 요셉은 하나님의 꿈, 비밀이 맡겨진 자로 끝까지 남겨진 하나님의 백성들 중에서도 보물 같은 존재가 됩니다. 마지막 때는 끝까지 견디는 자들이 승리합니다(마24:13). 타협과 머뭇거림, 사람들로부터 질타 받을 것에 대한 두려움이 있는 자들은 다 어둠으로 넘어가게 됩니다. 내 안에 어둠이 조금도 허락되지 않을 만큼 정결하게 되기 위해 하나님은 고난이라는 긴 시간을 허락하십니다. 꿈을 가진 자들은 그 꿈 때문에 더 큰 미움과 고통을 받게 됩니다. 하지만 그것은 낙심과 좌절로 이끄는 것이 아니라 하나님의 사람을 더욱 정결케 하는 도구가 될 뿐입니다. 그러므로 남은 자가 되어야 합니다. 타협하지 말고, 두려움에 머물러 있지 말고 하나님을 위해 내 안에 진리의 퍼센테이지(%)를 더욱 높이며 7년 흉년을 대비하는 사람이 되어야 합니다. 미케츠מִקֵּץ, 끝이 다가오고 있습니다.

DAY 3 창41:37-52

꿈을 이루시는 하나님이 입혀주시는 옷

요셉의 아버지는 요셉에게 채색옷을 지어 입혔습니다(창37:3). 그리고 파라오 왕은 요셉에게 세마포 옷을 입혔습니다(창41:42). 하나님은 대제사장 여호수아의 죄악으로 더럽혀진 옷을 벗기고 아름다운 옷을 입히셨습니다(슥3:4). 빌라도의 군병들은 예슈아에게서 옷을 벗겨 진홍색 옷을 입혔습니다(마27:28).

이외에도 성경에는 옷에 대한 이야기가 여러 장면에서 나옵니다. 요나단은 골리앗을 죽인 다윗을 보자마자 한눈에 사랑하는 마음이 생겨 그에게 자신의 왕자의 옷을 입혀줍니다(삼상18:4). 사울은 불순종하여 사무엘로부터 버림받을 때 그의 옷을 붙잡다가 찢어져 버렸습니다. 그때, 사무엘은 사울로부터 왕의 권위가 다른 사람에게 갈 것을 예언하였습니다(삼상15:27-28). 아히야는 여로보암에게 10조각의 옷을 찢어주며 왕국이 그에게 속할 것임을 말했습니다(왕상11:30-31). 엘리사는 엘리야로부터 떨어진 겉옷을 덧입고 엘리야의 갑절의 영감을 받았습니다(왕하2:13-14).

성경에서 옷은 권위와 왕국을 상징합니다. 요셉은 야곱으로부터 아버지의 사랑과 권위가 담긴 채색옷을 부여받습니다. 하지만 형들의 시기(사탄의 시기)에 의해 그 옷이 벗겨집니다. 빌라도의 군병들에 의해 주님의 옷이 벗겨지는 장면이 연상됩니다. 그러나 하나님의 완전한 때에 요셉은 파라오로부터 세마포 옷을 입히우게 되고 임금의 인장 반지가 손에 끼워지고 금 사슬이 목에 걸리며 왕실의 두 번째 수레에 오르게 됩니다. 왕의 권위가 담긴 옷을 입고 요셉은 하나님의 지혜와 전략으로 이집트를 다스립니다.

스가랴 3장에서 죄악으로 더러워진 옷을 입고 사탄에 의해 온갖 비난과 정죄를 받고 있던 대제사장 여호수아에게 주님은 아름다운 예복으로 갈아 입혀 주시며 그 머리에 정결한 대제사장 관을 씌워 주셨습니다. 사탄의 권세 아래에서 주님의 권위 아래로 들어가도록 하시고 새로운 권위로 입혀 주셨습니다.

미케츠, 마지막 때에 하나님은 당신의 자녀들에게 왕의 권위를 덧입혀 주십니다. 그리고 그분의 왕국을 다스리게 하십니다. 우리가 거듭날 때 하나님은 아버지의 권위를 자녀인 우리에게 입혀 주십니다. 그러나 사탄은 끊임없이 그것을 더럽히고자 합니다. 마지막 때, 새로운 시작에 하나님은 친히 우리에게 아름다운 옷, 빛나고 영광스러운 옷, 부활의 몸을 입혀주시며 왕의 권위, 킹덤을 다스릴 권위를 주시어 다스리고 통치하게 하실 것입니다. 왕이 입혀줄 옷, 아버지가 아들에게 입혀줄 새 옷, 그날을 기다립니다.

꿈 때문에 노예 되었던 자, 꿈을 통해 총리로

꿈 때문에 구덩이에 던져지고, 노예로 팔려갔던 철없던 17세 소년 요셉은 13년이라는 연단과 고난의 시간을 지나면서 그의 삶에 함께 하신 임마누엘의 하나님을 깊이 경험합니다. 그리고 하나님의 뜻을 아는 자가 됩니다.

"요셉이 바로에게 대답하여 이르되 내가 아니라 하나님께서
바로에게 편안한 대답을 하시리이다" 창41:16
"하나님이 그가 하실 일을 바로에게 보이심이니이다" 창41:25
"하나님이 이 일을 정하셨음이라 하나님이 속히 행하시리니" 창41:32

하나님의 뜻을 정확히 알고 그것을 해석할 뿐 아니라 어떻게 나아가야 할지 방향과 방

법까지 제시하는 지혜를 가진 요셉은 그의 존재 자체가 하나님을 나타내는 자가 됩니다.

"이와 같이 하나님의 영에 감동된 사람을 우리가 어찌 찾을 수 있으리요"창41:38
"하나님이 이 모든 것을 네게 보이셨으니 너와 같이
명철하고 지혜있는 자가 없도다"창41:39

꿈으로 인해 가장 황금과 같은 젊은 시절의 시간을 노예와 감옥에서 지내야 하는 대가를 지불했기에 요셉에게 있어서 꿈은 자기 인생의 고통스러운 한 부분이었을 수도 있는데 하나님은 다시 꿈의 자리에 요셉을 세우시고 꿈을 통해 한 순간에 그의 모든 신분을 회복하실 뿐 아니라 벗겨졌던 채색 옷 대신 왕의 권위를 가진 세마포 옷을 입혀 주심으로 높은 곳으로 올려 주십니다. 나를 가장 고통스럽게 했던 꿈과 비전이 나를 시험가운데 있게 하지만 결국은 나를 영화롭게 하는 도구가 되게 하시는 하나님은 모든 것을 합력하여 선을 이루시는 분이십니다. 나를 절망에 빠지게 했던 어떤 순간이나 상황에 하나님은 나를 다시 세우십니다. 그리고 끝까지 하나님을 신뢰함으로 견딜 때 결국 그것을 극복하게 할 뿐 아니라 이기는 자가 되게 하십니다. 이 세상에서 우리는 시험을 당하지만 하나님은 이 세상 가운데서 끝까지 믿음으로 견디는 우리를 높이 세우실 것입니다.

하늘의 권위

파라오 왕은 요셉에게 인장 반지와 세마포 옷과 금 사슬을 목에 걸어 주었고 왕의 버금 수레에 요셉을 태움으로써 그에게 나라의 통치권을 맡겼습니다. 반지는 권력의 통치자로서의 권위를 상징하고 세마포 옷은 통치자로서의 정체성을 의미하며 금 사슬 목걸이와 버금 수레는 그가 사용할 수 있는 권세를 의미합니다. 왕의 권위, 정체성, 그리고 다스릴 힘인 권세가 요셉에게 주어졌습니다. 이 모든 시작은 하나님이 요셉에게 주신 꿈으로부터 시작되었습니다.

하나님은 솔로몬에게 꿈에 나타나 왕으로서 그가 구한 것을 허락하셨습니다. 솔로몬이 구한 하나님의 백성들을 잘 다스릴 지혜는 사람들의 마음까지 읽고 재판하는 탁월한 지혜였고 이것이 솔로몬을 더욱 존경받는 왕이 되게 하였습니다.

권위는 하늘로부터 주어지는 것입니다. 지금 이 세상의 지도자들은 자신들이 모든 힘을 가지고 있는 것처럼 가장 교만한 모습으로 하나님을 대적하고 있습니다. 그리고 할 수 있는 모든 악한 일들을 행하고 있습니다. 그러나 하늘에 계신 분은 그들을 비웃으십니다. 그들은 그 모든 것이 하나님의 허락 없이는 아무것도 아니라는 것을 어리석게도 깨닫지 못하고 있습니다. 그들이 아무리 권세를 가지고 있다 할지라도 하나님의 영에 감동되어 하늘의 지혜와 전략을 가진 자들을 함부로 할 수는 없습니다.

하나님은 요셉에게 이미 하늘의 지혜를 주셨고 영적인 권위도 주셨습니다. 그의 상황은 크게 바뀌지 않았고 더 악화되기도 했었지만 때가 되었을 때 잘 연단되어 정금같이 된 요셉에게 하나님은 땅의 권세와 권위도 허락하셨습니다. 우리는 하나님의 기름부음을 받은 자들입니다. 우리에게 지혜와 영적 권위가 분명히 있습니다. 그러나 하나님의 때가 있습니다. 그리고 각자의 분량과 역할이 있습니다. 모두가 다 요셉의 역할을 하지 않습니다. 모두가 다 다니엘의 역할을 하지 않습니다. 하지만 요셉과 다니엘과 같은 기름부음을 가지고 각자의 부르심과 역할에 맞게 이 땅에서 하늘의 지혜를 풀어내도록 하나님이 행하실 것입니다.

하나님이 숨겨 놓으실 때는 다 이유가 있습니다. 예슈아는 자신의 모든 권세를 이 땅에서 사용하지 않으셨습니다. 또 자신을 다 드러내지도 않으셨습니다. 예슈아 자신도 모르고 하나님 아버지만 아시는 때가 될 때 하늘과 땅의 모든 권세를 가지고 예슈아는 온 우주를 통치하실 것입니다. 아직은 이 세상이 어둠의 주관자인 사탄의 권세 아래 있기에 하나님의 백성들은 괴롭습니다. 노역이 점점 더 심해질 것입니다. 그러나 노역이 더 가혹해지는 때는 메시아가 사탄을 무저갱에 집어넣으시고 왕으로 좌정하실 때가 가까워진 것입니다. 예슈아가 왕으로 좌정하시면 우리는 왕 같은 제사장으로 예슈아와 함께 이 땅을 다스릴 것입니다. 주님은 우리에게 세마포 옷을 입히시고 신부에게 반지를 끼워 주시고 우리를 당신의 보좌 옆에 앉히시고 영원히 함께 하게 하실 것입니다.

기근이 있을 때 먹이는 자

요셉이 처음 꿈을 꿨을 때는 그저 꿈의 내용만 아는 자였습니다. 그러나 고난과 연단은 그에게 하나님의 계획을 깨달아 알 뿐 아니라 그 방법까지 알 수 있는 지혜와 전략을 가진 자가 되게 하였습니다. 그래서 온 땅을 향한 하나님의 계획에 대한 구체적인 전략을 제시한 요셉은 극심한 기근 중에 이집트뿐 아니라 자기 가족, 인근 나라들까지 먹이는 자가 됩니다. 기근은 세상의 입장에서는 굶어 죽게 되는 상황이지만 하나님의 킹덤의 입장에서는 철저한 하나님의 보호아래 하나님의 공급을 경험하는 때입니다. 단, 저장하여 대비했던 자에게 허락되어질 것입니다(창41:36). 하나님의 때를 알고 그 뜻을 아는 자, 그래서 믿음으로 순종하여 준비한 자는 기근의 때에 하나님의 공급아래 먹이는 자가 될 것입니다.

파라오는 요셉에게 명철(빈ﾡ)이 있다고 하였고(창41:39), 솔로몬은 하나님께 명철(빈ﾡ)을 구했습니다(왕상3:9). 명철은 여호와의 일곱 영으로부터 부어지는 것입니다. 명철이 있다는 것은 여호와의 영이 그 안에 있다는 말입니다. 명철한 자들은 통찰력이 있어서 성령님이 주시는 것을 바로 알아보고 알아듣는 자들입니다. 마지막 때에는 명철(빈, 통찰력과 분별력)이 있는 자들이 온 땅을 다스리는 자, 왕의 권위를 가진 자가 될 것입니다. 이들이 정확하게 분별하여 바른 미쉬파트를 행함으로 공의와 정의를 이 땅에 실현하고 생명을 살릴 것이기 때문입니다. 기근으로 자녀들이 죽게 되었을 때 먹이고 살리는 자, 그는 하나님의 명철이 있는 자입니다. 명철은 하나님의 성품이고 여호와의 영입니다.

가장 낮은 곳에서 가장 높은 곳으로-람 뭬니싸 하마쉬아흐(높이 들리신 메시아)

하나님의 킹덤은 역설 그 자체입니다. 죽어야 살고, 버려야 얻고, 가장 낮아져야 높아집니다. 믿음의 선조들의 삶은 모두 하나님의 킹덤의 역설 그 자체의 삶이었습니다. 역설의 삶은 우리에게 믿음을 요구합니다. 이 믿음은 하나님이 가지신 믿음, 창조와 부활의 믿음입니다. 아브라함에게 열방의 아버지가 될 것이다 말씀하시고는 아들 한 명을 주셨습니다. 심지어 그 아들을 희생 제물로 바치라고 하셨습니다. 이삭에게 하늘의 별처럼 많은 자손을 주겠다 하셨지만 아들 두 명을 주셨습니다. 그런데 두 아들의 싸움의 골이 깊어 분열이 일어나기까지 했습니다. 아브라함과 이삭에게 밟는 땅을 주겠다고 말씀하셨지만 아브라함이 평생을 나그네 삶으로 살면서 얻은 땅은 헤브론의 막벨라 굴이 전부였습니다. 이삭은 나그네의 삶을 살면서 시기당하고 빼앗기기 일쑤였습니다. 야곱은 인생 자체가 쫓기고 속임 당하며 사랑하는 사람들을 일찍이 잃을 뿐 아니라 하나님은 야곱을 통해 수많은 왕이 일어날 것이다 말씀하셨지만 가족 내의 불화, 형제들의 불화가 끊이지 않는 삶이었습니다. 요셉은 시기당하여 빼앗기고 죽을 뻔하고 모든 것을 한 순간에 잃어버린 삶이었습니다.

요셉은 가장 사랑받는 아버지의 아들, 아버지로부터 모든 특권을 받는 아들의 자리에서 가장 낮은 곳으로 떨어졌습니다. 이것은 마치 아버지의 모든 권위를 가지신 예슈아가 땅의 가장 낮은 곳으로 내려오신 것을 연상케 합니다. 이미 다 떨어졌는데 하나님은 그를 더 떨어뜨리십니다. 고대의 감옥은 땅을 깊이 파서 동굴 같은 곳에 죄수들을 가두었습니다. 그 것은 마치 무덤을 연상케 하는데 요셉은 죄수로서 땅 밑까지 떨어졌습니다. 죽음까지 떨어진 것과 같습니다. 예슈아도 무덤까지 떨어지셨습니다. 그러나 땅의 밑, 무덤까지 떨어진 요셉을 하나님은 가장 높은 곳, 이집트의 통치권의 자리까지 끌어 올리셨습니다. 예슈아는 죽음에서 부활의 생명으로 일어나셔서 가장 높은 곳인 하늘 아버지의 보좌 우편까지 올라 가셨고 그는 온 우주를 통치할 왕으로 하늘에 계십니다. 요셉을 들어 올리신 것은 높이 들 리신 메시아인 예슈아를 의미합니다. 자기 가족과 형제들의 구원뿐 아니라 이집트와 주변 온 땅의 백성들을 구원한 요셉은 이방인을 구원하시고 또한 유대인을 구원하시는 예슈아의 모습을 보여줍니다.

하나님은 구원의 원대한 계획을 요셉의 삶에 심어 놓으셨습니다. 그리고 가장 낮은 곳 에서 가장 높은 곳으로 올리신다는 진리를 우리에게 가르쳐 주셨습니다(마23:11-12). 겸손한 자가 높임 받을 것입니다. 온유한 자가 땅을 차지할 것입니다.

이방 여인과 결혼한 유다와 요셉

유다는 가나안 여인 수아의 딸과 결혼했지만 그녀는 일찍이 죽었고 예상치 못하게 며 느리 다말로부터 아들을 얻습니다. 다말 역시 가나안 여인이었습니다. 요셉은 이집트 제사 장 보디베라의 딸 아스낫을 아내로 맞이합니다. 그녀는 이집트 여인이었습니다. 유다는 야 곱의 아들들 가운데 장자의 계승권을 받았고, 요셉은 장자의 두 배의 축복권(double portions) 을 받았습니다. 유다와 요셉 모두 장자가 가지는 권리를 받았습니다. 그런데 장자의 권리를 가진 유다와 요셉 모두 이방 여인과 결혼했고 이방 여인으로부터 아들을 얻었습니다.

하나님은 장자인 이스라엘이 열방과 하나되어야 할 것을 이미 보여주셨습니다. 유대 인만도 아니고 이방 교회만도 아닙니다. 고집스럽게 유대인만 장자라고 목이 뻣뻣할 필요 없고 예슈아가 이방 교회만을 위한 왕이라고 왜곡할 필요도 없습니다. 예슈아를 왕으로 보 내신 하나님 아버지는 온 우주의 창조주이시며 그분의 모든 권위는 아들 예슈아에게 주어 졌고 예슈아는 유대인의 왕이시며 이방인 교회의 머리이십니다. 역사의 마지막과 완성을 향 한 온전한 그림이 유대인에게도, 이방 교회에게도 보여질 때 비로소 말씀이 성취될 것입니 다.

DAY 4 창41:53-42:17

흉년을 준비하는 풍년

이집트의 왕 파라오에게 보여주신 세상 경영을 위한 꿈은 결국 흉년을 대비하는 것이었습니다. 풍년이 있을 때, 그리고 그 풍성함이 창대할 때 사람들은 그 순간을 즐기는 것에 대부분 자신들의 시간을 사용합니다. 그러나 시세를 알고 미래를 내다보는 사람들은 가장 절정의 순간에 오히려 다음을 대비합니다. 그리고 시세를 알고 미래를 내다보는 지혜는 하나님으로부터 옵니다. 파라오왕은 요셉을 향해 이렇게 하나님의 영에 감동된 자를 우리가 어떻게 찾을 수 있을까라고 말했습니다(창41:38). 요셉의 꿈 해몽뿐 아니라 앞으로를 위한 대비책까지 들은 파라오왕은 그의 이야기가 사람으로부터 온 것이 아닌 하늘로부터 온 것이라는 것을 알았고 요셉이 섬기는 하늘의 하나님께 영광을 돌리지 않을 수 없었습니다.

마지막 때를 대비하는 지혜와 전략은 하나님으로부터 옵니다. 그리고 이것은 하나님의 영에 감동된 자들에게 부어집니다. 마지막 때 하나님은 자신의 영을 붓겠다고 말씀하셨는데 하나님의 영은 끝까지 하나님을 붙드는 신실하게 남은 자들에게 부어질 것입니다. 그리고 지금은 하나님이 정하신 그때를 위해 견디는 시간입니다. 대나무가 땅 깊숙이 몇 년 동안 뿌리만 내리고 위로는 자라지 않고 있다가 때가 되면 하루 밤 사이에 높이 하늘을 향해 솟아오르듯이 지금은 깊이 깊이 내려가는 시간입니다. 가장 깊은 곳은 낮은 곳으로 표현할 수 있고 그곳이 또한 가장 높은 곳에 이를 수 있는 곳입니다. 우리가 주님의 임재 안으로 더 깊이 들어갈수록 우리는 가장 높은 하늘로 인도함을 받을 것입니다.

예슈아는 우리에게 보물을 이 땅에 쌓아 두지 말고 하늘에 쌓아 두라고 하셨고(마6:20) 썩어질 양식을 위해 일하지 말고 영생하도록 있는 양식을 위하여 하라고 하셨습니다(요6:27). 우리는 당장 이 땅의 풍성함과 우리 몸을 즐겁게 하는 것들에 마음을 빼앗겨서 하늘의 상급을 잃어버리고 하나님의 킹덤에서 받아야 할 것을 놓치지 말아야 할 것입니다. 어차피 소실되고 사라지는 이 땅의 것을 더 가지려고 아둥 바둥하기보다 우리에게 영생을 주시는 하나님의 말씀을 더 가지려고 해야 할 것입니다. 이것이 대비하는 것입니다. 우리는 마지막 때를 준비하는 자들로서 이 땅에서 살아가는 지혜와 동시에 하늘 창고에 우리의 보물을 두고 영생을 위한 양식을 준비하고 그것으로 사람들의 영을 살리는 자들이 되어야 할 것입니다. 흉년을 준비하는 요셉의 지혜와 창고가 필요한 때입니다.

요셉의 시험

형들은 요셉을 전혀 알아보지 못했습니다(창42:8). 요셉은 히브리인처럼 보이는 모습을 전혀 가지고 있지 않았기 때문입니다. 요셉의 머리에는 이집트 귀족들이 쓰는 모자 같은 것이 쓰여져 있었고 수염도 없었으며 옷도 이집트인의 복장이었습니다. 형들은 그들이 헤어졌던 어린 동생 요셉이 노예로 살고 있던지 아니면 죽었을 거라고 생각했을 것입니다. 그러나 요셉은 형들을 알아보았습니다. 요셉은 형들을 알아본 순간 하나님이 자신에게 준 꿈을 생각했습니다(창42:9). 그래서 그는 형들이 한 번 더 자신을 찾아오게 될 것이라는 것과, 그리고 다시 오게 될 때는 온 가족이 함께 오게 될 것이라는 것도 알게 되었습니다.

요셉은 자신을 드러내지 않은 채 형들을 시험합니다. 그것은 자신의 지난 날에 대한 복수나 보상 같은 것이 아니었습니다. 요셉은 형들을 골탕 먹이려고 시험한 것이 아니었습니다. 요셉은 첫 아들 므낫세를 낳았을 때 "하나님이 내게 내 모든 고난과 내 아버지의 온 집 일을 잊어버리게 하셨다"(창41:51)고 고백했습니다. 그는 자신의 모든 고난과 아버지의 집에서 일어났던 일을 잊어버렸습니다. 하나님이 이미 모든 것을 충분하게 보상해 주셨기 때문입니다. 요셉이 형들을 시험한 것은 지난 날 자신을 연단하시고 새롭게 하신 하나님께서 형들을 어떻게 바꾸셨는지, 또 형들이 동생을 팔아버리는 패륜을 저지르고 그것에 대해 어떻게 회개하는 삶을 살았는지 알아야 했기 때문이었습니다. 요셉은 하나님의 큰 구원의 그림을 알고 있었고 자신의 역할을 충분히 이해하고 있습니다. 야곱의 12아들, 자신의 형제들을 통해 하나님이 이루실 하나의 큰 민족, 그리고 그 민족을 통해 오실 메시아와 하나님의 킹덤의 완성 가운데 하나님의 민족을 이뤄야 할 사람들로서 그들이 얼만큼 성숙했는지를 보아야 했습니다. 요셉이 기다린 것은 형제들의 회개였습니다.

예슈아는 처음에 오실 때 자신의 정체성을 자신의 백성이요 혈통적 형제인 유대인들에게 숨기셨습니다. 왜냐하면 그들이 회개하는 삶의 열매를 맺어야 하는 것이 먼저였기 때문이었습니다. 뿐만 아니라 이방인들의 구원을 위해 그들이 회개로서 먼저 준비되어야 했기 때문이었습니다. 요셉은 자신의 형제들로부터 큰 고통을 당했습니다. 예슈아도 자신의 혈통적 형제요 백성인 유대인들로부터 큰 고난을 받았습니다. 그러나 예슈아는 그들이 메시아인 예슈아를 거절하고 고통스럽게 한 것에 대해 회개할 것을 기다리십니다. 그리고 그들에게 기회를 주십니다.

형들이 요셉을 알아보지 못한 것처럼 유대인들은 예슈아를 알아보지 못했습니다. 그러나 예슈아는 그들을 아셨고 그들이 회개할 수 있는 기회를 주셨습니다. 요셉은 형들의 악을 악으로 대하지 않았습니다. 큰 자비와 용서를 베풀었습니다. 예슈아의 자비와 용서는 언제나 우리에게 충만하게 넘치고 있습니다. 그리고 이것은 유대인을 향해서도 동일합니다. 교회가 유대인을 예슈아를 죽인 자들, 목이 뻣뻣한 자들이라고 정죄할 이유가 없습니다. 또 이유 없이 그냥 미워하는 것은 더욱 이상한 일입니다. 태초부터 우리가 그토록 사랑하고 따르길 원하는 믿음의 선조들의 삶에는 언제나 유대인과 이방인 모두를 향한 구원의 계획이 있었음을 인식해야 합니다. 요셉이 형들에게 자신을 드러내는 날, 예슈아가 자신을 유대인들에게 메시아로 드러내는 날, 그날이 오기까지 주어지는 회개의 시간들을 통해 하나님께로 돌아오는 우리의 유대인, 이방인 형제, 자매들이 더 많아지길 기도해야 합니다.

DAY 5 창42:18-43:15

모든 것을 내려 놓을 때 이뤄지는 하나님의 계획

요셉은 은 이십 개에 팔려 이집트로 가게 된 것이지만 야곱은 아들들로부터 요셉이 짐승에 찢겨 죽은 것으로 보고 받습니다. 그는 요셉의 죽음이 헤브론에서 세겜으로 심부름을 보낸 자신 때문이라는 자책으로 가슴 아파하며 날마다 요셉을 위하여 울었습니다. 그런 아버지를 보고 있기가 힘들고 가족 안의 불화가 싫어 홀로 가족을 떠나 아둘람 지역으로 내려가 살았던 유다는 아내를 잃고, 아버지로서 자식도 둘이나 잃어버리는 삶의 어려움을 지나고 나서야 아버지 야곱의 마음을 헤아리게 됩니다. 게다가 며느리 다말을 통해 전혀 상상하지도 못했던 쌍둥이 아들을 낳고 뭔가를 크게 깨닫게 됩니다(창38). 유다는 아버지에게 돌아가기로 결심하고 가족의 품으로 다시 돌아옵니다. 그는 어느새 아버지와 동생을 위해 자신을 내어주겠다고 할 만큼 아버지의 마음을 알게 되었고 형제를 사랑하게 됩니다. 가족의 상황이 바뀐 것도 아니고, 아버지 야곱이 바뀐 것도 아닙니다. 유다 스스로가 바뀐 것입니다.

야곱의 고집만 아니었다면 온 가족이 살 수 있는 음식을 위해 이집트로 벌써 두 번이나 갔다 왔을 시간이 지났습니다. 유다는 베냐민을 끔찍이 사랑하는 아버지의 마음을 헤아려 그만큼의 시간을 기다립니다. 야곱이 다시 이집트로 가서 음식을 사 오라고 재촉하자 유다는 아버지 야곱에게 가족 전체의 생명을 위해 자신의 생명을 걸고 간절하게 요청합니다. 유다는 "내가 그(베냐민)를 위하여 보증인이 되오리니 아버지께서 내 손에서 그를 요구하소서"(창43:9)라는 말로 야곱을 설득하고 야곱은 "내가 자식을 잃게 되면 잃으리로다"(창43:14)라고 대답하며 모든 것을 내려놓게 됩니다.

유다의 변화가 아버지 야곱의 모든 것을 내려놓게 하였습니다. 마지막까지 붙들고 있던 것까지 내려놓게 되면서 이제는 야곱이 놓은 손을 하나님의 손이 친히 이끌고 가기 시작하셨습니다. 야곱이 평생 꽉 움켜지고 왔었던 손의 힘을 놓아버렸기 때문에 하나님의 손이 친히 인도하기 시작한 출발이 되었습니다. 야곱이 놓음으로써 가족들이 요셉에게 두 번 절하게 되리라는 하나님의 꿈이 성취되었습니다. 어느새 아버지의 마음을 가지게 된 유다는 아버지 야곱의 마음을 감동시켰고 유다에게 부어진 '아버지 마음'과 야곱에게 부어진 '아버지 마음'과 하나님 '아버지 마음'이 함께 공명되어 울렸습니다.

요셉이 자신 앞에 곡식을 구하러 와서 엎드려 절하는 형들을 보았을 때, 그가 꾸었던 첫 번째 꿈에서 형들의 곡식단이 자신에게 절하는 장면과 겹쳐져 보였을 것입니다. 꿈꾸는 자 요셉은 그 순간 두 번째 꿈을 생각하며 아버지의 말을 기억하게 됩니다. "나와 네 어머니와 네 형들이 참으로 가서 땅에 엎드려 너에게 절하겠느냐?" 아버지가 그렇게 꾸짖기는 했지만 아버지의 그 말은 사실 바른 꿈 해석이었습니다. 요셉을 특별히 사랑하는 아버지 야곱은 그 일을 마음에 간직해 두었습니다. 그리고 꿈꾸는 자에서 꿈을 해석하는 지혜자가 된 요셉도 그 아버지의 말을 기억하며 생각합니다. "아! 이제 곧 아버지(해)와 어머니(달)까지도 형제들과 함께 내 앞으로 오시겠구나!" 형들의 첫 방문에 민첩한 요셉은 이 모든 일이 되어가는 것을 바라보며 형제들을 돌려보내어 베냐민을 데려오라고 합니다. 결국 이 일은 아버지의 마지막 남은 라헬의 아들 베냐민을 붙들고 있던 야곱의 손의 힘을 내려놓게 하여 모든 것을 하나님께 맡겨드림으로 하나님의 꿈이 성취되게 하였습니다. 이와 같이 아버지의 마음을 아는 자녀들은 아버지의 뜻을 이룹니다.

마지막 때(미케츠קֵ֖ץ), 아버지의 뜻이 온전하게 이루어지는 그때를 향해 나아가는 우리에게 가장 필요한 것은 다른 사람의 변화도, 상황의 변화도 아닌 나 자신의 변화입니다. 또한 유다처럼 아버지의 마음으로 나를 희생해서 다른 사람을 구하려 할 때 오히려 생명을 얻게 됩니다.

내가 자식을 잃게 되면 잃으리로다_{창43:14}

– 잃으면 찾게 될 것이요_{마16:25}

야곱은 베냐민이 형들과 같이 갔다가 재난이 미칠까 두려워 양식을 구하러 이집트로 내려가는 길에 함께 보내지 않았습니다(창42:4). 형 에서로부터 죽임을 당할지도 모를 두려움과 가장 사랑하는 사람들을 연이어 잃은 야곱에게 죽음에 대한 두려움은 너무 큰 것이었습니다. 야곱은 생명을 붙잡기 위해, 그리고 축복을 받기 위해 하나님의 천사와도 겨룬 사람이었지만 그럼에도 여전히 죽음을 두려워하는 연약한 사람이었습니다. 그런데 자신의 최후의 생명줄과도 같은 베냐민을 데려가야 할 뿐 아니라 둘째 아들까지 갇혔으니 야곱의 아들들을 통해 하나님의 민족이 이뤄질 것이라는 그림을 알고 있던 야곱으로서는 자식들을 계속 잃게 되는 상황이 너무 아프고 두려웠으며 분명 하나님의 계획이 있는데 왜 자식들이 하나씩 자신의 곁을 떠나게 되는지 하나님께 물었을 것입니다.

그리고 베냐민을 보내는 것에 있어 큰 고통과 번민을 거쳐 결국 그는 "내가 자식을 잃게 되면 잃으리로다"(창43:14)라는 고백과 함께 베냐민을 보냅니다. 그에게는 두 가지 마음이 있었을 것입니다. 시므온과 베냐민이 무사히 돌아오는 소망과 그렇지 아니할지라도 하나님의 선하심을 붙들겠다는 믿음입니다. 야곱은 베냐민을 보낼 때 다 알지 못했지만 아버지 이삭이 모리아 산에서 희생 제물로 드려진 그 순간 이삭을 살리신 하나님께서 자신의 자식들을 살리실 것이라 믿었을지 모르겠습니다. 그래서 마지막 생명줄과 같은 베냐민을 내려놓습니다.

예슈아는 하나님의 나라를 위해 목숨을 잃는 자는 찾게 될 것이라고 말씀하셨습니다 (마16:25). 이번 주간 토라 포션을 통해 하나님이 말씀하시는 것 중에 하나는 하나님 나라의 역설입니다. 내려놓음과 포기 없이는 주어지지 않습니다. 또한 끝까지 붙드는 끈질김과 견딤이 없이도 주어지지 않습니다. 나의 계획과 기대, 생각에 대해서 내려놓고 하나님을 붙드는 것, 그것이 믿음입니다. 야곱은 베냐민을 내려놓고 그를 보냄으로 요셉까지 보았고 아들 12명을 온전히 찾게 되었습니다. 이로써 그는 하나님 나라의 대표 민족, 장자 민족이 될 하나님의 계획의 시작을 열 수 있게 되었습니다.

내려 놓을 것을 내려놓지 않고 붙들지 않아야 할 것을 붙들고 있는 것이 무엇입니까? 이렇게 되어야만 한다고 하는 우리의 목적과 아젠다는 하나님의 킹덤에서 필요하지 않습니다. 오직 하나님의 깊은 지혜와 계획만이 있을 뿐입니다. 하나님의 킹덤의 구원 계획을 보십시오. 그러면 자신의 쓴뿌리를 잡고 과거에 매여 형들에게 쓸데없는 보복을 하는 것이 아닌 요셉처럼 넓은 마음의 용서가 나올 것입니다. 야곱처럼 절대 이것만은 안돼라고 했던 것을 잃어버리기로 결정하면 하나님이 계획하신 온전한 것을 찾게 될 것입니다.

DAY 6 창43:16-29

요셉의 청지기

갑작스럽게 요셉의 집으로 초대를 받은 형제들은 어리둥절하기도 했고 혹여나 전에 자신들이 사갔던 곡식자루 안에 그대로 있던 돈 때문에 끌려들어가는 것이 아닌가 하여 두려워하게 됩니다. 그런 형제들을 향해 요셉의 청지기는 안심시켜 주며 말합니다.

"너희는 안심하라 두려워하지 말라 너희 하나님, 너희 아버지의 하나님이 재물을
너희 자루에 넣어 너희에게 주신 것이니라 너희 돈은 내가 이미 받았느니라"창43:23

야곱의 아들들은 정작 보지 못하는 그들에게 베풀어 주시는 하나님의 은혜를 비록 이방인이지만 요셉을 위해 일하고 있던 청지기는 알고 있었습니다. 야곱의 아들들은 자신들의 아버지의 하나님이 그들을 위해 이미 어떤 값을 지불했는지 알지 못했지만 요셉의 청지기는 그들을 위한 값이 이미 지불되었음을 알고 있었습니다. 야곱의 아들들은 두려워했지만 요셉의 청지기는 그들의 하나님의 이름으로 그들을 안심시켜 주었습니다. 그리고 야곱의 아들들을 요셉의 집으로 인도하여 물을 주고 발을 씻겨 주고 그들의 나귀에게도 먹을 것을 주었습니다.

이스라엘은 정작 자신들을 위해 예수님께서 어떤 값을 지불하셨고 또 어떤 은혜를 이들에게 주셨는지, 예수님이 어떻게 이들의 역사에 함께 동행해 오셨는지 알지 못하지만 하

나님의 큰 그림과 계획을 알고 하나님을 섬기는 이방의 의로운 자들은 알고 있습니다. 이방 중에서 이스라엘을 향해 하나님의 마음을 알고 있는 자들은 이스라엘을 향한 하나님의 은혜와 사랑이 여전히 얼마나 큰지 알고 있습니다.

요셉의 청지기는 야곱의 아들들을 향해 하나님의 마음을 알려주었습니다. 그는 어떻게 하나님의 마음을 알 수 있었을까요? 그는 주인 요셉 옆에서 주인의 음성을 잘 듣고 주인의 마음을 알려고 힘쓰는 자였을 것입니다. 그래서 주인 요셉이 섬기는 하나님에 대한 믿음을 갖게 되었을 것이며 주인의 마음이자 하나님의 마음을 대언해 줄 수 있었을 것입니다. 야곱의 아들들, 이스라엘이 미처 깨닫지 못하고 보지 못하고 있는 하나님의 은혜를 그들에게 알려주고 두려워하는 그들의 마음에 샬롬을 전하여 그들의 마음을 안심시켜 주는 요셉의 청지기가 했던 이 일이 마지막 때 하나님이 이방인인 우리에게 맡겨 주신 사명 중에 하나입니다. 남은 자들은 이스라엘에게 하나님의 마음을 전하는 요셉의 청지기의 사명을 감당해야 할 것입니다. 이 사명을 위해 이스라엘을 향한 하나님의 마음이 교회와 성도들에게 더 깊이 풀어지고 계시되길 소망합니다.

DAY 7 창43:30-44:17

사라진 은잔

요셉은 형들의 마음을 다시 한번 시험합니다. 아버지로부터 사랑받았던 요셉을 시기하고 질투하여 죽이려고 했던 형들입니다. 요셉은 자신의 존재가 사라지고 난 후 야곱이 베냐민을 더욱 사랑했을 것이라고 예상했을 것입니다. 사실 야곱은 베냐민을 사랑했을 뿐 아니라 잃어버릴까 하는 두려움 때문에 더욱 집착했습니다. 요셉은 형들이 자신처럼 베냐민도 시기하고 미워하고 있는지 아니면 이전과 달리 동생을 사랑하고 아껴주는지 형들의 변화를 확인하고자 했습니다.

형들은 요셉의 은잔이 베냐민의 곡식 자루에서 발견되자 극심한 마음의 고통으로 옷을 찢고 괴로워합니다. 그들은 모두 함께 요셉에게로 다시 돌아갑니다. 유다는 요셉의 앞에 나아가 자신들 모두가 요셉의 노예가 되겠다고 말합니다. 동생에게 닥친 위험을 함께 하겠다는 형들의 모습은 대반전이었습니다. 미워서 동생을 죽이려고까지 했던 형들이 이제는 동생을 위해서 노예가 되는 것도 불사하겠다는 것을 통해 요셉은 지나간 시간 동안 하나님이 자신만 다루신 것이 아니라 형들도 다루셨고 가족을 돌보고 계셨음을 확인하였습니다.

은잔 사건을 통해 요셉은 형들의 변화를 보았고 눌러왔던 가족을 향한 그리움과 사랑이 폭발합니다. 형들에게는 이 사건이 아버지의 생사가 오가는 사건이자 동생을 또 한 번 잃을지도 모른다는 두려움, 자신들이 노예가 될 수도 있다는 절박한 상황이었습니다. 그러나 이 상황에서 마음을 다해 아버지와 동생을 위해 자신들을 내려놓음으로써 온 가족이 재회하는 역전의 상황이 되게 합니다. 사랑은 두려움을 내어쫓고 허다한 허물을 덮습니다. 가족 안에서 서로를 향한 사랑이 뿔뿔이 흩어졌던 야곱의 가족들을 회복하게 했습니다. 또한 하나님의 계획 가운데 있었던 요셉에게 주신 꿈이 성취되었습니다. 요셉이 형들에게 준 시련은 사랑안에서 하나됨을 이루는 통로가 되었습니다.

우리의 삶에 임하는 시련은 하나님께 더 가까이 나아감으로 하나님과 연합을 이루게 하는 통로가 됩니다. 마지막 때가 진행될수록 이스라엘과 교회를 향한 시련과 환난은 더 가속화될 것입니다. 그 가운데서 이스라엘을 향한 아버지의 마음을 깨달은 자들은 형제됨으로 이스라엘과 함께 설 것이고 아버지의 마음에 가까이 가지 못한 자들은 이스라엘을 향해 분노를 쏟을 것입니다. 이 시련과 환난은 이스라엘과 교회 가운데 이스라엘과 함께 서기로 결정한 남은 자들을 연합하게 할 것입니다. 그리고 모두 함께 메시아이신 예슈아 앞에 서서 그분을 왕으로 맞이하게 될 것입니다.

하프타라 왕상3:15-4:1

간절하여 타들어 가는 마음, 케마르 כָּמַר

솔로몬 앞의 두 여인 중 진짜 어미는 아들을 살리기 위해 아들을 내려 놓는 결단을 합니다. 그때 그 여인의 마음은 불붙는 것 같았다고 말씀은 기록하고 있습니다(왕상3:26). 요셉은 형들이 데려온 아우 요셉을 보고 마음이 타는 듯하여 혼자 방에 들어가 펑펑 웁니다 (창43:30). 여인의 불붙는 마음, 아우를 향해 타들어 가는 마음에 쓰인 히브리어 단어는 케마르חמר입니다. 케마르는 동경하고 갈망하는 상태(yearn), 그런데 그 갈망이 너무 간절해서 마음 타들어가는 것과 같은 상태(kindle)를 나타낼 때 쓰이는 단어입니다. 깊이 사랑하는 열정적인 마음의 상태를 말하기도 하고(be deeply affected with passion), 너무 애가 타서 까맣게 된 것(be black)을 나타내기도 합니다. 야곱이 베냐민을 향해, 요셉이 아우를 향해, 진짜 어미가 아들을 향해 너무 사랑해서 살리고 싶어서 마음이 타들어 갑니다. 그런데 아들을 살리기 위해 야곱도 진짜 어미도 그 아들을 내려 놓습니다. 그때서야 하나님의 진짜 계획이 실행되면서 아들뿐 아니라 온 가족이 살게 됩니다.

호세아 11:8에서 하나님은 이스라엘을 향해 긍휼이 온전히 불붙는 것 같다고 말씀하십니다. 이 역시 케마르입니다. 하나님이 이스라엘을 너무 깊이 사랑하셔서 속이 까맣게 될 정도로 긍휼과 자비로 불타오르십니다. 그래서 아들 예슈아를 십자가에 내어 놓으십니다(마 27:50). 이스라엘을 살리기 위해, 그리고 온 인류를 살리기 위해.

지금 세계는 하나님이 주시는 구원의 기회의 마지막 시즌에 와 있습니다. 하나님은 자녀들을 살리기 위해 아들을 내어 놓는 결단을 하셨고 아들을 통해 아버지께 돌아올 수 있는 긍휼과 자비를 부어 주셨습니다. 하나님 아버지의 애타는 케마르의 마음을 가지고 애끓는 기도와 믿음의 결단이 필요한 때입니다. 나의 생각과 내가 보호하고 이끌고 가려는 자기 주도권을 내려놓고 모든 것을 하나님께 맡기고 겸손히 무릎 꿇을 때 믿음의 결단을 할 수 있을 것입니다.

브리트 하다샤 마27:15-46 / 요10:22-28

유대인의 왕

유대인들은 예수님을 십자가에 못 박고 그 위에 '유대인의 왕'이라고 쓴 죄패를 걸었습니다(마27:37). 그리고 성전을 헐고 사흘에 짓겠다는 자, 하나님의 아들이라고 스스로 말하는 자가 자기 스스로는 구원할 수 없다고 말하며 예수님을 모욕했습니다. 그들은 이 십자가의 죽음이 죽음으로 끝날 것이라 확실히 믿었고 그래서 예수님을 십자가에 못박고 그 위에 희롱하는 마음을 담아 유대인의 왕이라고 죄패를 걸었습니다. 그러나 예수님의 죽음은 그것이 끝이 아니었습니다. 예수님의 죽음의 끝은 죄와 사망을 향한 끝이었고 부활과 영원한 생명을 향한 시작이었습니다. 예수님은 자기 생명을 완전히 아버지께 맡기고 내려놓으심으로 영원한 생명을 얻으셨고 그 생명을 우리에게 주셨습니다.

　유대인들은 예수님의 권위를 인정할 수 없어 끊임없이 그리스도인지 아닌지를 명확히 하라고 요청했고 표적을 구하기도 했습니다(요10:24). 이미 예수님은 많은 표적을 보여주셨고 자기 계시를 분명히 하셨지만 그들의 강퍅한 마음은 그것을 받아들일 수 없었기에 거듭 요청합니다. 그런 유대인들을 향해 예수님은 그들이 예수님의 양이 아니기 때문에 음성을 들을 수 없다 말씀하시며 예수님의 음성을 듣는 양들만이 영생을 얻게 될 것이라 말씀하십니다(요10:27-28). 예수님이 자신의 생명을 내어 주심으로 우리에게 허락하신 영생은 그분의 음성을 듣고 따라가는 자들에게 주어질 것입니다. 예수님을 죽였던 유대인들은 힘이 있는 종교인들이었고 눈이 가려진 무지한 대중들이었습니다. 이들은 다수의 힘으로 진리와 생명을 꺾어버렸습니다. 그러나 죽음의 영향력은 잠시였고 예수님의 부활로 말미암아 영생의 문이 열렸습니다. 다수의 힘을 따라가지 않는 자들, 참 진리이신 목자 예수님을 따라가는 자들이 마지막 날 영생을 얻을 것입니다.

　유대인들은 예수님을 향한 모욕과 희롱의 의미로 그분을 유대인의 왕이라 불렀지만 그것은 실제가 되어 역사의 마지막 날, 미케츠에 예수님은 유대인의 왕일뿐 아니라 열방의 왕으로 예루살렘의 보좌에 좌정하실 것입니다.

미케츠 주간의 말씀

1. 우리는 '왜 이런 일이 일어나는가'라는 질문을 하기 보다는 '하나님은 어떤 분이신가'에 우리의 마음의 초점을 두어야 합니다.

2. '그 끝의 시간까지(미케츠) 견뎌라', '안되는 것이 되는 것이다', '이것도 선한 것이다'를 말씀하시는 하나님을 신뢰합니다.

3. 꿈과 지혜가 있는 자들은 하나님이 하실 때까지 서둘러 조급하게 나서지 않습니다. 내가 하나님의 뜻을 이루어 드리려 하지 않습니다. 하나님이 이루실 그때, 그 시간에 나섭니다.

4. 성경에서 옷은 권위와 왕국을 상징합니다. 요셉은 야곱으로부터 아버지의 사랑과 권위가 담긴 채색옷을 부여받습니다.

5. 나를 가장 고통스럽게 했던 꿈과 비전이 나를 시험가운데 있게 하지만 결국은 나를 영화롭게 하는 도구가 되게 하시는 하나님은 모든 것을 합력하여 선을 이루시는 분이십니다.

6. 하나님의 킹덤은 역설 그 자체입니다. 죽어야 살고, 버려야 얻고, 가장 낮아져야 높아집니다. 믿음의 선조들의 삶은 모두 하나님의 킹덤의 역설 그 자체의 삶이었습니다. 역설의 삶은 우리에게 믿음을 요구합니다.

7. 요셉은 자신의 모든 고난과 아버지의 집에서 일어났던 일을 잊어버렸습니다(므낫세). 하나님이 이미 모든 것을 충분하게 보상해 주셨기 때문입니다.

8. 야곱이 평생 꼭 움켜지고 왔었던 손의 힘을 놓아버렸기 때문에 하나님의 손이 친히 인도하기 시작한 출발이 되었습니다. 야곱이 놓음으로써 가족들이 요셉에게 두 번 절하게 되리라는 하나님의 꿈이 성취되었습니다.

9. 마지막 때(미케츠אָץ), 아버지의 뜻이 온전하게 이루어지는 그때를 향해 나아가는 우리에게 가장 필요한 것은 다른 사람의 변화도, 상황의 변화도 아닌 나 자신의 변화입니다. 유다처럼 아버지의 마음으로 나를 희생해서 다른 사람을 구하려 할 때 오히려 생명을 얻게 됩니다.

미케츠 주간의 선포

1. 분명 나에게 주신 꿈과 비전이었는데 계속 가시밭길이고 뭔가 앞이 보이지 않는 것 같이 느껴지더라도 이 고난과 연단이 나를 성숙하게 하고 완전하게 하여 하나님의 꿈과 비전을 성취할 것임을 믿음으로 선포합니다.

2. 요셉이 술 관원장의 꿈을 해석할 때 하나님은 이미 요셉을 통해 하고자 하시는 일의 셋팅을 마치셨지만 2년이라는 시간동안 뜸을 들이시면서 완전하게 하신 것처럼 나를 향한 하나님의 시간이 정확한 때에 이뤄질 것임을 믿음으로 선포합니다.

3. 하나님 나라가 역설이라는 것을 알지만 잃어버리고 싶지 않고, 죽고 싶지 않고, 낮아지고 싶지 않은 우리의 교만을 회개합니다. 이 땅에서 인정받고 영화를 누리고자 함보다 하늘의 상급을 바라보며 기꺼이 우리 자신을 내려놓을 수 있도록 우리를 연단하시는 하나님 아버지를 신뢰합니다.

4. 하나님 외에 그 어떤 것에도 절대성을 두지 않게 하소서. 이것만은 안돼, 이것만은 내 영역이야라고 고집했던 것까지도 하나님께 내어 드리길 원합니다. 그럴 때 더 놀라운 것을 찾게 하시는 하나님을 신뢰합니다.

5. 하나님은 단계적으로 우리의 삶을 이끄시는 분이십니다. 스스로를 높게 평가하고 그 이상의 역할을 하려고 하는 것이 교만임을 깨닫습니다. 스스로 높아지려는 자들과 경쟁하는 어리석은 행동을 하지 않게 하소서. 그들은 그들의 역할이 있고 하나님께서 다루실 것이라는 믿음으로 하나님께 올려드립니다. 지금 나의 삶의 단계에서 나에게 맡겨진 그 영역과 역할에 충실하게 하는 지혜를 가질 때 하나님이 그 다음 것을 맡기시고 나의 삶의 지경을 계속 확장시켜 가실 것임을 믿습니다.

6. 흉년을 대비하는 지혜와 전략을 더하여 주소서. 때를 따라 양식을 나눠주는 충성스런 종이 될 수 있도록 나에게 현재 주신 것을 하늘을 위해서 쌓게 하소서.

11주간

וַיִּגַּשׁ

VAYIGASH

봐이가쉬, 그리고 그가 가까이 다가갔다

파라샤 **창44:18-47:27**

하프타라 **겔37:15-28**

브리트 하다샤 **눅6:12-16 / 눅24:30-48**

DAY 1 창44:18-31

가까이 다가갈 때 알게 되는 아버지의 마음

　한 제국의 총리에게 다른 나라에서 온 일개 목축업자가 감히 가까이 다가갑니다(창 44:18, 봐이가쉬וַיִּגַּשׁ). 그는 총리에게 자신의 긴급하고 절박한 상황을 호소하고자 죽음을 무릅쓰고 다가갑니다. 그가 구구절절 절박하게 나눈 이야기는 바로 아버지에 대한 이야기였습니다. 형제들에게 요셉이 우리의 형제이고 혈육이니 죽이지 말고 그를 미디안 상인들에게 팔자고 제안했던 유다입니다. 날마다 요셉 타령만 하며 어느 누구의 위로도 받기를 거절하는 아버지가 싫어 집을 뛰쳐나갔었던 유다입니다. 그는 헤브론에서 아둘람 지역으로 가서 이방 여인과 결혼하여 자녀를 낳았지만 두 아들이 먼저 죽고 아내까지 죽었으며 며느리를 통해 아들들을 얻는 기막힌 상황을 경험하였습니다. 아내와 자녀를 잃은 상실감을 경험하면서 비로소 유다는 아버지 야곱의 마음을 헤아리게 됩니다. 자신이 얼마나 어리석고 못된 짓을 했는지, 아들을 잃은 아버지의 마음이 어떠 했는지, 가족이 무엇인지 그리고 자신의 가문의 유업이 이방 여인인 며느리가 꼭 붙잡을 만큼 어떠한 무게와 영광이 있는 것인지 깨달은 유다는 다시 아버지와 가족에게로 돌아왔습니다. 야곱의 품으로 돌아온 유다는 아버지와 형제들을 생각할 줄 아는 사람이 되어 있었습니다.

　유다는 아버지의 마음을 이해하게 되었고 가족에 대한 사랑을 더 깊이 느끼게 됩니다. 그는 이집트의 총리가 된 요셉 앞에서 번번이 형제들을 보호하기 위해 앞서서 말을 하고 가족들을 살리기 위해 야곱을 설득하기도 합니다. 베냐민을 꼭 데려오겠다고 약속하고 떠난 여정이었는데 뜻하지 않은 사건에 휘말리면서 베냐민을 잃을 상황에 처하게 되자 베냐민과 연결된 아버지의 생명까지 떠오르면서 그의 마음은 타들어 갑니다. 유다는 이집트 총리(요셉)에게 감히 가까이 다가가서 구구절절 아버지를 향한 사랑과 동생 베냐민을 향한 연민을 호소합니다(창44:14-34). 이 과정에서 유다는 자그마치 16번이나 '아버지'를 언급합니다. "우리 아버지가, 우리 아버지에게, 내 아버지에게…"라며 아버지라는 말을 반복하며 아버지의 생명과 아이의 생명이 하나로 묶여 있기 때문에 아버지를 위해서, 그리고 아버지가 사랑하시는 그 아들 베냐민을 위해서 대신 종이 되겠다고 나섭니다. 그러한 유다의 절절한 모습에 결국 요셉은 마음 깊은 곳에서부터 가족을 향한 그리움과 사랑이 터져 나오고 맙니다.

요셉은 아버지와 동생 베냐민을 향한 깊은 사랑과 22년의 긴 세월이 지나며 결국 꿈이 현실이 되어가게 하시는 하나님의 섭리를 깨달으며 더 이상 감정을 억제하지 못하고 소리를 지르며 모든 사람을 물러가게 하고 11명의 형제들 앞에서 방성 대곡을 합니다. 두려워 떨며 당황하고 있는 형제들에게 자신이 요셉임을 밝힌 그의 입에서 처음 나온 말은 "내 아버지께서 아직 살아 계시니이까"였습니다. 17세에 집을 떠나 30세까지 노예와 죄수의 신분으로 살다가 총리가 되었고, 7년의 풍년을 거쳐 이집트 온 땅을 치리하며 두 아들을 낳고 가뭄이 든지 2년째(창45:6), 형제들을 만나게 된 요셉은 명백한 변화들을 보게 됩니다. 자신의 변화, 그리고 형 유다의 변화를. 22년이라는 긴 시간 동안 하나님은 요셉을 다루셨고(창37, 39, 40), 특별히 형 유다를 다루셨습니다(창38).

인류 역사상 극적인 형제의 화해가 이뤄집니다. 사실 화해라기보다는 요셉의 일방적인 용서였습니다. 형들은 요셉에게 용서를 구하지도 않았고 요셉도 형제들에게 용서하라는 요청을 하지 않았습니다. 요셉은 처음 그를 찾아온 형들을 보았을 때 이미 하나님이 자기에게 주신 꿈의 성취와 더 큰 하나님의 계획을 알고 있었습니다. 요셉이 기다린 것은 그의 형제들의 회개와 변화였고 그는 아버지와 형제를 살리기 위해 자신의 생명을 던진 유다를 보며 감동과 함께 밀려오는 그리움을 주체할 수 없었습니다. 아버지라는 존재가 그들의 형제됨을 확인시켜 주었습니다. 아버지로 인해서 그들은 서로의 과거를 묻거나 따지지 않고 하나가 되었습니다. 아버지를 향한 사랑과 또 아들을 사랑하는 아버지의 마음을 알게 된 유다와 요셉이 아버지로 인해 하나되었습니다.

아버지의 마음을 품게 될 때 모든 것이 이해됩니다. 아버지의 마음에 가까이 다가가는 자녀는 회복을 경험합니다. 사사로운 자기의 감정에 연연하지 않습니다. 무엇이 더 본질인지를 알기 때문입니다. '죽은' 요셉을 잊지 못하고 있는 아버지의 모습을 볼 때마다 요셉을 노예로 팔아버렸던 유다는 아버지에게 사실을 고백하지 못한 채 죄책감과 책임감에 시달렸을 것입니다. 유다도 아들 둘을 잃어버리는 상실을 경험하고 나서야 아버지의 마음을 알아가게 되었습니다. 유다가 아버지의 마음을 알게 되었을 때 그는 아버지의 입장에 서게 됩니다. 자신이 온전하지 못한 아버지라 할지라도 아버지의 자녀를 사랑하는 절절한 마음이 무엇인지 알게 되었기에 아버지의 생명과 아버지가 아끼는 동생의 생명을 위해 기꺼이 자신을 내어 놓을 수 있었던 것입니다.

요셉은 이집트에서 자녀를 낳고 아버지가 되어 가정을 꾸리게 되었고 하나님은 그런 요셉의 지나간 마음의 상처와 고통의 기억을 잊어버리게 하심으로 한동안은 아버지의 집에 대한 생각을 잊게 하셨습니다. 같은 기간 서로 다른 장소에서 다른 모습으로 함께 다룸을 받은 두 사람의 모습이 마치 서로 다른 장소에서 다른 모습으로 다룸을 받으며 아버지의 마음을 알아 가게 될 교회와 이스라엘의 모습을 보는 것 같이 느껴집니다. 결국 아버지의 마음에 가까이 다가가는 자가 연합하는 자가 될 수 있습니다. 하나됨의 열쇠는 '아버지'입니다.

"보라 여호와의 크고 두려운 날이 이르기 전에 내가 선지 엘리야를 너희에게
보내리니 그가 아비의 마음을 자녀에게로 돌이키게 하고 자녀들의
마음을 그들의 아비에게로 돌이키게 하리라"말4:5-6

유다의 침노(봐이가쉬 שׁגַּיַּו)

당시 중동 지역의 중심이었던 이집트의 파라오와 같은 통치자 요셉에게 광야의 일개 목축업자인 유다가 가까이 다가갔습니다. 오직 하나, 아버지와 동생, 그리고 가족을 살려야 했기 때문입니다. 20년 전 동생을 팔아버리자고 제안했던 사람, 가족이 싫어 혹은 자기 스스로 가족을 이끌어 보려고 집을 나갔던 사람, 그가 아버지의 생명과 아들의 생명이 하나로 묶여 있음을 호소하며 그들을 위해 자기 생명을 내어놓았습니다. 자기 생명을 내어 놓은 자 앞에서 통치자의 마음이 움직였고 요셉은 울고 또 울었습니다. 형제들 앞에서 자신이 요셉임을 드러낸 뒤에야 요셉은 그들을 자신에게로 가까이 오게 하고 그들을 껴안습니다. 그리고 온 가족을 그의 옆 가까이로 부릅니다.

유다가 총리인 요셉을 향해 자신의 상황과 신분을 뛰어넘어 적극적으로 다가갔던 것 (봐이가쉬)으로 인해 온 가족의 생명이 구원받게 되었습니다. 예수님은 천국은 침노하는 자

의 것이라고 말씀하셨고 유다의 다가감은(봐이가쉬) 생명을 살리기 위한 침노와 같은 것이었습니다. 유다가 요셉에게 가까이 다가간 것은 생명을 내어 놓은 행동이었습니다. 자기 생명을 가족을 위해 내어 놓을 수 있기까지 유다 역시 자기 인생에서 큰 시험을 통과해야 했고 시험을 통과하여 자기를 내어 놓을 수 있게 되었을 때 자기를 비롯하여 온 가족을 살리게 됩니다. 유다의 침노는 가족의 생명을 위한 도전적인 행동이었고 그것은 자기 안에 깊이 흘러 들어온 사랑으로 인한 것이었습니다. 하나님을 향한 사랑은 우리로 하여금 적극적으로 다가가게 할 것입니다. 하나님의 킹덤을 소유하게 될 자들은 죄인이지만 온 우주의 통치자이신 그분께 가까이 다가가는 자, 킹덤을 꼭 붙잡으려 하는자, 킹덤을 위해서 자기의 모든 것을 내어 놓는 자들이 될 것입니다.

DAY 2 창44:32-45:8

나는 요셉이라 – 요셉의 자기 계시

"요셉이 그 형들에게 이르되 나는 요셉이라"창45:3

요셉은 자기를 요셉이라고 형들에게 알립니다. 요셉이 자신을 요셉으로 알리는 순간 거대한 벽과 단단한 묶임들이 무너지고 풀어졌습니다. 한 순간의 미움으로 철이 없어 저지른 일이었다고 말하기에는 요셉의 형들의 행동은 너무 끔찍한 것이었습니다. 그들은 요셉이 없어지기만 하면 자신들의 불편한 마음이 사라지고 아버지의 관심을 더 받을 수 있을것이라 생각했을지 모르겠습니다. 그러나 요셉의 사라짐과 동시에 그들은 더 큰 죄책감과 괴로움에 시달려야 했습니다. 요셉 때문에 날마다 슬퍼하며 괴로워하는 아버지로 인해 오히려 아버지에게 가까이 다가가기는 더 어려워졌고 돌이킬 수 없는 죄로 인해 그들의 마음은 언제나 무거웠습니다. 그들은 아버지 앞에 설 때마다 자신들의 죄로 인해 더욱 아버지 앞에 나설 수가 없었습니다. 그렇다고 자신들의 죄를 정직하게 고백할 용기도 없었습니다. 그런데 요셉이 자신을 알리는 순간 그들은 죽었을지도 모를거라 생각했던 동생이 살아서 모든 가족을 구원할 자가 되어있다는 사실에 한 순간에 동생을 죽인 형들이라는 죄책감에서 벗어나게 되었을 뿐 아니라 아버지께 가까이 갈 수 있게 되었습니다. 그들을 묶고 있던 죄책감의 사슬과 그들과 아버지 사이를 막고 있던 담이 한 순간에 무너져 내렸습니다.

요셉이 "나는 요셉이라"고 알리는 순간은 마치 예슈아가 "내가 예슈아다"라고 알리는 순간과 같습니다. 예슈아가 구원자라는 것이 계시되고 드러나는 순간은 우리의 죄의 사슬들이 풀어지고 자유케 될 뿐 아니라 예슈아로 인해 아버지께로 나아갈 길을 얻게 되는 순간입니다. 자신을 미워하고 죽이려 했던 형들에게 자신이 살아 있음을 알리면서 그들을 구원하리라는 요셉의 선포는 예슈아가 마지막 날 자신을 죽인 이스라엘을 향해 부활을 알리면서 그들이 그토록 기다리던 메시아가 바로 예슈아라는 사실이 드러나는 것을 예표합니다. 만왕의 왕이신 예슈아가 자신을 온 우주의 통치자로 드러내시고 그분이 예루살렘의 보좌에 앉게 되실 때 그분은 우리를 가까이 오게 하실 것입니다. 그리고 우리는 기쁨과 감격의 눈물을 흘리게 될 것입니다. 그분이 하늘에서 메시아로 내려오실 때 유대인들은 자기들이 찌른 바 되었던 예슈아를 바라보면서 독자를 위해 애통하듯, 장자를 위해 통곡하듯 통곡할 것입니다(슥12:10).

예슈아가 구원자라는 것을 알게 되는 순간, 그리고 예슈아를 만나는 순간은 죄의 노예에서 해방되는 순간이자 아버지께 나아가는 길이 열리는 순간입니다. 요셉이 자신의 정체를 알리는 순간 형들이 해방되었듯이 예슈아가 자신을 계시하실 때 우리들은 죄의 노예에서 아버지의 자녀로 회복되며 자유함을 얻게 됩니다. 요셉이 자신의 정체를 알리는 순간은 과거의 모든 것이 한 순간에 전복되는 순간이었습니다. 마지막 날도 이와 같을 것입니다. 예슈아가 자신을 메시아로 온 세상에 나타내실 때 모든 것은 한 순간에 완전히 뒤집힐 것입니다. 그 날에 완전한 하나됨과 자유가 성취될 것입니다.

요셉의 꿈의 성취 그리고 계속 성취되어야 할 꿈

요셉은 자신이 왜 이집트에 왔어야 했는지를 총리가 되고 나서야 깨닫게 됩니다.

"하나님이 생명을 구원하시려고 나를 당신들보다 먼저 보내셨나이다"창45:5

이집트의 고난 속에서 요셉은 하나님의 마음과 계획을 더 깊이 깨닫고 알아가는 시간을 가졌습니다. 나를 이 땅에 먼저 보내신 분도, 형들을 이 땅에 이제 보내신 분도 하나님이심을 말하며 모든 역사의 주권이 하나님께 있음을 고백합니다.

요셉은 자신이 이집트 온 땅의 통치자가 된 이유를 정확하게 알고 있었습니다. 17세에 요셉이 꾸었던 꿈을 요셉 자신도 다 이해하지 못했었습니다. 그저 형들과 아버지와 어머니들까지 자신에게 절을 한다는 것이 신기하고 뭔가 으쓱한 일로만 여겨졌을지도 모릅니다. 그러나 인생의 가장 큰 괴로움과 고통의 시간을 지나면서 세상에서 살아가는 지혜를 얻고 하늘의 영적인 세계를 이해하고 해석할 줄 아는 자가 된 요셉은 꿈 때문에 겪어야 했던 자신의 삶의 고단함의 의미를 알게 되었을 것입니다. 더 나아가 자신의 꿈을 통해 하나님이 이루고자 하시는 것이 무엇인지 점차 이해하게 되었을 것입니다. 파라오의 신하들의 꿈을 정확하게 해석할 줄 알았던 요셉은 자신의 꿈의 의미도 점점 깊이 알아가게 되었고 그가 총리가 되었을 때 그는 더 선명하게 알게 되었을 것입니다.

그는 형들이 자신을 찾아온 순간 자신의 꿈의 의미를 완전히 알게 됩니다. 그리고 그 꿈이 온전하게 이뤄질 수 있도록 처음 자신을 찾아왔던 형들에게 자신을 바로 알리지 않고 그들을 다시 돌려보냄으로써 하나님이 하시고자 하는 일이 성취되도록 하는 지혜를 발휘할 뿐 아니라 형들에게 회개와 돌이킴의 기회까지 더해줍니다. 다시 형들이 찾아왔을 때 자신을 요셉으로 알리자마자 요셉이 형들에게 알려준 것은 바로 하나님의 계획이었습니다.

> "하나님이 큰 구원으로 당신들의 생명을 보존하고 당신들의 후손을 세상에
> 두시려고 나를 당신들보다 먼저 보내셨나니 그런즉 나를 이리로
> 보낸 이는 당신들이 아니요 하나님이시라" 창45:7-8

그는 형들에게 아버지의 살아 계심을 물어본 것 외에 자신이 어떻게 살아왔는지를 말하지 않았고 그들이 어떻게 살고 있는지를 묻지 않았습니다. 그는 가장 먼저 하나님의 계획을 그들에게 알려주었습니다. 요셉은 하나님이 어떤 일을 하고 계시고 어떤 계획을 갖고 계신지 그리고 그것을 어떻게 성취해가고 계시는지를 보는 것이 더 중요했고 그래서 하나님의 뜻과 계획을 형들에게 알려줍니다.

요셉의 꿈은 요셉과 형제들의 하나됨을 의미하기도 했지만 큰 인류 구원의 역사 가운데 유다와 그 짝 이스라엘 자손, 요셉과 그 짝 이스라엘 온 족속이 합하여 하나가 되게 하심으로 이스라엘과 온 열방이 하나되게 하실 것이라는 하나님이 원대한 구원 계획을 담은

꿈이었습니다(겔37:15-17). 요셉의 꿈은 이미 성취되었지만 아직 더 성취되어야 할 꿈입니다. 하나님의 구원 계획은 태초부터 실행되고 있었고 역사 가운데서 성취되어 왔으며 그리고 계속 확장되어 성취될 것입니다. 이 모든 그림을 하나님은 요셉의 꿈에 담아서 요셉에게 알려주셨습니다. 꿈의 성취를 위해 요셉은 대가 지불을 했으며 그의 삶을 통해 메시아를 나타내었습니다. 요셉을 통해 하나님의 킹덤과 메시아의 비밀을 우리에게 계시해 주신 하나님의 지혜가 유대인들에게 그리고 잠자는 교회들에게 열리게 될 것입니다.

요셉의 용서

상대가 자신의 잘못을 인정하고 고백할 때 우리는 웬만하면 용서의 마음을 가지려 하고 용서해 주려고 노력합니다. 그런데 상대가 자신의 잘못을 고백하지도 않고 용서를 구하지도 않는데 우리 스스로 용서를 한다는 것은 큰 용기와 결단이 필요합니다. 또 용서를 구하지도 않았는데 용서하기로 결정했다 할지라도 쓴 마음이 남아있기 마련이며 쓴 마음은 불편한 감정을 표현하게끔 하기 마련입니다.

요셉의 용서는 용서를 뛰어넘는 것이었습니다. 그는 첫째 아들 므낫세를 낳았을 때 다 잊어버렸다고 고백합니다. 이것은 아예 형들의 죄를 기억하지 않겠다는 결단입니다. 그러나 므낫세를 낳기 전부터 그는 이미 형들의 죄를 들추지 않았습니다. 요셉이 아직 감옥의 죄수였던 상태였을 때 그는 파라오의 신하의 꿈을 해석해 주면서 자신에 대해 '히브리 땅에서 끌려온 자'(창40:15)로 소개합니다. 그는 그 누구에게도 절대 자신의 형들이 자기를 팔았다고 말하며 형들의 치부를 드러내지 않았고 험담하지 않았습니다. 원망이나 미움을 다른 이에게 표현하지도 않았습니다. 형들에게 자신을 나타낼 때에도 모든 시종하는 자들을 물러가게 함으로써 자신과 형들의 주변에 아무도 남아있지 않게 했습니다. 형들의 잘못을 그 누구에게도 나타내지 않도록 했습니다.

요셉이 이와 같이 할 수 있었던 것은 자신이 겪어야 했던 모든 것이 하나님의 계획 안에 있었다는 것을 확실히 알았기 때문입니다. 다시 말하면 요셉은 하나님의 마음을 정확하게 아는 사람이었기에 자신의 과거와 쓴 마음의 감정에 얽매이지 않았습니다. 그는 자신이 겪은 모든 고난에 대해 하나님이 확실하게 넘치도록 보상하셨음을 경험하였습니다. 그래서 요셉은 형들의 어떠함을 결코 탓하지 않았습니다. 형들이 요셉의 정체를 아는 순간 그들이 두려워하고 걱정할 것까지 미리 알고 하나님의 계획을 알려줌으로써 형들의 마음을 안심시킬 만큼 요셉은 성품과 영적인 모든 영역에서 탁월하고 온전한 자였습니다. 또한 그는 형들의 어리석은 행동과 그의 가정의 불완전함과 연약함을 덮어주고 보호함으로써 이집트 사람들이 혹여라도 자신들을 함부로 보는 공격의 틈이 생기지 않도록 했습니다. 형들을 지킴으로 자신과 가정도 지켰습니다.

우리는 누군가 나에게 잘못했을 때 그것에 대해 위로나 공감을 받기 위해 그 사람의 잘못을 다른 이에게 나눕니다. 내가 잘못하지 않았다는 것을 나타냄으로써 우리 자신이 보호받을 수 있을 거라 생각하지만 사실 그것은 오히려 반대로 또 다른 공격의 빌미가 됩니다. 형제를 지키는 것이 곧 나를 지키는 것입니다.

하나님의 마음을 확실히 아는 자들은 사람을 탓하거나 원망하지 않습니다. 하나님의 계획을 완전하게 신뢰하는 자들은 상황과 사람에 매이지 않습니다. 우리는 이해할 수 없는 상황을 맞이하거나 사람들의 공격을 받을 때 하나님께 간절히 구해야 합니다.

> "아버지의 마음을 알려 주소서. 아버지의 계획을 알게 하소서. 그래서 내가 미움과
> 원망에 빠지지 않게 하시고 상황과 사람에 매이지 않게 하소서"

DAY 3 창45:9-20

요셉의 통곡

요셉은 울고, 울고, 또 울었습니다. 바카בכה, 이 울음은 애통하며 소리를 내어 우는 것입니다. 많은 눈물이 흘려지는 울음입니다. 형 유다가 아버지와 동생 베냐민을 위해, 그리고 다른 형제들을 위해 자신이 종이 되겠다는 고백에 요셉은 형의 변화 속에서 하나님이 하신 일들을 발견했을 것입니다. 그동안의 서러움, 감사, 감격이 모두 뒤엉켜 큰 소리로 웁니다. 요셉은 아버지가 살아계신다는 것에 먼저 울고 하나님의 계획을 형들에게 알게 한 뒤에서야 자신의 친동생 베냐민을 안고 웁니다(창45:14). 그리고 나서 형들에게 입맞추며 안고 웁니다(창45:15). 아버지를 위해, 동생 베냐민을 위해 그리고 자기를 팔았던 형들을 위해 요셉은 세 번의 눈물을 흘립니다. 요셉의 눈물은 마지막 날에 우리가 흘리게 될 감사와 감격의

눈물을 예표합니다. 하나님의 킹덤이 시작되면 그곳에서 친히 뵙게 될 하나님 아버지를 향한 눈물, 나를 사랑했던 형제를 다시 만난 눈물, 나를 힘들게 했을지라도 한 아버지 앞에서 만나게 된 형제를 향한 눈물, 그 날에 우리는 다시 하나된 감격을 누리게 될 것입니다.

그러나 그 하나됨을 향해 가는 길에도 많은 눈물들이 있을 것입니다. 고라 자손들은 성전을 사모하는 마음으로 시온을 향해 그 마음이 열려 있는 자들이 눈물 골짜기를 지날 것이라고 말합니다(시84:6). 이때 흘리는 눈물이 바카입니다. 시온, 하나님의 킹덤을 향해 눈이 맞추어진 자들은 많은 눈물, 바카를 지나게 됩니다. 그런데 그 눈물은 샘이 되어 흐릅니다. 그래서 마침내 그 나라에서 왕을 마주하게 됩니다. 우리가 맞이하는 시련과 환난은 시온, 하나님의 킹덤을 향해 초점이 맞추어져 있습니다. 더 많은 애통과 눈물이 흘려지는 시간입니다. 그러나 기억하십시오. 시련과 환난 중 우리가 흘리는 눈물, 우리가 겪는 애통은 우리로 하여금 시온에서 그분을 마주하게 할 것입니다.

DAY 4 창45:21-28

요셉의 수레, 부활을 경험한 야곱

아버지와 가족들을 데려오기 위해 필요한 수레와 양식들을 준비해서 보내주면서 요셉은 친동생 베냐민에게는 형들보다 다섯 배나 더 되는 선물을 줍니다. 그리고 형들에게 길에서 다투지 말도록 권면합니다. 요셉은 사랑받지 못한 자들의 자격지심과 열등감을 잘 알고 있었습니다. 그것 때문에 자신이 겪은 고생을 알고 있었고 영적인 통찰력을 가지고 있던 요셉이었기에 미리 앞을 내다보고 가족들을 데리고 와야 하는 중요한 일을 앞두고 불필요한 다툼 때문에 일이 그르쳐지지 않도록 미리 주의를 줍니다. 하나님의 계획을 알고 있던 요셉은 아버지와 가족들이 모두 이집트로 오는 것이 단순히 흉년을 피해서 오는 것만이 아님을 알고 있었습니다. 큰 영적인 일을 앞두고 있을 때 원수는 가장 가까운 곳에서 공격을 하기 때문에 요셉은 내부 단속을 합니다.

야곱은 요셉이 살아있고 총리가 되었다는 말에 그 말을 믿지 못하고 어리둥절합니다. 그러나 요셉이 보낸 수레를 보고서야 기운이 소생하여 죽기전에 내가 아들을 보러가야 겠다며 일어섭니다. 수레를 보는 순간 야곱은 부활을 경험합니다. 그냥 살아만 있어도 감격인데 하나님이 죽은 아들을 이집트의 통치자로 세우셨다는 말에 야곱은 하나님의 킹덤의 유업을 사모하여 그것을 쫓아왔던 자로서 하나님의 기가 막힌 섭리에 말을 잃었을 것입니다.

하나님의 생각은 우리의 생각과 다르고 하나님의 길은 우리의 길과 다릅니다(사55:8). 그런데 그분의 생각과 길은 언제나 완벽합니다. 야곱은 인생에 있어서 죽을 고비를 여러 번 넘겼고 또 가장 사랑하는 사람들을 여러 번 잃어버린 자였습니다. 죽음은 그에게 있어서 가장 고통스러운 흔적을 남겼는데 아들을 잃은 상심은 그가 스스로 스올로 떨어지길 원할 만큼 큰 고통이었습니다. 아들이 죽었다는 소식을 듣는 순간 그는 이미 삶의 소망을 잃은 죽은 자가 되었습니다. 그런데 하나님은 결국 야곱에게 부활을 허락하셨습니다. 이미 야곱에게는 죽은 아들이었는데 그 죽은 아들이 영화로운 자가 되어 야곱에게로 돌아오는 부활을 맛보게 하셨습니다. 우리가 이 땅을 살아가는 동안 겪는 모든 고통과 죽음의 순간들은 부활로 바뀌게 될 것입니다. 우리는 죽음을 향해 가고 있는 것이 아니라 그 죽음을 통과하여 부활을 향해 가고 있는 것입니다. 사도들이 고백했던 믿음의 고백처럼 우리는 성령을 믿고, 거룩한 교회를 믿고, 성도의 교제를 믿으며, 죄를 사하여 주시는 것과 몸의 부활과 영원히 살게 될 것을 믿습니다.

DAY 5 창46:1-27

구원을 위해 이집트로

요셉이 지금까지 살아있음을 들은 야곱은 기절할 것 같지만 힘을 내어 죽기 전에 가서 죽었던 아들을 보겠다고 길을 나섭니다. 말씀은 이 순간 야곱의 영이 다시 살아났다고 기록하고 있습니다(창45:27). 야곱의 부르심은 이스라엘 민족의 기초를 완성하는 것이었습니다. 요셉이 살아있음으로 야곱은 자기의 부르심을 완성할 수 있게 되었습니다. 그는 브엘세바에서의 마지막 제사를 드리고 고센으로 내려갑니다. 그리고 이 과정에서 결정적 역할을 한 유다를 본격적으로 앞장 세우기 시작합니다(창46:28).

이집트로 내려가기가 두려웠지만 브엘세바에서 하나님은 밤에 이상 중에 나타나 야곱을 부르시며 이집트로 내려가기를 두려워 말고 거기서 큰 민족을 이루게 하겠다고 약속하시며 내가 너와 함께 이집트로 내려가겠다고 말씀하십니다(창46:3-4). 야곱의 인생에 있어서 굽이굽이 중요한 순간에 나타나셔서 하신 언약의 말씀, 아버지 이삭과 조부 아브라함에게 주신 언약의 말씀을 기억하게 하실 뿐 아니라 더 구체화하신 하나님은 그분의 선하고 인자하심으로 야곱을 이집트로 이끌어 가십니다.

요셉이 이집트로 내려갈 때도 함께 가셨고 야곱이 이집트로 내려갈 때도 함께 가셨습니다. 왜냐하면 하나님은 그들을 번성케 하셔서 한 나라를 이루게 할 장소로 이집트를 선택하셨기 때문입니다. 이후에 세상을 상징하는 이집트로부터 친히 당신의 백성을 이끌어 내시는 전능하신 하나님이심을 알게 하시기 위해, 또 이 위대한 구원의 역사가 열방을 구원하기 위한 예표임을 미리 보여주시기 위해서였습니다. 하나님은 당신이 선택하신 백성을 이집트에서 키우셨습니다. 마치 세상 한가운데서 하나님의 살아계심과 인도하고 계심을 보여주시기 위한 그림 같습니다. 그래서 이집트는 하나님과 아주 멀어질 수 있는 곳이기도 하지만, 오히려 더 가까워질 수 있는 곳이기도 합니다. 세상에 치이며 살고 있어도 하나님을 가까이하는 자들에게 이집트는 하나님의 구원을 위한 섭리를 깨닫게 해주는 장소가 됩니다. 큰 구원을 위해 이집트에 살게 하신 것은 하나님의 섭리입니다.

DAY 6 창46:28-47:10

섞이지 않게 남은 자들을 지키시고 하나님께로 가까이 이끄는 땅, 고센

처음엔 유다가 요셉에게 가까이 다가갔습니다(이가쉬ּשׁ). 그리고 자신을 알린 요셉이 형들에게 자신에게 가까이 오라고 요청합니다(나가쉬נגשׁ). 그리고 나서 요셉은 모든 가족을 이집트로 부릅니다. 요셉은 자신의 가족들을 고센גשׁן 땅에 둡니다. 고센이란 나가쉬נגשׁ라는 단어에서 파생하는데 이것은 '가까이 가다draw near'라는 뜻입니다. 요셉은 그들이 이집트 한가운데 있지만 하나님의 계획이 자신의 가족을 통해 성취될 수 있도록 그들을 이집트와 분리시키고 구별되게 합니다. 야곱의 가족들은 이집트에 살고 있었지만 그 안에서 구별된 자로, 하나님께 나아가는 자로 살게 됩니다. 이것이 남은 자들을 지키시는 하나님의 방법입니다. 세상 한가운데 있다 할지라도 구별되어 있는 고센 땅, 하나님은 자신의 백성을 그렇게 고센에서 구별하시고 보호하십니다. 그곳에서 하나님의 백성이 함께 모여 있도록 하십니다. 비록 이집트에 살지만 우리가 고센에 있기로 결심하면 이집트와 섞이지 않도록 하나님이 끝까지 보호하십니다. 나를 하나님께로 가까이 이끌어 주는 그곳, 그곳이 바로 나의 고센입니다.

유다가 요셉에게 가까이 다가갔을 때 유다의 마음과 요셉의 마음이 이어져서 함께 공명되었고 결국 온 가족이 흉년으로부터 구원되어 고센 땅에 살게 되었습니다. 하나님은 당신의 백성들이 세상 속에서도 하나님께 더 가까이 나아오도록 고센 땅을 허락하십니다. 고센 땅은 이집트인들의 입장에서는 가증히 여겨지는 목축업을 하는 야곱의 가족들이 머문 땅이었지만, 야곱의 가족들에게는 하나님께서 철저히 보호하시고 구별해 주신 땅이 되었습니다. 마지막 때를 살아가는 우리를 향한 하나님의 확실한 보호가 이집트 땅에 있던 고센에 있었던 것처럼 우리에게도 있을 것입니다.

DAY 7 창47:11-27

요셉의 정책

파라오가 요셉에게 준 것은 고센땅과 목축업이었습니다. 야곱의 자손들은 할아버지 아브라함때부터 나그네의 삶을 살면서 목축업을 해왔기 때문에 풍부한 경험을 가지고 있었고 가축을 돌보는데 있어서 탁월한 자들이었습니다. 요셉은 자신이 이집트의 총리였으나 이집트의 우상숭배를 너무 잘 알고 있었기에 영과 혼이 약한 형제들이 이 땅에 쉽게 동화될 것을 우려했고 또 자신들의 가문을 향한 하나님의 계획을 알고 있었기에 이것을 보호하기 위해 이집트인들이 가증히 여기는 목축업을 방패삼아 가족들을 따로 보호합니다. 그는 흉년의 기간동안 주변 이방 나라들이 곡식을 살 수 있도록 창고를 열어줍니다. 처음에 그들은 돈을 주고 곡식을 샀으나 돈이 떨어지자 그들의 가축으로 곡식을 바꾸었습니다. 그리고 나서 그들은 자신의 몸과 땅까지 팔게되고 이로써 이집트 사방의 땅들이 파라오의 소유가 됩니다. 요셉은 파라오에게 돈, 땅, 그리고 땅을 섬길 수 있는 노동력까지 바칩니다. 그러나 단 두 가지, 목축업과 목축을 할 수 있는 고센 땅은 요셉이 사용합니다.

요셉의 흉년은 마지막 때 있을 기근과 환난의 시대를 예표합니다. 마지막 때를 준비하고자 할 때 많은 이들이 요셉의 창고를 이야기합니다. 요셉은 이집트를 위해서 일했지만 동시에 하나님의 영역을 보호했습니다. 요셉은 자신의 권위로 하나님의 백성들을 지켰습니다. 이것이 하나님이 요셉에게 흉년 중에도 창고를 허락하신 이유입니다. 자신의 백성을 지키시기 위해 하나님은 기꺼이 이집트를 사용하십니다. 종말을 이야기할 때 환난에 대한 이야기를 가장 많이 듣게 됩니다. 이단들은 환난에 초점을 맞추면서 사람들에게 걱정과 두려움을 주어 그들의 영혼을 묶고 조종합니다. 그런데 교회들은 이것이 두려워서 오히려 종말에 대한 말씀을 회피해 버립니다. 종말에 대한 이야기조차 꺼내지 않으니 성도들이 아예 준비를 할 수 없게 만듭니다. 그런데 종말은 역사의 마지막이기도 하지만 메시아닉 킹덤의 시작이기도 합니다. 악인들에게는 심판과 종말이 있는 두려운 날이지만 의로운 남은 자들에게는 상급과 보상이 있는 영화로운 날입니다. 핍박을 준비하는 종말론을 가질 것인가, 영광을 취할 준비를 하는 종말론을 가질 것인가는 아주 큰 차이가 있습니다. 마지막 때를 준비하는 우리는 영광을 바라봄으로써 '그 날'을 사모해야 합니다. '그 날'을 사모하는 마음을 가질 때 비로소 준비될 수 있고 무장될 수 있습니다. 마지막 때에 환난은 분명히 있겠지만 하나님은 약속하신 대로 흉년의 때에 하나님의 백성들이 구별되게 살 수 있는 은혜를 반드시 허락하실 것입니다.

주변 나라들의 이방 백성들은 자신들의 몸과 땅을 팔아서 파라오의 종이 되었습니다. 그러나 하나님의 백성으로 구별 받은 이스라엘 자손들은 고센 땅에서 하나님께 예배할 가축들을 돌보면서 하나님의 보호 아래에 있었습니다. 이집트 사람들의 눈에는 하찮고 가증한 목축업이었으나 이스라엘 자손에게는 자신들을 구별되게 지키고 하나님께 예배하며 살 수 있게 한 통로였습니다. 이집트로부터 먹을 것을 받고 파라오의 종으로 살겠습니까, 아니면 구별되어 하나님의 보호아래 그분을 예배하며 마지막 때를 견디며 살아내겠습니까?

하프타라 겔37:15-28

그 막대기들을 서로 합하여 하나가 되게 하라 겔37:17
– 한 새 사람의 비밀

야곱의 자녀들 70명이 모두 고센 땅에 살게 됩니다. 성경에서 70이라는 숫자는 모든 민족, 열방을 상징하는 숫자입니다. 야곱의 가족 70명이 이집트로 들어갈 때 그들의 구원 스토리(유월절, 홍해, 광야, 약속의 땅) 속에 모든 민족들을 구원할 스토리들도 함께 짜놓으셨습니다.

요셉은 므낫세מְנַשֶּׁה(causing to forget 잊게 만드는)를 낳고 '나의 모든 고난과 아버지의 집 생각을 잊었다'고 고백했고, 에브라임אֶפְרַיִם(double fruitful 창성케 됨)을 낳고 '나의 고난의 땅에서 번성하게 하셨다'고 고백합니다(창41:51-52). 에브라임은 후대에 북이스라엘의 남은 지파들의 대표가 됩니다. 그래서 구약의 선지자들은 북이스라엘을 에브라임과 동일시하고, 에브라임을 곧 북이스라엘이라 여깁니다(호13:1). 앗수르가 북이스라엘 사람들을 열방으로 흩을 때 혼혈 정책으로 에브라임은 이방 세계로 혼합되고 흡수되었습니다. 이후 에브라임은 이방인처럼 되어버렸고 이방인과 동일시되었습니다.

에브라임אֶפְרַיִם의 파라פָּרָה는 '열매를 맺다'라는 뜻이고 이 단어가 히필동사(사역동사)로 쓰일 때 히프라הִפְרָה가 되어 '열매를 맺게 하다'라는 뜻이 됩니다. 그런데 히프라는 '(열매를 맺게 하기 위해서) 접붙이다'라는 뜻도 가지고 있습니다. 열방으로 흩어진 에브라임은 이방 세계로 접붙여져서 하나가 되었고 하나님은 온 열방의 이방인들을 다시 유대인의 가지에 접붙여 하나 되게 할 계획(요4:22 이는 구원이 유대인들에게서 남이니라)을 이미 세우고 계셨던 것입니다.

> "인자야 너는 막대기 하나를 취하여 그 위에 유다와 그 짝 이스라엘 자손이라 쓰고
> 또 다른 막대기 하나를 취하여 그 위에 에브라임의 막대기 곧 요셉과 그 짝
> 이스라엘 온 가족이라 쓰고 그 막대기들을 서로 연합하여
> 하나가 되게 하라 네 손에서 둘이 하나가 되리라" 겔 37:16-17

여기서 '유다와 그 짝 이스라엘 자손'은 유대인과 이스라엘 혈통 브네이 이스라엘 בְּנֵי יִשְׂרָאֵל 로서 유대인과 연합된 하베로חֲבֵרָיו를 의미합니다. '에브라임의 막대기 곧, 요셉과 그 짝 이스라엘 온 족속(콜 베이트 이스라엘 하베로 כָל-בֵּית יִשְׂרָאֵל חֲבֵרָו)'은 온 열방으로 흩어져 흡수 동화되어 사실상 이방인이 되어버린 북이스라엘과 그들에게 연합되어 하베로חֲבֵרָו, 한 족속이 된 이방인들을 의미합니다. 믿음의 조상 아브라함에게는 혈통을 통한 자녀들도 있습니다. 그리고 혈통을 통하지는 않았지만 믿음으로 아브라함의 가족 안으로 들어온 식구들이 있습니다. 그들은 이방인 가운데 접붙임 되어 이스라엘 가족 안으로 들어온 자를 의미합니다.

한글 성경에 '막대기'라고 번역된 히브리어는 에쯔עֵץ인데 이것은 '나무'라는 뜻입니다. 유대인의 나무와 이방인의 나무를 에스겔의 손으로 서로 합하였을 때 두 나무가 하나로 붙어 한 나무가 되었습니다. '두 나무를 서로 연합하여'에서 연합은 '카라브קָרַב'입니다. 여기서 코르반קָרְבָּן이라는 단어가 파생되었습니다. '코르반'은 '하나님께 나아감을 얻기 위해 드리는 희생'을 의미합니다. 두 나무를 '카라브' 하라는 것은 그저 두 나무를 가까이하게 하라는 것이 아니고 '이 나무가 저 나무에 들어가게 하고 저 나무가 이 나무에 들어가게 하여 완전히 하나 되게 하는 것'을 의미합니다. 이것이 바로 '접붙임'입니다. 접붙임의 과정은 잘라내고 도려내는 아픔과 접붙임이 성공하기 위한 불안하고 어렵고 힘든 시간들의 과정을 지나게 되어있습니다. 모든 연합에는 서로의 희생이 따릅니다.

로마서 11:17-24에서 참 올리브나무는 유다의 나무와 같고 돌 올리브나무는 에브라임 나무와 같습니다. 본질상 진노의 자녀인 이방인 돌 올리브나무의 가지가 참 올리브나무의 꺾여져 나간 자리에 접붙임 되어 참 올리브나무 뿌리의 진액을 함께 받는 자가 되었습니다. 원가지가 꺾여 나간 이유는 이방인이 접붙임 받게 하기 위해서 입니다. 때가 되어 꺾여 나간 원가지들도 믿게 되면 그 사이에 크게 자란 원 나무에 다시 접붙여져서 한 나무가 될 것입니다.

바울은 에스겔 37장을 본문으로 에베소서 2장을 풀어가면서 15절에 "이 둘로 자기 안에서 한 새 사람을 지어 화평하게 하시고"라고 말합니다. 에스겔의 손에서 유대인 나무와 에브라임 나무가 하나됨은 바울이 말한 그리스도안에서 유대인과 이방인이 이루게 될 '한 새 사람(One New Man)' 입니다. 하나님은 이 모든 계획을 요셉의 삶을 통해 미리 보여주셨습니다. 유다가 형제들을 이끌고 요셉에게 감으로써 아버지를 모신 온전한 한 가족으로 회복된 것은 마지막 때에 유대인과 이방인이 하나 될 것이라는 인류 구원 드라마의 절정을 예표하는 것입니다.

하나의 큰 나무, 한 새 사람의 계획은 아브라함을 통해 모든 족속이 복을 받게 하시겠다고 하실 때부터 본격적으로 출발한 것이었고 이것은 요셉의 꿈을 통해 비추어졌습니다. 하나님의 인류 구원을 향한 계획은 한 치의 오차도 없이 정확하게 이루어져 왔고 이루어져 가고 있습니다.

브리트 하다샤 눅6:12-16 / 눅24:30-48

야곱의 12지파, 예수님의 12제자를 통해 완성되는 하나님의 킹덤

이스라엘의 12아들들을 통해 본격적인 하나님의 킹덤이 시작되었습니다. 이스라엘로부터 시작된 하나님의 킹덤이 이방으로 확장되어야 했고, 또 이방인의 충만한 수가 차기까지 복음이 이방 세계에 전해져야 할 사명을 위해 누가복음 6:12-16에서 예수님은 밤을 새워 기도하신 뒤 12명을 뽑으시고 12사도로 세우십니다. 마가복음 3:14에서 예수님은 자기와 항상 함께 있게 할 자로 12제자들을 세우셨다고 말씀하십니다. 이들은 왕국의 터를 닦게 될 사람들이었고 이들이 닦은 터 위에 교회가 세워졌습니다. 예수님의 12제자들을 통해 하나님의 킹덤이 확장되었습니다. 마지막 날 이스라엘의 12지파의 자손들과 예수님의 12제자들을 통해 하나님의 킹덤으로 들어오게 된 열방이 하나님의 킹덤을 완성하게 될 것입니다. 그땅 이스라엘 모든 산에서 우리는 한 나라가 되고 한 임금을 섬길 것이며 영원한 언약을 세우고 하나님의 성소가 세워져 영원히 하나님이 우리 가운데 계실 것입니다.

온 세상을 향한 하나님의 구원 계획은 아브라함과 이삭, 야곱 그리고 이스라엘 12지파를 통해 시작되었고 요셉을 통해 그 명확한 청사진이 보여졌으며 예수님의 초림과 12사도에게 주어진 복음 전파의 사명을 통해 오늘날까지 전진해 왔습니다. 그리고 12사도의 기초석 위에 세워진 열방의 교회들이 다시 이스라엘로 연합하고 있습니다. 우리는 이제 하나님의 구원의 완성의 마지막 퍼즐 조각 앞에 가까이 와 있습니다. 마지막 추수는 이스라엘과 교회의 연합으로 일어나게 될 것이며, 한 임금이 오셔서 통치하는 왕국이 될 것입니다(겔37:22). 그리고 그 연합되어진 왕국에 주님이 영원 무궁히 거하실 것입니다(겔37:25-28, 주님이 영원히 거하시겠다는 말씀을 5번이나 강조하십니다). 둘이 하나 될 것입니다. 그의 나라는 영원할 것입니다.

봐이가쉬 주간의 말씀

1. 아버지의 마음을 품게 될 때 모든 것이 이해됩니다. 아버지의 마음에 가까이 다가가는 자녀는 회복을 경험합니다.

2. 요셉은 울고, 울고, 또 울었습니다. 바카ּבָכָה, 이 울음은 애통하며 소리를 내어 우는 것입니다. 많은 눈물이 흘려지는 울음입니다. 시온을 향해 그 마음이 열려 있는 자들은 눈물 골짜기를 지나는데 이때 흘리는 눈물이 바카입니다. 시온, 하나님의 킹덤을 향해 눈이 맞추어진 자들은 많은 눈물, 바카를 지나게 됩니다. 그 눈물은 샘이 되어 흘러서 마침내 그 나라에서 왕을 마주하게 됩니다.

3. 하나님은 당신의 선택하신 백성을 이집트에서 키우셨습니다. 마치 세상 한가운데서 하나님의 살아계심과 인도하고 계심을 보여주시기 위한 그림 같습니다.

4. 세상에 치이며 살고 있어도 하나님을 가까이하는 자들에게 이집트는 하나님의 구원을 위한 섭리를 깨닫게 해주는 장소가 됩니다. 큰 구원을 위해 이집트에 살게 하신 것은 하나님의 섭리입니다.

5. 두 나무를 '카라브' 하라는 것은 그저 두 나무를 가까이하게 하라는 것이 아니고 '이 나무가 저 나무에 들어가게 하고 저 나무가 이 나무에 들어가게 하여 완전히 하나 되게 하는 것'을 의미합니다. 이것이 바로 '접붙임'입니다. 접붙임의 과정은 잘라내고 도려내는 아픔과 접붙임이 성공하기 위한 불안하고 어렵고 힘든 시간들의 과정을 지나게 되어 있습니다.

6. 우리는 누군가 나에게 잘못했을 때 그것에 대해 위로나 공감을 받기 위해 그 사람의 잘못을 다른 이에게 나눕니다. 내가 잘못하지 않았다는 것을 나타냄으로써 우리 자신이 보호받을 수 있을 거라 생각하지만 사실 그것은 오히려 반대로 또 다른 공격의 빌미가 됩니다. 형제를 지키는 것이 곧 나를 지키는 것입니다.

7. 우리가 이 땅을 살아가는 동안 겪는 모든 고통과 죽음의 순간들은 부활로 바뀌게 될 것입니다. 우리는 죽음을 향해 가고 있는 것이 아니라 그 죽음을 통과하여 부활을 향해 가고 있는 것입니다.

8. 핍박을 준비하는 종말론을 가질 것인가, 영광을 취할 준비를 하는 종말론을 가질 것인가는 아주 큰 차이가 있습니다. 마지막 때를 준비하는 우리는 영광을 바라봄으로써 그 날을 사모해야 합니다.

봐이가쉬 주간의 선포

1. 아버지를 알게 하소서. 아버지의 마음으로 들어가게 하소서. 아버지의 뜻을 깨닫게 하소서. 그래서 아버지를 통해 아버지의 자녀들, 나의 형제들을 사랑하게 하소서.

2. 형제를 미워하는 것은 곧 살인입니다. 형제를 미워함으로 형제를 죽음의 영향력 아래 있게 한 우리들의 죄를 용서하소서. 깊이 탄식하며 회개합니다. 아버지를 사랑하는 마음으로 형제를 사랑할 수 있도록 우리의 마음을 고쳐주소서.

3. 하나님이 주신 꿈과 비전을 나의 목적을 성취하는 수단, 나의 야망을 달성하는 수단으로 이용함으로 나를 세우려고 했던 어리석음을 회개합니다. 더 낮아지는 겸손함을 구합니다. 완전히 하나님만 신뢰하는 겸손함을 구합니다. 하나님의 능하신 손 아래에서 겸손하게 하소서. 때가 되면 높이실 것입니다(벧전5:6).

4. 교회와 성도들이 하나님의 킹덤의 완성과 새 예루살렘에 대한 계시를 온전히 깨닫게 하소서. 반드시 이스라엘과 열방이 하나되어야 하는 이 비밀을 깨닫게 하소서. 이 놀라운 그림을 담아 놓으신 토라의 비밀과 깊이를 알고자 하는 사모함이 증가되게 하소서. 헛된 철학과 세상의 학문과 섞여 버린 잘못된 신학과 종교의 영을 벗어 던지고 참 진리로 돌아오게 하소서.

5. 나를 고센에 머물게 하신 하나님의 은혜를 찬양합니다. 예슈아를 통해 날마다 하나님께 더 가까이 나아감으로 아버지의 마음안으로 들어가게 하소서.

12주간

וַיְחִי
VAYECHI
봐예히, 그리고 그가 살았다

파라샤 **창47:27-50:26**

하프타라 **왕상2:1-12**

브리트 하다샤 **벧전1:1-9 / 요13:1-19**

DAY 1 창47:28-48:9

야곱의 믿음 – 부활

죽은 줄 알았던 가장 사랑하는 아들 요셉을 살아서 만난 것은 야곱에게 있어서는 부활과 같은 것이었습니다. 아브라함이 독자 이삭을 모리아 산의 제단에서 희생 제물로 바치려 했던 순간에도 아브라함에게 있어서 이삭은 죽었다가 다시 살아난 것과 같은 것이었습니다. 그의 마음에는 실제로 아들 이삭이 죽더라도 하나님이 그를 통해 민족을 번성하게 하겠다는 약속을 이루시기 위해서라도 다시 살리실 것이라는 믿음이 있었기 때문입니다 (히11:19). 아브라함과 이삭을 통해 부활의 믿음을 가진 야곱이었지만 그럼에도 야곱은 잃어버린 아들 요셉 대신 더 사랑을 쏟아부었던 베냐민만큼은 잃고 싶지 않았습니다. 야곱의 이름은 하나님의 킹덤을 붙잡는 열정으로도 사용되었지만 때로는 그의 인간적인 소망을 붙잡는데 사용되기도 했습니다. 우리의 가장 강한 장점은 가장 약한 단점이 되기도 합니다. 그러나 그가 베냐민을 놓는 순간 그는 베냐민뿐 아니라 죽은 아들 요셉을 살아서 만날 수 있게 되었습니다. 만약 그가 끝까지 놓지 못하고 베냐민을 이집트로 보내지 않았다면 어떻게 되었을까요?

이집트에서 17년을 살면서 야곱은 부활에 대해 더 명확히 알게 되었을 것입니다. 그래서 자기의 죽을 날이 가까웠을 때 아들 요셉을 불러 당부합니다.

"인애와 성실함으로 내게 행하여 이집트에 나를 장사하지 아니하도록 하라"창47:29

그가 이집트에 묻혀서는 안되는 이유는 한 가지입니다. 그의 조상들이 멀리서 바라보고 환영한 하나님의 킹덤, 그 킹덤의 중심이 될 그 동산, 그리고 그 동산에서 다시 부활하게 될 것을 알고 있었고 소망했기 때문입니다. 야곱은 자신의 12아들이 하나님이 사용하실 한 큰 민족이 될 것을 바라보면서 자신을 약속의 땅인 에덴-동산의 땅에 묻게 할 것을 마지막 유언으로 당부합니다.

아브라함, 이삭, 그리고 야곱이 살아온 믿음의 여정의 목적은 하나님의 킹덤이었고 목적지는 약속의 땅, 에덴-동산의 회복이었으며 이것은 믿음으로 아브라함의 자손이 된 우리 모두의 믿음의 여정이고 목적이기도 합니다. 하나님이 정하신 '그 날', 모든 역사가 완성되는 '그 날'에 우리는 모두 영화롭게 부활하여 그렇게 소망하고 바라던 곳에서 사모하는 주님 예슈아와 함께 영원을 누리게 될 것입니다.

DAY 2 창48:10-16 / DAY3 창48:17-22

야곱의 축복 – 에브라임을 통해 번성할 열방

야곱은 죽은 줄만 알았던 아들 요셉과 애굽에서 17년을 지냈습니다. 147세가 된 야곱은 선조들에게 돌아갈 날이 가까움을 느끼며 요셉과 두 아들을 축복하기 위해 부릅니다.

> "나를 모든 환난에서 건지신 여호와의 사자께서 이 아이들에게 복을 주시오며
> 이들로 내 이름과 내 조상 아브라함과 이삭의 이름으로 칭하게 하시오며
> 이들이 세상에서 번식되게 하시기를 원하나이다" 창48:16

'나를 모든 환난에서 건지신 사자'라는 히브리어는 하말라악 하고엘 오티 הַגֹּאֵל אֹתִי הַמַּלְאָךְ 로 '나를 구속하신 분이신 그 사자'라는 뜻입니다. 하말라악 הַמַּלְאָךְ은 '사자'라는 뜻이고 하고엘 הַגֹּאֵל은 '대신 대가를 지불해주어 되찾아주는 자'라는 의미이면서 '원수 갚아주고 원한을 갚아주는 자'라는 의미도 가지고 있습니다. 예수님은 모든 대가를 지불해주시고 우리를 죄에서 건지셨기에 우리의 하고엘, 구속자이십니다. 예수님은 초림 때 자신의 생명을 대가로 지불하심으로 죄와 사망의 권세에서 우리를 건져 내셨고, 재림하실 때는 우리를 위

해 원수를 갚아 주시고 원한을 풀어주심으로 원래 하나님이 우리에게 주셨지만 우리가 잃어버렸었던 모든 것을 되돌려주실 것입니다. 초림 예수님의 고엘 사역과 재림 예수님의 고엘 사역은 우리에게 고엘에 대한 두 가지 측면을 보여줍니다. 고엘 사역의 이 두 가지 측면이 완전하게 이루어질 때 희년이 오게 될 것입니다. 야곱은 얍복에서 씨름할 때 자기에게 복을 주신 그 사자가 바로 하고엘, 빼앗겼던 것을 되돌려 주실 분이며 나의 원한을 갚아주실 분이라고 고백합니다.

야곱은 고엘의 구속과 건지심을 체험했기에 고엘을 향해(하말라악 하고엘) 자녀들에게 복 주시기를 기도합니다. 야곱은 고엘의 이름으로 아브라함과 이삭과 야곱의 이름이 에브라임과 므낫세를 통해서 불려지고 알려지게 되며 이들이 세상에서 크게 번성하게 되기를 축복합니다.

이 문장에서 '번식' 또는 '번성'으로 번역된 히브리어는 베이드구 라로브לרב וְיִדְגּוּ인데 이드구וְיִדְגּוּ는 다가דָּגָה라는 동사에서 파생된 것으로 물고기(다그דָּג)가 알을 많이 낳는 것처럼 급속하게 증가increase하고 확장multiply되는 것을 말합니다. 라로브는 '많아질 때까지, 풍성하고 거대하고 위대하게 될 때까지'라는 뜻입니다. 야곱은 에브라임과 므낫세를 향해 '물고기가 알을 한 번에 많이 낳아 급속하게 번식하는 것처럼 이들의 자손이 그땅 한가운데에서 풍성하고 거대하고 위대하게 될 때까지 급속하게 생육하고 번성하게 하소서'라고 예언적으로 축복기도를 합니다.

그리고 오른손을 차자 에브라임의 머리에, 왼손을 장자 므낫세의 머리에 얹고 축복합니다(창48:14). 그 모습을 보고 요셉은 그다지 기뻐하지 않았고 그런 요셉을 향해 야곱은 "나도 안다. 내 아들아 나도 안다. 므낫세가 한 민족을 이루고 그도 크게 되겠지만 동생 에브라임이 형보다 크게 될 것이고 그의 씨가 여러 민족을 이루게 되리라"(창48:19)라고 예언합니다. 요셉도 대단한 영성가였지만 험악한 세월을 통과하고 맑은 영으로 이제 열조에게로 돌아갈 준비를 하는 야곱의 영성에는 미치지 못했습니다. 야곱의 겉사람의 기능은 쇠약하여져서 육신은 늙어 병들었고 눈은 어두웠지만 그의 맑은 영은 수백 수천 년의 미래를 내다보고 있었습니다.

창세기 48:19 본문에서 야곱이 말한 '여러 민족'이라 번역된 멜로-하고임מְלֹא־הַגּוֹיִם은 '많은 이방 민족들의 충만함'이란 뜻으로 '에브라임의 씨가 많은 이방 민족들의 충만함이 될 것'이라고 이해할 수 있습니다. 이것은 바울이 로마서 11:25에서 말한 '이방인의 충만함'44과 같은 개념입니다. 단순히 야곱 자신이 차자였기 때문에 차자인 에브라임의 편을 든 것도 아니었고 에브라임이 인간적으로 더 좋아서 그런 것도 아니었습니다. 이집트에 와서 17년간을 살면서 야곱은 자신의 인생을 통해 하나님이 하신 일을 이해했고 앞으로 하실 일을 예언적으로 알게 되었습니다. 야곱은 에브라임의 후손이 '멜로-하고임מְלֹא־הַגּוֹיִם', 많은 이방 민족들의 충만함이 될 것이라고 내다보며 예언하였고, 그 이방인의 충만함이 다시 이스라엘과 하나가 될 것을 내다보았습니다. 그래서 그는 에브라임과 므낫세를 각각 축복하고 요셉에게 하나님이 너희를 조상의 땅으로 돌아가게 하실 것이라 예언합니다(창48:21). 요셉은 관습에 따라 당연히 므낫세를 야곱의 오른손으로 축복할 수 있도록 세웠지만 야곱은 비록 눈이 어두워 보지 못하였어도(창48:10) 그의 영은 깨어 있었기에 정확하게 하나님의 뜻대로 예언하였습니다.

야곱은 자신을 향한 하나님의 계획이 단지 한 사람을 위한 계획이 아니라 가깝게는 이스라엘 열 두 지파를 향한 계획이었고 멀게는 땅의 모든 민족을 향한 계획임을 알았습니다. 그는 조부 아브라함이나 아버지 이삭보다 더 고난이 많았고 실수도 많았고 많은 역경들을 헤쳐 나가야 했습니다. 그 이유는 야곱을 통해 이스라엘 민족의 기초인 12지파가 나라를 이루는 기초가 되어야 했기에 치르게 된 대가 지불이었습니다. 야곱은 열 두 아들을 통해 하나님이 말씀하시는 큰 민족(고이 가돌)의 모습을 보았고, 더 나아가 이방인의 충만함(멜로-하고임)을 내다보았습니다. 야곱은 인생의 험한 역경을 통해 하나님의 계획과 뜻을 알아가기 시작했고, 또 그 계획을 이루시기 위해 하나님이 이미 보고 계신 것을 야곱도 보기 시작했습니다. 비록 자기의 때에 이뤄질 것은 아니었지만 이미 그 앞날을 보았기에 야곱은 자신의 삶이 밑거름이 되었다는 것만으로도 기뻐하며 하나님께 경배합니다(히11:13).

우리에게 주어지는 삶의 고난과 괴로움, 때로는 하나님을 너무 사랑하다 보니 그것을 붙잡으려고 나의 의로 말미암은 실수조차도 하나님은 자신의 계획과 뜻을 알아가도록 하는 도구로 사용하십니다. 하나님의 계획을 알아갈수록 우리의 믿음의 눈은 더욱 선명해지고 멀리 내다보게 됩니다. 믿음의 눈이 커지면 당장 내 눈앞에 내가 원하는 결과가 나타나지 않아도 개의치 않게 됩니다. 왜냐하면 믿음으로 앞날에 이뤄진 것을 이미 보았기 때문입니다. 주님이 곧 오신다는 믿음을 가진 자들은 이 시대에 세상에 일어나고 있는 엄청난 소용돌이

---

44 한글성경에서 '이방인의 충만한 수가 들어오기까지(차기까지)'라고 번역되지만 헬라어에서는 τὸ πλήρωμα τῶν ἐθνῶν으로 '수'라는 단어가 없이 '이방인의 충만함'이다. 신약성경의 현대 히브리어 번역본들도 이 부분을 멜로-하고임으로 표현하고 있다.

와 사탄의 사악한 발광 앞에 의연할 수 있습니다. 이것의 결국은 주님과 그를 따르는 자들의 승리이고 사탄과 그를 따르는 자들의 철저한 패배와 멸망이라는 것을 믿음으로 보기 때문입니다. 지금은 하나님이 우리에게 믿음의 눈을 더 선명하게 하시고 크게 하시는 때입니다. 하나님은 우리가 겪어야 하는 엄청난 소용돌이 가운데서 믿음의 조상들처럼 하나님 나라의 완성을 내다볼 수 있는 믿음의 눈으로 살아가게 하실 것입니다.

DAY 4 창49:1-18

야곱의 축복 – 분량과 역할 대로 축복받은 열 두 아들

야곱은 이스라엘의 12지파에게 각 사람의 분량대로 축복하였습니다(창49:28). 야곱은 아버지의 마음으로 자녀들이 잘못한 것은 잘못한 대로 지적하였고, 그들이 앞으로 당할 일에 대해(창49:1) 축복할 것은 축복하였습니다. 르우벤을 향하여는 그가 장자의 축복을 받지 못하는 명확한 이유만 이야기하였고, 시므온과 레위에 대해서는 선을 넘어버린 잘못된 분노와 폭력으로 인해 흩어지게 될 것을 예언하였습니다. 실제 시므온 지파는 유다 지파에 흡수되었고, 레위 지파는 자신의 땅이나 영역을 받지 못하고 흩어져 살게 되었습니다. 비록 시므온 지파가 없어진 것처럼 보이지만 왕의 오심을 준비하는 유다 지파와 함께 하게 되었고, 레위 지파는 하나님의 임재와 성전을 지키는 자의 영광을 받았습니다. 시므온과 레위가 받은 것이 보기에는 축복이 아닌 것처럼 보이지만 사실은 선하신 하나님의 성품에 따라 축복을 받은 것입니다.

유다는 장자권을 얻었고 그의 가문에서 왕들과 메시아가 태어나게 됩니다. 그리고 온 가족들을 구원하기 위해 그 누구보다도 값비싼 대가를 치렀던 요셉은 그의 이름처럼 많은 것을 더하는 장자의 축복을 받았으며 그를 통하여는 많은 이방인의 충만함이 이뤄지리라는 축복을 받았습니다. 야곱은 자신이 받은 복들이 영원한 산들의 정상이 한이 없이 크고 높은 만큼 뛰어난 복들이며 그 영원하고 무한한 복들이 이제는 요셉의 머리의 정수리에 임할 것이라는 예언적 축복을 합니다.

> "네 아버지의 복들이 내 선조들의 복들보다 더 크고 강하며 뛰어나서, 영원한
> 산들의 정상의 한계에 이르기까지 이르렀으니 이 축복들이 요셉의 머리에 있을
> 것이며 그의 형제들 위한 나실인의 정수리에 있을 것이다"**창49:26**

　　야곱의 축복의 종류 중 어떤 것은 성품을 다루기 위한 아버지의 마음이 있기도 했고, 어떤 것은 현재 가지고 있는 성품에 대해 이야기했으며, 어떤 것은 미래적인 예언이었는데 결국은 모든 축복의 내용이 믿음의 승리를 위한 아버지의 마음이었습니다.

　　다윗은 솔로몬에게 나라를 물려주면서 벌받을 사람에 대해서는 벌을 받도록, 상 받을 사람에 대해서는 상을 받도록 하는 유언을 남겼습니다(왕상2:1-12). 이것은 마지막 날 우리가 주님 앞에 서게 될 때의 모습입니다. 하나님은 벌받을 사람에게는 벌을, 상 받을 사람에게는 정확히 상을 주시는 하나님이십니다. 하나님은 정확하시고 공평하신 공의의 하나님이십니다. 그러므로 하나님의 선택과 축복은 언제나 합당하십니다. 그분의 선하신 성품에 따라 모든 것을 아름답게 하시며 온전하게 하시는 놀라운 하나님의 섭리를 찬양합니다.

　　하나님은 각 사람의 분량대로 축복하십니다. 모든 사람에게 축복하시지만 그 분량과 축복의 색깔은 모두 다릅니다. 그렇다고 더 좋은 축복, 더 안 좋은 축복이란 없습니다. 하나님은 각 사람에게 하나님이 주신 삶의 부르심과 계획하심에 따라 필요한 정확한 것들을 주십니다. 이 축복은 받은 자들이 어떻게 믿음으로 반응하는가에 따라 커지기도 하고 작아지기도 하며 때로는 이뤄지지 못하기도 합니다. 하나님 나라에서 크고 작은 것은 없습니다. 모두에게 필요한 만큼 정확하게 주어집니다. 이것이 하나님의 성품입니다. 큰 비전, 큰 축복을 바라기보다 나의 삶에 허락하고 계획하신 하나님의 뜻이 이뤄지기에 합당한 비전과 축복을 주실 것에 감사함으로 구하는 것이 믿음의 삶입니다. '저 사람에게는 왜 더 많은 것이 가지?', '왜 나에게는 더 많이 오지 않지?'라는 마음은 1달란트 받은 자가 2달란트와 5달란트 받은 자와 비교하여 자신의 삶을 나태하게, 그리고 주신 분에 대한 불평으로 살았던 마음과 같은 것입니다. 이런 사람을 하나님은 어리석고 악하다고 말씀하셨습니다. 축복을 주시는 아버지의 마음을 알고 신뢰한다면 우리 삶에는 불평과 비교가 있을 수 없습니다.

> "이와 같이 그 아비가 그들에게 말하고 그들에게 축복하였으되
> 곧 그들 각인의 분량대로 축복하였더라"**창49:28**

　　열 두 아들을 축복하고 야곱은 발을 침상에 모으고 숨을 거둡니다(창49:33). 그는 죽기

전 요셉에게 "이집트에 묻지 말고 조상의 묘지에 묻어달라"(창47:30)고 부탁하였고 열 두 아들들의 축복이 끝나고 다시 한번 "가나안 땅 마므레 앞 막벨라 밭에 있는 굴에 우리 선조와 함께 장사하라"(창49:29-30)고 당부합니다. 그는 아브라함이 값을 지불했다는 말을 두 번이나 반복하면서 아브라함과 사라와 이삭과 리브가와 레아가 묻힌 약속의 땅의 막벨라 굴에 묻어달라고 합니다. 이 말 안에는 부활을 기대하면서 약속의 땅에 묻히기 원했던 야곱의 마음이 담겨있습니다.

야곱이 "나는 내 조상들에게로 돌아가리니"(창49:29)라고 한 말은 '나는 나의 믿음의 선조들이 이미 모여 있는 그 장소에 나도 함께 모여 있으려고 간다(네에싸프נֶאֱסָף, 모여지다)'라는 뜻으로 말한 것입니다. 그 장소는 더 좋은 부활을 얻기 위해 이 땅에서 주어진 인생을 믿음으로 살아냈던 믿음의 선진들이 이미 모여 있는 장소이며 믿음의 후배들이 따라 모일 장소이기도 합니다. 궁극적으로 믿음의 삶을 최고의 가치로 살아냈던 사람들이 부활 소망을 가지고 모여 있는 장소입니다.

믿음의 경주는 개인의 경주이자 믿음을 가진 자들과 함께 하는 이어달리기와 같습니다. 그 장소는 바톤을 이어받고 믿음의 경주를 이어가고 있는 후배(혹은 다음주자)를 보며 하늘에서 응원하며 모여 있는 장소입니다. 우리가 분명히 알아야 할 것은 나의 믿음의 경주는 끝이 났어도 마지막 주자가 다 경기를 마치기 전까지는 잠자는 자들의 부활이 있을 수 없고 상급에 대한 시상식도 개최될 수 없습니다. 그러므로 믿음의 경주자인 우리가 모든 무거운 것과 너무 쉽게 우리를 얽매는 죄를 떨쳐 버리고 믿음의 인내로써 우리 앞에 놓인 경주를 완주해야 할 것입니다.

유다의 사자 – 메시아

"유다는 사자 새끼로다 내 아들아 너는 움킨 것을 지고 올라갔도다(전쟁에 능한
메시아) 그가 엎드리고 웅크림이(샬롬 가운데 거하시는 메시아)
수사자 같고 암사자 같으니 누가 그를 범할 수 있으랴"창49:9

우리의 메시아이신 예슈아는 전쟁에 능한 강하신 여호와이며(시24:8) 또한 평화의 왕자이십니다(사9:6). 장자의 계승권이 유다에게로 넘어가면서 야곱은 유다의 혈통을 통해 태

어나실 메시아 예슈아를 보게 됩니다. 그분은 움킨 것을 지고 올라가는 전쟁에 능한 분이시며 동시에 평화와 안전을 가져오시는 샬롬입니다.

> "규가 유다를 떠나지 아니하며 통치자의 지팡이가 그 발 사이에서 떠나지
> 아니하기를 실로가 오시기까지 이르리니 그에게 모든 백성이 복종하리로다" 창49:10

규는 왕의 통치권을 상징하는 유다의 자손들을 통해서 많은 왕들과 통치자들이 태어날 것이며 그 왕들은 만왕의 왕이신 예슈아가 오시기까지 계속될 것이고 결국에 모든 백성이 예슈아께 복종할 것을 예언합니다. 야곱은 만왕의 왕이신 예슈아께서 또한 나귀 새끼처럼 겸손한 모습으로 오실 것을 보았습니다. 야곱은 그 옷이 포도주에 적셔짐 같이 그의 피가 옷을 적시고(창49:11) 그 피로 죄의 대가를 치르고 완전한 자유와 구원을 가져다주실 메시아의 구속 사역까지 바라봄으로써 유다의 사자이신 예슈아를 통해 열방의 구원의 완성을 예언적으로 선포합니다. 그리고 이 예언을 통해 오늘 우리는 그 말씀이 어떻게 성취되었는가를 확인하게 되고 또 앞으로 완성될 하나님의 비전을 소망하게 됩니다. 하나님의 완전한 선하심을 찬양합니다.

야곱의 소망 – 여호와여 나는 주의 구원을 기다리나이다

한 명씩 아들들을 위해 축복할 때마다 야곱은 멀리서 그들의 운명을 보고, 또 그들을 통해 나타나는 메시아에 대한 여러가지 모습을 봅니다.

단을 위해 예언하다가 그는 길가의 뱀이요 샛길의 독사라고 예언하면서 그의 자손 중에 말굽을 물어서 말 탄 자를 뒤로 떨어지게 할 한 사람을 보게 됩니다. 이것은 단 지파가 하나님의 왕국 역사에서 커다란 장애물 역할을 하게 되며 많은 사람들을 뒤로 떨어지게 하며 배교하게 하는 역할을 할 것임을 나타내는 것입니다. 단 지파는 이스라엘 12지파 중에서 가장 먼저 우상을 가지고 들어왔던 지파이고(삿18:4-5, 30-31) 북이스라엘의 초대 왕 여로보암은 헤르몬 산 밑자락에 있는 이스라엘의 물 근원이 있는 단 지파의 영토에 금 송아지 우상을 세워 이스라엘이 심각하게 배교하게 만들었습니다. 이러한 이유로 역대기의 저자는 역대상 2장부터 9장 사이에 있는 족보에서 단 지파를 통째로 빼 버렸고 그리스도의 재림 직전에 이마에 인 침을 받고 하나님의 종들로서 사역하게 될 14만 4천명의 이스라엘 자손

들의 명단에서 단 지파는 언급되지 않고 있는 것입니다(계7장).

 야곱은 미래에 단 지파를 통해서 많은 자들이 배교하게 되고 그리스도의 오실 길을 막는 적그리스도적인 역할을 하게 될 장면을 보면서 고통받게 될 이스라엘 자손들을 위해 강하게 구원에 대한 간구를 하나님께 올려드립니다.

לִישׁוּעָתְךָ קִוִּיתִי יְהוָה

리슈아테카 키비티 아도나이

"여호와여 나는 주의 구원을 기다리나이다"창49:18

 먼 훗날 고통 가운데 있는 하나님의 백성을 구원해 달라고 그들을 대신하여 먼저 탄식의 고백을 올려드린 야곱의 고백은 곧 예슈아의 구원을 기다린 고백입니다. 구원이라는 히브리어는 '예슈아'이며 기다린다고 고백한 히브리어는 '기다리다, 소망하다, 기대하다'라는 단어 카바 קָוָה입니다. 히브리어의 원어의 뜻을 살려서 이 문장을 다시 해석하면 야곱의 고백은 다음과 같은 고백입니다.

 "여호와여 나는 당신의 예슈아를, 당신이 보내주실 예슈아를
기다리고 소망하고 기대합니다"

 야곱은 하나님의 백성인 자신의 자손들이 고통 중에서 구원이신 예슈아를 소망하게 될 것임을 보았습니다. 아브라함의 언약과 축복 가운데서 말씀을 맡은 자로 특별한 사명을 가진 이스라엘 민족의 한결 같은 소망은 메시아를 통한 구원이었습니다. 그리고 메시아를 기다리는 그들의 여정은 역사 가운데서 큰 전쟁과 고난과 환란의 연속이었습니다. 그런 과정에서 이스라엘은 더욱 메시아를 소망했고 지금도 그들은 메시아를 갈망하고 있습니다. 교회와 정결한 성도들의 삶도 마찬가지입니다. 우리는 많은 고통의 시간을 통해서 메시아를 향한 소망을 더욱 간절하게 붙잡게 됩니다.

 구원은 예슈아이고 기다림은 곧 소망입니다. 그 과정은 고통과 아픔이 있지만 그 끝은 기쁨과 승리입니다.

DAY 5 창49:19-27

샘 곁의 열매 맺는 가지

"요셉은 무성한 가지 곧 샘 곁의 무성한 가지라 그 가지가 담을 넘었도다"창49:22

무성한 가지라고 표현된 히브리어 원문은 벤 포라트 בֵּן פֹּרָת입니다. 이 말은 '열매를 맺는 아들, 가지'라는 뜻입니다. 야곱은 요셉의 아들인 에브라임을 축복할 때 그를 통해 열방으로 뻗어 나가는 많은 자손들이 있을 것을 예언하였습니다. 하나님은 요셉을 통하여서 이스라엘과 열방이 한 하나님의 백성이 될 것을 계획하셨고 그는 이스라엘(야곱)의 아들로서 이집트의 총리가 되어 이집트 여인과 결혼함으로써 그의 삶 자체가 한 새 사람의 모습을 보여주는 예언적 삶이 되었습니다. 하나님은 이스라엘을 먼저 부르셨으나 그분의 계획은 태초부터 이미 먼저 부른 이스라엘을 통해 열방으로 하나님의 축복이 뻗어 나가는 것이었습니다.

이렇게 요셉이 자신의 부르심을 따라 뻗어 나가려 할 때 "활 쏘는 자가 그를 학대하며 적개심을 가지고 그를 쏠지라도 요셉의 활이 도리어 굳세어 힘이 있을 것"(창49:23)이라고 말씀하시며 하나님은 그에게 힘을 더하여 주실 것을 약속하십니다. 원수는 요셉이 뻗어 나가지 못하도록 꺾고 또 꺾었지만 그는 말씀 그대로 탁월하게 열방으로 영향력을 뻗어 나가는 자가 되었습니다. 그가 이렇게 탁월하게 뻗어 나가는 자가 될 수 있었던 것은 요셉을 도우시는 하나님이 전능하신 하나님(창49:25)이시기 때문입니다.

요셉을 도우시는 전능하신 하나님은 샤다이שַׁדַּי의 하나님이십니다. 샤다이의 원형인 샤다드שָׁדַד동사는 '파괴적인 힘을 가지다'라는 뜻을 가지고 있습니다. 모든 것을 창조하신 하나님은 모든 것을 무너뜨릴 수도 있는 하나님이십니다. 그분이 요셉에게 복을 더하시니 원수가 막으려 할지라도 요셉은 더 풍성하고 열매 맺는 아들, 가지가 됩니다. 역사 가운데 이스라엘 민족은 원수에 의해 몰살 직전까지 가는 경우가 숱하게 많았으나 그때마다 하나님은 그들을 더 자라게 하시고 번성하게 하셨습니다. 이스라엘 민족을 뛰어나게 하셔서 그들을 통해 열방에 큰 영향력을 가진 자들이 되게 하셨습니다. 이것이 하나님이 계획하신 것이기 때문입니다. 역사의 마지막에 이스라엘을 향한 원수의 대대적인 공격이 있겠지만 이를 통해 오히려 이스라엘은 메시아이신 예슈아를 맞이하면서 온 땅에 메시아닉 킹덤을 시작하는 중심이 될 것입니다. 요셉의 축복은 메시아안에서 이스라엘과 열방을 하나될 것을 미리 보여주신 하나님의 놀라우신 계획입니다.

DAY 6 창49:28-50:21

결산의 때에 주어지는 속죄의 은혜

야곱이 죽자 형들은 두려워집니다. 자신들의 과거의 죄 때문에, 여전히 완전히 변화되지 않는 자신들의 연약함 때문에 그들은 요셉으로부터 심판을 받을까 두려워합니다. 그들은 자신들을 종이라 부르며 엎드려 용서를 구합니다. 그때 요셉은 울면서 자신의 형제들을 용서하고 위로합니다. 요셉이 그들뿐 아니라 그들의 자녀들까지도 기르겠다고 약속합니다. 요셉에게 있어서 형들은 자신을 괴롭힌 나쁜 형제가 아니라 하나님의 킹덤을 이루기 위해 하나님이 선택하신 하나님의 아들들이었습니다. 그래서 그는 자신은 하나님을 대신할 수 없다고 말하며 형들의 마음을 위로합니다.

결산의 때에 여전히 우리를 덮는 속죄의 은혜가 있습니다. 하나님은 반드시 결산하시지만 또 반드시 은혜를 주십니다. 그분의 성품이 인자하고 은혜롭고 노하기를 더디 하시며 자비와 긍휼이 무한하신 분이시기 때문입니다. 인류에게 마지막 시간을 정해 놓으신 이유는 그 시간 전까지 은혜와 자비를 주시기 위해서입니다. 마지막 결산을 하는 이유는 그분의 성품이 또한 의로우시기 때문입니다. 그분의 사랑과 공의는 정확합니다. 그런데 이런 은혜와 자비는 엎드리는 자, 회개하는 자에게 주어집니다. 회개하는 자를 향해 은혜를 주실 뿐 아니라 그들의 형제와 가족들에게도 은혜를 주시는 하나님이십니다. 이것이 아버지의 마음입니다.

요셉은 하나님의 마음과 계획을 가장 깊이 알고 완전하게 이해한 자였습니다. 그래서 그는 형들을 덮는 은혜를 베풉니다. 우리가 하나님의 마음을 알면 알수록 우리에게도 용서와 자비, 은혜와 사랑의 마음이 충만해질 것입니다. 심판과 정죄가 아닌 하나님의 헤세드로 형제들을 덮어주는 은혜를 가진 자로 하나님이 우리를 부르셨습니다. 하나님의 마음에 더 가까이 다가가기를 소망하고 힘쓰는 자, 하나님의 계획을 완전히 이해한 자가 축복의 통로가 되고 마지막 때에 끝까지 남는 자가 될 것입니다. 형제를 향해 자비와 긍휼을 베푸는 자들이 결산의 때에 큰 긍휼을 입을 것입니다. 긍휼은 심판을 이기고 자랑합니다(약2:13). 긍휼이 여기는 자가 긍휼이 여김을 받을 것입니다(마5:7).

아벨미쯔라임 = 아닷 타작마당

요셉은 아버지 야곱의 유언대로 그를 약속의 땅에 묻기 위해 그의 유골을 들고 자신의 고향으로 향합니다. 그런데 요셉은 이집트에서 빨리 올라갈 수 있는 길을 선택하지 않고 굳이 요단 동편을 통해 헤브론으로 가는 길을 선택합니다. 그가 왜 먼 길을 돌아가는 길을 선택했는가에 대해서는 여러가지 학문적, 역사적인 견해들이 있습니다. 먼저는 흉년을 지나면서 재편성된 고대 중동의 근황상 블레셋이 너무 강해져서 무리하여 그들과 충돌하거나 전쟁을 일으킬 필요가 없었기 때문이라는 견해가 있습니다. 또 하나는 에돔이 야곱을 위해 애곡하고 싶어서 에돔 족속이 있는 세일산을 통과해 주길 부탁했다는 견해가 있습니다.

그러나 요셉이 이 길을 선택한 이유는 이 길이 에덴 동편으로 쫓겨났던 하나님의 백성들이 다시 동편에서부터 에덴으로 돌아오는 여정이었기 때문입니다. 요단 동편에서 약속의 땅으로 넘어가는 것은 에덴의 회복을 향해가는 방향이라는 것을 요셉은 알고 있었습니다. 또한 이 길은 메시아의 오심을 준비하는 길이기도 했습니다. 요셉은 요단 동편에서 약속의 땅으로 들어가는 길을 선택하였고 400년 후에 자신의 후손들이 여호수아와 함께 요단강을 통해 가나안으로 들어갈 길을 예언적으로 미리 걸음으로써 그 길을 예비하였습니다. 아벨 미쯔라임에 대한 이야기와 전승은 그 땅에 살던 사람들에게 계속 전해졌을 것이고 이스라엘이 큰 민족이 되어 요단 동편에 섰을 때 그 전승을 기억하고 있던 소수의 사람들 가운데 라합과 같은 자들이 생겼을 수도 있습니다.

하나님 안에서는 우연이 없습니다. 모두 그분의 세심한 계획 아래 이뤄집니다. 야곱이 자신이 의도했던 의도하지 않았던 그의 삶의 여정은 모든 것이 예언적인 것이었고 요셉 역시 그러했습니다. 그들이 선택한 것은 먼 미래에 이뤄질 메시아닉 킹덤과 메시아의 오심을 위한 것이었습니다.

요셉의 용서와 대속죄일의 그림

요셉의 형제들을 향한 용서는 예수님이 마지막 날 모든 유대인들을 용서하시는 대속죄일의 그림을 보여줍니다(창50:20). 아버지 야곱의 죽음 이후 자신들의 잘못으로 인해 두려웠던 요셉의 형제들이 요셉을 찾아가 용서해 달라고 말합니다. 이때 용서를 구하는 형들을 향해 요셉이 한 말을 히브리어를 반영하여 번역하면 다음과 같습니다.

> "두려워 마세요 형님들 나는 하나님의 아래 있는 자입니다(하나님의 자리에 있지
> 않고). 형님들은 나에 대해서 악한 것을 의도했지만 하나님은 선함을
> 위해서 계획하셨습니다. 이는 많은 백성을 살게 하실 이 날처럼
> 하시려고 하신 하나님의 선하신 생각이셨습니다"창50:20

'나는 하나님의 아래 있는 자'라고 말하는 요셉의 고백은 모든 일의 주관자가 철저하게 하나님이심을 말한 것입니다. 또한 형들이 악한 의도로 생각한 것조차 하나님은 이미 선하게 하실 것을 계획해 놓으셨음을 말하면서 모든 일이 하나님의 주권 아래에서 이뤄진 일임을 고백합니다. 요셉이 이렇게 철저하게 하나님의 주권을 고백할 수 있었던 이유는 하나님이 이 일을 통해 앞으로 어떻게 인류 구원의 역사를 이루어 가실 것인지에 대한 이해와 신뢰가 있었기 때문입니다.

요셉이 형들을 용서한 장면은 마지막 날 주님이 재림하시는 때의 장면을 통해 대속죄일에 자신들이 부인해왔던 예수님이 메시아임을 인정하면서 그동안 예수님을 미워하고 팔았고 부인했던 자신들을 용서해 달라고 말하게 될 유대인들의 모습이 비춰지는 듯합니다. 예수님은 그런 유대인들을 용서하시면서 오히려 이 모든 것이 많은 백성을 부활의 영광에 참여하게 할 '그 날(하욤היום)'을 위해서 하나님이 계획하신 것이라는 것을 알게 하실 것입니다.

하늘 아버지의 마음과 계획을 아는 요셉은 형들을 용서할 수 있었습니다. 아버지의 마음을 아는 자들은 용서할 수 있습니다. 왜냐하면 그 모든 고난과 고통이 나를 다듬어서 하나님 나라를 위해 사용하시고자 하는 하나님의 섭리였음을 깨닫기 때문입니다. 굽이굽이 흘러가는 삶 속에 당장은 이해할 수 없는 어려움이 마지막 날의 완성을 향한 과정이었음을 알게 하시기 위해 하나님은 요셉의 삶을 통해 우리에게 미리 보여주십니다. 요셉과 형제들의 용서와 하나됨처럼 '그 날'에는 예수님 안에서 모든 민족들이 서로 용서하고 화해하며 하나될 것입니다.

DAY 7 창50:22-26

죽기 직전에 가장 먼저 남긴 유언 – 나를 이집트에서 매어다가

야곱도 요셉도 죽기 직전에 가장 먼저 남긴 말은 이집트에서 자신의 유골을 가지고 선조들의 땅, 약속의 땅에 데리고 가달라고 하는 것이었습니다. 그들의 시신이 이집트가 아닌 약속의 땅에 묻히기를 간절히 소망했던 이유는 첫째, 그들 안에 부활에 대한 확신과 부활 이후에 대한 기대, 그리고 믿음이 있었기 때문입니다. 하나님이 준비하신 새로운 세상, 올람 하바에 대한 소망과 확신을 가지고 있던 그들은 자신들이 부활하여 살아갈 그 곳에 육신이 묻혀지기를 원했습니다. 둘째, 그땅이 하나님의 킹덤이 시작된 곳이자 최종적으로 완성될 곳으로써 그들은 자신들이 묻혀 있는 이 땅을 후손들이 바라보면서 그들의 삶의 방향성을 잃지 않고 믿음의 유업을 취하기를 바랬으며 이것을 통해 하나님의 뜻이 그들의 후손인 이스라엘 민족을 통해 성취 되어지기를 소망했습니다.

봐예히, '그리고 그가 살았다'로 시작하는 이번 주 토라 포션의 주제와 달리 야곱과 요셉은 치열했던 육체의 삶을 마감하고 죽음으로 들어갑니다. 그러나 그것은 죽음이 아니라 온 삶을 다해 붙잡았고 믿어왔던 하나님의 킹덤과 부활을 바라보며 영원한 삶으로 들어간 것입니다. 봐예히라는 주제를 통해 우리는 죽음이 아닌 부활과 영생을 보게 됩니다. 그들이 산 것은 먹을 것을 위해 이집트의 고센 땅에서 산 것만을 의미하는 것이 아니라 영원한 삶으로 들어갔음을 의미합니다. 우리는 어느 때보다도 부활을 믿고 소망해야 합니다. 부활을 믿고 소망하는 자들이 믿음으로 영원한 유업을 선택하고 끝까지 연단을 통과할 수 있습니다.

아담으로부터 시작된 인간의 역사는 하나님의 킹덤이 에덴(하늘과 땅이 하나됨)으로써 완성되기까지의 구속의 역사입니다. 하나님과 같은 존재로서 땅을 다스리도록 부름 받고 태어난 인간을 하나님이 계획하신 원래의 모습대로 회복하고 하나님이 원하셨던 그 자리에 앉히기 위해 하나님은 한 번도 쉬지 않고 인간의 역사에 개입하시고 주관해 오셨습니다. 인간을 실패하게 한 죄에서 반드시 건져 내실 것이라는 하나님의 약속을 굳건히 붙잡은 아담의 소망은 에녹과 노아를 지나 아브라함과 사라에게로, 이 믿음의 조상으로 인해 온 인류에게로 믿음의 유업이 전수되었습니다. 하나님은 메시아이신 예슈아를 이 땅에 보내셔서 하나님의 시간(절기)과 공간(예루살렘)에 감춰두셨던 구속의 비밀을 드러내셨고 완전한 구속을 이루셨습니다. 구원의 비밀을 알게 되고 믿음으로 선택한 자들은 예슈아로 인해 구원을 받고 하나님의 킹덤에 완전히 동참하는 자가 되었습니다. 이제 역사는 마지막을 향해 가고 있고 긴 시간 하나님이 일해 오셨던 구속이 완전히 성취될 것입니다. 그 끝자락에 우리는 부활하여 하나님이 태초부터 예비하신 그분의 킹덤에서 왕이신 메시아를 섬기며 영생을 누릴 것입니다.

하프타라 왕상2:1-12

상급과 벌

다윗은 왕국의 기반을 마련하고 솔로몬에게 부요하고 강력한 나라가 될 수 있도록 미처 해결하지 못한, 혹은 좀 더 시간이 필요했던 과제들을 남겨줍니다. 다윗은 죽기 전에 솔로몬에게 칭찬할 자는 보상으로 악한 일을 했던 자는 심판으로 자신이 다하지 못했던 것을 완전하게 결산할 것을 당부합니다. 그리고 솔로몬이 지혜롭게 왕국을 든든하게 세워 갈 소망합니다. 다윗의 소망대로 솔로몬의 나라가 심히 견고했다고 성경은 기록합니다(왕상2:12).

다윗은 수많은 전쟁을 통해 이스라엘을 공격하고 원수가 되는 자들을 몰아내었을 뿐 아니라 가장 중요하며 가장 견고한 진이었던 예루살렘을 차지하고 있던 여부스 족속을 몰아냄으로써 하나님의 성전이 드디어 에덴-동산의 중심에 설 수 있는 기틀을 마련했습니다. 이렇게 되기까지 다윗의 삶은 죽음을 거쳐야 하는 고통스러운 과정이(사울의 위협, 블레셋의 위협, 광야에서 많은 물에 잠길 뻔한 위협 등) 있었지만 하나님의 킹덤을 향한 그의 믿음의 확실함은 그가 불과 물을 견딜 수 있도록 하였습니다. 그의 견딤은 그에게 칭찬과 영광과 존귀를 더해주었습니다(벧전1:7). 그리고 그 모든 과정가운데 하나님은 능력으로 그와 함께 해주십니다.

믿음의 선조들은 그들의 삶이 다할 때 자신들이 살아왔던 하나님의 킹덤을 향한 믿음의 유업을 후손들에게 이어주며 축복해 주었고, 하나님의 킹덤을 위해 해결되지 않은 것들을 반드시 결산하게 하였습니다. 인류의 마지막에도 이와 같을 것입니다. 지금까지 앞서 믿음의 경주를 달려갔던 선진들의 믿음의 유업은 그와 같은 믿음으로 살겠다고 결단한 자들에게 흘러가 하나님의 킹덤을 유업으로 갖는 축복을 얻게 할 것이며 이것을 취하지 않은 자들에게는 심판의 결산이 있을 것입니다.

　　마지막 때를 살아가는 성도들에게 사도 베드로도 같은 위로와 권면의 말씀을 전해줍니다. 마지막 때에 나타나기로 예비된 구원(예슈아)을 얻기 위해 믿음으로 말미암아 하나님의 능력으로 우리는 보호를 받을 것입니다(벧전1:5). 우리가 싸워야 하는 수많은 전쟁은 물리적인 싸움과 함께 영적인 전쟁이 더욱 치열하겠지만 그 과정에서 결코 놓지 않는 믿음이 결국 우리의 구원을 이룰 것입니다. 우리는 썩지 않고 더럽지 않고 쇠하지 아니하는 유업을 취하게 될 것입니다(벧전1:4).

　　이 영원한 하늘의 유업이 우리에게 왔습니다. 우리는 믿음으로 선택해야 합니다. 끝까지 연단을 받아 혼의 구원을 이루고 영광으로 들어갈 것인지, 아니면 중간에 지쳐 포기할 것인지, 혹은 세상과 타협하고 하나님을 버릴 것인지를. 하나님은 믿음으로 영원한 유업을 선택한 자들에게 바톤을 주셨습니다. 바톤을 가진 자들은 달려야 합니다. 지금까지의 시험 때문에 지쳐버리는 것이 아니라 이제 진짜 힘을 다해 달려야 합니다. 우리에게는 믿음의 선조들로부터 받은 축복이 있습니다. 이 축복의 배가 되는 축복을 우리의 다음 세대에게 주어야 합니다. 그러나 끝까지 믿음으로 이 유업으로 들어오지 않은 자들에게는 심판의 결산이 있을 것입니다. 하나님의 킹덤의 유업을 위해 축복받고 축복을 흘려보내는 통로가 되어야겠습니다.

브리트 하다샤 벧전1:1-9 / 요13:1-19

썩지 않고 더러워지지 않고 쇠하지 아니하는 유업

　　야곱이 이스라엘 열 두 아들들을 축복하며 준 것은 썩지 않고 더러워지지 않고 쇠하지 아니하는 유업이었습니다. 예수님의 사도들은 이 유업을 본도, 갈라디아, 갑바도기아, 아시아와 비두니아에 흩어진 나그네, 곧 예수님의 피뿌림에 의해 택하심을 받은 성도들과(벧전1:1-2) 오늘날 우리에게까지 이어주었습니다. 야곱의 축복은 모든 민족을 향한 축복이었고,

요셉이 받은 축복은 모든 민족으로 뻗어가게 될 축복(담을 넘는 가지, 창49:22)이었습니다. 하나님이 아브라함을 부르시면서 "땅의 모든 족속이 아브라함을 통해서 복을 받게 될 것"이라는 말씀은 이렇게 성취되었고, 지금도 성취되고 있습니다. 바로 우리들을 통해서 진행되고 있습니다.

그런데 이런 유업을 받을 자들은 여러 가지 시험으로 인해 근심할 수는 있겠지만 오히려 크게 기뻐하는 자들입니다(벧전1:6). 왜냐하면 이 유업을 받은 자들이 가지고 있는 믿음의 확실함은 불로 연단해도 없어질 금보다 더 귀하기 때문입니다(벧전1:7). 그래서 믿음의 결국은 (영)혼의 구원 입니다(벧전1:9). 한글로 번역된 성경들에서 '영혼'으로 번역된 헬라어는 '프쉬케ηχυψ'인데 이것은 '영'과는 구별되는 '혼'을 의미합니다. 혼은 우리의 생각, 감정, 의지로 구성되어 있습니다.

우리가 거듭날 때 내 영은 하나님의 영과 연합되면서 생명을 얻어 거듭나게 되고, 이것은 구원의 여정의 시작입니다. 혼은 가장 치열한 전쟁터입니다. 어느 쪽에서 몇%의 주도권을 더 잡게 하느냐 덜 잡게 하느냐로 죽기 전까지 평생 두렵고 떨림으로 이루어 가야 할 혼의 구원은 우리의 성화의 과정입니다. 그리고 경건은 이 세상뿐 아니라 부활 이후의 상급과 영광과도 관계된, 신앙생활에서 평생 중요하게 다루며 수련해야 할 부분입니다. 육의 구원은 곧 몸의 부활을 의미하며, 부활의 새 아침을 기다리는 잠자는 자들이 영화(榮化)의 단계로 들어가는 구원의 최종 단계입니다. 그래서 우리는 땅에 사는 동안 무엇을 어떻게 심었느냐에 따라서 각기 다른 부활로 나타나게 될 것입니다. 이것은 우리가 땅에 살아가는 동안 우리의 생각과 감정과 의지를 어떻게 사용했느냐, 어떤 상태였느냐, 무엇으로 채웠느냐의 문제로 혼의 구원을 이루는 것과 관련되어 있습니다. 믿음의 결국은 혼의 구원입니다.

베드로전서 1:22에서는 "성령을 통해 진리에 순종함으로 너희 혼을 깨끗하게 하라"고 말씀하십니다. 그리고 혼이 깨끗해지면 그 결과는 '거짓 없이 형제들을 사랑하기에 이르게 됨'과 '순결한 마음으로 뜨겁게 서로 사랑하게 됨'입니다. 그리고 혼에게 '신령한 젖'을 먹여주라고 권면합니다(벧전2:1-2). 무엇을 먹고 마시느냐에 따라, 무엇을 입력하고 무엇을 섭취하고 무엇을 보았고 들었느냐에 따라서 혼의 상태가 달라지기 때문입니다. 혼의 정결은 죄의 씻음과는 다른 차원입니다. 지은 죄가 씻겨지는 것은 우리가 할 수 없습니다. 그래서 주님이 대신 해결해 주셨습니다(요일1:7). 우리가 할 일은 혼을 정결하게 하기 위해 결단하고 행동하는 것입니다. 생각, 감정, 의지가 정결할 때 구부러지지 않은 선택을 할 수 있습니다. 마음을 깨끗이 하고(행15:9) 생각을 새롭게 하는 것(롬12:2) 모두 혼을 정결하게 하는 일입니다. 혼의 정결은 믿음의 순도를 높이는 과정이며, 믿음을 끝까지 지키는 자는 칭찬과 영광과 존귀를 받게 됩니다(벧전1:7).

유업이라는 히브리어는 나할라חֲלָה인데 이는 나할חַל이라는 단어에서 파생되었습니다. 나할은 '흐르다'라는 뜻입니다. 그래서 강이나 시내뿐만 아니라 흘러가는 모든 것들을 나할이라고 부릅니다. 그런데 나할חַל에 히브리어 헤이ה를 붙여 나할라חֲלָה라고 하면 '유업'이라는 뜻이 됩니다. 즉, '유업은 흘러가는 것'이라는 뜻입니다. 아버지로부터 아들에게 흘러가는 것, 아버지의 것이 아들의 것이 되는 것이 나할라입니다. 하나님이 우리에게 주시는 유업은 썩지 않고 더러워지지 않으며 우리를 위해 마련된 하늘의 나할라입니다. 그 이름을 믿는 자 곧 아들을 영접하는 자는 이미 아버지의 자녀가 된 권세를 받았습니다(요1:12). 하지만 우리가 부활할 때, 아버지로부터 더 아름답고 영화로운 나할라를 받기 위해 두렵고 떨림으로 혼의 구원을 이루고(빌2:12) 또한 믿음과 소망과 사랑으로 혼의 구원을 이루라고 말씀하십니다.

한 걸음 한 걸음 믿음으로 우리 앞에 놓인 경주를 완주할 때, 우리는 아브라함, 이삭, 야곱, 유다와 요셉에게로 이어진 하나님 나라의 유업(나할라)을 취하게 될 것입니다. 우리가 받게 될 그 유업은 영원한 생명입니다. 그날에 당신에게 주어질 영광스러운 상급이 하늘에서 당신을 기다리고 있습니다.

봐예히 주간의 말씀

1. 야곱이 이집트에 묻혀서는 안 되는 이유는 한 가지입니다. 그의 조상들이 멀리서 바라보고 환영한 하나님의 킹덤, 그 킹덤의 중심이 될 그 동산, 그리고 그 동산에서 다시 부활하기를 소망했기 때문입니다.

2. 예수님은 초림 때 자신의 생명을 대가로 지불하심으로 죄와 사망의 권세에서 우리를 건져 내셨고, 재림하실 때는 우리를 위해 원수를 갚아 주시고 원한을 풀어주심으로 원래 하나님이 우리에게 주셨지만 우리가 잃어버렸었던 모든 것을 되돌려주실 것입니다. 초림 예수님의 고엘 사역과 재림 예수님의 고엘 사역은 우리에게 고엘에 대한 두 가지 측면을 보여줍니다.

3. 우리에게 주어지는 삶의 고난과 괴로움, 때로는 하나님을 너무 사랑하다 보니 그것을 붙잡으려고 나의 의로 말미암은 실수조차도 하나님은 자신의 계획과 뜻을 알아가는 도구로 사용하십니다.

4. 하나님 나라에서 크고 작은 것은 없습니다. 모두에게 필요한 만큼 정확하게 주어집니다. 이것이 하나님의 성품입니다. 큰 비전, 큰 축복을 바라기보다 나의 삶에 허락하고 계획하신 하나님의 뜻이 이뤄지기에 합당한 비전과 축복을 주실 것에 감사함으로 구하는 것이 믿음의 삶입니다.

5. 구원은 예슈아이고 기다림은 곧 소망입니다. 그 과정은 고통과 아픔이 있지만 그 끝은 기쁨과 승리입니다.

6. 혼의 정결은 죄의 씻음과는 다른 차원입니다. 지은 죄가 씻겨지는 것은 우리가 할 수 없습니다. 그래서 주님이 대신 해결해 주셨습니다(요일1:7). 우리가 할 일은 혼을 정결하게 하기 위해 결단하고 행동하는 것입니다. 생각, 감정, 의지가 정결할 때 구부러지지 않은 선택을 할 수 있습니다.

7. 봐예히(그리고 그가 살았다)라는 주제를 통해 우리는 죽음이 아닌 부활과 영생을 보게됩니다. 그들이 산 것은 먹을 것을 위해 이집트의 고센 땅에서 산 것 만을 의미하는 것이 아니라 영원한 삶으로 들어갔음을 의미합니다.

봐예히 주간의 선포

1. 마땅히 가져야 할 부활 신앙을 갖지 못하도록 가리는 교리와 세상과 섞여버린 잘못된 가르침과 신학으로부터 교회와 성도들을 깨우시고 눈을 열어 진리를 보고, 귀가 열려 진리를 듣게 하소서. 영원한 유업을 믿음으로 선택한 자들이 끝까지 믿음의 연단을 잘 통과할 수 있도록 붙들어 주소서.

2. 무엇을 결산해야 할지 알게 하시고 회개의 자리로 나아가 주의 긍휼을 구하는 자들 되게 하소서. 엎드려 구하는 자들에게 하나님의 사랑과 은혜로 덮어주소서. 또한 하나님의 사랑과 은혜로 형제, 자매들을 용서하고 덮어주게 하소서.

3. 야곱이 인생을 마무리하면서 자기에게 주어진 믿음의 유업과 축복을 자녀들에게 남겨주었듯이 새로운 한 해를 맞이하면서 믿음의 바톤을 이어받은 자들에게 새로운 계시와 기름부음을 더하여 주소서. 우리에게 주어진 축복의 권세를 우리의 자녀들과 새롭게 일어난 거룩한 세대를 향해 마음껏 쏟아붓게 하소서.

4. "당신들은 나를 해하려 하였으나 하나님은 그것을 선으로 바꾸사 오늘과 같이 많은 백성의 생명을 구원하게 하시려 하셨나니"(창50:20)로 고백한 요셉의 삶처럼 하나님과 함께 동행하며 진리 편에 선 자들을 공격하는 모든 공격으로부터 의로운 자들을 보호하시고 모든 것을 선으로 바꾸셔서 하나님의 백성들을 구하고 일으키게 하소서.

에필로그

Epilogue

에필로그 Epilogue

"잇사갈 자손 중에서 시세를 알고 이스라엘이 마땅히 행할 것을 아는 우두머리가
이백 명이니 그들은 그 모든 형제를 통솔하는 자이며"(대상12:32)

유대력을 통한 지난 10년, 다가올 10년에 대한 예언적 성찰

    요셉, 다니엘, 느헤미야와 같은 지도자들은 땅의 학문과 문화, 정치, 경제, 사회적인 영역의 전반적인 것을 잘 읽어내고 그것을 활용할 줄 아는 지혜를 가진 자이었습니다. 그런데 이들은 땅의 영역뿐 아니라 하늘의 영역에서 어떤 일이 일어나는지, 그것이 땅에 어떤 영향을 주고 있으며 앞으로 어떤 일이 전개될 것인지를 볼 수 있는 영적 통찰력을 가진 자들이었습니다. 이들이 이렇게 하늘과 땅의 영역을 함께 읽어내고 볼 수 있었던 이유는 첫째, 그들에게 하나님의 킹덤이라는 사명이 일찌감치 그들의 민족에게 주어져 있다는 것을 알고 이해하고 있었고 그것을 믿었으며 둘째, 그 사명을 위한 자신들의 정체성과 역할을 이집트, 바벨론, 페르시아와 같은 제국에 살면서도 잊지 않았으며 셋째, 세상의 흐름과 영적인 흐름을 읽어내고 그에 맞추어 지혜로운 전략들을 하나님으로부터 받았기 때문입니다. 이와 같은 지도자들 외에 이스라엘의 12지파들 가운데 잇사갈 지파의 리더들은 특별히 더 시세를 아는 자들(세상의 흐름과 영적인 흐름을 읽을 줄 아는 자들)이었다고 말합니다. 이들은 하나님이 그들에게 주신 토라의 말씀과 하나님의 절기(시간)에 담겨있는 의미들, 그 외에 그들

에게만 내려오고 있었던 비밀들을 통해 세상과 영적인 흐름의 변화를 읽어내고 그것에 맞추어 전략들을 펼쳐내었습니다.

영적인 기류의 변화를 볼 수 있는 방법 중에 하나는 유대력을 통해 아는 것입니다. 히브리어는 문자 하나하나가 상형문자이면서 뜻을 포함하고 있는 뜻글자입니다. 그뿐만 아니라 각각의 문자는 숫자 값을 가지고 있습니다. 유대인들은 오랜 시간 동안 히브리어 문자가 담고 있는 뜻과 숫자 값을 통해 하나님이 말씀하고 계신 것을 깨닫기도 했고, 또 앞으로 어떤 일들이 있을 것인가를 미리 살펴보기도 했습니다. 유대인들에게 있어서 히브리어 문자와 숫자는 하나님이 그들에게 말씀해 주시는 하나의 통로였기 때문입니다. 그래서 히브리어 문자와 숫자 값은 시대를 보는 예언적인 통찰을 유대인들이 가질 수 있게 하였습니다. 그런 의미에서 유대력의 숫자와 그 숫자 값에 해당하는 문자의 의미는 유대인에게 중요한 영적인 방향을 제공해 왔습니다. 그런데 이것은 하나님이 유대인에게만 주신 것이 아니라 우리 모두에게 주신 것입니다. 하나님은 하나님의 뜻과 의도를 히브리어에 담으셨고, 그것을 먼저는 유대인에게 허락하셔서 알게 하셨지만 결국은 열방이 함께 하나님의 뜻과 목적을 알게 하시기 위해 창조하셨습니다. 그래서 히브리어의 문자와 각각의 숫자 값은 우리에게도 영적인 눈을 열게 해주는 귀한 통로 중 하나가 됩니다.

2009년에서 2010년까지의 해는 유대력으로 5770년이 시작되는 해였습니다. 유대력에서는 끝 숫자 2개가 그 해를 상징하고 대표하는 숫자로 여겨집니다. 그래서 5770년에서 70은 그 해를 상징하는 숫자가 되면서, 동시에 앞으로 있을 10년의 시간을 대표하는 숫자가 됩니다. 70은 히브리어 알파벳 아인ע을 뜻합니다. 아인은 '눈'을 의미합니다. 하나님은 유대력으로는 5770년(2009-10년)이 되었던 이 시기에 많은 사람들의 영적인 눈을 열고 보여주기 시작하셨습니다. 이전의 종교적인 패턴에서 벗어나 새롭고 신선한 포도주가 부어지기 시작했습니다. 그리고 실제로 하나님은 열방 곳곳에 다윗의 장막으로서의 예배의 회복, 24시간 기도의 집으로서의 교회, 주님의 집을 지키는 예배자들에게 새로운 기름을 부으시고 주님께 시선이 고정되는 신부들을 일으키기 시작하셨습니다. 마지막 대추수를 준비하고 만왕의 왕으로 다시 오시는 예수님을 맞이할 준비가 본격적으로 일어나기 시작했습니다. 그래서 5770년부터 시작되는 새로운 10년에 하나님은 다음과 같은 일들을 하실 것이라는 감동을 많은 사역자들의 입술을 통해 선포하게 하셨습니다. 이 시기의 10년 동안 선포되었던 예언적인 메시지들이 많은 부분 성취된 것을 볼 수 있습니다.

> 1) 비둘기처럼 주님에게만 시선이 고정된 신부들이 일어날 것이다. 그들은 에녹처럼 하나님의 영에 사로잡히는 경험을 시작하게 되며 대추수를 위해 준비될 것이다.

이 기간에 많은 사람들이 예배와 기도에 대한 새로운 기름부음을 받았습니다. 그리고 많은 나라에서 멈추지 않는 예배와 기도에 대한 갈망을 가진 예배자들이 일어나기 시작했고, 그들에게 부어진 메시지는 다윗의 장막, 신부, 그리고 왕의 오심이었습니다.

> 2) 세계 각 나라에서 정치적인 격변이 일어날 것이다.

실제 이 기간에 많은 나라의 수장이 바뀌고, 정치적인 이념에 따른 극심한 분열이 일어나기 시작했으며, 좌우의 격렬한 전쟁이 시작되었습니다.

> 3) 70 이라는 숫자는 성경적으로 '열방'을 뜻하는 것으로서 열방들이 추수를 위해 준비될 것이다. 라오디게아 교회와 같았던 개인이나 교회들이 눈이 열리고 예언적인 눈의 회복을 위해 불로 연단을 받게 될 것이다.

종교적인 패턴에 익숙했던 교회들에게 전환이 일어나기 시작했습니다. 그 전환의 한 가운데에는 이스라엘과 마지막 때에 대한 메시지들이 있었습니다. 이 전환을 통해 미지근했던 교회들과 성도들 안에 새로운 불이 던져졌고 이 불은 새로운 열정을 일으켰습니다.

> 4) 하나님과의 사랑으로부터 멀어지게 했던 모든 시스템과 우상들이 다뤄지는 기간이 될 것이다.

이 기간에 새로운 기름 부음을 받은 예배자들과 중보자들에게 종교적인 패턴이 아닌 완전한 하나님과의 연합을 위한 사랑의 관계로 깊이 들어갈 수 있도록 문을 여셨습니다. 그 가운데에 아가서의 말씀이 깊이 풀어졌고, 아가서는 신랑 되신 예수님과 신부 된 성도와 교회들을 친밀함 안으로 인도했습니다.

이 시간에 이스라엘과 유대인에 대한 새로운 눈을 뜨게 된 사람들이 예루살렘으로 올라오기 시작했습니다. 10년 동안 예루살렘을 밟게 되는 그리스도인들의 숫자는 눈에 띄게 증가했고, 한국에서도 많은 교회와 성도들이 유대인과 이방인의 하나 됨을 위해 기도하고 섬기기 시작했습니다.

5780년의 10년

5780년(2019-2029)을 살아가고 있는 지금, 우리는 지난 10년인 5770년의 시즌 (2009~2019)에 하나님께서 하리라고 하셨던 위와 같은 5가지 예언의 말씀이 실제로 이루어졌다는 것에 동의할 것이라고 생각됩니다. 지난 10년간 하나님은 많은 개인들과 교회들의 눈을 열어 주셨습니다. 대부분 그들의 눈을 열어 보게 된 것은 예배와 기도, 주님의 오심을 준비하는 신부, 그리고 마지막 때에 이뤄질 유대인과 이방인의 하나 됨, 이스라엘과 교회가 하나 될 것에 대한 것이었습니다. 하나님을 갈망하는 자들은 혼적인 면, 영적인 면, 재정적인 면등 여러 방면에서 혹독하게 훈련받았습니다. 하나님은 훈련을 통해 신부들을 정렬시키십니다.

유대력 5770의 70이 아인ע, 눈을 의미했다면, 5780년의 80은 페פ, 입을 의미합니다. 지난 10년간 보아왔던 것들, 깨닫고 알아왔던 것들, 받아왔던 새로운 계시들을 말하는 시즌이 되었습니다. 그래서 페פ, 입의 해가 시작되는 5780년부터는 "Year to widen your mouth in wisdom or zip it shut, 지혜로 입을 크게 열거나 입을 닫아야 할 해"라는 시대적 전망이 선포되었습니다. 이 말은 우리의 입술에 지혜가 부어져 권세가 더해지기도 하겠지만 무엇을 말해야 할 것인지에 대한 철저한 훈련도 이뤄질 것이라는 것을 의미합니다. 어떻게 말하느냐에 따라 하나님이 주신 계시들이 증가되고, 선한 영향력이 펼쳐지면서 그 뜻이 그대로 이뤄질 수도 있지만, 잘못된 입술의 선포에 의해 하나님의 역사를 방해하고 막히게 할 수도 있습니다. 그러므로 말해야 할 때와 말하지 말아야 할 때, 말해야 할 것과 말하지 말아야 할 것에 대한 철저한 분별력이 필요합니다. 이런 분별력의 열쇠는 지혜의 말씀입니다! 철저히 지혜의 영이신 성령님으로부터 말씀의 조명을 받을 때만 입을 열고 말해야 할 것입니다.

유대력 5780년, 그레고리안력 2020년이 시작되면서 수많은 사람들이 특별한 해가 될 것이라 예견하였고 많은 요동과 흔들림이 있을 것이라 이야기했습니다. 이미 수년 전부터 세계는 어떤 큰 지각 변동을 위한 전조증상들이 이미 있어왔습니다. 그리고 뜻밖의 전염병인 코로나19가 터졌습니다. 하나님은 코로나19 바이러스가 퍼지는 것을 허락하셨고 이 바이러스는 페פ의 해가 시작된 5780년에 우리의 입을 마스크로 가리게 하였습니다. 이런 상황 속에서 사탄은 거센 거짓말과 속임으로 전 세계를 혼돈 속으로 몰아넣었습니다. 거짓말들로 수많은 사람들이 속기 시작했고 이 속임은 사람들의 눈과 귀를 가리기 시작했습니다. 그래서 아무리 진실을 말해줘도 듣지 못하고 증명을 해서 보여줘도 보지 못하고 있습니다. 페פ의 해, 말의 전쟁이 시작된 것입니다. 말의 전쟁에서 승리하기 위해 우리는 다음과 같은 기도와 행동이 필요합니다.

1) 자리를 노리는 사탄

"네가 네 마음에 이르기를 내가 하늘에 올라 하나님의 뭇 별 위에 내 자리를 높이리라 내가 북극 집회의 산 위에 앉으리라 가장 높은 구름에 올라가 지극히 높은 이와 같아지리라 하는도다"**사14:13-14**

현재 작은 공동체부터 시작해서 나라의 지도자에 이르기까지 사탄적인 일이 가득합니다. 사탄적인 일이란 자기 자리, 위치를 이탈해서 자기가 있어야 할 자리가 아닌데 올라서서 차지하려고 하는 것, 또는 그 자리에 있어야 할 사람을 자꾸 끌어내리려 하는 것, 또는 때가 아닌데 자기 스스로 자리를 차지해서 영향력을 행사하려고 하는 것입니다. 모두 자리, 위치와 관련된 일입니다. 사탄은 하나님의 뭇 별 위에 자기 자리를 스스로 높여서 하나님과 같아지려고 하였습니다. 그러나 그는 결코 그렇게 할 수 없었습니다. 그래서 하나님이 땅에 대한 모든 권위를 주신 아담을 속여서 자기가 대신 차지했습니다. 지금도 세계는 사탄에 의해 이와 같은 일들이 비일비재하게 일어나고 있습니다.

그래서 우리가 기도할 때, 모든 것이 있어야 할 제 위치로 돌아가도록 하나님의 질서를 선포해야 합니다. 또한 하나님의 때에 하나님이 세워주실 때까지 겸손하게 자기 자리를 지키는 것이 필요합니다. 섣부른 생각과 판단으로 나서려 하지 말고 내가 나서야 할 때, 내가 말해야 할 때를 주님께 반드시 묻고 움직여야 합니다. 이것을 위해서 계속 겸손하게 주님 앞에 앉아 있는 시간이 필요합니다.

2) 판단과 결정을 위한 보류

> "그가 여호와를 경외함으로 즐거움을 삼을 것이며 그의 눈에 보이는 대로 심판하지
> 아니하며 그의 귀에 들리는 대로 판단하지 아니하며"사11:3

수많은 정보들이 쏟아져 나오고 있습니다. 수많은 뉴스들이 들려옵니다. 그 정보들과 뉴스들에 대한 비평도 끊임없이 오고 갑니다. 정보들과 뉴스들이 보이고 들릴 때마다 대부분의 사람들은 그 순간 어떤 판단을 합니다. 문제는 다수가 전하는 뉴스에 신빙성을 두고 그것을 기준으로 생각하고 판단한다는 것입니다. 정보와 뉴스의 배후에 무엇이 있는가는 살펴보지 않는다는 것입니다. 그러다 보니 선동되고, 조종당하고 있습니다.

하나님을 경외하는 사람들은 눈에 보이는 대로 심판하지 않고, 귀에 들리는 대로 판단하지 않습니다. 여기서 심판이라고 쓰인 히브리어는 샤파트שָׁפַט 입니다. 샤파트에서 미쉬파트מִשְׁפָּט라는 단어가 나옵니다. 이것은 바른 판단을 뜻하며 더 나아가서는 바른 판단에 기초한 바른 통치를 의미합니다. 판단이라고 쓰인 히브리어는 야카흐יָכַח인데 이것은 '재증명하다, 결정하다, 바로잡아주다'라는 뜻을 가집니다. 즉, 눈에 보이는 대로 판단하지 않고, 귀에 들리는 대로 결정하지 않고, 오히려 보이지 않고 들리지 않는 영적인 흐름을 보고 들으며 크로스체크(cross-check)의 과정을 거친 뒤 바른 판단을 내리는 것을 의미합니다. 바른 판단을 내린 뒤에는 틀린 것을 고쳐주어야 합니다.

그런데 눈에 보이는 대로, 귀에 들리는 대로 반응하지 않는 사람의 특징은 하나님을 경외하는 사람이라는 것입니다. '경외함'이란 하나님이 모든 것 위에 가장 높으신 분이라는 믿음과 두려움을 가진 존경을 뜻합니다. 하나님이 가장 두려운 분이기 때문에 사람의 기준으로 생각하지 않습니다. 하나님의 기준으로 보고 판단하는 것입니다. 기준이 틀어지면 모든 판단과 결정의 과정이 꼬이게 되어 있습니다.

그래서 우리가 하나님을 경외한다면 당장 내 눈앞에서 벌어지고 있는 일이라 할지라도 보이는 현상에 따라 판단하기를 보류하고 하나님께 묻고 그 배후를 정확하게 분별해 내야 합니다. 그래서 우리가 지금 훈련해야 할 것은 나에게 어떤 정보를 주고, 뉴스를 전해주

는 매체나 사람의 말을 들었을 때, 그 순간에 어떤 감정적 반응이나 판단하는 것을 보류하는 것입니다. 이런 신중함이 우리에게 명철, 빈을 더해 줄 것입니다. 히브리어의 빈은 아주 작은 차이도 분별해 낼 수 있는 능력입니다. 비슷하게 보이는 것이 같은 것은 아닙니다. 사탄은 전혀 다른 모습으로 유혹하지 않습니다. 비슷하게 보여서 은근히 섞은 뒤 한 순간에 집어 삼킵니다. 지금은 비슷하게 보이는 것 안에서 정확하게 다른 것을 분별해 내는 빈을 가져야 하며, 이것을 위해 우리는 더욱 철저히 하나님을 경외하는 삶을 살아야 합니다.

3) 무슨 영으로 말하는지 분별하라

> "그분께서 예루살렘으로 가시려는 듯한 얼굴이므로 그들이 그분을 받아들이지
> 아니하매 그분의 제자 야고보와 요한이 이것을 보고 이르되 주여 엘리야가 행한 것
> 같이 불이 하늘로부터 내려와 저들을 멸하도록 우리가 명령하기를 원하시나이까?
> 하거늘 그분께서 돌아서서 그들을 꾸짖으시며 이르시되 너희가 어떤 영에 속해
> 있는지(혹은 어떤 영으로 말하는지) 너희가 알지 못하는도다 사람의 아들은
> 사람들의 생명을 멸하러 오지 아니하고 구원하러 왔느니라 하시니라. 그들이 다른
> 마을로 가니라"눅9:53-56 KJV

예수님은 요한복음 6:63에서 "말은 곧 영이요 생명이라"고 하셨습니다. 사실 우리가 어떤 말을 들을 때는 정보나 내용 자체보다는 뉘앙스나 분위기, 감정이나 태도에 더 많은 영향을 받습니다. 그래서 상대방이 어떤 말을 할 때, 우리는 그 사람이 어떤 의도와 목적을 가지고 이야기하는지에 영향을 받습니다. 주님은 더 깊이 나아가 말을 통해 영이 전달된다고 하셨습니다. 그래서 제자들이 예수님을 거절하고 반대하는 사람들을 향해 '불이 내려와 멸하도록 할까요'라고 했을 때, 너희가 무슨 영으로 말하는지 모른다고 하면서 꾸짖으셨습니다. 제자들은 예수님을 위해서 '불의한 자들을 심판할까요'라는 의도였을지 모르지만, 주님은 단순히 불의에 대한 심판이 아닌 그들 내면에 저주와 분노의 의도가 있었음을 보셨습니다. 이 말은 우리가 말을 할 때, 생명의 영이 흘러갈 수도 있지만, 어둡고 부정적이며 분노가 담긴 영을 흘려보낼 수도 있다는 뜻입니다.

그래서 어떤 말을 할 때 나 자신의 의도와 감정을 면밀히 살펴보아야 하며, 다른 사람

이 말을 할 때 저 사람이 어떤 영으로 말하는지를 먼저 살펴보아야 합니다. 섣부른 정죄와 판단은 주님의 마음이 아닙니다. 상대방이 하는 말의 영의 흐름을 알면 우리는 사람에 대해 정죄하지 않고 영적 실체에 대해 정확하게 대적할 수 있습니다. 그러므로 말에 어떤 영이 담겨 있는지를 분별할 수 있는 분별력을 주시기를 구해야 합니다. 그리고 나 자신의 말을 더 정제해야 합니다.

4) 말씀의 "하가הָגָה"

지금 시대는 급속도로 비대면 예배로 전환되면서 많은 사람들이 온라인 예배를 찾기 시작했습니다. 어떻게 보면 이전보다 훨씬 더 많은 말들을 들을 수밖에 없는 상황이 되었습니다. 또한 불안하다 보니 이 불안함을 극복해 줄 어떤 말들을 듣고 싶어 여기저기를 많이 찾게 되었습니다. 세계적으로 유명한 예언 사역자의 말을 듣기도 하고, 찾아가기도 하며, 혹은 유명한 목사님들의 말씀, 혹은 세련되고 멋지게 잘 만들어진 영상들, 혹은 뭔가 더 영적일 것 같은 예언의 말씀들, 기도자의 소리들을 들으려고 합니다. 그런데 이렇게 들으려고 하는 것의 기반은 더 잘 알고 싶어서도 있지만, 반대로 보면 너무 잘 알지 못해서 불안하기 때문에 그렇습니다. 무엇을 잘 알지 못하는 것인가요? 말씀을 잘 알지 못하는 것입니다. 교회를 다닐 때는 그 안에서 보호받음을 느끼면서 신앙생활을 했지만, 교회에 갈 수 없다 보니 뭔가 나를 지탱해 주는 것이 없는 것처럼 느껴지기도 하고, 말씀을 아는 것 같았지만 실상은 잘 몰랐기 때문에 말씀을 알고 싶긴 한데 막상 어떻게 할지 몰라 도움을 찾으려다 보니 수많은 말씀, 예언들을 찾아 듣게 됩니다. 그런데 어느 때는 도움이 되지만 어느 때는 오히려 더 혼란스러움을 느끼기도 합니다.

설교를 듣는 것보다, 예언의 말씀을 듣는 것보다 더 우선순위가 되어야 할 것은 하나님의 말씀을 읽는 것입니다. 그런데 그냥 눈으로 읽은 것이 아니라 내 귀에 들리도록 말하면서 읽는 것입니다. 하나님이 가나안 땅으로 들어가는 여호수아에게 주야로 묵상하라고 하신 말씀(수1:8), 복 있는 자들은 그 말씀을 주야로 즐겁게 묵상하는 자라고 하신 말씀(시1:2)에서 '묵상'은 히브리어로 '하가הָגָה'인데 이것은 '중얼거리다, 말하다, 소리를 내다'라는 뜻을 가집니다. 믿음은 들음에서 나고, 들음은 그리스도의 말씀에서부터 시작됩니다(롬10:17). 우리가 일반적으로 말씀을 듣는다고 할 때 말씀을 잘 해석해 주는 설교를 듣는 것을 먼저 떠올리는데 성경에서 말하는 말씀을 듣는 것은 하가입니다. 즉, 자기 목소리로 소리를 내어 말씀을 읽거나 읊조리면서 자기 귀에 들리게 하는 것입니다. 이것이 유대인들이 수천 년간 해온 말씀을 듣는 것입니다. 사실, 말씀은 그 자체가 힘이 있기 때문에 뜻이 이해되든, 이해되지 않든 우리의 영에 힘을 줍니다. 잘 해석한 설교는 말씀을 이해고 깨닫는데 분명 도움을 주고 도전도 주지만 설교 자체가 말씀보다 더 권위를 가질 순 없습니다. 좋은 설교가 권위가 있고 영향력이 있고 힘이 있는 이유는 그것이 말씀을 전하는 것이기 때문입니다. 그러나 우리들은 말씀 그 자체를 읽는 시간보다 목사님들의 해석이 붙여진 설교를 듣는 것을 말씀을 듣는 것처럼 생각하는 경향이 있습니다.

우리는 말씀을 '하가'해야 합니다. 더 많은 시간에 말씀을 소리 내어 읽고, 암송하고, 읊조리는데 사용해야 합니다. 온라인 예배나 영상을 통해 말씀을 듣는 시간보다 스스로 말씀 앞에 있는 시간을 더 가져야 합니다. 이것이 마지막 때를 살아남을 수 있도록 준비하는 가장 귀한 방법입니다.

또한 예언의 말씀에 너무 큰 비중을 두지 마십시오. 예언의 말씀은 반드시 하나님의 말씀으로 확증되어야 합니다. 예언의 말씀은 우리에게 분명 중요한 방향성을 제시해 주지만 신비한 것이 뭔가 더 영적인 것처럼 느껴지도록 하는 예언, 사람의 생각과 마음을 사로잡으려고 조종하는 예언, 그래서 더 영향력을 가지려는 예언을 조심해야 합니다. 이것을 분별할 수 있는 것은 말씀입니다. 말씀을 읽으면 영적 분별력이 증가합니다. 지혜가 증가합니다.

5780년대 말의 시대, 말의 전쟁

유대력 5780년(2020년) 페ᴰ의 해에 격렬하게 말의 전쟁이 시작되었습니다. 거짓말과 속임이 난무하는 세상입니다. 거짓말로 사람들을 선동하고 진실에는 관심이 없으며 더 나아가 진실을 말하는 자들을 오히려 핍박하는 세대입니다. 그래서 우리의 말이 더 정제되어야 하고 신중해야 하며 더 분별되어야 합니다. 정결한 입술을 통해 하나님의 말씀은 생명력 있고 강하게 빛을 발하며 많은 사람들을 옳은 데로 돌아올 수 있게 할 것입니다(단12:3). 옳은 데로 돌아오게 한다고 할 때 '옳은'은 히브리어로 짜다크ᴾᵀᴴᵾ입니다. 짜다크는 쩨데크 ᴾᵀᴴᵾ와 같은 어원으로 보통 '의'라고 번역되는 쩨데크는 '하나님과의 바른 관계를 의미'합니다. 결국 하나님과의 관계가 틀어져 있는 사람들을 하나님과의 바른 관계 안으로 들어오게 하는 것이 마지막 때의 사역이 되어야 하며, 이는 힘으로나 능으로 되지 않고 오직 여호와의 영으로만 가능합니다(슥4:6). 그리고 하나님의 말씀은 하나님의 영이 담겨 있는 살아있는 검입니다(히4:12).

주님은 "말은 영이요 생명이라"고 하셨습니다(요6:63). 그래서 말을 전하는 사람의 영이 중요합니다. 사실 멋진 해석과 지식은 우리의 이성을 만족케 하고, 지성적인 욕구를 채워주지만 영을 채워주진 않습니다. 당장 말씀을 들었을 때는 깨닫고 알지만, 삶에는 변화가 없습니다. 페ᵖ의 해에 하나님이 찾으시는 사람은 하나님의 영으로, 거룩한 말씀으로 채워진 진리의 메신저입니다. 그래서 이 시기는 정결한 통로가 되어 사람의 말이 아닌 하나님의 말을 전할 메신저가 준비되는 때입니다. 예수님이 오시기 전 마지막 선지자 말라기는 여호와의 크고 두려운 날이 이르기 전에 엘리야가 먼저 와서 아버지들과 자녀들을 돌이켜 하나 되게 할 큰 회복이 있을 것에 대해 예언했습니다(말4:5-6, 마17:11). 말라기מַלְאָכִי란 "나의 메신저"라는 뜻입니다. 그가 예언한 엘리야는 초림으로 오신 예수님을 준비한 세례 요한이면서(눅1:17) 또한 재림으로 오실 예수님을 준비할 마지막 세대입니다. 세례 요한은 회개와 하나님의 킹덤을 선포함으로 사람들의 마음을 준비시켰습니다. 세례 요한과 같이 엘리야의 영과 능력으로 충만하게 될 마지막 세대 역시 회개와 하나님의 킹덤을 선포함으로 사람들로 하여금 다시 오실 예수님을 맞이할 준비를 하게 할 것입니다. 이런 메신저들은 그 입술이 정결하여 하나님의 영으로 충만한 지혜의 말씀을 선포하는 자들이 될 것입니다. 이런 메신저들은 사람을 두려워하지 않고 하나님만을 경외함으로 담대하게 진리를 선포하는 자들이 될 것입니다. 자기의 말은 닫고, 오직 하나님의 말씀을 전하는 증인들에게(계11:3-13) 하나님은 그 입술에 권능을 더하실 것입니다. 입을 크게 벌리는 자에게 말씀을 채워주겠다고 약속하셨습니다. 우리들의 입을 크게 벌려 진리의 말씀을 하가הָגָה 해야 합니다.

> "여호와께서 그 손을 내밀어 내 입에 대시며 내게 이르시되 보라 내가 내 말을 네 입에 두었노라 보라 내가 이 날 여러 민족과 여러 왕국들 위에 너를 세워 네가 뿌리째 뽑아내고 찢어서 내려 던지며 파멸시키고 뒤엎게하였느니라 또한 네가 재건하게 하고 심게 하기 위하여 너를 세웠느니라"렘1:9-10

말의 전쟁 곧 영의 전쟁인 거짓말과의 전쟁에서 싸워 이기는 무기는 진리의 말씀 곧 성령의 검입니다. 마지막 때를 이미 살아가고 있는 거룩한 여러분의 입술의 권세가 영과 진리 안에서 지금 증가되어지길 축복합니다.

【부록 #1】 누구나 쉽게 히브리어 읽기

히브리어는 자음과 모음을 익히면 어렵지 않게 읽을 수 있는 문자입니다.
문자학적으로 구체적이고 자세한 설명보다는 누구나 쉽게 히브리어를 읽을
수 있도록 간단한 안내를 드립니다.

1. 히브리어는 한국어와 다르게 오른쪽에서 왼쪽 방향으로(←)읽습니다.
2. 성경 히브리어는 모음이 없이 자음만 표기하여 읽었습니다. 자음만 표기된
단어에 모음을 어떻게 붙여서 읽을지는 랍비와 부모를 통해서 구전전통으로만
전해 내려왔지만 후대에 와서 자음 주변에 모음을 표시하여 함께 읽을 수 있도록
하였습니다. 자음과 모음을 조합해서 읽는 방법은 다음 예시와 같습니다.
בְּרֵאשִׁית 베레쉬트 →ב = 베 / ר = 레 / א (음가없음) / שׁ = 쉬 / ת 트
3. 한글 자음으로 표현되지 않는 자음들을 아래와 같이 보충 설명합니다.

> 1. כ가 'ㅋ' 소리를 가질 때도 있지만 목구멍을 긁으며 'ㅋ' 와 'ㅎ' 를 함께 발음하여 내는 소리(kh)도 있습니다. 한국인들이 "크~~~게"를 강조하면서 발음할 때 'ㅋ' 와 'ㅎ' 를 함께 발음하여 긁는 소리를 내는 경우와 비슷합니다.
> 2. ח는 위에 설명한 כ의 'kh' 발음처럼 목구멍을 긁으면서 내는 'ㅎ'발음입니다. 그래서 표기를 'ㅋㅎ'으로 했습니다. 이렇게 발음하는 것이 좋으나, 어려울 경우 'ㅎ' 발음으로 합니다.
> 3. ר는 'ㄹ' 발음으로 해도 상관없지만 때로는 'ㄱ' 발음이 섞여 있어서 'ㄱ' 소리로 들릴 경우가 있는데 이는 'ㄹ' 보다 더 목 안쪽에서 나는 'ㄹ' 소리이기 때문입니다.

히브리어 성경 관련 APP
MySword Bible, BLB, הברית החדשה, 성경읽기 – 안드로이드 / BLB – IOS

자음				모음	
문자	이름	발음	숫자값	문자	발음
א	알렢	음가가 없지만 초성 'ㅇ'와 비슷	1	◻	
ב	베트	ㅂ (b, v)	2	◻	아
ג	김멜	ㄱ	3	◻	
ד	달렡	ㄷ	4	◻	
ה	헤이	ㅎ	5	◻	
ו	봐브	ㅂ (v,w)	6	◻	에
ז	자인	ㅈ (z)	7	◻	
ח	ㅋ헤트	ㅋㅎ (kh)	8	◻	
ט	테트	ㅌ	9	◻	에이
י	유드	이 (y)	10	◻	
כ	카프	ㅋ, ㅋㅎ (k, kh)	20	◻	
ל	라메드	ㄹ	30	◻	이
מ	멤	ㅁ	40	◻	
נ	눈	ㄴ	50	◻	
ס	싸멬	ㅆ	60	י	오
ע	아인	ㅇ	70	◻	
פ	페	ㅍ (p, f)	80	◻	
צ	짜디	ㅉ와 ㅊ의 중간음	90	◻	우
ק	쿠프	ㅋ	100	י	
ר	레쉬	ㄹ	200	◻	'으'와 '어' 사이발음
שׁ שׂ	씬 쉰	우측점은 쉬 좌측점은 ㅆ	300		
ת	타브	ㅌ	400